RÉPERTOIRE
UNIVERSEL ET RAISONNÉ
DE JURISPRUDENCE
CIVILE, CRIMINELLE,
CANONIQUE ET BÉNÉFICIALE.

Ouvrage de plusieurs jurisconsultes :

Mis en ordre & publié par M. Guyot, écuyer, ancien magistrat.

TOME QUARANTE-SIXIÈME.

A PARIS,

Chez PANCKOUCKE, hôtel de Thou, rue des Poitevins.
DUPUIS, rue de la Harpe, près de la rue Serpente.

Et se trouve chez les principaux libraires de France.

M. DCC. LXXXI.

Avec approbation & privilége du roi.

AVIS.

La plupart des jurisconsultes nommés dans les divers articles du Répertoire, ayant fini le manuscrit des parties dont ils s'étoient chargés, il paroît que cet ouvrage s'étendra environ à soixante volumes *in-octavo*. Au reste, à quelque nombre qu'il puisse s'étendre au delà, le libraire s'est engagé à n'en faire payer que soixante volumes aux personnes qui s'en seront procuré un exemplaire avant la publication du dernier volume, & même si l'ouvrage n'a que soixante volumes, elles n'en payeront que cinquante-sept, attendu que les trois derniers doivent leur être délivrés *gratis*. Le prix de chaque volume broché ou en feuilles, est de 4 liv. 10 sous : on publie très-exactement huit volumes par année.

RÉPERTOIRE

UNIVERSEL ET RAISONNÉ

DE JURISPRUDENCE

CIVILE, CRIMINELLE,

CANONIQUE ET BÉNÉFICIALE.

P.

PÉTITION D'HÉRÉDITÉ. La Pétition d'hérédité est une action très-importante par la qualité & l'étendue de son objet, & par le caractère que cet objet lui imprime. On demande une succession qui présente l'appât de richesses faciles à acquérir, & qui en même temps expose au danger de perdre son patrimoine, par le moyen que l'on croyoit qui devoit l'enrichir. La nature de l'objet demandé fait que cette action réunit les avantages de toutes les actions prises séparément, & de l'action réelle & de la personnelle. La règle souveraine qu'on y observe, est l'équité ; les rigueurs, les subtilités du droit, dès qu'elles s'écartent du bon & du juste, en sont aussi-tôt bannies. Cette action est de bonne foi par excellence.

Il sembleroit que ces mérites auroient dû engager les jurisconsultes à s'occuper de cette matière ; cependant il n'est pas sur ce point un seul traité en françois, & ce qui est écrit en latin n'a aucune réputation.

Si l'on jette les yeux sur les ordonnances des rois de France, sur toutes les coutumes de ce royaume, sur les arrêts de réglement, on est étonné d'y rencontrer à peine une décision sur une matière aussi recommandable.

Dans ce silence général, les loix romaines nous donnent les résultats de l'exacte raison, qui se trouve consacrée par l'usage dans tous les tribunaux du royaume. Ces loix ingénieuses arrivent souvent à des conséquences qui, sans cesser d'être équitables, ne peuvent se découvrir que par une réflexion profonde.

Il est donc nécessaire de les exposer dans un ordre convenable. En le faisant, nous indiquerons, quoiqu'en peu de mots, les difficultés & leurs solutions.

La Pétition d'hérédité est une action universelle & mixte, donnée à l'héritier ou à celui qui est à ses droits, contre celui qui possède, ou qui, par le droit, est supposé posséder, afin qu'il restitue au demandeur l'hérédité, les accessoires, les fruits, les dommages & intérêts.

Avant d'établir ce que c'est que cette action, il est essentiel de se rappeler ce que c'est que l'hérédité, qui est ici l'objet principal de la demande. Elle est définie, la succession à tous les droits qui appartenoient à un défunt à l'instant de sa mort. Loi, 24, ff. *de verb. sign.*; loi 62, ff. *de reg. juris.* Ces droits doivent s'entendre activement & passivement, d'un côté, pour le domaine, la nue propriété, les hérédités, les servitudes, les hypothèques & les obligations quelconques qui appartenoient au défunt; de l'autre, pour toutes les actions réelles & personnelles qui pouvoient être dirigées contre lui pour toutes les charges, pour tout le détriment qu'il eût été obligé de supporter.

Cette hérédité, quoique composée d'une foule de droits partiels, est elle-même un droit unique, individuel; celui de représenter le défunt. Loi 50, ff. *de hæred. Pet.* Ce droit constitue un objet séparé de tout autre. On demande, par la Pétition d'hérédité, que la libre possession de ce droit nous soit restituée par une personne que n'oblige à nous aucun lien de droit, ni contrat, ni quasi-contrat, ni délit, ni quasi-délit. Il dérive de là naturellement, que cette action est réelle, c'est à dire à raison d'un droit sur la chose, abstraction faite de la personne du défendeur. C'est ce que l'on trouve dans la loi 27, §. 3, ff. *de rei vindic.* La loi 49, ff. *de hæreditatis Petitione*, prononce, celui qui demande une hérédité peut, sans craindre d'exceptions, agir *in rem*, contre la chose. Il faut bien se garder de croire, que cette action réelle universelle ne soit réelle que pour poursuivre les objets que le défunt auroit pu demander par action réelle. La Pétition d'hérédité est réelle, même pour poursuivre les objets sur lesquels le défunt n'avoit qu'une obligation, & par conséquent qu'une action personnelle, tel que les choses prêtées, déposées, données en gage, comme nous l'expliquerons en parlant de la loi 19, ff. *de hæred. Pet. Et quidem rei pignori datæ etiam specialis Petitio est ut & hæreditatis Petitione contineatur.* Et quoique celui qui demande une succession voulût bien en acquérir seulement les droits actifs, & se soustraire aux charges, cependant la Pétition d'hérédité poursuit ces objets même, & ce qui tend au détriment de la succession, quand ces charges ne seroient pas réelles, mais simplement personnelles, telles que celles qui résulteroient de contrats, de condamnations. Il peut arriver que l'hérédité n'ait aucuns corps héréditaires, loi 50, ff. *de Pet. hæred.*, aucune propriété; mais qu'elle consiste en obligations actives, même en passives, quand celles-ci seroient seules; & la Pétition d'hérédité, c'est-à-dire la Pétition du droit de représenter le défunt, ne cessera pas d'être une action réelle; car elle poursuit la chose, sans avoir jusque-là aucune relation avec le possesseur. Les actions personnelles qu'avoit le défunt, étant demandées par action réelle, ne changent pas pour cela de nature. En effet, l'action personnelle étoit donnée au défunt; & le sera à l'héritier contre les obligés. L'action réelle qui poursuit la facilité d'exercer ces actions personnelles, n'a jamais pu appartenir au défunt; son hérédité alors n'existoit pas. Elle est donnée à l'héritier, non contre les obligés au défunt, mais contre des tiers détenteurs de ces titres, pour que l'héritier puisse ensuite exercer ces actions personnelles contre les personnes obligées au défunt.

La Pétition d'hérédité est réelle de sa nature,

& ce n'est que très-accidentellement qu'elle est personnelle. Il sembleroit d'abord que par son caractère elle devroit être en même temps personnelle. La loi 7, C. *de Petitione hæred.* prononce qu'elle est *mixte personnelle.* D'où vient donc ce lien de droit entre le demandeur & le défendeur ? seroit-ce du quasi-contrat, venu de l'administration des biens de l'hérédité ? Ce systême seroit détruit par la loi 7, C. *de Petitione hæred.* où il est dit, *qu'en tout état de cause la Pétition d'hérédité est mixte.* Et il se peut que le détenteur n'ait rien administré ; il se peut qu'il ait administré de bonne foi pour lui-même, ne pensant pas qu'un autre fût heritier. Loi 17, ff. *de hæred. Petit.* La ratification ne changeroit pas la nature de la gestion, & ne donneroit pas, dans cette espèce, l'action *negotiorum gestorum*, qui, accédant à la Pétition d'hérédité, lui prêteroit le caractère d'action personnelle. On penseroit, au premier coup d'œil, que cela viendroit de ce que l'on auroit reçu le payement de dettes ou le prix d'effets héréditaires. Loi 25, §. 18, ff. *de hæred. Petit.* Mais ces rentrées ou ces ventes n'arrivent pas toujours ; &, quant au prix des effets héréditaires, la loi suppose le vendeur en bonne foi ; ce qui se voit par la loi 20, §. 12, ff. *de hæred. Petit.* Ainsi l'héritier a géré pour lui, & l'action n'est pas personnelle. Quel est donc le sens de la loi 25, §. 18, qui s'exprime ainsi : *La Pétition d'hérédité, quoiqu'elle soit une action réelle, a cependant quelques prestations personnelles ?* Par exemple, pour ce qu'on a retiré des débiteurs, ou pour le prix de choses héréditaires. Cela veut dire que l'essence de la Pétition d'hérédité est d'être une action réelle ; qu'à cette action réelle, se joignent non pas des obligations de quasi-contrat, qui donnent lieu à des prestations personnelles, mais des prestations personnelles, qui naissent de la nature de l'action réelle dont il s'agit. En effet, cette action demande un droit universel, tout le droit du défunt. Dans les actions universelles, le prix prend la place de la chose. La loi 22, ff. *de hæred. Petit.*, rapportant *un senatusconsulte* sur cette matière, dit : *Potest existimari in locum hæreditariæ rei venditæ pretium ejus successisse & quodam modo ipsum hæreditarium factum.* Le prix des choses héréditaires est donc supposé héréditaire, même le gain perçu à l'occasion de l'hérédité, est supposé de l'hérédité. Loi 27, §. 1 ; loi 28, ff. *de hæred. Petit.* Et, sous ce point de vue, il est soumis à l'action réelle, nommée *Pétition d'hérédité.* Cependant, comme cet argent est venu par le fait du défendeur qui a vendu, comme il est versé dans le patrimoine du défendeur, quoique appartenant à l'hérédité, il faut un fait du défendeur, qui le sépare & le restitue à l'héritier. Telle est *la prestation personnelle.*

Si la Pétition d'hérédité étoit dirigée contre un possesseur de mauvaise foi, son dol, accidentel à la Pétition d'hérédité, rendroit l'action directement personnelle. C'est ainsi que doit s'entendre la loi 7, C. *de Petit. hæred.*, où il est dit, à l'occasion de la Pétition d'hérédité, *mixtæ personalis actionis ratio.* L'action est dite *personalis*, c'est à dire qu'elle a rapport à des prestations personnelles ; ce n'est pas précisément la même chose que l'action *in personam*, que Justinien décrit dans ses institutes, §. 1, *de actionibus*, & que l'on doit exprimer par *action contre la personne.*

Cela posé, on s'apperçoit que cette action est mixte; mais dans un autre sens que l'action de partage de communauté, de partage d'hérédité, qui réunissent l'action réelle à la véritable action personnelle.

La Pétition d'hérédité est une revendication d'universalité. Loi 1, §. 5, ff. *si pars hæred. petatur.* Elle est donnée, comme les revendications spéciales, à celui qui est le propriétaire de la chose; ici, au propriétaire du droit nommé *hérédité.* Cette propriété est donnée par la loi ou par l'homme. Si l'homme n'a pas pu disposer de ses biens, parce que le droit l'en a empêché; ou qu'il n'en ait pas disposé, quoiqu'il en eût la faculté, l'hérédité prenant alors le nom de *légitime*, passe à ceux qui sont appelés par la loi, & elle leur appartient de la manière que la loi l'a réglé.

Quand même la succession ne seroit que d'un usufruit, comme dans la coutume de Paris, article 314; l'usufruit seroit la chose appartenante à l'usufruitier, & lui seroit propre comme usufruit, tandis que les héritiers de la nue propriété l'auroient eu propre comme une propriété.

Lorsque l'homme a disposé de la succession par un acte de dernière volonté, revêtu des formes prescrites pour donner le droit d'hérédité, cette hérédité est dite testamentaire. Loi 1, loi 3, ff. *de hæred. Petit*

Celui qui est héritier de l'héritier, dit la loi 194, ff. *de reg. juris*, n'est pas moins héritier que celui à qui il succède, & par conséquent peut exercer tous les droits de son auteur, par la Pétition d'hérédité. Voyez aussi la loi 3, ff. *de hæred. Petit.*

De même, celui qui n'est pas héritier direct, mais seulement *fideicommissaire*, peut exercer tous les droits qu'auroit eus l'héritier *fiduciaire*, relativement à la Pétition d'hérédité, seulement jusqu'à la concurrence du droit qu'on lui a transporté ; c'est-à-dire que si l'héritier fiduciaire a retenu la quarte trébellianique, §. 7, institut. *de fideic. hæred.* ; loi 1, C. *de senat. Trebell.* ; ordonnance des testamens, article 56 ; la Pétition d'hérédité ne passera que pour les trois quarts à l'héritier *fideicommissaire*, l'autre quart étant réservé au fiduciaire. Et si la restitution de l'hérédité a été faite en totalité, les droits actifs & passifs ne sont aucunement divisés entre l'héritier fiduciaire & le fidéicommissaire, parag. 7, institutes *de fidei hæred.* La Pétition d'hérédité appartiendra en entier à l'héritier fidéicommissaire. En effet, la loi 1, ff. *de fideicommissariâ hæred. Petit.*, prononce, quiconque a reçu une hérédité restituée en vertu du sénatusconsulte, d'après lequel les actions sont transmises, pourra se servir de la Pétition fidéicommissaire d'hérédité. Loi 2, même titre. Cette Pétition a les mêmes propriétés que la Pétition civile d'hérédité.

L'héritier direct peut n'avoir la Pétition d'hérédité que pour une partie ; ce qui arrive s'il ne se prétend pas héritier pour le tout. Loi 1, §. ff. *si pars hæred. petatur.* Cette partie peut être déterminée dans sa grandeur, par rapport au tout. Loi 1, §. 2, §. 4, ff. même titre ; & l'action a la même étendue.

Quelquefois la Pétition d'hérédité est pour

une partie indéterminée. La loi 1, §. 5, même titre, en fournit un exemple.

L'espèce en est controversée; pour lui donner un sens raisonnable, & le seul qu'elle puisse avoir, il faut ainsi la poser.

Un homme est mort, il laisse un fils de son frère; tous ses autres frères sont morts; leurs femmes sont enceintes : il est incertain quelle partie de l'hérédité revendiquera le fils du frère, parce qu'on ne sait pas combien naîtront d'enfans des frères du défunt. Il est très-équitable d'accorder à ce fils la revendication pour une partie indéterminée. On peut donc, sans témérité, établir cette régle. Toutes les fois que quelqu'un a une juste raison de douter de la quotité de la partie qu'il doit revendiquer, on doit lui donner la revendication d'une partie indéterminée.

Dans cette espèce, il s'agit de neveux succédant à leur oncle de leur chef, par têtes & non par souches; ce qui est conforme à la coutume de Paris, article 321.

Dans cette espèce, il y a double incertitude; d'abord, si chaque femme accouchera; en second lieu, combien chacune d'elles aura d'enfans. Le premier doute fait la Pétition d'hérédité pour une part indéterminée; le second ne laisse pas d'incertitude, au moyen de la loi 3, ff. *si pars hæred. Pet.*; où il est décidé qu'une femme enceinte est supposée, jusqu'à l'accouchement, porter trois enfans.

Ainsi chaque femme enceinte retranche trois parts à la Pétition d'hérédité. Loi 4, même titre. Si par événement il naît plus ou moins que trois enfans, la part du demandeur augmentera ou sera diminuée : de même que loi 5, même titre, si la femme est faussement enceinte, le demandeur est héritier pour le tout; mais la réalité inconnue ne change point l'incertitude pour la part d'hérédité qui doit être demandée. Ainsi, dans l'espèce de la loi 1, §. 5, même titre, s'il y a quatre femmes que l'on croie enceintes, le demandeur ne pourra demander l'hérédité que pour un treizième.

La même chose est décidée pour un héritier qui ne seroit pas de la famille. Loi 5, §. 1, même titre. On suppose un étranger institué sous cette formule : Tous ceux qui naîtront de moi, aussi bien que Lucius Titius, seront mes héritiers par portions viriles. Le testateur étant mort, si la femme est enceinte, Lucius Titius demandera l'hérédité pour un quart.

La supposition sera très-différente, si, comme dans la loi 2, même titre, parmi plusieurs héritiers qui ont droit à une même succession, les uns acceptent, tandis que les autres délibèrent. La loi dit : *Ceux qui ont accepté, s'ils intentent la Pétition d'hérédité, ne doivent pas demander une plus grande part qu'ils ne l'auroient les autres acceptant* (ici il faut prendre garde au texte), *& ils ne tireront pas avantage de ce que les autres n'ont pas* (encore) *accepté. Mais si une fois les autres renoncent, alors ils pourront demander leurs parts, pourvu qu'ils y aient droit.*

La Pétition d'hérédité est donnée nécessairement à celui qui a acquis la succession par une autre personne. Loi 2, ff. *de hæred. Petit.* Une des manières les plus naturelles, est d'acquérir par les personnes qui sont en notre pouvoir. La loi 3, même titre, suppose qu'une personne en notre puissance, par exemple, notre fils de famille, ait été instituée héritiere, & que par notre ordre elle ait accepté la succession, quand même la succession auroit été acquise au père par une volonté tacite. Telle est la loi 10 du cod. *de Petit. hæred.* Une hérédité a été déférée à un fils de famille; il l'a détenue par possession de long temps : par cela même, la succession est acceptée, & l'utilité en est acquise au père. Si donc il perd l'exercice & la possession de ce droit, il peut intenter la Pétition d'hérédité..

Cette action universelle est donnée à ceux même qui l'ont acquise à titre singulier, par achat, par donation, par échange; en général, à titre quelconque, onéreux ou lucratif. Il suffit d'exposer ceci pour la vente, le reste se trouvera par induction, On lit, au titre *de hæreditate vel actione venditâ*, *ff.* loi 2, au commencement : *L'acheteur n'a ni plus ni moins de droit que n'en avoit l'héritier vendeur de l'hérédité.* Et spécialement pour la Pétition d'hérédité, la loi 54, ff *de Petit. hæred.*, dit : *Si quelqu'un a acheté du fisc une hérédité en tout ou en partie, il est juste de lui donner l'action qui poursuit l'universalité des biens, & qui est la Pétition d'hérédité.*

Les personnes qui ont renoncé à la Pétition d'hérédité, ne sont plus recevable à l'intenter. On demande si d'avoir accepté un legs est une renonciation tacite à la Pétition d'hérédité? On suppose toujours l'hérédité possédée par celui qui n'a pas droit, & qui par conséquent ne pourroit pas opposer l'incompatibilité de la qualité d'héritier & de celle de légataire. La question est décidée dans les loix 43 & 44, ff. *de hæred.*

Petit. Sur-tout cette dernière décide en deux mots la question : *Lorsque celui qui a recueilli un legs en vertu d'un testament, demande l'hérédité* (à celui qui étant possesseur de l'hérédité a délivré le legs), *si le legs n'a pas été rendu d'une manière quelconque, l'hérédité ne doit être restituée que déduction faite du legs perçu.*

Il est bien plus difficile d'établir contre qui doit se diriger la Pétition d'hérédité, & qui peut être le défendeur. Ces deux questions paroissent la même, & en font deux essentiellement différentes; ce que l'on va développer. On doit se rappeler que la Pétition d'hérédité est une *revendication;* c'est ce que prouve la loi 178, ff. *de verb. sig.*, où il est dit, par le mot de *Pétition* on désigne les *actions réelles.* Ce mot de *Pétition* est spécial à l'action en demande d'hérédité, comme on le voit par le titre *de hæreditatis Petitione* & les trois suivans; & dans loi 1, §. 5, ff. *si pars hæred. petatur*, le mot de *revendication* est mis *quatre fois* pour celui de *Pétition d'hérédité.* Ainsi, la *revendication* est ici le genre d'action qui se subdivise en *revendication d'universalité* & en *celle de choses singulières.* Ici il s'agit de la *revendication d'universalité;* on doit donc suivre la règle imposée en général *à la revendication.* Les règles spéciales pour la *Pétition d'hérédité*, qui est une espèce de revendication, peuvent bien ajouter aux règles générales, mais non pas les détruire. La loi a eu soin de statuer sur celui contre lequel se dirigera la Pétition d'hérédité. La difficulté ne consistera qu'à concilier ces règles avec celles de la *revendication.* Celui qui paroît à presque tous les jurisconsultes avoir changé sur ce point la jurisprudence, est Ulpien, dans la loi 9, ff. *de rei vind.*, & aussi dans la loi 9, ff. *de hæred. Petit.* Telle est la loi 9, ff. *de hæred. Petit. : Regulariter definiendum est eum demùm teneri Petitione hæred. qui vel jus pro hærede vel pro possessore possidet vel rem hæreditariam.* Ces mots *pro hærede vel pro possessore possidet*, ne se rapportent pas seulement à *jus*, mais aussi à *rem hæreditariam*; ce que l'on peut voir par le nom de l'action *Pétition d'hérédité*. Il faut qu'à l'occasion de la détention d'une chose spéciale & singulière, le détenteur soit assigné en restitution d'hérédité. Il a donc l'hérédité en tout ou en partie, ou bien il est supposé l'avoir. Cette chose héréditaire est détenue comme faisant partie de l'hérédité, & non pas comme un être absolu & séparé de tous rapports. Dans ce dernier cas, cet objet singulier, quoique héréditaire, s'il étoit détenu sans aucune relation à l'hérédité, seroit soumis seulement à la *revendication.* C'est ce qu'indique la loi 7, C. *de Petit hæred.*, où il est dit que la *Pétition d'hérédité s'intente contre ceux qui possèdent à titre d'héritier ou de possesseur; que les autres ne peuvent être assignés que par la revendication spéciale.* Or, la Pétition d'hérédité est donnée contre celui qui possède une chose héréditaire; il est nécessaire de supposer que c'est à titre d'héritier ou de possesseur d'hérédité. Voici donc ce que signifie la règle de la loi 9, ff. *de hæreditatis Petitione.*

La Pétition d'hérédité est donnée contre celui qui possède ou un droit ou une chose héréditaire à titre d'héritier ou de possesseur d'hérédité. On entend par possession d'un droit, l'exercice d'une faculté active ou passive de l'hérédité, tel que d'exiger des créances, de payer des dettes, d'usér d'une servitude, d'une hypothèque, d'ordonner des réparations, de faire des changemens quelconques qui influent sur l'état de l'hérédité. On conçoit par les mots de *possession d'une chose héréditaire*, la possession d'un objet quelconque qui ne soit pas un droit, mais un corps, tel que de l'argent, des meubles, des terres, des maisons, qui appartiennent à l'hérédité.

Cette détention ne suffit pas, comme dans la revendication simple, l. 9, ff. *de rei vindic.*, pour que l'on puisse diriger la Petition d'hérédité contre le détenteur; il faut que celui qui est en possession ait une certaine intention qui le soumette à la Pétition d'hérédité. C'est ce que prononce la loi 9, ff. *de hæred. Petit. Il faut que le détenteur possède à titre d'héritier ou de possesseur.* Si donc il n'a pas encore déclaré dans quel esprit il possédoit, il faut que, l'exploit une fois posé, il fasse sa déclaration, loi 11, C. *de Petit. hæred.*; autrement, étant assigné par la Pétition d'hérédité, s'il a contesté comme détenteur d'hérédité, il est soumis à l'étendue de cette action, dont il auroit pu éviter la rigueur & l'universalité, en déclarant qu'il n'entendoit pas contester l'hérédité; mais qu'il tenoit la chose comme singulière & séparée de l'hérédité demandée (*). Il y a une grande

(*) Il ne dira pas qu'il la tient à titre singulier; car on peut tenir par succession une chose venant de son auteur, qui l'avoit à titre singulier. On peut aussi tenir à titre singulier une chose universelle, par exemple, quand on a acquis par achat ou donation une hérédité. Loi 13, parag. 1, ff. *de hæred. Pet.* On remarquera aussi que dans la loi 7, C. *de Petit. hæred.* où il y a *dicere cogitur utrùm pro posses-*

différence

différence entre posséder à titre d'héritier ou à titre de possesseur. Celui-là, dit la loi 11, ff. *de hæred. Petit.*, possède à titre d'héritier, qui se croit héritier. Ainsi celui qui est trompé par une juste erreur, par exemple, par un testament que l'on suppose révoqué par un testament postérieur qu'il ignoroit, & qui dans cette opinion possède ou un droit ou une chose héréditaire, est soumis à la Pétition d'hérédité.

Mais celui qui sait qu'il n'est pas héritier, peut-on dire qu'il possède à titre d'héritier ? La loi 11 l'assure ; ce qui semble contredire la première assertion, si on prend comme définition ces mots de la loi 11, *pro hærede possidet, qui putat se hæredem esse*, & ce qui feroit dans la loi 9 une division dont les membres rentreroient l'un dans l'autre. Car le paragraphe premier dit : *Le pirate possède à titre de possesseur.* Tel est le sens de la première partie de la loi 11, ff. *de hæred. Petit.* Celui qui ne se croit pas héritier dans la rigueur du terme, mais qui se croit un titre équivalent & qui lui conserve sa bonne foi, par exemple, le titre *de bonorum possessor*, qui, chez les Romains, étoit un successeur prétorien en tout semblable à l'héritier, le titre de donataire, d'acheteur de l'hérédité, celui de légataire universel ; possède comme s'il étoit héritier *pro hærede*, & se croit héritier ou ayant droit à l'universalité ; il est dans la bonne foi. . .

sore an pro hærede possideat, la particule *an* ne fait pas deux nombres opposés de *possessor* & de *pro hærede possidens* ; mais fait fonction de *copule* ; & que ces deux idées réunies dans la loi 11, ff. *de hæred. Petit.*, sont opposées au preneur à titre singulier.

A cet esprit du détenteur, on en oppose un autre qui donne lieu à la Pétition d'hérédité. *Pro possessore; celui qui tient l'hérédité à titre de possesseur:* & ici le détenteur est en mauvaise foi. *Pro possessore vero possidet prædo*, l. 11, ff. *de hæred. Petit.*; il est qualifié de *pirate*. Le développement de cette idée se trouve dans les loix 12 & 13 : c'est, disent-elles, celui qui, interrogé pourquoi il possède, répond, parce que je possède, & ne prétend pas même par un mensonge qu'il soit héritier, & qui ne peut assigner aucune cause de sa possession. Ainsi, conclut la loi 13, les voleurs par adresse ou à force ouverte, sont soumis à la Pétition d'hérédité.

Voilà donc deux sortes de personnes qui détiennent l'hérédité, celui qui se croit héritier ou ayant un droit équivalent, & celui qui ne se croit pas héritier & qui ne dit pas dans ses défenses qu'il soit héritier. Ce dernier point présente une grande difficulté.

En général, la revendication doit se diriger seulement contre un possesseur qui se prétend propriétaire. C'est ce que l'on voit dans les anciennes formules de la revendication, & au paragraphe premier des institutes de Justinien, où il est écrit, que *dans une action réelle le possesseur se dit propriétaire de la chose demandée.* Ici la Pétition d'hérédité peut se diriger contre un possesseur de mauvaise foi, qui, même par un mensonge, ne dit pas que l'hérédité lui appartienne..... Il est vrai que dans le digeste, Ulpien, l. 9, ff. *de rei vind.*, ou plutôt Justinien, semble suivre un sentiment contraire. Il prononce ainsi : *Dans la revendication, le devoir du juge est d'examiner si le défendeur possède; & peu importe par quelle cause il possède ; parce qu'aussi-tôt que j'ai prouvé que la chose étoit à moi, le possesseur qui n'a point opposé d'exceptions est dans la nécessité de restituer ;* & il finit par dire : *Je pense que l'on peut demander la chose à tous ceux qui la tiennent, & qui ont la faculté de restituer.* Mais ce systême de changement, que l'on prétend introduit par Justinien dans la loi 9, ff. *de rei vindic.*, est renversé à son tour ; & l'ancien état des choses paroît ramené, par la loi 2, au code *ubi in rem actio exerceri debeat*, où il s'agit principalement de la compétence des juges, quant au défendeur en revendication.

Telle est la loi 2 : *Si quelqu'un possédant de manière quelconque un immeuble au nom d'un autre, soutient un procès qu'on lui intente par action réelle, il doit aussi-tôt, en jugement, nommer le propriétaire, pour que celui-ci défende au procès, sinon qu'après les ajournemens prescrits le demandeur soit mis en possession.* L. 13, §. 12, ff. 43. *Giphanius*, très-savant interprète, dit exactement dans son commentaire sur les loix du code, à cette loi 2, en tirant de cette espèce particulière, une règle générale pour toutes les *revendications* possibles dans une action réelle, *le défendeur, non seulement doit posséder, mais aussi doit dire qu'il est propriétaire de la chose.* C'est-à-dire, le demandeur disant la chose à lui, & la revendiquant, le possesseur aussi doit revendiquer contre lui, & dire, que c'est plutôt lui qui est le propriétaire.

Voici donc, selon les plus fameux commentateurs, la marche de la jurisprudence romaine, telle que la lui assigne aussi *Giphanius*. Dans les institutes, celui contre qui l'on intente une revendication, par exemple, une Pétition d'hérédité, doit se dire propriétaire. Dans le digeste, il suffit pour être constitué défendeur, qu'il possède à titre quelconque, sans autre raison à opposer que sa possession : & dans le code on a rétabli par la loi 2, *ubi in rem actio*, &c. la nécessité au défendeur en revendication, & par conséquent en Pétition d'hérédité, de se dire propriétaire. Ainsi les loix 11, 12, 13 du digeste, seroient abrogées en pays de droit écrit.

Mais, malgré cette apparence d'objection, il faut maintenir que la Pétition d'hérédité se dirige en France contre un possesseur quelconque qui détient l'hérédité, même sans alléguer aucun titre de sa détention. Ce droit a lieu dans les provinces soumises à la loi romaine, comme dans tout le reste de la France. Si l'on examine ces loix, qui paroissoient se combattre, il sera facile de les concilier. Le paragraphe premier des institutes dit que l'action est réelle quand on demande une chose, abstraction faite de la personne, & que le possesseur se prétend le propriétaire. Sans doute, mais l'action, pour être réelle, n'exige pas essentiellement que celui qui est assigné se dise le propriétaire ; il suffit d'agir contre un tiers détenteur, à cause d'un droit sur la chose, sans aucune relation à la personne qui est en possession. Il est vrai que le défendeur à la Pétition d'hérédité doit se dire héritier ; car un défendeur est celui qui défend, qui engage la contestation en cause ; & pour contester la cause, il faut soutenir le contraire du demandeur ; celui-ci se dit propriétaire de l'hérédité ; le défendeur se dira donc propriétaire de l'hérédité, quoiqu'il ne soit pas obligé d'en fournir la preuve. Mais si celui qui est assigné ne se dit pas héritier, il n'est pas véritablement défendeur, car il n'a pas contesté en cause.

Si donc quelqu'un possède une hérédité au nom d'un absent, comme il est incertain si celui-ci voudra ratifier la possession, la Pétition d'hérédité doit se diriger contre l'absent, parce que celui qui possède au nom d'un autre ne paroît pas posséder à titre d'héritier ou de possesseur, loi 13, §. 12, ff. *de hæred. Pet.*; & si celui au nom duquel on possède ne ratifie pas la possession, ce procureur tient la chose à titre de vol, & alors peut être assigné en son nom.

Mais, réguliérement, l'action en Pétition d'hérédité se dirige contre celui au nom duquel on possède. La loi 34, §. 1, même titre, en fournit des exemples. Elle dit : *Si un esclave ou un fils de famille détiennent les choses héreditaires, on pourra demander l'hérédité au maître ou au père, pourvu qu'ils soient dans la possibilité de les restituer. Car si le fils de famille ou l'esclave s'étoient soustraits à l'obéissance du père ou du maître, & que la puissance dominicale ou paternelle fût sans vigueur, il seroit injuste de poursuivre ceux qui ne retirent aucun profit de l'hérédité.*

La Pétition d'hérédité s'intente contre celui qui, ne possédant pas les sorts principaux de l'hérédité, en posséderoit cependant les fruits. Car ils sont héréditaires, loi 13, §. 7, ff. *de hæred. Pet.*

Elle s'intente contre celui qui, ne possédant pas une chose corporelle, posséderoit un droit actif ou même passif, par exemple, contre un débiteur de l'hérédité. La loi 13, §. 15, dit : *On peut de-*

mander l'hérédité à un débiteur héréditaire, comme au possesseur d'un droit ; car il est constant que l'on peut demander l'hérédité au possesseur d'un droit. Peu importe que cette dette ait pour cause un contrat, un quasi contrat, un délit ou un quasi délit. Loi 14, ff. *de hæred. Pet.* On comprend sous le nom de débiteur héréditaire, même celui qui, sans avoir accepté l'hérédité, y a causé quelque dommage, ou en a détourné quelque chose : loi 15, même titre. Celui qui est débiteur sous condition, ne peut pas être l'objet de cette action, parce qu'il n'est pas actuellement débiteur, paragr. 4, *inst. de verb. oblig.* Celui qui est débiteur à jour certain, est actuellement débiteur, quoiqu'on ne puisse exiger le payement qu'au terme convenu, §. 2, *inst. de verb. oblig.* Si l'on a contesté la cause avec l'un ou l'autre, ils ne peuvent pas être condamnés à payer ; à moins qu'au temps du jugement, le jour ou la condition ne soit arrivée : loi 16, ff. *de hæred. Pet.*

Loi 42. Si un débiteur héréditaire refuse de payer, non pas qu'il se prétende héritier, mais parce qu'il nie ou qu'il doute que l'hérédité appartienne à celui qui la demande, il ne peut pas être assigné par Pétition d'hérédité. En effet, il ne possède pas cette portion de la succession à titre de successeur universel, même dans l'intention d'en frustrer l'héritier, mais seulement dans l'intention de la remettre à celui qui justifiera de la qualité d'héritier.

Même celui qui ne possède plus l'hérédité peut être actionné par *Pétition d'hérédité*, s'il possède un droit venant à l'occasion de l'hérédité. La loi 16, §. 4, ff. *de hæred. Petit.*, suppose qu'un détenteur de l'hérédité en ait été expulsé de vive force ; on peut lui demander l'hérédité comme à un possesseur de droit héréditaire ; parce qu'il a, à l'occasion de son expulsion, une action possessoire, qui est la réintégrande, *interdictum undevi quo victus cedere debet*, qu'il doit passer au véritable héritier, ou qu'il sera condamné de lui remettre.

La Pétition d'hérédité s'intente contre celui qui a dénaturé les effets de la succession par la vente ou par l'échange, & qui en a profité d'une manière quelconque, parce que ces effets sont supposés convertis en la masse héréditaire. Cette fiction s'opère dans les actions par lesquelles on poursuit une universalité, parce que l'universalité renferme tous les objets individuels sur lesquels peut s'exercer le droit universel dont il s'agit, ou qui ont été perçus dans l'intention d'exercer ce droit, ou enfin en vertu de ce droit. On n'étend pas cette supposition aux actions singulières, parce que l'action singulière demande un objet singulier, caractérisé autrement que tout autre. Si donc un possesseur d'hérédité a vendu un effet de l'hérédité ; le prix, comme s'énonce la loi 22, ff. *de hæred. Petit.*, peut être supposé avoir succédé à la chose héréditaire, & lui-même il est en quelque façon devenu héréditaire ; loi 16, §. 1, *de hæred. Petit.* Celui qui détient ce prix à titre d'effet de la succession, possède l'hérédité & peut être poursuivi par l'action universelle : loi 34, §. 1, même titre. Si l'héritier fiduciaire a reçu en échange une certaine quantité, il n'est pas héritier, mais vendeur d'une universalité ; & en ce sens, comme le prix est subrogé à l'hérédité, le prix semble héréditaire : loi 13, §. 6.

Quand même le vendeur n'auroit pas reçu le prix, il est possesseur d'un droit, c'est-à-dire de l'action de vente, pour se faire payer : loi 35, même titre. Et pour que le vendeur soit assigné en Pétition d'hérédité, à l'effet de rendre le prix ou de céder ses actions, il n'est pas nécessaire qu'au temps de la vente il ait été possesseur, loi 16, ff. même titre; parce que, ou il a reçu le prix de la vente, ou par cette vente, comme il a donné une action à l'acheteur, il en a une pour se faire payer. On remarquera que cette action ne peut valoir, que si le véritable héritier, ratifiant la vente, offre à l'acheteur l'objet vendu, pour en toucher le prix. Loi 5, C. *de evict.*

L'échange opère la même subrogation que la vente. Celui qui possède l'objet échangé, contre un effet de l'hérédité, ou même qui a une action pour se le faire livrer, est possesseur de l'hérédité & soumis à la Pétition d'hérédité : loi 25, §. 11, à la fin. Si une chose héréditaire étoit aliénée par donation, & qu'elle fût remplacée par une donation rémunératoire, quand une fois la seconde donation est achevée, on peut dire que cet échange a enrichi le possesseur : même parag. Et ce cas diffère du précédent, en ce qu'ici, celui qui aliène n'a aucune action pour se faire remplir de ce qu'il a donné, & par conséquent ne peut être suivi par la Pétition d'hérédité, que quand la donation rémunératoire est parfaite à son profit.

Si le possesseur d'une chose héréditaire la donne en gage, a-t-il ainsi touché à l'hérédité par une eſpèce d'échange, par la ſûreté qu'il en retire ? La loi 25, §. 14, même titre, décide, *quod eſt difficile cùm ipſe ſit obligatus*, cela eſt difficile, puiſque lui-même eſt obligé. Ces mots ſignifient que cela ne ſe peut pas ; parce que l'obligation qui naît du gage eſt perſonnelle, eſt attachée à la perſonne qui engage, & que ſi le poſſeſſeur eût voulu grever la choſe par une hypothèque ou un droit réel quelconque, il n'eût pas pu l'opérer. Loi 7, C. *de rebus alienis non alienandis*.

On peut poſſéder l'hérédité à titre d'héritier ou de poſſeſſeur, ſoit que, depuis l'ouverture de la ſucceſſion, perſonne ne ſe ſoit emparé de l'hérédité, ſoit qu'elle ait déjà paſſé par d'autres mains. Cette tranſmiſſion de l'univerſalité des droits du défunt, s'opère à titre univerſel ou à titre ſingulier. Elle ſe fait de la première manière par hérédité, lorſqu'un défunt a poſſédé d'une poſſeſſion civile ou naturelle, l'hérédité que l'on preſcrit par action, & que l'héritier de ce poſſeſſeur eſt ou n'eſt pas informé de la bonne ou mauvaiſe foi de ſon auteur, loi, 13, §. 3, ff. *de hæred. petit.*, même quand il croit que ces choſes héréditaires, dépendantes de l'hérédité poſſédée injuſtement, ſont de la ſucceſſion de ſon auteur.

L'héritier fidéicommiſſaire qui prend la place du fiduciaire, peut être pourſuivi par la même action. Il ſuccède à tous les droits du fiduciaire. Le fidéicommiſſaire diffère du fiduciaire, en ce que celui-ci, quand une fois il a reſtitué l'hérédité, ne peut être actionné : loi 3, §. 1, ff. *de fideicommiſſariâ hæred. Pet.* Si cependant il retient une partie de la ſucceſſion, loi 13, §. 6, il est détenteur de l'hérédité, & en subit la fortune.

La transmission de l'hérédité que l'on poursuit par Pétition d'hérédité, a pu s'opérer par vente, par donation, & par tout autre titre singulier.

Quant à la vente, la loi 13, §. 8, ff. *de hæred. Petit.*, décide : Si quelqu'un achète l'hérédité d'autrui, sachant qu'elle n'est pas au vendeur, il ne possède pas à titre de possesseur, c'est-à-dire, comme voleur, parce qu'il en a donné le prix ; ainsi il sera poursuivi par une action semblable en tout à la Pétition d'hérédité, parce qu'il a acheté une universalité, & il est supposé posséder à titre d'hérédité. Ce seroit autre chose, si l'acheteur, dans les circonstances précédentes, avoit acquis d'un homme en démence. Il n'y auroit pas de consentement, par conséquent pas de vente ; & cette double fraude, même quand il auroit payé un prix quelconque, l'assimileroit à un voleur : loi 13, §. 1, ff. même titre.

Il suit que la Pétition d'hérédité est donnée entre le vendeur & l'acheteur, loi 13, §. 4, & souvent il est plus utile de poursuivre l'acheteur que le vendeur. Cette loi suppose que l'on ne trouve pas le vendeur, ou qu'il a vendu à vil prix, & qu'il a été possesseur de bonne foi : §. 5. La même chose seroit, si celui qui se croit héritier avoit été obligé, par un testament réputé valable, de vendre à vil prix l'hérédité à un tiers.

La Pétition d'hérédité sera donnée même contre l'héritier de l'acheteur. La loi 13, §. 11, s'exprime ainsi : L'héritier sera poursuivi par cette action, à raison des choses que le défunt possédoit à titre d'acheteur, comme si, en acceptant sa succession, il possédoit à titre d'héritier; encore mieux à raison des choses que le défunt possédoit à titre d'héritier ou de possesseur.

Cette action s'intente aussi contre les possesseurs fictifs. Ils sont de deux sortes, ceux qui défendent comme possesseurs, & ceux qui, avant la contestation en cause, ont cessé, par dol, de posséder. La loi 13, §. 13, ff. même titre, semble de ces deux causes n'en faire qu'une, & les comprendre toutes deux sous le titre de dol; elle s'énonce ainsi : *L'hérédité peut se demander, non seulement à celui qui possède un corps héréditaire, mais encore à celui qui ne possède rien. Celui qui, ne possédant pas, s'est offert à l'action, est coupable de dol. Car, règle générale, celui qui s'offre à la Pétition d'hérédité, est obligé comme s'il étoit possesseur*, supposé cependant que le demandeur ait cru qu'il possédoit; car autrement il ne tromperoit pas le demandeur. Cette idée, qui n'est qu'indiquée dans la loi 25, ff. *de rei vindic.*, se trouve développée dans la loi 45, ff. *de hæred. Pet.* Elle dit: Celui qui s'est offert au procès tandis qu'il ne possédoit pas la chose demandée, doit être condamné (& par conséquent a valablement contesté & encouru tous les effets de la contestation en cause), à moins que, par les preuves les plus évidentes, il ne puisse démontrer que le demandeur, au commencement de l'instance, savoit que lui défendeur ne possédoit pas; parce que les choses étant ainsi, le demandeur n'est pas trompé; & celui qui s'est offert à la Pétition d'hérédité est obligé, à cause de son dol, c'est-à-dire, pour avoir laissé engager le demandeur dans les frais d'un procès qui lui seroit nuisible, si le défendeur en étoit quitte pour proposer à la fin une exception péremptoire, disant qu'il n'a jamais possédé. Voilà donc une espèce de dol qui soumet à la Pétition d'hérédité ; c'est celui de contester comme possesseur d'hérédité, quand on ne la possède pas.

Un autre dol a les mêmes effets, & donne lieu contre celui qui l'a commis, à la Pétition d'hérédité ; il fait *la règle* 131 *du titre ff.* de reg. juris : *Celui qui par dol cesse de posséder, est condamné comme possesseur, parce que le dol tient lieu de possession.*

Mais qu'est-ce que cesser par dol de posséder? N'y a-t-il que celui qui sans droit s'est emparé de la succession, dont on puisse dire qu'il a cessé frauduleusement de posséder? La loi 25, §. 2, 3, 5, 6 & 7, en présente l'explication, de laquelle on peut tirer, que même celui qui possédoit de bonne foi, & qui, s'appercevant qu'il n'étoit pas propriétaire, a cessé de posséder avant la contestation en cause, & a transporté l'hérédité à un autre que le demandeur, afin de le fatiguer par une nouvelle instance contre un nouveau possesseur, est supposé possesseur. Telle est la loi 25, §. 2 & suivans; elle présente le texte du *senatusconsulte Adrien*, & l'explication à laquelle *Justinien* a donné force de loi.

Voici ce que dit le sénat : *Ceux qui ont envahi des biens qu'ils savent ne pas leur appartenir, quoiqu'avant la contestation en cause ils aient cessé de posséder, doivent être condamnés* (& par conséquent assignés), *comme s'ils possédoient.*

Quand le sénat dit, ceux qui ont envahi des

biens, il parle des brigands, c'est à-dire de ceux qui, ſachant que ces biens ne leur appartenoient pas, s'en ſont emparés ſans aucun droit de les poſſéder. Le ſénat parle de celui qui dès le principe appréhende dans l'eſprit de voleur, les choſes héréditaires. Que ſi, à la vérité, dès le principe il a eu une juſte cauſe d'acquérir la poſſeſſion, & qu'enſuite apprenant que l'hérédité ne lui appartenoit pas, il l'ait gardée à titre de vol, le ſénat ne paroît pas s'en être occupé. Cependant je penſe que l'eſprit du ſénatuſconſulte a décidé contre lui; car peu importe que dans le principe on ait frauduleuſement touché à l'hérédité, ou que le dol ſoit ſurvenu dans la ſuite.

La connoiſſance qu'a le poſſeſſeur que l'hérédité ne lui appartient pas, eſt-elle ſeulement la connoiſſance d'un fait, ou peut-elle être une erreur de droit? Par exemple, le poſſeſſeur a cru qu'un teſtament vicieux étoit bien fait; il a cru que l'hérédité ab inteſtat *lui étoit due par préférence à un* agnat *qui avoit droit avant lui: & je ne crois pas que celui-là ſoit un brigand; car il ne commet pas de fraude, pour avoir fait une erreur de droit.*

Le ſénatuſconſulte dit, s'ils ont aliéné l'hérédité avant la conteſtation en cauſe. Cette condition a été miſe, parce qu'après la conteſtation en cauſe tous ſont poſſeſſeurs de mauvaiſe foi, même après l'aſſignation. Car, quoique dans le ſénatuſconſulte il s'agiſſe de conteſtation en cauſe, cependant depuis l'aſſignation tous les poſſeſſeurs deviennent égaux, & ſont obligés, comme brigands: & tel eſt le droit actuel. Car celui qui eſt aſſigné commence à ſavoir qu'il poſſède la choſe d'autrui.

Le sénatusconsulte ajoute qu'ils doivent être condamnés comme s'ils possédoient : & avec raison ; car celui qui frauduleusement a cessé de posséder, est condamné comme possesseur. Ce qui signifie, soit que par dol il ait cessé de posséder, soit que par dol il n'ait pas voulu recevoir la possession.

Cette dernière sorte de dol peut avoir pour exemple la fraude de celui qui abandonne une hérédité qu'il croit testamentaire, à son profit, pour s'en tenir à la succession, qu'il croit dévolue ab intestat, *tandis qu'il est réputé pour héritier testamentaire. Dans la réalité, il possède l'hérédité ; mais par la fiction, en punition de son dol, il est réputé possesseur, & soumis comme tel à des prestations plus onéreuses.*

La faute grave est assimilée au dol. Celui qui par une faute de cette espèce a cessé de posséder, est soumis à la Pétition d'hérédité. Loi 19, §. 2, ff. même titre.

La loi 25, §. 2, donne exemple de ces fautes. Le possesseur de l'hérédité d'autrui n'a pas fait le recouvrement des dettes de la succession, & il a laissé prescrire par les autres ou par lui même contre l'hérédité, quand le débiteur étoit solvable. Il doit céder ces actions ou leur produit, comme si la prescription n'eût pas couru ; & à raison de ce dommage, on peut l'assigner par Pétition d'hérédité.

Dans la concurrence de tous ces possesseurs d'hérédité, ou vrais ou fictifs, quel sera celui que choisira le demandeur pour l'assigner ? Il peut les ajourner tous s'il le veut, ou chacun d'eux, en négligeant les autres : loi 16, §. 4, même titre. Voici l'espèce qu'elle présente.

Si celui qui possédoit à titre d'héritier, a été expulsé de vive force, on peut lui demander l'hérédité comme à un possesseur d'un droit; parce qu'il a la réintégrande, qu'il sera condamné de céder au demandeur. Et celui qui l'a expulsé est soumis à la Pétition d'hérédité, parce qu'il tient à titre de possesseur les choses héréditaires. Mais l'efficacité d'une de ces actions est elle détruite par l'autre? Si l'on a reçu d'un d'entre eux la valeur de l'hérédité, peut-on encore la demander à d'autres? Pour généraliser, il faut supposer que l'on ait demandé à deux possesseurs, l'un vrai, l'autre fictif, la même chose prise numériquement & individuellement.

La fiction étant introduite par le dol de celui qui est regardé comme possesseur, le payement fait par celui-ci ou par le véritable possesseur, opère-t-il la décharge de l'autre? C'est ce qu'ont examiné les loix 95, §. 9, ff. *de solut.* & 13, §. 14, ff. *de hæred. Pet.* Cette dernière s'exprime ainsi: Si un autre ayant acquis la possession que j'avois perdue par fraude, est prêt à contester la cause, le serment en cause n'est point admis contre celui qui par fraude a cessé de posséder, pourvu cependant que le demandeur n'ait aucun intérêt (par exemple, si le vrai possesseur est solvable.) Certainement si le vrai possesseur est prêt à restituer la chose, le serment en cause ne sera pas admis contre le possesseur fictif. La loi ajoute une décision à laquelle on ne devroit pas s'attendre, en prenant l'inverse de la proposition précédente. Si le possesseur fictif par fraude est assigné le premier, le vrai possesseur n'est pas libéré: ce qui signifie, que, quoique le possesseur par fraude ait payé l'estimation du procès, il n'a payé que la peine de son dol, qui lui est personnelle; cette peine ne concerne en rien la chose même demandée. Ainsi le véritable possesseur pourra être poursuivi tant qu'il ne l'aura pas livrée; mais quand une fois il l'a livrée avec tous les dommages & intérêts, alors l'action contre le possesseur par fiction s'évanouit, parce que le demandeur n'a plus d'intérêt.

On ne peut intenter la Pétition d'hérédité que contre ceux qui la détiennent à titre d'héritier ou de possesseur. Si le détenteur possède à titre singulier même l'universalité de la succession, pourvu cependant qu'il ne considère pas comme hérédité, en tout ou en partie, ce qu'il possède, il n'est pas sujet à la revendication appelée *Pétition d'hérédité*, mais à la revendication spéciale. De ce genre sont, avec les conditions que l'on vient de prescrire, les donataires; loi 4, *in quibus causis cessat; l.* 7, *p.*; loi 11, C. *de Petit. hæred.*; les donataires à cause de mort; loi 16, §. 6, ff. *de hæred. Pet.*; les fidéicommissaires à titre singulier; loi 16, §. 7, même titre; les acheteurs, loi 25, §. 17. Ce paragraphe est difficile, & demande d'être développé. Avant, il faut supposer qu'on soit dans le cas d'exercer une action contre un possesseur de bonne foi d'une hérédité, & savoir qu'on ne doit pas préjuger la question de la Pétition d'hérédité. Voici comme il est conçu : *Si un possesseur de bonne foi* (de l'hérédité) *a vendu une chose quelconque, & que le prix ne l'ait pas enrichi, le demandeur pourra-t-il revendiquer de l'acheteur ces choses singulières, en cas qu'elles ne soient pas prescrites? Et s'il les revendique, ne sera-t-il pas repoussé par une fin de non recevoir?*

voir? *En effet, la revendication spéciale ne fait aucun préjugé entre le demandeur & celui qui a vendu, parce que le prix de ces choses vendues* (& duquel le vendeur de bonne foi n'a pas profité) *ne paroît pas pouvoir être l'objet de la Pétition d'hérédité, quoiqu'en cas d'éviction l'acheteur évincé ait pour garant le vendeur. On doit dire que ces choses singulières peuvent être revendiquées, à moins que les acheteurs n'aient un recours à exercer contre le vendeur* (car alors le possesseur de bonne foi, obligé de garantir, auroit, par le fait du demandeur, payé au moins la valeur de cette chose singulière, dont le demandeur n'auroit pas pu répéter directement ni le prix convenu, ni la valeur, en l'assignant par la Pétition d'hérédité; ce qui suppose cependant que le demandeur en revendication singulière intenteroit une revendication universelle d'hérédité, en n'offrant pas de tenir compte au possesseur d'hérédité vendeur, de tous les dommages-intérêts qu'il auroit payés comme garant). *Que décider cependant, si celui qui a vendu est préparé à défendre l'hérédité en total, comme s'il possédoit la chose vendue? Les acheteurs commencent d'avoir une exception personnelle.* (C'est-à-dire, ils répondront qu'il ont acheté à titre singulier de l'héritier ou de celui qui prétend l'être, & que tant que le demandeur n'aura pas établi contre le défendeur à la Pétition d'hérédité, l'insuffisance de son titre, on ne peut pas revendiquer ce qu'ils possèdent: d'abord, parce que ce seroit préjuger la question d'universalité; en second lieu, ce qui fait l'exception personnelle, parce que le défendeur à la Pétition d'hérédité étant condamné, le demandeur recevra de lui le prix de la chose singulière revendiquée). *Assurément si cette chose a été vendue au dessous de sa valeur, & que le demandeur ait reçu ce prix quel qu'il soit, à plus forte raison on dira que le demandeur en revendication singulière sera repoussé par une fin de non recevoir. En effet, si ce que le possesseur a recouvré des débiteurs héréditaires, il l'a payé au demandeur d'hérédité, les debiteurs sont libérés de plein droit, sans avoir égard à la bonne ou mauvaise foi du possesseur de l'hérédité.*

Après avoir déterminé ceux contre qui peut se diriger la Pétition d'hérédité, se présente naturellement cette autre question; quelles sont les prestations auxquelles le possesseur est obligé envers l'héritier? Un sénatusconsulte, fait sur la proposition de l'empereur Adrien, & qui se trouve rapporté mot pour mot dans la loi 20, §. 6, ff. *de hæreditatis Petitione*, détermine au résultat, que le possesseur est obligé de rendre tout le gain qu'il a fait sur l'hérédité; & cela, dit la loi 28, même titre, sans avoir égard à sa bonne ou mauvaise foi: loi 55, ff. même titre; seulement le possesseur de bonne foi ne sera pas obligé de rendre à son détriment; loi 25, §. 11, ff. même titre. *Ainsi*, continue cette loi, *quelque dépense qu'il ait faite sur l'hérédité, il n'est pas obligé de la remplacer en rendant l'hérédité; il n'est pas tenu davantage de réparer les dégradations & les pertes, tant qu'il croit abuser de sa chose. S'il fait une donation, il n'est pas censé enrichi, quoiqu'il oblige d'une obligation purement naturelle le donataire à reconnoître sa libéralité. Mais si cette reconnoissance a eu des effets par une donation rémunératoire, il faut dire qu'il est enrichi de ce qu'il a reçu, & que c'est une espèce d'échange.* Paragraphe 12. *Mais si quelqu'un, croyant son patrimoine augmenté par une hérédité qu'il comptoit lui être deferée, a usé de sa fortune avec plus de profusion, il ne pourra rien défalquer, à son profit, des biens de l'hérédité, s'il n'a rien dépensé de son produit.* Paragraphe 13. *La même chose doit se dire si, trompé par l'apparence de nouvelles richesses, il a emprunté.* Paragraphe 14. *S'il a donné en gage les choses héréditaires, l'hérédité n'en est pas diminuée; il n'a pu donner de droit sur une chose qui ne lui appartient pas; il n'a donc pas transféré le droit de gage.* Parag. 15. De ce que le possesseur ne doit restituer que ce dont il s'est enrichi, vient la decision de l'espèce suivante: on suppose un héritier pour moitié, qui se croit héritier pour le tout; il a consumé, sans fraude, une moitié de l'hérédité. On examine s'il doit restituer au demandeur de l'hérédité la moitié qui reste; s'il ne doit pas plutôt la garder, comme ayant dépensé cette autre moité, non sur ce qui lui appartient, mais sur ce qui appartient à ses cohéritiers. Cette question peut se présenter sous trois point de vue, selon lesquels la décision seroit différente. S'il a fait cette dépense sur les biens de l'hérédité, il l'a prise de toutes les parcelles de l'hérédité; il a donc dépensé la moitié de toutes les parts, c'est-a-dire la moitié de celle qui lui appartient, & de celle qui ne lui appartient pas: il ne rendra donc pas tout ce qui reste, mais seulement la moitié. Le Paragraphe 16 présente une question presque semblable à la précédente; il ne s'agit pas d'un possesseur qui ait consumé l'hérédité, mais d'un possesseur qui a dépensé. Tel est ce paragraphe: *Cette dépense sera-t-elle imputée toute entière sur l'hérédité ou sur son patrimoine en partie, à raison de la grandeur de son patrimoine? Par exemple, il a bu tous les vins de la succession. Dira-t-on qu'en prenant cette provision sur les biens de l'hérédité, il se soit enrichi de toutes la depense qu'il n'a pas prise sur son bien, & qu'il avoit coutume de faire de ses deniers avant que la succession lui fût déférée? En sorte que si l'idée d'avoir acquis une succession l'a induit à une plus forte dépense, il ne paroisse pas s'être enrichi de l'excédent; mais que pour la partie qui est sa dépense ordinaire, il paroisse avoir profité de l'hérédité. Car enfin, quand même il n'auroit pas vécu avec cette magnificence, il eût cependant donné quelque chose à sa dépense journalière. L'empereur Marc Aurele, dans la cause de Pithodore, qui avoit été chargé par un fidéicommis de rendre ce qui lui resteroit de l'hérédité, décida que les choses qui avoient été aliénées sans intention de diminuer le fideicommis, & dont le prix n'avoit pas été versé dans le patrimoine de Pithodore, seroient supposées prises en même temps & sur l'hérédité & sur le patrimoine de Pithodore. Tirons de ce rescrit une induction pour l'espèce présente. Les dépenses journalières seront-t-elles prises aussi sur l'hérédité, comme l'a voulu le rescrit, ou seulement sur le patrimoine du possesseur? Voici ce qu'il fait décider. Les dépenses qu'il auroit faites, quand même il n'eût pas été héritier, seront prises seulement sur son patrimoine.*

Le gain fait sur l'hérédité par le possesseur, & qui doit être restitué au demandeur, se règle ſur celui qu'auroit fait le demandeur, ſi l'hérédité lui eût été rendue dans le temps de la demande. Loi 40, ff. *de hæreditatis Petitione.* Cependant cette règle doit recevoir des modifications; quelquefois elle ſeroit trop dure. En effet, ſi l'on ſuppoſe que depuis la conteſtation en cauſe, des eſclaves, des beſtiaux, des troupeaux aient péri; d'après le ſénatuſconſulte, le poſſeſſeur devroit en payer l'eſtimation, parce que le demandeur pouvoit, après qu'on lui auroit reſtitué l'hérédité, aliéner ces objets. Mais cette rigueur n'eſt raiſonnable que contre le poſſeſſeur de mauvaiſe foi; car le poſſeſſeur de bonne foi ne doit pas répondre de la mortalité, ou être forcé, par la crainte de ce danger, d'abandonner à tout haſard ſon droit ſans l'avoir défendu.

Si le défendeur à l'hérédité a ceſſé de poſſéder ſans commettre aucune fraude, quoique ce ſoit depuis la conteſtation en cauſe, il n'a point profité de l'hérédité; il n'eſt pas tenu de reſtituer. Telle eſt l'eſpèce que propoſe la loi 57, ff. *de hæred. Petitione.* Un même homme défend l'hérédité contre deux revendiquans; un de ceux-ci obtint l'éviction. On demande ſi le défendeur doit reſtituer l'hérédité, comme il eût fallu le faire s'il n'eût pas eu un autre procès à ſon ſujet. Si le ſecond demandeur gagne la cauſe, l'exécution ſe fera-t-elle contre ce défendeur deſſaiſi de l'hérédité par une éviction en vertu d'un jugement, & qui par conſéquent ne poſſède pas & n'a commis aucune fraude pour ceſſer de poſſéder?

Comme il peut arriver, lors du premier jugement qui ordonne l'éviction, que l'autre demandeur obtienne aussi de son côté, il faut que le défendeur demande à celui qui est le premier en état de l'évincer, qu'il lui donne caution, & & le jugement doit l'ordonner. Cette procédure avoit lieu chez les Romains. En France, il suffit à l'évincé de fournir, dans ses défenses contre le second demandeur, l'exception de l'éviction faite sans fraude, en vertu d'un jugement, par la raison que donne à la fin cette loi 57. Celui qui fait plus tard juger sa cause, peut diriger son action contre celui qui a obtenu l'éviction à son profit. Cependant celui qui est sur le point d'être évincé peut exiger la caution de celui qui évince. *Article 448, coutume de Bourbonnois; coutume de Tours, article 155.*

Si la loi, pour le possesseur de l'hérédité défendeur à l'éviction, est qu'il ne profite pas de l'hérédité, cette loi ne devroit-elle pas être étendue au demandeur? Peut il profiter de l'hérédité au delà de la part qui lui appartient? La loi 1, §. 4, ff. *si pars hæred. petatur*, décide pour l'affirmative, & en présente une espèce raisonnée. Nous traduirons cette loi mot à mot, & ensuite nous l'expliquerons.

Je me dis héritier pour une moitié; je possède le tiers de l'hérédité, ensuite je veux poursuivre le sixième qui me manque: que demanderai-je à chaque possesseur? On doit demander à chacun la moitié de ce qu'il possède. Il arrive ainsi que je recevrai de chacun le sixième, & j'aurai les deux tiers. Mais, à mon tour, je serai obligé de rendre le sixième (ex) *sur le tiers que je possédois; & ainsi l'office de juge introduira la compensation de ce que je possède, si ceux à qui je demande l'hérédité sont mes cohéritiers.* Dans cette espèce, les défendeurs à l'éviction de l'hérédité possèdent chacun un tiers. En supposant qu'ils ne soient pas cohéritiers, je demande à chacun la moitié de sa part, c'est-à-dire la moitié d'un tiers ou un sixième. J'aurai donc, par l'éviction, deux sixièmes, ou un tiers, qui, joint au tiers que je possède, fait deux tiers. Les défendeurs ne pourront pas m'opposer que je possede déjà le tiers, & qu'il suffiroit de recevoir de chacun un sixième ; car j'ai le droit de demander la moitié de l'hérédité, c'est à-dire la moitié de ce que tient chaque possesseur. En vain voudroient ils opposer que je possède une partie de l'hérédité ; ce ne seroit qu'en vertu de la compensation ; car la compensation suppose créance de part & d'autre. Loi 1, ff. *de compensationibus*. Même la règle de droit, qui veut que personne ne s'enrichisse aux dépens d'un autre, n'est pas applicable ici ; car le demandeur ne s'enrichit point aux dépens de celui qui opposeroit l'exception. Il suit de là, que si les défendeurs sont cohéritiers, ils peuvent opposer la compensation, comme la loi ci-dessus le prononce ; & je serai tenu *ad restitutionem sextantis ex triente quem possidebam*, de rendre, non pas le sixiéme du tiers que je possédois, mais le sixième de l'hérédité à prendre sur le tiers que je possédois. Il me restera donc un sixième, qui, ajouté aux deux sixièmes évincés, fait la moitié que j'ai droit de recueillir. Il seroit plus simple de n'intenter action contre chacun des héritiers, que pour un douzième. Ces deux douzièmes réunis, faisant un sixième, & ajoutés au tiers que je possède, composent la moitié qui m'appartient.

Pous développer l'idée de gain que le défendeur doit restituer, la loi 18, §. 2, prononce en général : *La Pétition d'hérédité renferme toutes les choses héréditaires, & les corps & les droits. Sous le nom de corps sont compris ceux que le défunt a mis en gage ; la Pétition d'hérédité peut se poursuivre sur ceux qui les retiennent, pourvu qu'ils possèdent ces effets de la succession comme effets héréditaires.* Loi 54, §. 1.

On peut demander les choses sur lesquelles le possesseur avoit le droit de retenue, sans avoir la revendication. Par exemple, si le défunt avoit juré que la chose n'étoit pas à celui qui revendiquoit, même si le possesseur les a perdues par sa faute : on dira la même chose du possesseur de mauvaise foi, quoique pour une autre raison. Il n'a pas pu faire de faute à ne pas retenir, parce qu'il n'a pas droit de le faire. Loi 19, §. 2, ff. *de hæred. Petit.*

La Pétition d'hérédité s'étend aux corps même non héréditaires, mais dont le péril regarde l'héritier, comme les choses engagées au défunt, les choses prêtées, déposées. Quant aux choses engagées, il y a pour les poursuivre une action spéciale, c'est l'hypothécaire ; elle est réelle & appartenant à l'hérédité. On peut donc la poursuivre par Pétition d'hérédité, de même que les choses possédées de bonne foi, sur lesquelles on a une action qui tient des actions réelles ; c'est la revendication, que les Romains appeloient quasi-publicienne. Ces actions sont contenues dans la *Pétition d'hérédité*, qui, étant action réelle universelle, semble englober les actions réelles singulières. Autre chose est des objets qui ont été prêtés ou déposés : on n'a pas d'action pour les poursuivre contre un tiers détenteur. Cependant, comme le péril que peuvent courir ces objets regarde l'héritier, il est juste qu'ils lui soient restitués.

Le paragraphe suivant de la loi 19, ff. *de hæred. Petit.* présente une objection. Telles sont les paroles de la loi : *Si la prescription à titre d'acheteur est accomplie par l'héritier, la chose prescrite ne peut se demander par Pétition d'hérédité, parce que l'héritier, c'est-à-dire le demandeur, peut la revendiquer, & que le possesseur ne peut opposer aucune exception.*

On a vu dans le commencement de la loi, que les objets qui pouvoient se poursuivre par action singulière, dépendante de l'hérédité, étoient contenues dans la Pétition d'hérédité. Ici, l'action singulière n'est pas contenue dans la Pétition d'hérédité ; il suit qu'elle n'est pas héréditaire : & en cela cette espèce diffère de la loi 9, ff. *fam. ercisc.*, où des choses prescrites par l'héritier viennent en action de partage d'hérédité. La raison en est, contre ce qu'ont dit de très-habiles commentateurs, que dans la loi 9, ff. *fam. ercisc.*, la prescription complétée par l'héritier avoit commencé en la personne du défunt, & par conséquent étoit héréditaire, au lieu qu'ici la prescription est dite seulement *impleta*, accomplie par l'héritier à titre d'achat ; il est possible qu'elle ait commencé à lui : de plus, elle ne vient pas en Pétition d'hérédité, elle n'est pas héréditaire ; elle n'a donc pas été prescrite par le défunt, au moins pour le commencement, qui est l'instant où une telle prescription s'estime, pour savoir si les temps peuvent être conjoints. De ce qu'elle n'est pas héréditaire, il suit que le possesseur ne peut pas opposer à la revendication spéciale, une exception, sous prétexte que l'on préjugeroit la cause de l'hérédité. Loi 12, C. *de hæred. Petit.*

Il suffit de posséder une seule chose héréditaire, pour être soumis à la Pétition d'hérédité; & l'on rendra tout ce que l'on viendra à posséder dans la suite, quand même dans l'exploit d'ajournement il ne se seroit agi que de cette seule chose, pourvu qu'elle ait été demandée comme héréditaire. Loi 4, loi 41, ff. *de hæred. Petit.* Par même raison, celui qui a été actionné par Pétition d'hérédité, à raison d'un grand nombre d'objets héréditaires qu'il possédoit, s'il cesse, sans fraude, d'en posséder une partie ou même le tout, il doit avoir congé de l'action pour les objets qu'il ne peut pas restituer. Loi 41, ff. *de hæred. Petit.*

La première supposition est portée plus loin par la loi 18, §. 1, ff. même titre: *Si quelqu'un, tandis qu'on lui demande l'hérédité, ne possède ni corps ni droit héréditaire, mais qu'ensuite il ait acquis quelque chose, il est soumis à la Pétition d'hérédité, & peut être condamné comme tel à restituer tout ce qu'il possède.*

L'hérédité est une universalité qui reçoit des accroissemens & des diminutions. Ainsi, tout ce qui a accédé à l'hérédité depuis la mort de celui dont elle étoit le patrimoine, est dû à l'héritier. Loi 20, §. 3, ff. *de hæred. Pet.*

Celui qui a disposé de l'argent de l'hérédité, & qui l'a perdu, est soumis à la Pétition d'hérédité; & doit représenter l'argent, s'il est possesseur de mauvaise foi: mais s'il est possesseur de bonne foi, il n'est soumis à la Pétition d'hérédité que pour les actions qu'il peut avoir: loi

18, ff. même titre. En général, il suffit au possesseur de bonne foi de subroger à son droit, en cédant les actions : loi 20, §. 17, même titre.

Ce que l'on a acheté pour l'hérédité, par exemple, des esclaves, des troupeaux, quelquefois doit être restitué comme héréditaire. Si on l'a acheté avec de l'argent qui ne venoit pas de l'hérédité, mais que l'achat soit d'une grande utilité à la succession, il en fait partie, & l'héritier qui évince remboursera les loyaux coûts. Si l'on a acheté pour l'hérédité avec l'argent héréditaire, la chose achetée fait dans tous les cas partie de l'hérédité ; mais il faut l'union de ces deux conditions ; autrement il ne suffiroit pas qu'une chose fût achetée avec l'argent de la succession, pour être héréditaire. Loi 20, au commencement, & §. 1, ff. *de hæred. Pet.*

On a vu plus haut que dans les actions universelles, le prix succède à la chose. Loi 22, ff. même titre. C'est en vertu de cet axiome que le sénatusconsulte fait sur cette matière, a décidé que celui qui est condamné à restituer l'hérédité, doit rendre le prix qui revient de la vente des choses héréditaires. Loi 20, §. 6, §. 17, ff. Sous le nom de prix qui revient de la vente des choses héréditaires, on comprend l'argent reçu, & encore celui que l'on peut exiger, quoiqu'il ne soit pas encore payé : loi 20, §. 15, ff. *de hæred. Petit.* §. 17, à la fin.

Si le défendeur a lui-même été demandeur de l'hérédité, & qu'il ait reçu l'estimation du procès, c'est le prix de l'hérédité ; si l'on défalque les dépens faits pour cette instance, & il doit restituer l'excédent : loi 16, §. 2, ff. *de hæred. Petit.*

Cette règle, comme le remarque la loi 20, §. 12, est pour les vendeurs de bonne foi; mais le vendeur de mauvaise foi doit-il rendre rigoureusement tout le prix, ou seulement ce dont il s'est enrichi? Supposez, par exemple, qu'il l'ait donné ou perdu, & que la preuve en soit claire. Le sénatusconsulte fait sur la proposition d'Adrien, se sert du mot *parvenir*, qui est vague : s'applique-t-il au premier moment seul de l'acquisition, ou à une acquisition dont le profit dure encore? La loi 23, ff. même titre, prononce que ce mot *parvenir* signifie dans le possesseur de bonne foi, le gain qui lui reste. Le vendeur de mauvaise foi est tenu de représenter, non pas simplement le prix qu'il a reçu, mais la chose même estimée par le serment en cause, avec les fruits. Cependant l'héritier pourra, s'il le veut, choisir de demander au possesseur de mauvaise foi, le prix de la chose aliénée, & les intérêts depuis la contestation en cause.

La mauvaise foi est toujours présumée dans celui qui a aliéné des choses héréditaires depuis la Pétition d'hérédité. Aussi il rendra la chose vendue représentée par son estimation, suivant le serment en plaids, & de plus les fruits de la chose. Loi 20, §. 16. Ce paragraphe ajoute : *Si les choses vendues étoient stériles ou périssables, & qu'elles aient été aliénées à juste prix, le demandeur pourra choisir qu'on lui rende le prix & les intérêts.* On remarquera que cette prestation est moins onéreuse au possesseur que l'on suppose de mauvaise foi, & qui n'a causé aucun détriment à la succession; ainsi le choix devroit être laissé au défendeur.

Celui qui a vendu une chose héréditaire sous

le pacte de la loi commissoire, & qui en a retiré quelque avantage en retenant une partie du prix, loi 4, §. 1, ff. *de lege commissariâ*, doit aussi le restituer. Loi 23, ff. *de hæred Petit.* parce que ce gain a été fait à l'occasion de l'hérédité.

Celui qui, outre le prix, a reçu une peine pécuniaire, stipulée si l'acheteur ne payoit pas dans un certain temps marqué, doit encore rendre l'argent qu'il a reçu à l'occasion de cette peine conventionnelle. Loi 23, ff. *de hæred. Petit.*

Si le possesseur qui a aliéné est de mauvaise foi, il doit rendre les choses en nature; ou s'il ne peut pas les retirer des mains de l'acheteur, il payera l'estimation faite par le serment en cause. Loi 20, §. 21, ff. *de hæred. Petitione.* Mais si ces choses vendues ont cessé d'exister, ou ont cessé d'être héréditaires, parce qu'elles ont été prescrites, le possesseur de mauvaise foi doit le juste prix, & non pas ce qui a été reçu, parce que si le demandeur eût recouvré la chose, il l'eût vendue, & auroit pu en avoir le juste prix. Loi 20, §. 21; loi 21, loi 40, ff. *de hæred. Petitione.*

Si le possesseur de bonne foi a la chose & son prix, dans la supposition que présente la loi 22, ff. à ce titre; si le possesseur de bonne foi, qui a vendu une chose héréditaire, la rachète, a-t-il le choix de rendre au demandeur d'hérédité la chose, & non le prix? Voici comme s'exprime cette loi 22: Je dis qu'il faut, à l'égard d'un possesseur de mauvaise foi, que le choix appartienne au demandeur. Le possesseur de bonne foi doit-il être écouté, s'il veut livrer la chose quoique détériorée, & doit-on ne pas donner l'option au demandeur qui veut le prix, parce que cette demande feroit malhonnête ? Ne doit-on pas faire entrer en confidération le gain qu'il a fait fur la vente de la chofe héréditaire, & lui faire rendre l'excès du prix fur la valeur actuelle de la chofe ? Car telle eft la requête de l'empereur Adrien au fénat. Voyez, fénateurs, s'il ne feroit pas plus équitable que le poffeffeur ne fît aucun gain, & rendît le prix qu'il a reçu de la chofe d'autrui; parce que l'on peut imaginer qu'en place de la chofe héréditaire, a fuccédé fon prix, & que ce prix eft en quelque façon devenu héréditaire. Il faut donc, continue la loi 22, que le poffeffeur de bonne foi rende la chofe au demandeur, & de plus, le gain qu'il a fait au moyen de la vente.

Si le poffeffeur a vendu une chofe héréditaire, & que cette chofe étant évincée, il ait rendu le prix qu'il en a reçu, on ne peut pas dire qu'il gagne ce prix qu'il a été forcé de rendre, & même on pourroit dire que ce prix, fût-il refté en fon pouvoir après l'éviction, n'eft pas de l'hérédité, ou ne fuccède pas aux chofes de l'hérédité, parce que la chofe vendue & évincée n'appartenoit pas à l'hérédité. *Il eft vrai*, ajoute *la loi 20, paragraphe 18, que le fénatufconfulte paroît s'occuper des chofes, en général, diftraites de l'hérédité, & non pas des chofes héréditaires, diftraites de l'héredité.*

Cependant, en fuivant l'hypothèfe de la chofe évincée, le vendeur ne doit pas en rendre le prix, parce que chez lui il ne refte rien de l'hérédité. On peut tirer cette conféquence d'une autre décifion, qui porte, que le poffeffeur qui a fait payer à l'hérédité une dette imaginaire, ne doit rien à l'héritier ; de même qu'il ne pourroit point se faire rembourser par l'héritier une dette imaginaire qu'il auroit payée. La raison dominante dans tous ces cas, est que l'hérédité n'a été ni augmentée ni diminuée.

Si la chose vendue a été reprise en vertu de l'action redhibitoire, elle reste dans l'hérédité, & le prix rendu à l'acheteur ne sera pas payé à l'héritier. Loi 20, §. 19. Par la même raison d'équité qui fait que tout le gain de la chose héréditaire vendue revient à l'héritier, celui-ci, à son tour, doit se charger de toutes les obligations raisonnables, par lesquelles le vendeur d'un effet héréditaire s'est engagé envers l'acheteur; loi 20, §. 20, au moins lui garantir l'indemnité par une caution.

Celui qui a géré les affaires d'un autre qu'il croyoit héritier, & qui se trouve reliquataire du prix retiré de la vente d'une chose héréditaire, est-il soumis à la Pétition d'hérédité ? Cette question paroît facile à résoudre, & cependant se trouve décidée par Papinien d'une manière contraire aux idées ordinaires, mais conforme à la raison réfléchie. Telle est cette espèce, elle se trouve dans la loi 10, ff. *si pars hæred. petatur.*

Un père est institué héritier pour une partie ; il meurt du vivant du testateur : son fils ignore ce prédécès ; il administre au nom de son père qu'il croit absent, cette partie de l'hérédité : il vend des effets héréditaires & en reçoit l'argent. Jusqu'ici on ne peut lui demander l'hérédité, parce qu'il ne possède le prix ni à titre d'héritier ni à titre de possesseur ; c'est seulement un fils qui a géré les affaires de son père, &

l'action de gestion sera donnée à ceux à qui passe la portion héréditaire qui eût appartenu au père prédécédé. On ne doit pas craindre qu'il soit obligé envers les héritiers de son père (dont il est peut-être déshérité), comme ayant géré les affaires héréditaires, parce que le bien qu'il a administré n'étoit pas de l'hérédité paternelle ; car si l'action de gestion appartient à celui au nom duquel on a perçu le prix, c'est à celui-là qu'on doit restituer. Mais dans l'espèce, les affaires n'appartenoient pas au père, puisqu'il étoit mort ; elles n'appartenoient pas à la succession paternelle, puisqu'elles dépendent d'une autre hérédité que le père n'avoit pas acquise. Si cependant ce fils est héritier de son père, & prétend que son père est mort après avoir receuilli la succession, il se présente une question, si ce fils change entre ses mains la cause de sa possession : cependant, parce que celui qui a géré les affaires héréditaires, & qui est reliquataire, si dans la suite il prétend être héritier, peut être assigné comme possesseur du droit de l'hérédité ; il faut répondre la même chose pour le fils qui a géré les affaires de son père, comme dépendantes d'une succession qu'il croit que son père a receuillie, & qui a passé en sa personne, puisqu'il est héritier de son père.

Le possesseur de bonne foi qui a employé le prix d'une chose héréditaire en achat d'autres objets, pourra être assigné pour le prix, non pour l'objet acheté. Si cependant la chose valoit moins qu'elle n'a été achetée, il ne sera tenu que de représenter la valeur de la chose, par la raison que s'il eût consumé tout le prix, il n'auroit profité de rien, & ne seroit tenu d'aucune restitution : loi 25, §. 1, ff. *de hæred. Petit.* La

La loi première, C. *de Petit. hæred.*, a réglé ensemble la matière des intérêts & des fruits. Tel en est le paragraphe premier ; il s'agit d'abord des possesseurs de bonne foi, ensuite des possesseurs de mauvaise foi ; il s'exprime ainsi : *Les possesseurs de bonne foi ne doivent pas être forcés à rendre les intérêts de l'argent des objets héréditaires vendus, à compter depuis la vente jusqu'à la contestation en cause, non plus que les fruits, à moins qu'ils ne se soient enrichis ; mais après la contestation en cause (comme tous les possesseurs sont de mauvaise foi), tous les possesseurs doivent rendre les fruits des choses non vendues, ceux qu'ils ont recueillis & ceux qu'ils ont pu recueillir, aussi bien que les intérêts du prix des choses vendues avant la contestation en cause, mais à compter seulement de la contestation en cause.*

On doit remarquer que dans cette loi il s'agit de possesseurs qui d'abord étoient de bonne foi, & dont on a changé la nature de la possession, par la contestation en cause ; car les possesseurs de mauvaise foi, dès l'origine, doivent les intérêts du jour de la vente ; & l'on a vu plus haut quelle option appartenoit au demandeur : loi 20, §. 12, 16. Cette loi première au code, est d'Antonin, & bien antérieure au digeste, qui n'a eu force de loi que sous Justinien. La loi 20, §. 11, ff. *de hæred. Petit.* dit expressément que les intérêts du prix des choses vendues, se doivent depuis la dénonciation faite au possesseur à personne ou à domicile. Tel est le droit, malgré la loi première au code, parce que la loi 20 du digeste est postérieure, & que toutes les deux sont composées pour expliquer le sénatusconsulte fait sous Adrien au sujet de la Pétition d'hérédité.

On ne connoît de fruits que quand on a déduit les dépenses nécessaires pour les cultiver, les recueillir & les conserver. Cette réduction a lieu à l'égard de tous les possesseurs, même ceux de mauvaise foi : loi 36, §. 5, ff. *de hæred. Petit.* Ceux-ci peuvent exiger le remboursement des avances, seulement quand ils ont recueilli : loi 37, ff. *de hæred. Petit.* Tout ce qui est dit loi 38, suppose que le demandeur percevroit du gain ; ce qui, dans l'espèce des fruits, admet de nécessité une récolte.

On compte au nombre des fruits les prix des baux : loi 29, ff. *de hæred. Petit.* Si le possesseur retire de l'hérédité un gain malhonnête, il sera forcé de le restituer, de peur qu'une interprétation honnête n'occasionne un gain à un possesseur malhonnête : loi 52, même titre.

Les loyers des maisons sont des fruits à restituer, quoique perçus à l'occasion d'un lieu de débauche ; car ces lieux se tiennent souvent dans les maisons d'honnêtes gens : loi 27, §. 1, ff. même titre. On doit encore mettre au nombre des fruits, ceux que le défunt a perçus des gages qu'il possédoit : loi 41, §. 1, ff. *de hæred. Petit.*

On voit dans la loi première, au code *de Petit. hæred.*, que, dès que le possesseur est de mauvaise foi, il doit les fruits quelconques, même ceux qu'il auroit du recueillir : c'est ce qu'affirment en termes exprès les paragraphes 3 & 4 de la loi 25, ff. *de hæred. Petit. Ceux qu'ils ont dû percevoir* ; à plus forte raison ceux qu'il a perçus : & peu importe si le demandeur ne les eût pas recueillis : loi 56, ff. même titre.

Les fruits produisent eux-mêmes des fruits

ou des intérêts. On distingue encore ici la cause des possesseurs, à raison de la bonne ou mauvaise foi. Les loix sur ce point sont embarassantes. Cette difficulté vient sur-tout des mots *augere*, *augmentum*, que l'on y trouve en deux sens différens ; tantôt ils signifient augmentation, comme partie d'hérédité, tantôt comme accessoire. Il faut se rappeler que le possesseur de bonne foi gagne les fruits par la perception, qui est une manière d'acquérir à titre singulier, instit. §. 35, *de rerum divisione*, & qu'il en est autrement du possesseur de mauvaise foi : on doit y joindre ce principe, que l'on ne paye pas les intérêts des intérêts ; & cet autre, que l'hérédité à restituer doit être estimée à l'instant de la demande. De ces deux idées réunies, sont composées les décisions de la matière présente.

Les fruits perçus par le possesseur de bonne foi avant la Pétition d'hérédité, lui sont acquis, & par son moyen sont, non pas un accessoire, mais une partie intégrante de l'hérédité, parce qu'il a voulu les acquérir comme appartenant à l'hérédité. C'est la seconde partie du paragraphe premier ; de la loi 51, ff. *de hæred. Petit.* Mais il faut pour cela qu'il s'en soit enrichi : loi 40, §. 1, à la fin. C'est dans cette double supposition que doivent s'entendre les loix 26 & 27, ff. même titre.

Le possesseur de mauvaise foi ne fait pas les fruits siens ; ils augmentent l'hérédité, non comme accessoire, mais comme partie du principal ; & sous ce point de vue, rien n'empêche qu'ils ne produisent des fruits ou des intérêts : loi 40, §. 1. Il devra donc les fruits des fruits, avant & après la contestation en cause. Dans ce paragraphe, à la première partie, le mot d'*augent*, présente un augment, comme partie de l'hérédité, & non comme accessoire; à la seconde, le mot augment signifie la même chose; mais si on rapporte cette secõnde partie au temps après la contestation en cause, au commencement de la loi 40, ce qui est possible, en cumulant, selon cette loi, la bonne foi & la contestation en cause, *augmenta* signifiera des accessoires.

Il est vrai qu'aussi-tôt la demande formée, le possesseur, même de bonne foi, est constitué en mauvaise foi. Comment donc entendre la première partie du paragraphe premier de la loi 51, où il est dit, on ne doit pas les intérêts des fruits perçus depuis la demande; on a vu plus haut, loi 40, §. 1, que le possesseur de mauvaise foi doit les intérêts. La différence vient de ce que dans le possesseur de mauvaise foi, ce qu'il a reçu dans l'hérédité, puis les fruits, n'ont qu'une seule & même nature, celle de principal, celle d'une totalité d'objets à restituer, & dont il ne doit tirer aucun profit, pas même les intérêts de ces fruits; au lieu que dans le possesseur de bonne foi, qui n'a été constitué en mauvaise foi que par la demande, il faut distinguer deux temps; où finit la bonne foi, là on commence à regarder les choses héréditaires comme changeant de nature; tout ce qui a précédé la demande, & qui a été reçu par la bonne foi, est regardé comme principal; tout ce qui est recueilli par la mauvaise foi ne peut pas être de la même nature, de l'instant que l'intention a changé. Il sera donc considéré comme accessoire, & les fruits ou intérêts n'en seront pas dus.

La loi 15, ff. *de usuris*, présente une objection ; elle dit dans la seconde partie : *On ne doit pas les intérêts des fruits qui, perçus avant la contestation en cause, sont redemandés comme à un possesseur de mauvaise foi.*

La solution est que, dans la loi 15, ff. *de usuris*, il s'agit d'un fruit de chose singulière ; ce fruit n'appartenant pas à une universalité, ne fait pas partie du principal qui l'a produit, mais fait un tout à part. Or, ce tout ne peut produire d'intérêt. Il falloit à Rome une stipulation spéciale ; à son défaut, l'office du juge peut y suppléer depuis la demande, si on a requis les intérêts : & dans la loi 15, seconde partie, il s'agit de fruits perçus avant la demande. On conçoit que la décision seroit contraire pour les intérêts de ces mêmes fruits perçus avant la demande, mais à compter seulement depuis que l'action est intentée, par induction de la première partie de cette loi 15, ff. *de usuris*.

La loi 20, au commencement, ff. *de hæred. Petit.*, semble poser pour principe général, que ce qui est acheté avec l'argent héréditaire peut être demandé par Pétition d'hérédité. Cependant cette même loi, §. 1, restreint cette règle ; elle apporte pour exemple de limitation, cette espèce où le possesseur de l'hérédité auroit acheté pour lui-même un esclave avec l'argent héréditaire. En ce cas, il n'en doit que le prix. La même loi, §. 2, compare à cette supposition une autre, qui est l'inverse. Il s'agit, non d'achat, mais de vente. Le possesseur d'hérédité vend sans raison un fonds de terre héréditaire ; s'il est possesseur de bonne foi (ce que n'a pas marqué cette loi), ou si même étant possesseur de bonne foi, il a employé le prix à l'acquit des dettes de la succession, il ne doit rendre que le prix, & point la chose; tandis que s'il avoit été possesseur de mauvaise foi, il seroit tenu de rendre la chose & les fruits, ou l'estimation de ces deux objets réunis. Quant aux accessoires, il faut distinguer s'ils sont accessoires de l'hérédité ou du possesseur. Une fois l'hérédité étant acquise, les accroissemens qui viennent de l'hérédité, sont, sans aucun doute, héréditaires. Il faudroit décider autrement si ces accroissemens venoient de causes extérieures; on les présumeroit accroissemens non de l'hérédité, mais du possesseur. Celui qui doit une servitude à l'héritier ou aux héritages de la succession, ne sera pas soumis à la Pétition d'hérédité. En effet, il ne peut qu'être passif & souffrir la servitude. A la vérité, un débiteur héreditaire est sujet à la Pétition d'hérédité; mais ce débiteur peut restituer ou donner, au lieu que le débiteur de la servitude ne peut rien livrer, il ne peut que laisser jouir: & la liberté de son fonds, qu'il prétend défendre, n'est pas un effet héréditaire. Il faudra donc avoir recours contre lui à l'action confessoire: loi 19, §. 3, ff. *de hæreditatis Petitione*.

Le possesseur, en restituant l'hérédité, pourra retenir ce qu'il a payé à de véritables créanciers de l'hérédité. En effet, il n'a pas d'action contre les créanciers pour répéter ce qui leur étoit dû, & l'hérédité est libérée d'autant: loi 5, C. *de Petit. hæred.* Il suit de là, qu'il ne pourra point passer en compte ce qu'il aura payé, qui n'étoit pas dû, parce qu'il n'a pas apporté de profit à l'hérédité, & que s'il a lui-même exigé des choses non dues, il n'est pas tenu de les rendre:

loi 20, §. 18, à la fin, ff. *de hæred. Petit.* On remarquera que le payement de chose due, fait par le possesseur de bonne foi, ne libère pas de plein droit le demandeur d'hérédité; car celui qui paye en son nom, & non pas en celui du débiteur, ne libère pas ce débiteur: loi 31, ff. *de hæred. Petit.*

Le possesseur de bonne foi n'est pas tenu de porter en recette ce qu'effectivement il n'a pas reçu des débiteurs héréditaires; il suffit qu'il donne le titre au propriétaire de l'hérédité, quand même il auroit laissé éteindre l'obligation par la prescription. Il n'en est pas de même du possesseur de mauvaise foi, loi 25, §. 2 & 3, ff. *de hæred. Petit.*; s'il a laissé achever la prescription contre une action héréditaire, il est soumis à la Pétition d'hérédité dans tous les cas, soit qu'un autre, soit que lui-même ait été le débiteur. Le paragraphe 2 de la loi 25 ajoute, *hoc utique si exigere potuit*; ce qui n'est vrai, que s'il a pu intenter l'action & se faire payer; ce qui suppose que le possesseur de mauvaise foi peut quelquefois intenter des actions héréditaires. Cependant la loi 35, §. 4, ff. au digeste *de hæred. Petit.*, semble prononcer le contraire; elle dit mot pour mot: *On ne peut point imputer au possesseur de mauvaise foi d'avoir souffert que les débiteurs se libérassent,* (par prescription), *ou devinssent moins solvables, & de ne les avoir pas poursuivis*, cùm actionem non habuerit, *puisqu'il n'avoit pas d'action contre eux.* Cette opposition est grande, peu de commentateurs l'ont présentée, & aucun ne l'a détruite.

La loi 6, §. 12, ff. *de negotiis gestis*, qui parle d'un possesseur en général, est aussi applicable au possesseur de mauvaise foi ; elle distingue sa dette de celle d'un tiers, & prononce qu'il pouvoit se payer à lui-même ; tandis qu'il n'en est pas de même d'un tiers contre lequel il n'a pas d'action. On connoît la raison de cette différence, il peut se payer à lui-même ; ici il ne s'agit pas d'action dirigée par exploit contre lui-même, mais seulement de l'obligation qu'il avoit contractée avec lui-même, en envahissant l'hérédité, de ne pas la détériorer. En vertu de cette obligation, il y avoit une action intérieure de lui possesseur de mauvaise foi, à lui débiteur, loi 9, §. 3, ff. *de administ. & peric. tut.* &, en vertu de cette action, il a dû se faire payer de lui-même. Ainsi la loi 31, §. 4, doit s'entendre, par rapport à lui, d'une action extérieure, ou ne doit s'appliquer qu'aux autres débiteurs.

Cependant la loi 25, §. 2, est toujours opposée à la loi 31, §. 4, & à la loi 6, §. 12, ff. *de negot. gestis*. Si l'on suppose qu'un autre que le possesseur ait été le débiteur ; la loi 25 suppose des cas où le possesseur de mauvaise foi peut faire payer les débiteurs : les deux autres loix prononcent qu'il n'a jamais d'action héréditaire.

Nous remarquerons que les mots dont se servent ces loix, ne sont pas les mêmes ; dans la loi 25, il y a *exigere*, exiger ; dans les autres il y a *convenire*, *actionem habere*, ce qui signifie intenter action. Or, le mot *exiger* se prend en deux sens ; il signifie tenter de faire payer par action ou par compensation. C'est dans cette dernière acception que nous proposerons la solution de cette difficulté. La compensation est de droit naturel, & s'exerce sans action civile ; elle peut être opposée de deux manières par le possesseur de mauvaise foi au débiteur héréditaire. D'abord, supposez que le débiteur héréditaire intente une action contre l'hérédité, le possesseur de mauvaise foi n'intentera pas action contre le débiteur, loi 31, §. 4, ff. *de hæred. Pet.*, mais il opposera l'exception de compensation; & c'est une manière d'exiger: loi 25, §. 2. En second lieu, on peut imaginer que le débiteur héréditaire intente action contre le possesseur de mauvaise foi. Celui-ci doit opposer la compensation. Il est vrai que la loi 18, §. 1, ff. *de compensationibus*, dit: *le créancier n'est pas forcé de compenser ce qu'il doit à un autre que son débiteur.* Ici le débiteur héréditaire doit à l'hérédité, non au possesseur de mauvaise foi. Mais le possesseur de mauvaise foi a pu payer à l'hérédité ce que devoit le débiteur héréditaire, & pour cela il n'a pas eu besoin de son consentement: loi 53, ff. *de solutionibus*. Et dans la supposition que le débiteur héréditaire ne se soit pas opposé à ce payement, le possesseur de mauvaise foi qui a payé à l'hérédité, n'est pas subrogé de plein droit, à moins que l'action héréditaire ne lui soit cédée; mais il a *action de gestion d'affaires* contre celui qui étoit débiteur héréditaire: loi 8, §. 3, ff. *de negot. gestis.* Alors la dette n'étant plus qu'entre le possesseur de mauvaise foi & celui qui étoit débiteur héréditaire, le possesseur de mauvaise foi peut lui opposer la compensation. Or, l'effet de la compensation est d'éteindre la dette jusqu'à concurrence de la créance; il ne compense que ce qu'il est supposé avoir payé à l'hérédité pour le débiteur héréditaire. C'est donc cette quantité qu'il doit rendre au propriétaire de l'hérédité.

Dans cette supposition, ce payement par compensation est toujours possible ; donc le possesseur de mauvaise foi le doit faire, *hoc utique si exigere potuit.* La loi le soumet à remplir l'hérédité s'il a eu la possibilité quelconque de faire valoir contre ce débiteur étranger le droit de l'hérédité. Cette nécessité ne doit pas paroître trop rigoureuse contre le possesseur de mauvaise foi.

Le possesseur de l'hérédité peut répéter ou compenser ce qu'il a dépensé pour la maladie du défunt : loi 4, C. *de Petit. hæred.* Il peut faire de même pour les funérailles du défunt : loi 4, C. Si, pour accomplir une condition imposée à l'héritier, le possesseur de bonne foi a fait au défunt un tombeau, un mausolée, on peut dire qu'il n'a fait qu'obéir au défunt ; & s'il a resserré sa dépense dans les limites prescrites par l'héritier, ou, au défaut d'une volonté indiquée, dans celles qui sont raisonnables, en restituant l'hérédité, il retiendra ces déboursés, ou intentera *l'action de gestion d'affaires*, comme ayant géré celles de l'hérédité, & accompli la volonté du défunt : loi 50, §. 1, ff. *de hæreditatis Petitione.*

Le possesseur de l'hérédité qui a vendu des choses héréditaires, & qui n'en a pas reçu le prix, soit que l'acheteur ne l'ait pas payé, soit que le proxenète de la vente l'ait fraudé de l'argent, n'est pas toujours tenu de représenter le prix : s'il est en bonne foi, il suffit qu'il cède les actions à celui qui revendique l'hérédité. Loi 18, ff. *de hæred. Petit.*

S'il est possesseur de bonne foi, il n'est pas obligé de garantir le dommage qu'il a causé par sa faute, en ne faisant pas les dépenses nécessſaires pour entretenir ; il a cru diſpoſer d'une choſe qui lui appartenoit. Seulement ſa mauvaiſe foi commence à l'exploit en demande d'hérédité : loi 31, §. 3, ff. *de hæred. Petit.* On voit de là, que l'on doit appliquer au poſſeſſeur de mauvaiſe foi la loi 54, §. 2, ff. *de hæred. Petit.* où il eſt dit : Lorſque des héritages urbains & ruſtiques ſont détériorés par la faute des poſſeſſeurs ; par exemple, parce que des vignes, des vergers, des jardins, ont été cultivés autrement que ne l'auroit fait un bon père de famille, le poſſeſſeur doit être condamné, d'après le ſerment en cauſe, à toute la détérioration arrivée par ſa faute.

Si d'un côté le poſſeſſeur eſt tenu de reſtituer ce qu'il a perçu de l'hérédité, le demandeur eſt tenu, à ſon égard, à des preſtations qu'exige cette action, qui eſt mixte & de bonne foi. Les engagemens qu'il a pris au profit de l'hérédité, doivent ne point être à ſa charge, & on lui en donnera caution : loi 20, §. 20, ff. *de hæred. Petit.* Les dépenſes faites par un poſſeſſeur quelconque doivent lui être rembourſées quand on en a recueilli le fruit. Le poſſeſſeur de bonne foi a le privilége de les répéter, même quand il n'auroit recueilli aucun fruit. Loi 37, ff. *de hæred. Petit.* Quand l'objet ſur lequel on a fait de la dépenſe ne produit pas de fruit, le poſſeſſeur de mauvaiſe foi ne peut redemander ces dépenſes que ſi la choſe eſt améliorée ; le poſſeſſeur de bonne foi ſe les fait rembourſer en tout état de la choſe, quand même elle n'exiſteroit pas : loi 38, ff. *de hæred. Petit.* Mais les débourſés faits pour ſupporter les charges de l'hérédité, doivent être rendus au poſſeſſeur ſans diſtinction : loi 6, §. 1, ff. *si pars hæred. petatur*, ou l'on doit lui en tenir compte, supposé que l'argent donné ait été de l'hérédité.

Si un possesseur a payé de son argent quelque dette aux créanciers héréditaires, il n'a pas libéré de plein droit l'hérédité; car ce que l'on a payé en son propre nom, & non pas en celui du débiteur, ne libère pas ce débiteur. Le possesseur de mauvaise foi le passera en compte, s'il a stipulé qu'on n'inquiéteroit pas le propriétaire. Le possesseur de bonne foi, quand il n'auroit point stipulé la sûreté du propriétaire, passera de même en compte ce qu'il a payé, pourvu qu'il cède son action: loi 31, ff. *de hæred. Petit.* Le demandeur d'hérédité pourra lui-même aussi, dans ce dernier cas, opposer une fin de non recevoir.

Lorsque le créancier de l'hérédité est le possesseur lui-même, il peut retenir ce qui lui est dû quand il est de bonne foi, loi 31, §. 2, ff. *de hæred. Petit.*, même quand il est de mauvaise foi, si la dette étoit civile: loi 31, §. 1, ff. *de hæred. Petit.* Autre chose seroit si la dette étoit purement naturelle & non exigible, à moins que le demandeur d'hérédité n'ait intérêt que cette dette, même naturelle, soit payée; par exemple, pour être à couvert d'une peine stipulée; alors le possesseur, même de mauvaise foi, est supposé être payé lui-même: loi 31, §. 1, ff. *de hæred. Petit.*

Si le possesseur d'hérédité, parce qu'il se croyoit héritier testamentaire, a payé des legs avec ses deniers, & qu'un propriétaire de l'hérédité évince l'hérédité *ab intestat*, il pourroit avoir payé de bonne foi avant la contestation de la Pétition d'hérédité; il pourroit aussi avoir pourvu à sa sûreté, en exigeant caution, que si l'hérédité lui étoit évincée, on lui rembourseroit ses legs ; mais les légataires seront peut-être insolvables. C'est pourquoi il peut se payer sur la masse héréditaire, pourvu qu'il cède à l'héritier *ab intestat* les actions contre les légataires, dont le droit apparent s'est évanoui : loi 17, ff. *de hæred. Petit.*

Après la Pétition d'hérédité instituée en faveur de celui qui se prétend seul héritier, il faut dire un mot de celle qui appartient à celui qui demande une partie de l'hérédité. Celui qui demande l'hérédité en tout ou en partie ne mesure pas son action sur la partie que tient le possesseur, mais sur son droit ; c'est pourquoi s'il est héritier pour le tout, il revendiquera toute l'hérédité, quoique vous ne possédiez qu'un seul objet. S'il n'est héritier que pour une partie, il ne revendiquera qu'une partie, quoique vous possédiez la totalité de l'hérédité : loi 1, §. 1, ff. *si pars hæred. petatur. Bien plus, si deux personnes possèdent l'hérédité, & que deux demandeurs se prétendent propriétaires en partie, chaque demandeur ne doit pas se contenter de demander chacun à un seul possesseur ; par exemple, le premier au premier, le second au second ; mais tous les deux au premier, & tous les deux au second ; car un possesseur ne tient pas seulement la part du premier, & un second seulement la part du second, mais tous deux possèdent chacun les parts des copropriétaires de l'hérédité ; & si le demandeur & le défendeur possèdent l'hérédité, tous les deux affirmant qu'ils sont les propriétaires pour une partie, ils doivent se poursuivre réciproquement, pour avoir une partie de l'hérédité :* loi 1, §. 2, ff. *si pars hæred. petatur.* ; loi 10, §. 1, ff.

de hæred. Petit. Si parmi plusieurs héritiers à qui appartient une même succession, quelques-uns ont accepté, tandis que les autres délibèrent; ceux qui ont accepté, s'ils demandent l'hérédité, ne peuvent pas demander une plus grande part qu'ils n'en auroient les autres se portant héritiers; & ils ne pourront pas se prévaloir de ce que les autres n'auroient pas encore accepté: mais quand une fois les autres auront renoncé, alors ils pourront demander leur part, si elle leur est échue.

On peut assimiler au cas précédent, celui d'un héritier qui demande l'hérédité, tandis que d'autres héritiers qui doivent concourir sont dans le sein de la mère. La loi suppose que la femme peut mettre au monde trois enfans à la fois. Ainsi, celui qui demande l'hérédité ne pourra prétendre, avant l'accouchement, que le quart de la succession, le reste dépendra du nombre des enfans qui naîtront: loi 3, ff. *de hæred. Petit.*; loi 28, §. dernier, ff. *de judiciis.* En sorte que s'il en vient au monde moins que trois les trois quarts lui accroîtront au prorata, c'est-à-dire que sa part deviendra un tiers ou une moitié, ou le tout; & s'il naît plus de trois enfans, son quart décroîtra au prorata, & par conséquent deviendra un cinquième, un sixième ainsi de suite: loi 4, ff. *de hæred. Petit.* Il est à remarquer que celui qui ne peut demander l'hérédité que pour une part, est souvent, dans le droit, héritier pour une autre portion. Par exemple, on croit une femme enceinte, & elle ne l'est pas; les droits actifs & passifs de l'hérédité appartiennent tout entiers à celui qui est né, quoiqu'il ne sache pas qu'ils lui soient ac quis. Ce droit s'obſerve à l'égard de l'héritier préſomptif & de l'héritier étranger : loi 5, loi 6, loi 1, §. 5, ff. *de hæred. Petit.*

La Pétition d'hérédité peut s'intenter pour le tout, & cependant ne contraindre qu'à une partie du payement. Telle eſt l'eſpèce que préſente la loi 9, ff. *ſi pars hæred. petatur.* Un teſtateur avoit inſtitué pluſieurs héritiers ; un d'eux étoit en Aſie. Le fondé de procuration de celui qui étoit en Aſie, a vendu ſa part : après, on a découvert que celui qui étoit en Aſie étoit mort avant le teſtateur, & que par ſon teſtament il a inſtitué pour moitié ſon fondé de procuration, & un autre pour le reſte. On demande comment doit s'intenter la Pétition d'hérédité pour la part vendue ? On répond, l'argent provenu de l'hérédité eſt héréditaire. Si le procureur a touché tout l'argent de la vente, il peut être aſſigné à reſtituer toute la part vendue ; &, nonobſtant cette demande pour la totalité, on peut demander la moitié de la part vendue aux cohéritiers du fondé de procuration. L'effet de ces deux actions ſera de faire payer au procureur la totalité, s'il a conſervé tout l'argent ; ou s'il a payé à ſes cohéritiers la moitié qui leur eſt due, il payera la moitié du prix de la vente, & les cohéritiers payeront l'autre moitié.

La Pétition d'hérédité eſt une action réelle mixte ; elle ſe preſcrit ſeulement par trente ans : loi 7, C. *de Petit. hæred.* On trouve dans la loi 36, ff. *de hæred. Petit.*, une queſtion qui regarde les pays de droit écrit. Un fils de famille a vendu des choſes héréditaires, & le père de famille, au pouvoir duquel il ſe trouve, en a conſervé l'argent. On intente la Pétition d'hérédité contre le père de famille : ce père de famille émancipe son fils. On demande si la Pétition d'hérédité se prescrit par un an, comme étant de pécule? On doit dire que cette action ne se prescrit que par trente ans, parce qu'il ne s'agit pas d'action de pécule, ni même de l'action dite *de in rem verso* (voyez le paragraphe 4, *institutes de Justinien, quòd cum eo qui in alienâ potestate est, &c.*), mais de l'action directe, appelée Pétition d'hérédité. Si le fils de famille a reçu le prix des choses héréditaires, & qu'il ne l'ait pas livré à son père de famille, ou que la Pétition d'hérédité soit intentée contre le père de famille, parce que le fils de famille est débiteur héréditaire, l'action ne pourra excéder l'étendue du pécule : loi 36, ff. *de hæred. Petit.*

Les auteurs qui ont traité de la Pétition d'hérédité, sont Achilles, *personalis Venetiis*, 1652, *in*-4°.; Gabriel Mudacus, *Francofurti*, 1585, *in*-4°.; Antonius Contius, *Parisiis*, 1616, *in*-4°.

(*Article de M.* BERTHELOT, *avocat au parlement, docteur-agrégé de la faculté des droits de Paris*).

PÉTITOIRE. Ce mot signifie une demande faite en justice pour obtenir la propriété d'un héritage.

On dit dans le même sens *action Pétitoire*.

Le Pétitoire est opposé au possessoire : celui-ci se juge par la possession d'an & jour ; & celui-là, par le mérite du fond, sur les titres & la possession immémoriale.

Suivant l'article 4 du titre 18 de l'ordonnance du mois d'avril 1667, celui contre lequel la complainte ou réintégrande a été jugée, ne peut former

former sa demande au Pétitoire qu'après la cessation du trouble, & que celui qui a été dépossédé, a été rétabli dans sa possession, avec restitution des fruits & revenus : il faut en outre que ce dernier soit payé des dépens & dommages & intérêts qu'on a pu lui adjuger. Cependant s'il néglige de faire taxer ses dépens, & liquider les fruits, revenus, dommages & intérêts dans le temps qui lui a été fixé, son adversaire peut poursuivre le Pétitoire, en donnant caution de payer le tout après la taxe & liquidation qui en sera faite.

Les demandes en complainte ou réintégrande ne peuvent être jointes au Pétitoire, ni le Pétitoire poursuivi avant que la demande en complainte ou réintégrande soit terminée & la condamnation exécutée : ainsi il est défendu d'obtenir des lettres pour cumuler le Pétitoire avec le possessoire. Telles sont les dispositions de l'article 5.

En matière bénéficiale, on distingue, comme en matière civile, le Pétitoire & le possessoire. Lorsque la demande est au Pétitoire d'un bénéfice, elle ne peut être portée que devant le juge d'église ; mais lorsqu'elle ne tend qu'au possessoire, le juge laïque est seul compétent pour en connoître : c'est un des principaux articles des libertés de l'église gallicane. Dans ce dernier cas, c'est-à-dire lorsque la cause sur le possessoire d'un bénéfice est portée au tribunal laïque, le juge ordonne de trois choses l'une : si le droit de l'un des contendans est visiblement supérieur à celui de l'autre, on le maintient dans la possession du bénéfice, & ce jugement de pleine maintenue ou au plein possessoire, étant rendu sur le vu des titres des parties au fond; on ne peut plus ensuite agiter de nouveau la question au Pétitoire devant le juge ecclésiastique, parce que ce seroit indirectement soumettre le jugement laïque à l'examen & à la correction du juge ecclésiastique. Si la matière ne se trouve pas disposée à maintenir définitivement l'un des contendans plutôt que l'autre, mais cependant que l'un des deux ait un droit plus apparent, on lui adjuge la recréance, c'est-à-dire la possession provisoire pendant la contestation. Enfin, si les deux parties n'ont pas un droit plus apparent l'une que l'autre; on ordonne le séquestre provisionnel des fruits du bénéfice contentieux, jusqu'à ce que le fond soit jugé.

La grand'chambre du parlement de Paris est seule compétente pour connoître du Pétitoire des bénéfices qui viennent à vaquer en régale : cette connoissance lui a été attribuée par l'article 19 du titre 15 de l'ordonnance de 1667, privativement aux autres chambres du même parlement & à toutes les autres cours & siéges.

Voyez les articles COMPLAINTE, POSSESSION, RÉINTÉGRANDE, RÉGALE, &c.

PIÈCE. Ce mot se dit des différentes sortes de titres, papiers & procédures qui servent pour un procès.

Voyez FAUX, INSCRIPTION DE FAUX, PRODUCTION, APPOINTEMENT, VÉRIFICATION D'ÉCRITURE, COMPULSOIRE, COLLATION, &c.

PIED-CORNIER. C'est, en termes d'eaux & forêts, l'arbre qu'on laisse à l'extrémité d'un arpentage, d'un héritage, pour ſervir de marque & de renſeignement.

Suivant l'article 9 du titre 15 de l'ordonnance des eaux & forêts, les Pieds-corniers doivent être marqués du marteau du roi & de ceux du grand maître & de l'arpenteur, ſur les deux faces qui regardent directement les lignes ou briſées à droite & à gauche.

Lorſqu'il ne ſe trouve pas directement dans l'angle d'arbre ſur lequel on puiſſe appliquer les marteaux, l'arpenteur eſt autoriſé à en emprunter; & les arbres ainſi empruntés doivent être ſpécialement déſignés dans les procès-verbaux d'aſſiette, par leur âge, qualité, nature & groſſeur, & par la diſtance où ils ſe trouvent de l'angle & des autres Pieds-corniers. Cela eſt ainſi réglé par l'article 6 du titre cité.

L'amende pour chaque Pied-cornier abattu eſt de cent livres, & s'il a été arraché ou déplacé, de deux cents livres. C'eſt ce qui réſulte de l'article 4 du titre 32.

Lorſque, pendant l'uſance ou exploitation, un Pied-cornier vient à être abattu par le vent ou autre accident, l'adjudicataire doit en avertir le ſergent à garde, qui de ſon côté eſt obligé d'en informer les officiers de la maîtriſe, pour marquer un autre Pied-cornier, ſans frais, conformément aux diſpoſitions de l'article 46 du titre 15.

PIGEON. Sorte d'oiſeau fort connu.

Des lettres-patentes données par Charles V en 1368, & un arrêt du conſeil du 10 décembre 1689, ont fait défenſes de nourrir des Pigeons dans la ville, les fauxbourgs & la banlieue de Paris.

Plusieurs villes ont des réglemens de police qui contiennent de pareilles défenses, fondées sur ce que ces oiseaux peuvent altérer la salubrité de l'air.

Un arrêt du conseil du 12 décembre 1737, a ordonné à tous les fermiers du roi, ayant colombiers de Pigeons bizets, & aux particuliers ayant colombiers ou volières dans les parcs du roi, d'en détruire les Pigeons.

Par arrêt du 16 juillet 1779, le parlement de Paris a autorisé les officiers, tant des siéges royaux que des hautes-justices, de faire tels réglemens qu'ils jugeroient convenables, pour empêcher que les Pigeons ne causassent du dommage aux blés couchés par les pluies.

L'article 12 de l'ordonnance du mois de juillet 1607, défend à toute personne, *de quelque état & condition qu'elle soit*, de tirer de l'arquebuse sur les Pigeons, à peine de vingt livres d'amende.

Suivant l'article 193 de la coutume d'Etampes, quiconque prend des Pigeons avec des filets ou collets, doit être puni comme pour larcin.

L'article 390 de la coutume de Bretagne, porte, *qu'on ne doit tirer ni tendre aux Pigeons de colombier avec filets, glu, cordes ni autrement, si l'on n'a droit de le faire, sur peine de punition corporelle.*

La coutume de Bordeaux veut, article 112, que ceux qui se rendent coupables de cette sorte de délit, soient condamnés à une amende de soixante sous pour la première fois, & au fouet, en cas de récidive, indépendamment de l'obligation de payer le dommage.

Par arrêt du 24 octobre 1731, le parlement de Paris a confirmé une sentence du bailli de Meudon, en ce qu'elle déclaroit Denise le Loup, femme de Matthieu Auboin, atteinte & convaincue d'avoir fait tuer une grande partie des Pigeons du sieur Pommier, secrétaire du roi, même d'avoir été présente lorsque ses domestiques les tuoient par ses ordres, & en ce que cette femme étoit condamnée au blâme & à dix livres d'amende; mais la même sentence a été infirmée, en ce qu'elle n'avoit prononcé que deux cents livres de réparation civile contre la femme Auboin, & que celle-ci n'avoit pas été condamnée à tous les dépens solidairement avec son mari, qui étoit partie au procès; en conséquence, l'arrêt a condamné Auboin & sa femme solidairement à quatre cents livres de réparation civile & à tous les dépens. Il leur a d'ailleurs été fait défense de récidiver, sous peine de punition corporelle, & les domestiques ont été condamnés chacun à trois livres d'amende.

Par un autre arrêt du 27 mars 1733, la même cour prononçant sur l'appel d'un décret de prise de corps décerné contre le nommé Seguin, accusé d'avoir tiré sur les Pigeons du seigneur de Vermanton, a évoqué le principal, & y faisant droit, a fait défense à Seguin de récidiver, sous peine de punition corporelle; l'a condamné à trois livres d'aumône, à cent livres de dommages & intérêts, & aux dépens.

Voyez les articles COLOMBIER & VOLET.

PIGNORATIF. On appelle *contrat Pignoratif*, une sorte de contrat de vente d'un héritage qu'un débiteur passe à son créancier, avec stipulation que le vendeur pourra retirer l'héritage pendant un certain temps, & qu'il en jouira à titre de loyer, moyennant une certaine somme, qui est ordinairement égale aux intérêts de la somme prêtée & pour laquelle la vente a été faite.

Ce contrat est appelé Pignoratif, parce qu'il ne contient qu'une vente simulée, & que son véritable objet est de donner l'héritage en gage au créancier, & de procurer à celui-ci des intérêts d'un prêt, en le déguisant sous un autre nom.

Le droit civil & le droit canon admettent également ces sortes de contrats, pourvu qu'ils soient faits sans fraude.

Ils sont pareillement autorisés par différentes coutumes, telles que celles de Touraine, d'Anjou, du Maine, & quelques autres. Comme dans ces coutumes un acquérent qui a le ténement de cinq ans, c'est à-dire, qui a possédé paisiblement pendant cinq années, peut se défendre de toutes rentes, charges & hypothèques, les créanciers, pour éviter cette prescription, acquièrent par vente la chose qui leur est engagée, afin d'en conserver la possession fictive, jusqu'à ce qu'ils soient payés de leur dû.

Les contrats Pignoratifs diffèrent de la vente à faculté de réméré & de l'antichrèse, en ce que la première transmet à l'acquéreur la possession de l'héritage, & n'est point mêlée de relocation; & à l'égard de l'antichrèse, elle a bien pour objet, comme le contrat Pignoratif, de procurer les intérêts d'un prêt ; mais avec cette différence, que dans l'antichrèse c'est le créancier qui jouit de l'héritage, pour lui tenir lieu de ses intérêts, au lieu que dans le contrat Pignoratif c'est le débiteur qui jouit lui-même de son héritage, & en paye le loyer à son créancier, pour lui tenir lieu des intérêts de sa créance.

Quoique ces sortes de contrats semblent contenir une vente de l'héritage, cette vente est purement fictive, tellement qu'après l'expiration du temps stipulé pour le rachat, l'acquéreur, au lieu de prendre possession réelle de l'héritage, proroge au contraire la faculté de rachat & la relocation ; ou à la fin, lorsqu'il ne veut plus la proroger, il fait faire un commandement au vendeur de lui payer le principal & les arrérages, sous le nom de *loyers* ; & faute de payement, il fait saisir réellement l'héritage en vertu du contrat ; ce qui prouve bien que la vente n'est que simulée.

Dans les pays où ces contrats sont usités, ils sont regardés comme favorables au débiteur, pourvu qu'il n'y ait pas de fraude, & que le créancier ne déguise pas le contrat, pour empêcher le débiteur d'user de la faculté de rachat.

Les circonstances qui servent à connoître si le contrat est Pignoratif, sont : 1°. La relocation, qui est la principale marque d'impignoration : 2°. la vérité du prix : 3°. *consuetudo fœnerandi*, c'est-à-dire, lorsque l'acquéreur est connu pour un usurier. La stipulation de rachat perpétuel peut aussi concourir à prouver l'impignoration ; mais elle ne formeroit pas seule une preuve, attendu qu'elle peut être accordée dans une vente sérieuse. Les autres circonstances ne formeroient pareillement pas seules une preuve, il faut au moins le concours des trois premières.

Les principales règles que l'on suit en cette matière, sont que le temps du rachat étant expiré, le débiteur doit rendre la somme qu'il a reçue, comme étant le prix de son héritage, sinon il ne peut en empêcher la vente par décret, ni forcer son créancier à proroger la grâce, ou à consentir la conversion du contrat Pignoratif en constitution de rente.

Il est aussi de règle que les intérêts courent sans demande, du jour que le temps du rachat est expiré, & alors le créancier peut demander son remboursement; mais jusqu'à ce que le remboursement soit fait, le contrat Pignoratif est réputé immeuble, quand même il y auroit déjà un jugement qui condamneroit à rembourser.

Suivant l'article 49 du tarif du 29 septembre 1722, le droit de contrôle des contrats Pignoratifs, doit être payé sur le pied réglé par les articles 3 & 4 du tarif. Voyez CONTRÔLE.

Les contrats Pignoratifs ont été assujettis au droit de centième denier par l'article 6 de la déclaration du roi du 20 mars 1708 : cependant les notaires de Tours prétendirent, en 1715, que le centième denier ne devoit pas être perçu à cet égard, sur le fondement que ces contrats n'opéroient point de mutation de propriété : mais le conseil décida le 3 août 1715, contre l'avis de l'intendant, que la loi qui avoit assujetti ces contrats au centième denier devoit être exécutée.

PILLAGE. C'est le dégât, le ravage & l'enlévement d'effets que font les soldats, les ennemis.

Les loix de la guerre permettent d'abandonner au Pillage les villes prises d'assaut ; mais comme dans le désordre qui s'ensuit, il n'est point d'actes de licence ni de crimes que le soldat ne se croie permis, l'humanité doit engager, lorsque les circonstances le permettent, à ne rien négliger pour empêcher ces horreurs : on peut obliger les villes à se racheter du Pillage, & si l'on distribue exactement & fidélement au soldat l'argent qui peut en revenir, il n'a point lieu de se plaindre d'aucune injustice à cette occasion, au contraire, tous en profitent alors également, au lieu que dans le Pillage le soldat de mérite est souvent le plus mal partagé ; ce n'est pas seulement parce que le hasard en décide, mais c'est, dit M. le marquis de Santa Crux, qu'un soldat qui a de l'honneur reste à son drapeau jusqu'à ce qu'il n'y ait rien à craindre de la garnison ni des habitans, tandis que celui dont l'avidité prévaut sur toute autre chose, commence à piller en entrant dans la ville, sans attendre qu'il lui soit permis de se débander.

Outre le Pillage des villes, qui arrive très-rarement, il y en a un autre qui produit le relâchement de la discipline, c'est la dévastation que fait le soldat dans le pays où le théatre de la guerre est établi : ce Pillage accoutume le soldat à secouer le joug de l'obéissance & de la discipline ; l'envie de conserver son butin peut amortir sa valeur, & l'engager même à se retirer : d'ailleurs, en ruinant le pays, on le met hors d'état de payer les contributions, & l'on expose l'armée à la disette ou à la famine. On se prive ainsi, par cette licence, non seulement des ressources que le pays fournit pour s'y soutenir ; mais on se fait encore autant d'ennemis qu'il contient d'habitans : le Pillage de tout ce qu'ils possèdent les mettant au désespoir, les engage à profiter de tous les moyens de nuire à ceux qui les oppriment si cruellement.

Lorsque des troupes sont une fois accoutumées au Pillage, au défaut de l'ennemi, elles pillent leur propre pays, & même leurs magasins ; c'est ce qu'on a vu dans plusieurs occasions, entre autres dans la guerre de Hollande de 1672 ; mais M. de Louvois fit retenir sur le payement de toute l'armée, ce qui étoit nécessaire pour dédommager les entrepreneurs, & il ordonna d'en user de même toutes les fois que pareille chose arriveroit.

En matière de prise maritime, le Pillage étoit autrefois si commun, que les équipages en étoient venus au point de *jurer devant un prêtre, que de tout ce qu'ils pourroient prendre & dérober des prises, soit or, argent, bijoux, & autres choses de valeur, ils n'en réveleroient aucune chose à justice, ni aux propriétaires armateurs, ni à d'autres, & qu'ils en feroient le partage entre eux.*

Les ordonnances de 1543 & de 1584 proscrivirent cet abus, en enjoignant aux corsaires de représenter aux officiers de l'amirauté, sous peine de confiscation de corps & de biens, tout ce qui seroit de la prise ; & il fut fait défense aux prêtres de recevoir à l'avenir de pareils sermens, sous peine de prison & d'être poursuivis extraordinairement.

Cependant les même loix, *pour donner*, disent-elles, *meilleure volonté aux gens des corsaires, d'eux vertueusement employer aux effets de la guerre*, leur accordèrent toute la dépouille *des habillemens, harnois & bâtons des ennemis, avec l'or & l'argent qu'ils trouveroient sur eux jusqu'à la somme de dix écus, le surplus rapportable à la masse du butin.* Elles leur accordèrent aussi *les coffres & communs habillemens des ennemis, excepté ceux de grande valeur ou qui auroient été destinés a être vendus, & toutes les marchandises, avec l'argent qui se trouveroit dans lesdits coffres & ailleurs, dont ils n'auroient tout de même que lesdits dix écus.*

Les ordonnances citées reglèrent en outre, qu'on ne regarderoit pas comme Pillage ce qui n'excéderoit pas la valeur de dix écus : mais cela ne signifioit pas que chacun des gens du corsaire pourroit s'emparer de tout ce qu'il trouveroit sous sa main dans le vaisseau pris, jusqu'à concurrence de dix écus ; le législateur avoit seulement voulu dire que de tout ce que les gens du corsaire auroient pris dans les choses même sujettes à Pillage, ils ne pourroient garder, à titre de Pillage licite, que la valeur de dix écus.

Il paroît que c'est en conséquence de ces loix que la dépouille des ennemis, leurs coffres, leurs hardes, leurs armes, & les instrumens de leur profession, appartiennent à l'équipage du corsaire, selon le grade de chacun : ainsi le capitaine corsaire emporte le dépouille du capitaine pris, avec son coffre ; le pilote, la dépouille du pilote pris, avec les instrumens du pilotage ; &c. & les matelots, la dépouille des matelots pris, chacun pour ce qu'il peut en prendre, & sans aucun rapport, soit au profit de l'armateur, soit entre eux.

Il n'y a d'exception que par rapport au coffre du capitaine, dont la valeur ne lui est acquise que jusqu'à concurrence de cinq cents écus : le surplus doit être rapporté à la masse ; c'est pourquoi ce coffre doit être visité & inventorié séparément par les officiers de l'amirauté, en présence de l'armateur, après que la prise a été jugée bonne. S'il paroît évident que la valeur du coffre & de ce qu'il contient n'excède pas la somme fixée, la delivrance s'en fait sur le champ au capitaine du corsaire, pour en disposer à sa volonté : si au contraire le coffre & les effets qui s'y trouvent valent plus de cinq cents écus, on en ordonne la vente, & sur le prix qui en provient, le capitaine est payé de la somme à lui due, & le surplus se joint au produit des marchandises de la prise. C'est ce qui résulte de l'article 15 du réglement du 25 novembre 1693.

Au reste, on se rend coupable du Pillage d'une prise, non seulement quand on fait l'ouverture des coffres, ballots, sacs, tonneaux, &c., mais encore quand on transporte ou qu'on vend quelque marchandise de la prise ; de manière qu'il suffit d'en avoir tiré secrétement & mis à terre quelque portion sans l'ordre & l'aveu des officiers de l'amirauté, pour être sujet à la punition prononcée par l'article 20 du titre 9 du livre 3 de l'ordonnance de la marine du mois d'août 1681, dont voici les termes :

» Défendons de faire aucune ouverture des » coffres, ballots, sacs, pipes, barriques, ton- » neaux & armoires ; de transporter ni vendre » aucunes marchandises de la prise, & à toutes » personnes d'en acheter ou receler, jusqu'à ce » que la prise ait été jugée, ou qu'il en ait été or-

» donné par justice, à peine de restitution du » quadruple, & de punition corporelle «.

On voit que cette loi prononce une double peine; la restitution du quadruple & la punition corporelle : cette double peine s'applique naturellement à tous les cas exprimés par l'article de l'ordonnance qu'on vient de rapporter : cependant comme cette punition auroit pu être trop rigoureuse en plusieurs circonstances, Louis XIV jugea à propos de la tempérer par la lettre qu'il écrivit le 25 septembre 1709 à M. le comte de Toulouse, amiral de France, laquelle est ainsi conçue :

» Mon fils, je suis informé de la diversité des » avis qui se rencontrent tous les jours devant » vous, en exécution ou interprétraion de l'ar- » ticle 20 de mon ordonnance de 1681, con- » cernant la marine, qui porte, *défendons de* » *faire aucune ouverture des coffres, &c.*, & que » cette diversité de sentimens, qui ne peut que » causer des difficultés & de l'embarras dans le » jugement des prises, vient de ce que les deux » peines, l'une du quadruple & l'autre corporelle, » paroissent si unies & si jointes ensemble par » la construction des termes, qu'on les peut croire » inséparables, en sorte qu'on ne les puisse pro- » noncer que l'une avec l'autre; ce qui cepen- » dant n'a jamais été mon intention dans cette » ordonnance, ayant au contraire toujours pensé » que chaque peine devoit être ordonnée suivant » chacun cas particulier; ensorte qu'en certains cas » dans lesquels la contravention se trouveroit » légère, la punition ne fût que du quadruple, » outre la restitution, & que dans d'autres cas, » au contraire, dans lesquels la contravention se

» trouveroit plus grande, & pourroit être regardée comme un crime plus punissable, la peine corporelle pût être ajoutée à la peine civile de la restitution & à celle du quadruple. Pour lever donc ces difficultés & vous laisser dans les jugemens toute la liberté que j'ai toujours eu intention de vous donner, je vous écris cette lettre, pour vous dire, que je me remets absolument à vous à décider & à déterminer chacun de ces deux cas; en sorte que dans ceux où vous jugerez que la peine du quadruple suffit, outre la restitution, vous l'ordonnerez sans parler de la peine corporelle; & que dans l'autre cas où vous jugerez que la peine du quadruple, outre la restitution, ne suffira point pour la punition de la contravention, vous puissiez, après avoir condamné les contrevenans à ces peines pécuniaires, renvoyer le procès aux officiers de l'amirauté, pour procéder extraordinairement contre les coupables, & les condamner aux peines corporelles qu'ils croiront qu'ils méritent, suivant la qualité du crime & de la contravention, & sans qu'en aucun cas les officiers des amirautés puissent prétendre avoir droit de prendre la voie extraordinaire, quand vous ne la leur aurez pas renvoyée par vos jugemens; & la présente n'étant à autre fin, &c. «

Il résulte de là, 1°. qu'en exécution de cet article, il est laissé à la prudence de M. l'amiral de déterminer & distinguer les cas où la peine civile suffit, de ceux où la peine corporelle doit y être ajoutée.

2°. Que dans ce dernier cas, M. l'amiral ne peut prononcer que la peine civile, & que pour la corporelle il doit renvoyer l'affaire aux officiers de l'amirauté, en les chargeant de la poursuivre à l'extraordinaire.

3°. Enfin que, quoiqu'il soit du devoir des officiers de l'amirauté de s'informer s'il y a du Pillage dans les prises, & de travailler à constater le fait, il ne leur est pas permis néanmoins de prendre d'office la voie extraordinaire, & qu'ils ne le peuvent qu'autant qu'ils en reçoivent l'ordre de M. l'amiral dans les jugemens qu'il rend sur le fait des prises.

Cette dernière disposition a souffert du changement par l'ordonnance du mois d'août 1710 (*).

(*) *Cette ordonnance est ainsi conçue :*

Sa majesté étant informée que quelque soin qu'on ait pris par les ordonnances anciennes & nouvelles sur le fait de la marine, quelques précautions qu'on ait apportées jusqu'à présent pour empêcher les Pillages, déprédations d'effets, divertissemens, & autres malversations semblables qui se commettent souvent dans les prises faites par les armateurs, quelque sévères qu'aient été les peines prononcées par ces loix, & notamment par l'article 20 du titre des prises de l'ordonnance de 1681 ; cependant tous ces réglemens n'ayant pu arrêter une licence qui augmente tous les jours, par l'impunité des coupables, par le peu d'attention des officiers des siéges de l'amirauté à en procurer la punition, & par les difficultés qui empêchent souvent qu'on ait une preuve certaine & juridique de ces délits : sa majesté connoissant la nécessité d'en arrêter le cours, tant par rapport au bon ordre de la marine & à la discipline que doivent observer les officiers, soldats & matelots, que par la considération de l'utilité que l'état peut retirer des armemens, auxquels rien n'est plus préjudiciable que la continuation de ce désordre, sa majesté voulant y pourvoir, & désirant pareillement que la preuve de ces malversations puisse être assurée par une procédure, afin que l'amiral, jugeant selon le pouvoir attribué à sa chage,

Cette loi a réglé que quand il y auroit des présomptions de Pillage par les dépositions ou in-

---

de la validité des prises & de tout ce qui leur est incident, avec les commissaires nommés avec lui pour y statuer, & que les officiers de l'amirauté puissent aussi prononcer juridiquement les peines proportionnées à la qualité des délits, suivant la disposition des ordonnances, & selon les cas différens dont la connoissance doit être portée devant eux, sa majesté à ordonné & ordonne,

ARTICLE 1. Qu'à l'avenir, aussi-tôt qu'une prise aura été amenée en quelques rades ou ports du royaume, & que le capitaine qui l'aura faite, s'il y est en personne, ou celui qu'il en aura chargé, auront fait leur rapport & représenté les papiers & les prisonniers, les officiers de l'amirauté les interrogeront, & ceux de l'équipage qu'ils jugeront à propos, sur le fait & les circonstances de la prise, conformément aux articles 21 & 24 du titre des prises de l'ordonnance de 1681.

2. Si par les dispositions ou interrogatoires de l'équipage pris, par la visite du vaisseau & des marchandises, & par l'examen des papiers du chargement, les officiers de l'amirauté ont lieu de présumer qu'il y ait eu des Pillages faits, des effets recélés ou divertis, ou d'autres malversations semblables commises, ils ordonneront qu'à la requête du procureur de sa majesté au siége de l'amirauté, les prisonniers ou les gens de l'équipage seront répétés sur leurs interrogatoires & déclarations; pourront lesdits officiers de l'amirauté, sur ces répétitions, décréter contre ceux qui se trouveront chargés, & procéder à l'interrogatoire des accusés.

3. Les officiers de l'amirauté ordonneront ensuite que les témoins seront récolés & confrontés aux accusés, s'ils sont présens; & s'il paroît qu'ils ne soient pas revenus dans les ports du royaume, ou qu'ils se soient absentés pour se soustraire à l'instruction, & pour empêcher ou détourner les preuves, il sera ordonné que le récolement des témoins vaudra confrontation.

4. Si l'accusé se présente, il sera interrogé, & les témoins lui seront confrontés, s'ils sont encore dans le royaume, lorsqu'il sera de retour; mais s'ils en sont sortis, ou

terrogatoires

terrogatoires des gens du navire pris ou d'autres indices, il seroit procédé à la requête du pro-

---

en cas de coutumace de l'accusé, le procès sera continué sur la procédure qui aura été faite pendant son absence; il pourra néanmoins, en tout état de cause, proposer des reproches, s'ils sont justifiés par écrit.

5. Fait sa majesté très-expresses défenses aux officiers de l'amirauté d'admettre ni ordonner la preuve d'aucuns faits justificatifs, ni d'entendre aucuns témoins pour y parvenir, à moins que le procès ne leur ait été renvoyé par l'amiral, pour le juger définitivement, ainsi qu'il sera expliqué ci-après, & ne pourront l'ordonner en ce cas qu'après la visite du procès, & en la forme prescrite par le titre 28 de l'ordonnance de 1670.

6. Lorsque les officiers de l'amirauté auront fait les procédures marquées ci-dessus, & que le procureur de sa majesté aura donné ses conclusions, le tout sera envoyé au secrétaire général de la marine, afin que l'amiral, avec les commissaires nommés pour juger avec lui, puisse procéder au jugement de la validité des prises, & en même temps de la peine que méritent lesdits Pillages & malversations.

7. Si la preuve des Pillages, déprédations & malversations, est suffisamment établie par ces procédures, & que l'amiral & lesdits commissaires estiment que la restitution des choses pillées & la peine du quadruple soient suffisantes pour la qualité du délit, ils pourront la prononcer sans qu'il soit besoin de nouvelles conclusions ni d'un nouvel interrogatoire de l'accusé, & le condamner encore aux dommages & intérêts envers la partie, s'il y échet; en sorte qu'après le jugement ainsi rendu par l'amiral, l'accusé ne puisse plus être poursuivi criminellement pour raison du même fait.

8. Si l'amiral & lesdits commissaires estiment qu'il y a lieu de prononcer peine afflictive, ils renverront le procès aux officiers de l'amirauté pour juger les coupables, & les condamner à la punition corporelle qu'ils mériteront, suivant la qualité du délit & de la contravention aux ordonnances, à la restitution des effets, à la peine du quadruple, & aux dommages & intérêts de la partie, san

cureur du roi, par voie de répétition, récolement, & confrontation, contre les accusés ; & que quand cette officier auroit donné ses conclusions définitives, la procédure seroit envoyée au sécretaire général de la marine, afin que M. l'amiral pût juger de la peine méritée par les auteurs du Pillage. S'il paroît qu'outre la restitution des choses pillées, la peine du quadruple est suffisante, eu égard à la qualité du délit, M. l'amiral peut prononcer cette peine civile sans autre instruction, & condamner en outre les accusés aux dommages & intérêts envers la partie : mais s'il juge que le délit mérite peine afflictive, le procès doit être renvoyé aux officiers de l'amirauté, pour prononcer tout à la fois cette peine, la restitution des effets, le quadruple, & les dommages-intérêts.

Les anciennes ordonnances avoient réglé, que ceux qui seroient reconnus coupables de Pillage, demeureroient privés de leur portion dans la prise ; mais elles n'avoient point prononcé, comme celle de 1681, la peine du quadruple. On peut demander, d'après cela, si la peine ancienne de la privation des parts est tellement sous-entendue dans l'ordonnance de 1681, qu'elle doive avoir lieu conjointement avec celle du quadruple contre les auteurs du Pillage ?

---

que l'amiral puisse dans ce cas y statuer, mais seulement juger de la validité de la prise. Mande sa majesté à M. le comte de Toulouse, amiral de France, de faire exécuter le présent réglement ; & enjoint aux officiers de l'amirauté de le faire lire, enregistrer & afficher par-tout où besoin sera. Fait à Marly le 31 août 1710.

Signé LOUIS. *Et plus bas* PHELYPEAUX.

Il y a à cet égard un premier jugement de M. l'amiral du 5 juillet 1696, pour le cas d'un Pillage d'or & d'argent, mais sans effraction; dans lequel tous les gens du corsaire avoient trempé, à l'exception d'un seul, que ses blessures avoient empêché d'y participer. Ceux qui avoient pillé ont été condamnés à rapporter à la masse la valeur de ce qu'ils avoient pris; & ils ont d'ailleurs été privés de leurs portions dans la prise, lesquelles ont été confisquées au profit de M. l'amiral.

Par un second jugement rendu le 12 du même mois de juillet 1696, dans le cas d'un Pillage fait avec fracture & violence exercée contre ceux des compagnons mêmes qui s'y étoient opposés, il n'y a point eu de plus grande peine civile prononcée; mais il a été ordonné que le procès seroit fait & parfait aux coupables par l'amirauté de Vannes, suivant la rigueur des ordonnances, sauf l'appel au parlement de Rennes.

Par un troisième jugement du 18 novembre 1709, les nommés Tanqueray & Fret ont été condamnés solidairement à rapporter à la masse les huit marcs d'or qu'ils avoient détournés d'une prise, & la peine du quadruple a en outre été prononcée contre eux, ainsi que la privation de leur part dans la prise. Quant aux autres délinquans convaincus d'avoir fait quelque Pillage peu considérable, & aux marchands qui avoient acheté d'eux, on s'est contenté de les condamner à une amende de dix livres envers M. l'amiral, & à la restitution des effets pillés.

Ainsi il résulte, tant de ces jugemens que de la lettre du roi que nous avons précédemment rapportée, que M. l'amiral peut prononcer telle peine civile que bon lui semble, contre ceux qui sont coupables de Pillage; savoir, la peine du quadruple conjointement avec la privation des parts dans la prise, ou l'une de ces peines sans l'autre, & même une simple amende, si le Pillage est léger, outre la restitution des effets pillés, qui doit avoir lieu dans tous les cas.

Lorsqu'un vaisseau vient à faire naufrage sur les côtes, les seigneurs & les habitans des paroisses voisines sont obligés d'en faire avertir les officiers de l'amirauté, & ils doivent, en attendant l'arrivée de ces officiers, travailler à sauver les effets naufragés & à empêcher le Pillage, à peine de répondre en leurs noms des pertes & dommages, dont ils ne peuvent être déchargés qu'en représentant les coupables, ou en les indiquant & produisant des témoins à justice. C'est ce qui résulte des articles 3 & 4 du titre 9 du livre 4 de l'ordonnance de la marine du mois d'août 1681. Voyez le mot NAUFRAGE.

Lorsqu'un corsaire ennemi qui a pris un navire l'a relâché après l'avoir pillé en partie, ce Pillage est une avarie simple qui tombe sur le propriétaire des choses pillées. Il en seroit différemment si le preneur du navire ne l'avoit relâché que moyennant certains effets dont on lui auroit fait l'abandon : ce seroit alors une avarie commune. Au reste, l'assureur doit répondre du Pillage & en dédommager l'assuré. Voyez ASSURANCE.

PILORI. Petit bâtiment en forme de tour, avec une charpente à jour, dans laquelle est une espèce de carcan qui tourne sur son centre. Ce carcan est formé de deux pièces de bois posées l'une sur l'autre, entre lesquelles il y a des trous pour passer la tête & les mains de ceux que l'on met au Pilori, c'est-à-dire que l'on expose ainsi pour servir de risée au peuple, & pour les noter d'infamie. C'est la peine ordinaire des banqueroutiers frauduleux ; on leur fait faire amende honorable au pied du Pilori ; on les promène dans les carrefours ; ensuite on les expose au Pilori pendant trois jours de marché, deux heures chaque jour ; & on leur fait faire quatre tours de Pilori, c'est-à-dire qu'on fait tourner le Pilori quatre fois pendant qu'ils y sont attachés.

On tient que ce genre de peine fut introduit par l'empereur Adrien, contre les banqueroutiers, leurs fauteurs & entremetteurs.

PILOTE. Officier de l'équipage qui prend garde à la route du vaisseau, & qui le gouverne.

Le second & le troisième Pilote secondent le premier dans ses fonctions. Il n'y a trois Pilotes que dans les plus grands vaisseaux, ou quand il s'agit de voyages de long cours. Dans les autres vaisseaux, il y a un ou deux Pilotes, selon la qualité du vaisseau & du voyage.

On distingue deux sortes de Pilotes ; savoir, le *Pilote hauturier*, qui sert pour la navigation en pleine mer & les voyages de long cours ; & le *Pilote côtier* ou *lamaneur*, qui ne s'emploie que pour la navigation de port en port & le long des côtes. Nous avons parlé de ce dernier à l'article *lamaneur*, ainsi il ne sera question ici que du Pilote hauturier.

Suivant l'article premier du titre 4 du livre 2 de l'ordonnance de la marine du mois d'août,

1681, aucun ne peut être reçu Pilote & n'en peut faire les fonctions, qu'il n'ait fait plusieurs voyages en mer, & qu'il n'ait été examiné sur le fait de la navigation, & trouvé capable & expérimenté par le professeur d'hydrographie, deux anciens Pilotes, & deux maîtres de navire, en présence des officiers de l'amirauté.

Il faut aussi, suivant les loix postérieures, que le sujet qui veut être reçu Pilote, soit âgé de vingt-cinq ans accomplis, & qu'outre les voyages requis sur les vaisseaux marchands, il ait fait deux campagnes de trois mois au moins chacune, sur les vaisseaux du roi.

Pour prouver les voyages en mer, le Pilote est tenu d'en représenter les journaux lors de son examen. C'est ce que porte l'article 2 du titre cité.

Le Pilote doit, suivant l'article 3, commander à la route & se fournir de cartes, routiers, arbalêtes, astrolabes, & de tous les livres & instrumens nécessaires à son art.

Dans les voyages de long cours, le Pilote doit tenir deux papiers-journaux. Sur le premier, il doit écrire les changemens de route & de vent, les jours & heures de ces changemens; les lieues qu'il estime avoir avancées sur chacun, les réductions en latitude & longitude, les variations de l'aiguille, ensemble les fonds & terres qu'il a reconnus : sur le second, il doit mettre au net, de vingt-quatre heures en vingt-quatre heures, les routes, longitude & latitude réduites, les latitudes observées, & tout ce qu'il a découvert de remarquable dans le cours de sa navigation. Telles sont les dispositions de l'article 4.

Il falloit d'ailleurs, conformément à l'article 5, qu'au retour des voyages de long cours, le Pilote mît copie de son journal au greffe de l'amirauté, & qu'il en prît certificat du greffier, à peine de cinquante livres d'amende : mais cette obligation est tombée en désuétude ; il suffit que le Pilote remette son journal entre les mains du professeur d'hydrographie, qui l'examine & y fait des corrections, s'il échet.

Si, par ignorance ou négligence, un Pilote vient à faire périr un bâtiment, il doit être condamné à cent livres d'amende, & privé pour toujours de l'exércice du pilotage, sans préjudice des dommages & intérêts des parties. Et s'il faisoit périr le bâtiment par malice, il encourroit la peine de mort. C'est ce qui résulte de l'article 7.

L'article 8 défend aux capitaines ou maîtres de navire de forcer les Pilotes de passer en des lieux dangereux, & de faire des routes contre leur gré : mais si le capitaine & le Pilote ne sont pas d'accord sur la route à faire, ils doivent se régler par l'avis des principaux de l'équipage.

Le titre 70 de l'ordonnance de la marine du 25 mars 1765, prescrit aux Pilotes des vaisseaux du roi les règles suivantes.

» Le Pilote nommé pour servir sur un vaisseau, » recevra, en présence d'un des officiers du vais- » seau & de l'écrivain, ses effets & ustensiles ; » il observera s'ils sont de la qualité & en la » quantité requise, si les compas de route & » de variation sont bien touchés, & si les hor- » loges sont d'une juste mesure de temps.

» Il se fournira de cartes, de routiers, de

» livres & instrumens nécessaires à la navigation; » il les présentera au capitaine, à qui il en donnera un état.

» Avant que de sortir du port, il éprouvera » le gouvernail du vaisseau, pour voir s'il est en » bon état, & il en visitera les ferrures.

» Il s'assurera souvent, par des observations » astronomiques, pendant la navigation, si les bous» soles n'ont point varié, & il aura attention à » éloigner de l'habitacle, le fer, qui pourroit chan» ger la direction des aiguilles & tromper dans » les routes.

» Il écrira exactement sur la table de loch » le détail des routes du vaisseau pendant cha» que quart, marquant l'aire de vent, la quantité » de chemin de chacune, les changemens de » vent & de voilure, la durée des uns & des » autres.

» Il prendra hauteur tous les jours au soleil » ou aux étoiles, observera la variation au lever » & au coucher du soleil, vérifiera les horloges, » & fera régulièrement son point d'un midi à » l'autre; il le rapportera toujours au méridien » de Paris, & il tiendra la main à ce que tous » les Pilotes se servent du même méridien.

» Il donnera tous les jours son point au ca» pitaine, & il lui sera défendu, de même » qu'aux autres Pilotes, de le communiquer aux » officiers & aux gardes du pavillon & de la ma» rine, mais seulement ce qui aura été écrit sur la » table de loch.

» Il fera soigneusement son journal, confor» mement au modèle qui lui sera donné; il » s'appliquera à la connoissance des terres, les » observant exactement en passant auprès, exa-

» minant comme elles se démontrent à chaque » aire de vent où il les pourra voir, dessinant » leurs différentes vues ou aspects; il levera le » plan des rades, y marquera les sondes, la » qualité du fond, le courant, & l'heure des » marées.

» Si l'on découvre au large quelque haut fond » ou roche sous l'eau, il les marquera sur sa » carte, de même que la direction des courans.

» Au retour du voyage, il fera viser son jour- » nal par le capitaine, & le remettra ainsi qu'il » est expliqué au titre du conseil de marine (*).

» Sous voile & en rade, il donnera des leçons » réglées de navigation aux gardes du pavillon & » de la marine «.

PIRATE. Écumeur de mer, celui qui court les mers avec un vaisseau armé en guerre, pour voler les vaisseaux amis ou ennemis, sans distinction. Il diffère d'un armateur, en ce que celui-ci fait la guerre en honnête homme, n'attaquant que les vaisseaux ennemis, à quoi il est autorisé par une commission de l'amiral.

La peine due aux Pirates est celle de mort, conformément à l'ordonnance du 5 septembre 1718. En effet, ce sont, comme l'observe un auteur moderne, des ennemis déclarés de la

(*) Lorsqu'un vaisseau du roi désarme à Brest, ou à Toulon, ou à Rochefort, le Pilote doit, conformément à ce titre du conseil de marine, remettre son journal au commandant du port : s'il désarme dans un autre port, le secrétaire d'état au département de la marine indique celui des trois ports dont on vient de parler, où le Pilote doit remettre son journal.

société, des violateurs du droit des gens, des voleurs publics à main armée & à force ouverte.

Suivant l'article 3 du titre 9 du livre 3 de l'ordonnance de la marine du mois d'août 1681, il est défendu à tous les sujets du roi de prendre aucune commission d'aucun prince ou état étranger, pour armer des vaisseaux de guerre & courir la mer sous leurs bannières, à peine d'être traités comme des Pirates.

L'article 4 déclare de bonne prise les vaisseaux appartenans aux ennemis du roi ou commandés par des Pirates, forbans ou autres gens courant la mer sans commission d'aucun prince ni état souverain.

L'article 5 porte, que tout vaisseau combattant sous un autre pavillon que celui de l'état dont il a commission, ou qui a commission de deux différens princes ou états, est de bonne prise, & que s'il est armé en guerre, les capitaines & officiers doivent être punis comme Pirates.

Les navires & effets des sujets ou alliés du roi, pris sur les Pirates, & réclamés dans l'an & jour de la déclaration qui en a été faite à l'amirauté, doivent être rendus aux propriétaires, en payant le tiers de la valeur du vaisseau & des marchandises, pour frais de recousse. Telles sont les dispositions de l'article 10.

L'article 10 du titre 2 du livre premier de la même ordonnance, attribue aux juges de l'amirauté la connoissance des pirateries.

Un édit du mois de juillet 1691, a ordonné que les corsaires ennemis qui entreroient dans les rivières du royaume & y seroient pris, seroient traités comme Pirates, & en conséquence condamnés aux galères par les juges des amirautés (*).

(*) *Voici cette loi :*

Louis, &c, Salut. Les petits corsaires ennemis qui osent entrer dans les rivières de notre royaume, interrompant entiérement la navigation de nos sujets, par les désordres qu'ils font, & leur ôtant tout moyen de la continuer par l'incendie de leurs bâtimens & la crainte d'être à tout moment attaqués par ces corsaires, dont il est difficile de se défendre, parce que, pour éviter d'être reconnus, ils naviguent comme pêcheurs, jusqu'à ce qu'ils aient occasion de surprendre les bâtimens de nos sujets; nous avons estimé nécessaire, pour rétablir la sûreté dans la navigation de nos rivières, de ne plus traiter ces corsaires, qui naviguent tous sans commission, comme prisonniers de guerre, mais comme Pirates & forbans, pour les empêcher, par la crainte d'une peine sévère, de continuer les désordres qu'ils y causent depuis quelque temps, à quoi nous aurions été excités par l'exemple même de nos ennemis, qui les punissent de mort. A ces causes, de l'avis de notre conseil & de notre certaine science, pleine puissance & autorité royale, nous avons par ces présentes signées de notre main, dit, ordonné & déclaré, disons, déclarons & ordonnons, voulons & nous plaît, que les corsaires ennemis qui entreront à l'avenir dans les rivières de notre royaume & y seront pris, soient condamnés aux galères, tant les capitaines que les équipages, soit qu'ils aient commission ou qu'ils n'en aient pas, & sans que, sous quelque prétexte que ce soit, ils puissent être dispensés de subir cette peine, sur le procès-verbal des juges de l'amirauté, contenant leur déclaration, & sans autres procédures, forme ni figure de procès, dérogeant pour ce regard à toutes ordonnances à ce contraires, sans tirer à conséquence dans les autres matières criminelles. Voulons que le prix du bâtiment soit adjugé à ceux de nos sujets qui découvriront ces corsaires & donneront moyen de les surprendre dans les endroits où ils se retirent, ou qui en prendront, & qu'il leur soit outre ce payé trente livres par chacun des matelots qui composeront l'équipage du bâtiment pris. Si donnons en mandement, &c.

Voyez les articles PILLAGE, PRISE, ÉCHOUEMENT, NAUFRAGE, &c.

PISTOLET. Arme à feu qu'on porte ordinairement à l'arçon de la selle.

L'article 5 du titre 30 de l'ordonnance des eaux & forêts du mois d'août 1669, autorise les particuliers de condition honnête, à porter des Pistolets pour la sûreté de leurs personnes, lorsqu'ils voyagent, même dans les forêts du roi.

Il a pareillement été permis, par l'article 6, aux gardes des plaines & des bois du roi, de porter des Pistolets pour la défense de leurs personnes, quand ils feroient leurs charges & qu'ils seroient revêtus de leurs casaques, & non autrement.

Ces dispositions ne s'appliquent qu'aux Pistolets d'arçon ou de ceinture; car, par une déclaration du 18 décembre 1660, renouvelée par une autre du 23 mars 1728 (*), le roi a dé-

---

(*) *Cette dernière loi est ainsi conçue* :

Louis, &c. Salut. Les différens accidens qui sont arrivés de l'usage & du port des couteaux en forme de poignards, des bayonnettes & pistolets de poches, ont donné lieu à différens réglemens, & notamment à la déclaration du 18 septembre 1660, & à l'édit du mois de décembre 1666. Néanmoins, quelque expresses que soient les défenses à cet égard, l'usage & le port de ces sortes d'armes paroît se renouveler; & comme il importe à la sûreté publique que les anciens réglemens qui concernent ces abus soient exactement observés, nous avons cru devoir les remettre en vigueur. A ces causes, nous avons dit & déclaré, disons, déclarons par ces présentes signées de notre main, voulons & nous plaît, que la déclaration du 18

fendu, sous différentes peines, de fabriquer, vendre & porter des Pistolets de poche, &c.

Voyez l'article ARMES.

PLACARD. C'est un écrit ou un imprimé qu'on affiche dans les places, dans les carrefours,

---

décembre 1660, au sujet de la fabrique & port d'armes, soit exécutée selon sa forme & teneur. Ordonnons en conséquence qu'à l'avenir toutes fabriques, commerce, vente, débit, achat, port & usage des poignards, couteaux en forme de poignards, soit de poche, soit de fusil, des bayonnettes, pistolets de poche, épées en bâtons, bâtons à ferremens, autres que ceux qui sont ferrés par le bout, & autres armes offensives cachées & secrètes, soient & demeurent pour toujours généralement abolis & défendus. Enjoignons à tous couteliers, fourbisseurs, armuriers & marchands, de les rompre & briser incessamment après l'enregistrement des présentes, si mieux ils n'aiment faire rompre & arrondir la pointe des couteaux, en sorte qu'il n'en puisse arriver d'inconvéniens, à peine contre les armuriers, couteliers, fourbisseurs & marchands trouvés en contravention, de confiscation pour la première fois, d'amende de cent livres, & d'interdiction de leur maîtrise pour un an, & de privation d'icelle en cas de récidive, même de peine corporelle, s'il y échet; & contre les garçons qui travailleront en chambre, d'être fustigés & flétris pour la première fois, & pour la seconde d'être condamnés aux galères. Et à l'égard de ceux qui porteront sur eux lesdits couteaux, bayonnettes, pistolets, & autres armes offensives, cachées & secrètes, ils seront condamnés en six mois de prison & en cinq cents livres d'amende. N'entendons néanmoins comprendre en ces présentes défenses les bayonnettes à ressort qui se mettent au bout des armes à feu pour l'usage de la guerre, à condition que les ouvriers qui les fabriqueront seront tenus d'en faire déclaration au juge de police du lieu, & sans qu'ils puissent les vendre ni débiter qu'aux officiers de nos troupes, qui leur en délivreront certificat, dont lesdits ouvriers tiendront registre, paraphé par nosdits juges de police. Si donnons en mandement, &c.

afin d'informer le public de quelque chose. Voyez AFFICHE.

A la chancellerie & dans les greffes, on appelle *un acte expédié en Placard*, celui qui est écrit sur une seule feuille de papier ou parchemin non pliée, & qui n'est écrite que d'un côté.

PLACARDS. C'est le nom que portent dans les Pays-Bas les édits & déclarations émanés des souverains de la maison d'Autriche.

Les Placards qui ont été donnés dans l'intervalle des guerres d'entre François premier & Charles-Quint, aux conquêtes de Louis XIV, ont conservé toute leur autorité dans celles des provinces Belgiques qui appartiennent actuellement à la France : c'est ce qui résulte des différentes capitulations accordées aux principales villes de ces pays. Celle de Lille, entre autres, porte, article 12, » que lesdites villes de Lille, Douai » & Orchies, & châtellenies, jouiront paisible- » ment & pleinement de tous priviléges, cou- » tumes, usages, immunités, droits, libertés, » franchises, juridiction, justice, police & ad- » ministration à eux accordées, tant par les rois » de France par ci-devant, que par les princes sou- » verains de ce pays «.

Les Placards les plus célèbres & les plus importans qui ont force de loi dans les Pays-Bas françois, sont les Placards des premier octobre 1520 & 10 mars 1523, concernant les dîmes insolites; le Placard du 4 octobre 1540, touchant les banqueroutes, les monopoles, l'usure, les fonctions des notaires, les donations des pupilles à leurs tuteurs, la prescription biennale, les mariages clandestins; le Placard du 15 juin

1553, communément appelé le nouveau transport de Flandres, & portant réglement sur les tailles & impositions; le Placard du 5 mars 1571, sur les rentes en grains, le Placard du 28 juin 1575, sur la chasse; le Placard du premier juin 1587, rendu pour l'exécution des décrets du concile tenu à Mons en 1586; le Placard du 31 octobre de la même année, » sur le payement, » quittance, modération & attermination des » cens, rentes foncières, seigneuriales, & autres » hypothéquées ou non hypothéquées; & semblables redevances échues ou à écheoir durant » les troubles, & sur quelques autres points concernant & dépendans de cette matière «. Le Placard du 25 juin 1601, sur les remboursemens de rentes, de prêts & de dépôts; le Placard ou édit perpétuel du 12 juillet 1611, contenant 47 articles sur différentes matières. Le Placard du 31 août 1613, sur la chasse; les Placards du 28 mars 1611 & 2 octobre 1613, sur les réparations des églises; le Placard du 14 décembre 1616, sur la noblesse & les armoiries; le Placard du 29 juillet 1653, sur les engagemens & hypothèques; le Placard du 30 juillet 1672, concernant l'administration des villes ouvertes & villages de la Flandre flamande.

Toutes ces loix & une infinité d'autres qu'il seroit trop long de rappeler, sont renfermées dans des recueils très-volumineux, intitulés *Placards de Flandres*, *Placards de Brabant*. On trouve le précis de la plupart dans deux ouvrages d'Anselmo, jurisconsulte d'Anvers, qui ont pour titre, *Codex belgicus & tribonianus belgicus*. Zypæus, official de la même ville, en a aussi donné une certaine notice dans l'espèce d'institution au droit belgique qu'il a publiée. On peut encore consulter là-dessus l'ouvrage qu'a donné dans le même genre M. Deghewiet, avocat au parlement de Flandres.

(*Article de M. MERLIN, avocat au parlement de Flandres.*)

PLACE. C'est un lieu public, découvert & environné de bâtimens, soit pour l'embellissement d'une ville, soit pour la commodité du commerce.

Les Places publiques des villes royales, les lieux où l'on rend la justice au nom du roi, & les autres lieux semblables sont censés dans la censive de sa majesté, & font partie de son domaine : c'est pourquoi les particuliers ne peuvent y posséder des maisons, boutiques, &c. sans une concession expresse, & sans payer pour cela une redevance au souverain.

Le roi est pareillement, en vertu de sa souveraineté, propriétaire de toutes les Places qui ont servi aux fossés, contrescarpes, murs, remparts, portes & fortifications, tant anciennes que nouvelles, de toutes les villes du royaume, soit qu'elles appartiennent à sa majesté ou à des seigneurs particuliers : il faut en dire autant de l'espace qui est en dedans des villes, près des murs, jusqu'à concurrence de neuf pieds : ainsi la directe des maisons & édifices construits sur ces Places, ne peut appartenir qu'au roi.

C'est en conformité de ces règles établies par différentes loix, qu'un édit du mois de décembre 1681, a ordonné que toutes les Places des remparts, murs, fossés, contrescarpes & dehors des villes du royaume, seroient vendues au profit du du roi, & que les propriétaires de celles qui avoient été précédemment aliénées, seroient confirmés dans leur possession, en payant les sommes auxquelles ils seroient taxés, sans qu'ils pussent être tenus d'aucune charge envers qui que ce fût, sinon d'un cens annuel envers sa majesté.

Comme la plupart des Places des anciens fossés, remparts & fortifications des villes étoient occupées par des particuliers qui s'en étoient emparés d'autorité privée, ou qui les tenoient à titre de ventes ou concessions que leur avoient faites les maires ou échevins de ces villes, le roi donna, le 20 février 1696, une déclaration par laquelle il maintint & confirma les détenteurs dans leur possession & jouissance, soit que ces Places leur eussent été vendues ou concédées par les maires ou échevins, soit qu'ils s'en fussent mis en possession sans titre, en quelque manière que ce fût, à la charge qu'ils payeroient une finance, & qu'ils tiendroient les mêmes Places dans la censive de sa majesté; à l'effet de quoi ils payeroient annuellement un cens de douze deniers par arpent, & les droits de lods & ventes aux mutations, suivant les coutumes.

Par arrêt du 10 février 1740, le parlement de Paris a jugé qu'une maison située rue Dauphine, donnant par-derrière sur la rue Contrescarpe, dont le terrein avoit autrefois fait partie des anciens fossés & remparts de la ville de Paris, étoit dans la censive & directe du roi, & a condamné les propriétaires à en payer les droits de lods & ventes au receveur général du domaine.

On appelle *Place du change*, ou *Place commune des marchands*, un lieu public établi dans les villes de négoce, où les marchands, négocians, banquiers, courtiers ou agens de change, & autres personnes qui se mêlent du commerce des lettres & billets de change, ou qui font valoir leur argent, se trouvent à certains jours de la semaine, pour y parler & traiter des affaires de leur commerce, & savoir le cours du change.

A Paris on dit simplement *la Place*; à Lyon on la nomme aussi *la Place* ou *la Place du change*; à Toulouse, à Londres, à Amsterdam, & presque dans tous les pays étrangers, *la bourse*.

Faire des traites & remises de Place en Place, c'est faire tenir de l'argent d'une ville à une autre par le moyen des lettres de change, moyennant un certain droit qui se règle suivant que le change est plus ou moins haut.

Quelquefois le mot de *Place* se prend pour tout le corps des marchands & négocians d'une ville. On dit en ce sens que la *Place de Lyon est la plus considérable & la plus riche de France*; pour dire qu'il n'y a point dans le royaume, de banquiers & de marchands plus riches ni plus accrédités que ceux de Lyon.

PLACE se dit aussi d'une forteresse.

Les Places fortes n'appartiennent qu'au roi, & elles sont absolument inaliénables, comme servant à la défense publique & à la sûreté de l'état. *Voyez le traité de la souveraineté de M. le Bret.*

PLACET. Ce mot se dit d'une demande succinte, formée par écrit pour obtenir justice, grâce, faveur, &c.

Dans les sièges où les affaires sont en si grand nombre, que les parties ne peuvent pas être entendues à mesure qu'elles se présentent, on présente un Placet au chef de la compagnie, pour demander audience. Au châtelet de Paris, les Placets concernant les causes qui doivent être portées au parc civil, se présentent à M. le lieutenant civil : ceux qui concernent les affaires du présidial, se présentent au lieutenant particulier qui y préside.

PLACITÉ. Ce mot signifioit autrefois *plaid* ou *assise* de justice.

Nos rois des deux premières races avoient leur Placité général ou grande assise, leur cour plénière qu'ils tenoient avec les grands du royaume, laquelle assemblée, sous la troisième race, a été appelée parlement.

En Normandie, on appelle *Placités* ou *articles Placités*, certains articles arrêtés par le parlement les chambres assemblées le 6 avril 1666, concernant plusieurs usages de la province, lesquels articles furent envoyés au roi, avec prière à sa majesté de trouver agréable qu'ils fussent lus & publiés, tant en l'audience de la cour, qu'en toutes les juridictions du ressort.

PLAGIAT. C'est le crime de celui qui vole des enfans.

Celui qui retient de force chez lui la femme,

les enfans, ou les domestiques d'autrui, est aussi coupable du crime de Plagiat.

Chez les Romains on prononçoit pour crime de Plagiat, la peine de la condamnation aux mines contre les personnes distinguées, & celle de mort contre les autres.

Il n'y a parmi nous aucune loi particulière contre ce genre de crime : mais on punit ceux qui en sont convaincus, comme les voleurs, quelquefois de mort, & quelquefois d'une moindre peine, selon les circonstances. Par exemple, on condamne à mort les mendians qui volent des enfans & qui les mutilent, & l'on ne prononce contre eux que la peine des galères, quand il n'y a point de mutilation.

Godefroi rapporte dans son histoire de Charles VII, que le samedi 18 avril 1449, on pendit deux hommes & une femme convaincus d'avoir volé de petits enfans.

Une mendiante qui avoit enlevé à Paris un enfant, & qui l'avoit gardé plusieurs années avant de l'y ramener, a été condamnée, par arrêt du 6 juillet 1740, au fouet, à la marque, & à être enfermée à perpétuité dans la maison de force de l'hôpital général.

Par un autre arrêt du 23 janvier 1756, le parlement de Paris a prononcé les mêmes peines contre Françoise Chabanoue, convaincue d'avoir volé un enfant de six mois.

PLAIDOYER. C'est un discours prononcé à l'audience en présence des juges, pour défendre le droit d'une partie.

Dans les tribunaux où il y a des avocats, ce

sont eux qui plaident la plupart des causes, à l'exception de quelques causes légères qui ne roulent que sur le fait & la procédure, que les procureurs sont admis à plaider.

Une partie peut plaider pour elle-même, pourvu que le juge la dispense.

Un Plaidoyer contient ordinairement six parties; savoir, les conclusions, l'exorde, le récit du fait, celui de la procédure, l'établissement des moyens, & la réponse aux objections.

Les conclusions ne se prenoient autrefois qu'à la fin du Plaidoyer; le juge disoit à l'avocat de conclure, & le dispositif du jugement étoit toujours précédé de cette clause de style, *postquàm conclusum fuit in causâ*; mais depuis long-temps il est d'usage que les avocats prennent leurs conclusions avant de commencer leur Plaidoyer; ce qui est sagement établi, afin que les juges sachent d'abord exactement quel est l'objet de la cause.

PLAIDS. On donne ce nom à certaines assemblées de justice.

On distingue deux sortes de Plaids; savoir, les Plaids ordinaires, & les Plaids généraux.

Les Plaids ordinaires sont les jours ordinaires d'audience.

Les Plaids généraux, qu'on appelle en quelques endroits *assise*, sont une assemblée extraordinaire des officiers de justice, à laquelle ils convoquent tous les vassaux, censitaires, & justiciables du seigneur.

Ces sortes de Plaids généraux se réglent suivant les coutumes, & dans celles qui n'en parlent pas, suivant les titres du seigneur, ou suivant l'usage des lieux, tant pour le droit de tenir ces sortes de Plaids en général, que pour la manière de les tenir, & pour le temps.

La tenue des Plaids généraux ne se pratique guère, parce qu'il y a plus à perdre qu'à gagner pour le seigneur, qui est obligé de donner les assignations à ses dépens.

Quand le seigneur veut faire tenir ses Plaids, il doit faire assigner ses vassaux à personne ou à domicile, ou faire donner l'assignation au fermier & détenteur du fief.

Il faut que cette assignation soit donnée par le ministère d'un huissier ou sergent, & qu'elle soit revêtue des formalités prescrites pour les ajournemens.

Le délai doit être d'une quinzaine franche.

Le vassal doit comparoître en personne, ou par procureur fondé de sa procuration spéciale.

Faute par lui de comparoître à l'assignation, s'il n'a point d'empêchement légitime, il doit être condamné à l'amende, qui est différente selon les coutumes : cette amende est, par exemple, fixée à dix sous parisis, ou douze sous six deniers, par les coutumes de Péronne, Montdidier & Roie. Le seigneur peut saisir pour faire payer cette amende ; mais il ne fait pas les fruits siens, & la saisie tient jusqu'à ce que le vassal ait payé l'amende & les frais.

Le seigneur peut faire tenir ses Plaids dans toute l'étendue de son fief, & dans les maisons de ses vassaux.

On tenoit autrefois les Plaids généraux dans les lieux ouverts & publics, en plein champ, sous des arbres, sous l'orme, dans la place, ou devant la porte du château ou de l'église.

Il y a encore quelques justices dans lesquelles les Plaids généraux ou assises se tiennent sous l'orme, comme à Anières près Paris, dont la seigneurie appartient à saint Germain-des-Prés.

La comparution des vassaux aux Plaids généraux, a pour objet de faire reconnoître les redevances qu'ils doivent, & de leur faire déclarer en particulier les héritages pour lesquelles elles sont dues, & si depuis les derniers aveux ils ont acheté ou vendu quelques héritages venus de la seigneurie, à quel prix, de qui il les ont achetés, à qui ils en ont vendu, enfin, devant quel notaire le contrat a été passé.

Voyez le traité des fiefs par Billecocq.

PLAINTE. C'est une déclaration par laquelle on défère à la justice quelque injure, dommage ou autre excès que l'on a souffert de la part d'un tiers.

Les Romains distinguoient les délits privés, des délits publics. Chacun pouvoit rendre Plainte relativement à ceux-ci; mais il n'y avoit que les parties intéressées qui pussent se plaindre de ceux-là.

En France, il y a dans tous les crimes deux sortes de personnes qui peuvent rendre Plainte; savoir, la personne offensée, & la partie publique.

Les procureurs du roi ou fiscaux, &c. peuvent intenter Plainte ou accusation pour raison de plusieurs crimes en même temps contre le même accusé, ou pour raison du même crime contre plusieurs accusés, & les envelopper tous dans une seule & même accusation. Ils doivent même le faire dans le cas où les accusés sont complices d'un même crime, ou que les crimes sont connexes.

Ils peuvent aussi ajouter, quand ils veulent, à leur première accusation, lorsqu'ils découvrent de nouveaux complices, ou que quelqu'un des accusés est prévenu de quelque nouveau crime qui n'étoit point encore venu à leur connoissance, ou lorsque le crime pour lequel l'accusé étoit poursuivi vient à changer de nature, comme lorsque la blessure d'un offensé, qu'on ne croyoit pas mortelle, vient à être suivie de la mort de cet offensé.

Plusieurs personnes peuvent en même temps rendre Plainte, lorsqu'elles ont toutes intérêt à l'offense, mais une seule suffit pour la poursuite du procès criminel.

Les trois premiers articles du titre 3 de l'ordonnance du mois d'août 1670, réglent comment & devant qui une Plainte doit se former (*).

Suivant ces loix, une Plainte peut être rendue

(*) *Voici ces trois articles.*

1. Les Plaintes pourront se faire par requête, & auront date du jour seulement que le juge, ou en son absence le plus ancien praticien du lieu, les aura répondues.

2. Pourront aussi les Plaintes être écrites par le greffier en présence du juge. Défendons aux huissiers, sergens, archers & notaires, de les recevoir, à peine de nullité, & aux juges de les leur adresser, à peine d'interdiction.

3. N'entendons néanmoins rien innover dans la fonction des commissaires de notre châtelet de Paris, pour la réception des Plaintes, qu'ils seront tenus de mettre au greffe, ensemble toutes les informations & procédures par eux faites dans les vingt-quatre heures, dont ils feront faire mention par le greffier au bas de leur expédition, & si c'est avant ou après midi, à peine de cent livres d'amende, moitié vers nous, & moitié vers la partie qui se plaindra.

par requête ou par procès-verbal (*). Si elle est rendue par requête, elle n'a date que du jour que

---

(*) *Formule d'une Plainte par requête.*

A monsieur ......

Supplie humblement .... disant .... (*énoncer ici les faits de la Plainte & toutes leurs circonstances.*) Ce considéré, monsieur, il vous plaise donner acte au suppliant de la Plainte ci-dessus, lui permettre de faire informer des faits contenus en sa présente requête, circonstances & dépendances, pour, l'information faite & rapportée, être ordonné ce qu'il appartiendra. (*Quand il y a lieu à monitoire, on y ajoute :*) même d'obtenir & faire publier monitoire en forme de droit, pour, ce fait & communiqué au procureur du roi, *ou au procureur fiscal* de ce siége, être ordonné ce qu'il appartiendra; & vous ferez justice.

Plainte du procureur du roi ou fiscal.

A monsieur ......

Vous remontre le procureur du roi *ou fiscal*, qu'il a eu avis que .... Ce considéré, monsieur, il vous plaise permettre au remontrant de faire informer des faits contenus en la présente requête, circonstances & dépendances, pour, l'information faite & à lui communiquée, requérir ce qu'il appartiendra.

Ordonnance du juge.

Vu la présente requête, nous avons donné acte de la Plainte au suppliant (*ou au procureur du roi ou fiscal*), permis de faire informer pardevant nous (*si c'est au châtelet*, pardevant ... commissaire) des faits contenus en icelle, circonstances & dépendances. (*Et si la requête tend à monitoire, on ajoute :*) même d'obtenir & faire publier monitoire en forme de droit; pour ce fait, communiqué au procureur du roi *ou au procureur fiscal* de ce siége, être ordonné ce qu'il appartiendra.

la requête est répondue. Quand on rend Plainte par procès-verbal, il doit être écrit par le greffier en présence du juge.

Autrefois plusieurs officiers partageoient avec le juge le droit de recevoir les Plaintes & de faire les informations. Les huissiers du châtelet, entre autres, étoient pour cela dans une possession immémoriale, sur-tout lorsqu'ils avoient été commis par les juges à cet effet. La cour commettoit aussi quelquefois, par arrêts, des huissiers du parlement pour informer.

Cet usage étoit fondé sur une apparence d'utilité publique, en ce qu'il en coutoit beaucoup moins aux parties pour le transport d'un huissier que pour celui d'un conseiller ou autre juge: mais la facilité que l'on trouvoit à corrompre ces officiers subalternes, & les autres inconvéniens sans nombre qui résultoient de cet usage, ont déterminé le législateur à l'abolir, comme abusif,

---

Formule de Plainte par procès-verbal.

L'an .... le .... jour de .... heure de .... pardevant nous .... est comparu .... lequel nous a dit & fait Plainte que (*détailler ici les faits qui donnent lieu à la Plainte*,) en conséquence, a requis qu'il nous plût lui permettre de faire informer des faits contenus en sa Plainte ci-dessus, circonstances & dépendances, & a signé, (*ou déclaré ne savoir écrire ni signer*) de ce enquis suivant l'ordonnance. Sur quoi nous avons donné acte audit .... de sa Plainte, permis de faire informer des faits y contenus, circonstances & dépendances, pardevant .... pour ce fait & communiqué au procureur du roi *ou fiscal*, être ordonné ce que de raison (*Et si celui qui rend la Plainte veut en même temps se rendre partie civile, on ajoute :*) déclarant ledit plaignant qu'il se rend partie civile, & a signé (*ou a déclaré ne savoir signer.*)

& à ne confier qu'aux ſeuls juges la réception des Plaintes & la confection des informations.

Il n'y a d'exception à cette régle qu'en faveur des commiſſaires au châtelet de Paris, qui, ayant toujours été regardés comme aſſociés à la magiſtrature, ont mérité cette diſtinction : mais pour qu'ils ne reſtent pas long temps les maîtres des Plaintes & des charges, qui ne peuvent être trop tôt conſignées dans un dépôt ſûr, le légiſlateur a voulu qu'ils les remiſſent au greffe dans les vingt-quatre heures. La date de cette remiſe, & ſi c'eſt avant ou après midi, doit être conſtatée par le greffier. La peine du défaut d'exécution de la loi à cet égard contre le commiſſaire, eſt une amende de 100 livres, dont la moitié eſt applicable au roi, & l'autre moitié à la partie plaignante.

Il peut arriver que le juge ſoit abſent ou malade, ou qu'il ſe récuſe ; & comme les affaires criminelles doivent être inſtruites ſans délai, le plaignant eſt alors fondé à s'adreſſer au plus ancien praticien, & non à la partie publique dont le miniſtère eſt néceſſaire. C'eſt en conformité de cette régle que, par arrêt du 2 octobre 1711, le parlement de Paris a fait défenſe au procureur fiſcal de la juſtice de Bergereſſe, de faire aucune fonction de juge, en cas d'abſence ou autre empêchement du juge ordinaire, dans les affaires ſujettes à communication, & notamment dans les matières criminelles ; & a ordonné qu'en pareil cas la fonction de juge ſeroit dévolue à l'ancien procureur poſtulant.

La même cour a rendu deux autres arrêts ſemblables les 21 juin & 23 juillet 1712.

Obſervez toutefois que le praticien qui ſupplée le juge en pareille circonſtance, doit réſider dans le lieu de la juridiction. C'est ce que le parlement de Paris a encore jugé par arrêt du 11 septembre 1711 (*).

Le juge d'instruction ne doit permettre d'informer ni recevoir aucune Plainte, qu'autant que les faits allégués peuvent être considérés comme graves : autrement il doit renvoyer sur la plainte à se pourvoir à fins civiles, ou ordonner que les parties en viendront à l'audience.

Ainsi, quand il ne s'agit que de simples injures verbales, le juge ne doit pas permettre de prendre la voie criminelle, mais il doit en ce cas ordonner que les parties se pourvoiront au civil.

Mais si la Plainte est de nature à être poursuivie criminellement, le juge ne peut refuser de la répondre, & il doit permettre d'informer des faits qui y sont contenus.

De même il ne doit point recevoir de Plaintes pour raison de faits qui ne regardent & n'intéressent point les parties.

Le juge, en recevant une Plainte qui renferme différens faits, ne doit permettre d'informer que de ceux qui intéressent le plaignant, & non des autres ; autrement cette procédure seroit nulle & vicieuse. Mais si les autres faits qui n'intéressent point l'accusé, sont de nature à mériter l'animadversion publique, le juge peut ordonner dans ce cas que la Plainte pour raison de ces faits sera communiquée au procureur du roi ou fiscal, pour être par lui prises telles

(*) Cet arrêt a fait défense au sieur Balet de faire les fonctions de juge dans la justice d'Usson, avant d'avoir établi son domicile dans le lieu de la juridiction.

conclusions qu'il jugera à propos; & ensuite, sur ces conclusions, le juge peut informer, s'il y a lieu de le faire.

La Plainte n'est pas absolument nécessaire pour que le juge puisse informer contre quelqu'un, lorsque le coupable est arrêté en vertu d'un ordre supérieur, ou qu'il est pris en flagrant délit, ou arrêté à la clameur publique, & en général toutes les fois qu'il a été emprisonné par autorité du juge. A Paris, les commissaires au châtelet peuvent aussi informer par eux-mêmes des crimes, sans réquisition ni ministère du procureur du roi ou de ses substituts, dans le cas de flagrant délit, sans Plainte d'aucune partie privée.

Il n'est pas même nécessaire, lorsque le juge a informé d'office, que le procureur du roi ou fiscal donne ensuite la Plainte; il suffit que cette partie publique agisse en conséquence contre l'accusé. Il y a plusieurs procès criminels célèbres, dans lesquels il n'y a aucune Plainte. Dans celui qui fut fait en l'année 1674 au chevalier de Rohan & à ses complices, pour crime de lèze-majesté, il n'y a aucune Plainte; & le premier acte qui paroît de la part du procureur général en la commission établie pour l'instruction de ce procès, c'est les conclusions pour recommander le chevalier de Rohan, qui avoit été arrêté par ordre du roi, & mis prisonnier à la bastille.

En effet, l'objet de la Plainte n'étant que pour parvenir à s'assurer du coupable & à instruire son procès, si le criminel est arrêté, il est évident que cette Plainte devient inutile, & qu'il suffit que la procédure soit communiquée à la partie publique, afin qu'elle agisse ensuite pour la pourſuite & l'inſtruction du procès, ſur le vu de l'information, ſoit en concluant au décret, ſoit à quelque autre jugement d'inſtruction, & quelquefois même à la peine.

La Plainte ſaiſit la juridiction du juge à qui elle eſt préſentée, quand même il ſeroit queſtion dans cette Plainte d'un fait purement civil, & qui ne pourroit intéreſſer la juridiction du juge criminel. Dans ce cas, ce n'eſt point au juge civil à en connoître, mais au juge criminel à qui elle eſt préſentée; & c'eſt à ce dernier à la recevoir, ou à la rejeter, ou à renvoyer le plaignant devant le juge qui en doit connoître.

Les plaignans ne ſont point réputés parties civiles, s'ils ne le déclarent formellement, ou par la Plainte, ou par acte ſubſéquent, qui peut ſe faire en tout état de cauſe; ce qui a été établi ſagement pour faciliter la punition des crimes, ſans obliger les parties de ſe mettre dans le cas de ſuccomber aux frais.

On peut être plaignant, ſans être partie civile, comme on le voit par l'ordonnance de 1670, titre 30, article 5; mais on ne peut être partie civile, ſans être plaignant.

Lorſque le plaignant ne ſe porte point partie civile par la Plainte, mais par un acte ſubſéquent, cet acte doit être ſignifié à l'accuſé, & au procureur du roi ou fiſcal, s'il eſt joint à la pourſuite.

Quand un plaignant s'eſt porté partie civile, ſoit par la Plainte, ſoit par un acte ſubſéquent, il peut s'en départir dans les vingt-quatre heures; & dans ce cas de déſiſtement, il n'eſt plus tenu des frais faits depuis qu'il a été ſignifié, mais seulement de ceux qui ont été faits avant ce désistement, sans préjudice néanmoins des dommages & intérêts des parties accusées, dans le cas où cette accusation seroit injuste ou calomnieuse.

Lorsque le plaignant s'est porté partie civile contre plusieurs personnes, il peut se désister à l'égard des unes, sans être obligé de le faire à l'égard des autres, pourvu que ce désistement se fasse aussi dans les vingt-quatre heures de la Plainte.

Ce temps de vingt-quatre heures est limité principalement en faveur de l'accusé, afin qu'il puisse demander que le plaignant, qui ne se désisteroit qu'après ce temps, demeure en cause pour pouvoir obtenir contre lui des dommages & intérêts, en cas d'action calomnieuse. La partie publique peut aussi empêcher le désistement qui seroit fait après les vingt-quatre heures, & demander que le plaignant, qui ne se désisteroit qu'après ce temps, demeure partie civile.

Faute de faire ce désistement dans les vingt-quatre heures, les plaignans qui se sont portés parties civiles, & qui ne se désistent qu'après ce temps, sont tenus de tous les frais, tant envers l'accusé qu'envers le domaine, ainsi qu'il résulte de la disposition de cet article 5 qu'on vient de citer.

Quand une fois on s'est désisté d'une Plainte contre un accusé, il n'est plus permis de reprendre la poursuite, & de se porter de nouveau partie civile contre lui.

Lorsqu'une Plainte est calomnieuse ou téméraire, & que le plaignant n'a pu faire sa preuve, il arrive assez souvent que l'accusé qui a entendu parler de cette Plainte par les témoins, ou autrement, donne de ſon côté une autre Plainte contre le premier plaignant ; pour raiſon des diſcours calomnieux par lui répandus.

Comme la Plainte eſt un des principaux actes de la procédure criminelle, il eſt juſte qu'elle ſoit aſſujettie à tout ce qui eſt néceſſaire pour en conſtater la vérité. Ainſi,

1°. Elle doit contenir le nom du plaignant; ou du moins ſa qualité, ſi c'eſt une Plainte donnée par la partie publique ; la qualité du crime, le lieu où il a été commis, & dans quel temps.

Une Plainte peut néanmoins être bonne, quoique le lieu du délit ne ſoit pas ſpécifié, quand on a de juſtes raiſons pour l'ignorer, parce que cela peut ſe ſuppléer par l'information & par les preuves ; & il en eſt de même du temps, du moins quant au jour précis où le délit a été commis.

Dans la Plainte pour crime de faux, on n'exprime ni le temps ni le lieu où le faux a été commis, parce qu'ordinairement on ne peut avoir cette connoiſſance.

Il n'eſt pas néceſſaire non plus que la Plainte contienne le nom de l'accuſé, parce que la Plainte eſt plutôt un acte pour expoſer aux yeux de la juſtice le crime qui a été commis, que l'imputation faite pour raiſon du même crime, à celui qui en eſt l'auteur, ou qu'on croit l'être ; ce qui eſt, à proprement parler, le vrai de l'accuſation, & ſa différence eſſentielle d'avec la Plainte.

Dans les Plaintes qui ſont rendues pour raiſon d'injures, il eſt néceſſaire qu'elles contiennent,

1°. la qualité de l'injure reçue, & s'il y en a plusieurs, tant par paroles que par voies de fait, elles doivent être spécifiées : il faut aussi indiquer le temps où ces injures ont été faites, & même le lieu.

2°. La Plainte doit être énoncée d'une manière claire & intelligible, bien circonstanciée, sans aucune équivoque ni obscurité, & elle doit contenir l'exposition du fait & les conclusions du plaignant ; c'est-à-dire, que le plaignant doit demander permission, par cette requête, d'informer des faits qui y sont contenus, circonstances & dépendances ; même d'obtenir & faire publier monitoires, s'il y a lieu de prendre cette voie.

3°. L'ordonnance veut que tous les feuillets des Plaintes soient signés pat le juge & par le plaignant, s'il sait & peut signer, ou par son procureur fondé de procuration spéciale ; & il doit être fait mention expresse sur la minute & sur la grosse, de la signature ou de son refus ; ce qui doit aussi être observé par les commissaires du châtelet de Paris. Le défaut de cette signature ou de cette mention emporte la nullité de la Plainte.

Ces formalités sont établies pour empêcher qu'on ne puisse altérer la Plainte, ou en changer la date & la substance, en y ajoutant ou diminuant ; ce qui pouvoit se faire aisément avant que l'usage fût établi de faire signer les Plaintes au juge & à la partie.

Par arrêt du parlement de Rouen du 9 novembre 1728, il a été jugé qu'une Plainte signée par une femme sous le nom de son mari &

sans procuration, étoit valable entre le nommé Hue & les nommés Garnier. Pareil arrêt du 11 octobre 1709, sur une Plainte donnée par un père contre son fils. Autre arrêt du 25 février 1738.

Dans les Plaintes qui se donnent par les parties privées pour crime de faux incident, il faut une inscription de faux de la part du plaignant.

Quand il y a Plainte respective, le juge doit, après les interrogatoires & l'examen des charges, juger lequel des deux plaignans demeurera accusé ou accusateur. Il doit déclarer accusé celui contre lequel les charges sont les plus fortes; & accusateur celui contre lequel elles sont moins considérables.

Voyez l'ordonnance criminelle du mois d'août 1670, & les commentateurs; Airault, en son instruction judiciaire; le traité des matières criminelles; Julius Clarus, practica criminalis; *Lizet, en sa pratique criminelle; Theveneau sur les ordonnances; le traité de la justice criminelle de France; le journal du palais, &c.* Voyez aussi les articles COMMISSAIRE, PARTIE CIVILE, PROCUREUR DU ROI, ACCUSÉ, ACCUSATION, INFORMATION, &c.

PLAINTE EN MATIÈRE CIVILE. Le mot PLAINTE est fréquemment dans les chartres & coutumes de Hainaut, pour désigner une action purement civile.

Il y a entre une Plainte proprement dite & une requête, la même différence que le droit commun admet entre l'action réelle & l'action personnelle. On lit dans la *forme de procéder en Hainaut*, page 1, que » toutes causes commen-

» cent, ou par requête, ou par Plainte, ou par » complainte «. C'est comme si l'on disoit, toutes les actions sont, ou personnelles, ou réelles, ou possessoires. » Toutes actions personnelles (continue l'auteur de cet ouvrage) se motivent par » requête «. Donc les actions réelles doivent s'intenter par Plainte ; cette conséquence est aussi claire que simple, & la coutume du chef-lieu de Mons, chapitre 15, §. 1, la confirme de la manière la plus évidente ; en voici les termes : » Pour » abrévier tous procès par loi, qui se feront pour » cas réel & propriétaire, tous plaindans, quand » ils mettront outre leurs Plaintes, devront, &c. «.

Cette distinction de la requête d'avec la Plainte n'est pas seulement dans les mots, elle est encore dans les choses.

Lorsqu'on agit par action personnelle, on présente la requête au chef de la juridiction, qui là répond d'un *soit communiqué* ; & même au conseil souverain de Mons, chaque conseiller a le droit d'expédier en son nom les ordonnances de comparoir sur les requêtes qui sont présentées à la cour. C'est ce que décide l'article 1 du décret du roi d'Espagne du premier septembre 1702, imprimé à la suite de la coutume de Mons, édition de 1761 ; & c'est ce que confirme l'auteur de la *forme de procéder en Hainaut*, page 2 : » La » requête, dit-il, étant formée & signée d'avo- » cat, doit être présentée à un conseiller, pour » avoir le *visa*, lequel se met au pied de la requête » en cette sorte : *Appeler partie à tiers jour* » *péremptoire* «.

Lorsqu'on agit au contraire par action réelle, il faut présenter la requête en pleine cour, & l'apostille doit être donnée au nom de tout le siége, & signée ou de chaque juge, ou du greffier par ordonnance. C'est ce qu'insinue très-clairement l'article 4 du chapitre 45 des chartres générales : » Les Plaintes qui se feront pour » cerquemanage, devront être jugées à ajournement pour comparoître aux prochains plaids » ensuivans «. Pourquoi les Plaintes, dont parle ce texte, doivent-elles être *jugées à ajournemens*, c'est-à-dire, répondues d'un jugement donné par tout le siége qui ordonne d'ajourner la partie ? C'est, répond l'article 3 du chapitre suivant, parce qu'elles sont *propriétaires*, ou réelles. Voici les termes de ce texte : » Les plaintes qui se feront » pour réparation (ou bornage) seront propriétaires.... sur laquelle Plainte se jugera d'ajournée partie, pour y procéder comme en autres » matières propriétaires «. On ne peut rien de plus formel que ces dernières paroles ; il en résulte évidemment, que toutes les Plaintes, ou, si l'on veut, toutes les requêtes en matière réelle, doivent être *jugées d'ajournée partie*.

Ainsi les demandes en retrait lignager, qui sont en Hainaut de véritables actions réelles, doivent être présentées au siége assemblé, & répondues d'un jugement en forme ordinaire. Ecoutons Me. Cogniaux, avocat au conseil souverain de Mons, dans la *pratique du retrait*, chapitre 5, n. 78 : » Outre le devoir de présentation & nantissement, le retrayant doit s'adresser par Plainte à la cour dominante, & cette » Plainte doit être jugée à ajournemens & significations pour y répondre aux prochains plaids «. L'auteur de la *forme de procéder en Hainaut*, enseigne la même chose, page 129 : » La Plainte » en retrait, dit-il, se présente en plein con-

» seil, & l'appointement se fait comme s'ensuit : » les grands bailli, président & gens du conseil » souverain de Hainaut, ordonnent à N., huissier, » de bien & dûment ajourner celui contre lequel » la Plainte s'adresse, pour l'accomplir, venir ou » suffisamment envoyer dire contre aux prochains » plaids, qui se tiendront suivant les devoirs d'a- » journemens «.

La coutume du chef-lieu de Mons règle la manière dont se doit faire la signification d'une Plainte, lorsqu'elle est donnée contre un étranger de la juridiction des juges à qui elle est adressée. Voici ce que porte le décret du 12 juin 1556, article 2 : » Suivant la chartre de l'an » 1534, article 31, est ordonné que deux éche- » vins, pour le moins, devront avertir le censier » ou louager des héritiers contre lesquels Plaintes » propriétaires ou autres semblables se feront » demeurans hors du jugement ; & davantage, » outre le contenu de ladite chartre, afin que » les héritiers en soient mieux avertis, l'on devra » attacher brevets à l'église, & à l'héritage amaré, » s'il y en avoit aucun «.

Le même texte ajoute, que par *Plaintes propriétaires ou autres semblables*, il faut entendre les Plaintes de *rendue à nouveau héritier*, *exécution pour pensions ou dettes*, *droits seigneuriaux*, *Plaintes de partage*, *possessoire*, & *autres concernant propriété*. On voit par-là que le mot *Plainte* peut être pris dans un sens plus étendu que nous ne lui avons donné jusqu'à présent; mais pour ne pas nous jeter dans le détail presque infini de toutes les espèces de Plaintes qu'occasionne la multiplicité des causes civiles, nous nous bornerons à parler de quelques-unes des Plaintes que les coutumes citées appellent *propriétaires*, & qui n'ont lieu qu'en matière réelle.

Plainte de cens & de loi.

On appelle ainsi une requête, par laquelle le créancier d'une rente hypothéquée demande que les meubles & effets mobiliers qui se trouvent tant sur le fonds soumis à l'hypothèque, que dans les autres endroits du territoire du juge, soient pris par exécution & vendus publiquement, pour satisfaire aux arrérages échus.

Il est parlé de cette Plainte dans les chartres générales de Hainaut, chapitre 46, article 7, & dans la coutume du chef-lieu de Mons, chapitre 14; mais ces deux loix sont également muettes sur la forme & les suites de cette action. Les *chartres préavisées* en parlent avec plus d'étendue; & quoique leurs dispositions n'aient par elles-mêmes aucune force de loi, il n'en est pas moins à propos de les connoître, parce qu'elles ont été formées d'après l'usage le plus général de la province. Voici ce qu'elles portent, chapitre 38.

» Article 1. Moyennant qu'il y ait un terme » de rente, de telle nature que ce soit, échu » quand la rente écherra à deux termes, ou » d'une année lorsqu'elle écherra à un terme, » ou bien de plusieurs années jusqu'à trois, l'on » pourra faire & intenter Plainte, que l'on dit *de* » *cens & loi*....

» 2. Sur laquelle le jugement devra porter, » que le maïeur, ou son lieutenant, ou sergent, » arrêtera les dépouilles & meubles appartenans

» aux débirentiers, étant sur l'héritage hypothécaire de la rente, ensemble tous autres meubles étant au jugement (c'est-à-dire dans le territoire) des échevins, & suffira d'arrêter une pièce pour tout.

» 3. Lesquelles dépouilles seront vendues à cri & recours, en saison convenable & ordinaire; & au regard des meubles, en dedans sept jours ensuivans l'arrêt, & non plus avant que le prétendu du plaidant, loix & dépens ne portent....

» 5. Où les héritages hypothécaires seroient mis à cense, l'on ne pourra arrêter les dépouilles ni les meubles étans sur iceux, appartenans audit fermier ou autres; mais bien pourra-t-on acheter son rendage, pour s'en faire payer quand il écherra, & que le pied soit coupé.

» 6. Et s'il étoit échu, ledit maïeur s'en pourra faire payer par exécution sur les biens dudit fermier «.

L'article 7 porte, qu'en cas d'opposition de la part du débiteur, le maïeur doit se tenir *nanti du prétendu, pour en répondre en temps & lieu*, & l'article 8 ajoute, que le créancier pourra obtenir main-levée des deniers consignés, en donnant caution.

Plainte de cerquemanage.

On entend par ce mot une requête tendant à faire séparer & borner deux ou plusieurs héritages contigus, dont les limites sont incertaines. Voyez CERQUEMANAGE.

L'article 19 du chapitre 45 des chartres générales, declare que le nud propriétaire peut, aussi bien que le simple usufruitier, *faire Plainte de cerquemanage pour la garde de sa propriété, à cause que enquête à futur ne se peut faire à certitude, comme en autre matière, sans préalablement frapper les coups pour le désoivre* (ou séparation) *de l'héritage.* Voyez ENQUÊTE A FUTUR & FRAPPER LES COUPS.

L'article 26 autorise un cohéritier par indivis à faire Plainte de cerquemanage contre le propriétaire de l'héritage contigu au sien, sans adjonction de son cohéritier.

L'article 23 veut, » qu'incontinent Plainte de » cerquemanage faite, & partie ajournée sur » icelle, le plaidant & l'ajourné ne pourront » fosser, couper ni abattre les anciens bois, étoc» quier & autres étant sur la mete du différend, » jusque le cerquemanage décis, à peine d'en » être puni & corrigé, ne que soit par requête & » provision sur ce donnée «.

Plainte d'exécution.

C'est le nom d'une requête qui tend à faire décréter un héritage dont le débiteur s'est déshérité entre les mains des juges fonciers de la situation, ou même pour faire vendre judiciairement des effets mobiliers que l'on a reçus en nantissement. C'est de cette Plainte qu'il s'agit dans l'article 2 du chapitre 118 des chartres générales : » Quand quelque poursuite se fera pour » exécuter fiefs, alloets, lettriages, vaisselles, » joyaux ou autres bagues rapportées, si l'obligé » fait payement de son dû & des dépens aupa» ravant l'exécution parachevée, icelle devra cesser

» demeurant toujours l'obligation & la sûreté d'i-» celle en vertu «.

Le chapitre 25 de la coutume du chef-lieu de Mons, renferme plusieurs dispositions sur ce point. Voici ce que porte l'article premier : *Quand Plaintes se feront pour exécuter sûretés & rapports d'héritages de main-fermes ou de meubles*, il doit être fait trois *dénoncemens par trois dimanches*, avec sommation à tous ceux qui ont intérêt dans la chose, de venir avant le dernier *dénoncement montrer payement*, *répit ou quittance*, payer les arrérages & les dépens, ou donner ses moyens d'opposition à la vente ; & s'il s'agit d'une rente, & que le débiteur paye tout ce qu'il doit *durant les trois dimanches*, la Plainte d'exécution demeure sans effet, l'hypothèque conserve toute sa force, & la rente continue comme auparavant.

Suivant l'article 2 du chapitre cité, lorsque le bien qui est l'objet de la Plainte d'exécution, est une terre labourable ; & qu'elle se trouve affermée, les fruits qui y sont pendans doivent être compris dans l'exécution, sauf au fermier à se faire colloquer dans l'ordre pour les frais de labours & de semences, & à exercer son recours contre le débiteur pour ses dommages & intérêts.

Tout ce qui concerne le fond & la forme des Plaintes d'exécutions, fait la matière des chapitres 41 & 42 des *chartres préavisées* ; on peut les consulter, sinon comme des loix, au moins comme des témoins assez fidèles de l'usage du chef-lieu de Mons sur cet objet important.

L'article 6 du second des chapitres cités, contient une dispoſition remarquable ; il déclare qu'en cas d'oppoſition de la part du débiteur à la Plainte d'exécution, » les parties étant en cauſe » l'une contre l'autre, elles ſe régleront en leurs » procédures, ainſi qu'eſt porté par le réglement » des procédures propriétaires ci-devant «.

Plainte impartable.

Ce mot eſt ſynonyme avec celui de *demande en licitation.*

Lorſqu'il ſe trouve dans une ſucceſſion quelque bien qui ne peut pas ſe partager commodément, celui des héritiers qui veut ſortir de l'indiviſion, donne une Plainte, par laquelle il conclut à ce que ce bien ſoit vendu *par recours*, c'eſt-à-dire au plus offrant & dernier enchériſſeur.

Sur cette Plainte, dit l'article 11 du chapitre 52 des chartres préaviſées, » les héritiers pour» ront accorder ledit recours, ſoit qu'ils ſoient » puiſſans (d'aliéner) ou point ; auquel cas le » jugement des gens de loi devra porter, que » leſdits héritages ſoient proclamés à rente, à » léal recours, par ſix dimanches continuels, en » attachant brevets tant à l'égliſe qu'aux biens » meſurés, s'il y en a, auſſi aux égliſes d'aucuns » autres villages circonvoiſins, pour, au lundi » ſuivant le dernier dénoncement, paſſer à » rente, au mort (ou à l'extinction) de la » chandelle «.

Ces mots *paſſer à rente*, méritent une attention particulière. Il eſt d'uſage, dans le chef-lieu de Mons, que l'adjudicataire ſur licitation retienne, à titre de conſtitution de rente, le prix de son adjudication : les héritiers ne peuvent même recevoir, au préjudice de cet usage, le capital de leur part dans le prix, à moins qu'ils n'aient toutes les qualités requises pour aliéner. C'est ce qui résulte de l'article 16 du chapitre que nous venons de citer : » Et sera au pouvoir » des héritiers de mettre telles devises & con» ditions que par mutuel consentement ils trou» veront convenir.... sauf qu'ils ne pourront re» cevoir les deniers capitaux desdits rachats, ne » soit qu'ils soient puissans de ce faire, suivant » la loi de ce pays de Hainaut «.

L'article 13, du même chapitre porte, que les héritiers pourront enchérir dans la licitation comme les étrangers, & qu'en aucun cas il *n'y aura quelque droit seigneurial au profit des seigneurs, non plus que du passé.*

L'article 14 veut que si les héritiers contre lesquels est donnée la Plainte impartable, ne comparoissent ni en personne ni par procureur pour consentir à son exécution, les juges soient tenus d'en ordonner la signification, » *comme » pour autres Plaintes*, afin qu'en dedans un » mois suivant lesdits dénoncemens expirés, en » 40 jours après la signification, ils aient à s'op» poser & servir de réponse, à péril de forclu» sion «.

Suivant l'article 15, lorsque ce terme est écoulé sans que les héritiers aient donné leur réponse, on doit ordonner que les biens seront *réunis en proclamations, pour au lundi suivant passer à rente à léal recours*; ce qui doit avoir lieu, aux termes de cet article, *sans plus être question de faire aucune Plainte de querelle atteinte* Ces mots, *sans plus être question*, prouvent que les rédacteurs des chartres préavisées ont voulu introduire un droit nouveau sur ce point, & par conséquent que l'usage de la Plainte de *querelle atteinte* subsiste encore dans le cas dont il s'agit. On trouvera ci-après la définition de cette Plainte.

Plainte de Partage.

C'est ainsi que l'on appelle en Hainaut les actions qui tendent à sortir de l'indivision, & que l'on connoît en droit sous les noms de *familiæ ercifcundæ* & *communi dividundo*. Voyez le chapitre 48 de la coutume du chef-lieu de Mons, & le chapitre 52 des chartres préavisées du même pays.

Plainte de querelle atteinte.

On entend par ce mot une espèce de requête par laquelle un plaideur conclut à ce que faute par sa partie adverse d'avoir comparu ou fourni ses moyens de demande ou de défenses, elle soit déclarée défaillante & forclose. L'article 8 du chapitre 23 des chartres préavisées, porte, » qu'en » toutes forclusions emportant fin de cause, si » comme faute de servir de réponse, & de mon- » trer par le plaindant, l'on devra intenter Plainte » au droit que l'on disoit ci-devant *Plainte de* » *querelle atteinte*, pardevant loi, comme du » passé; mais au regard des forclusions qui n'em- » porteront fin de cause, icelles se devront dé- » clarer par le chef-lieu, sans par les parties user » de telles Plaintes.... Partie néanmoins entière, » en l'un & l'autre cas, de se faire redresser par

» voie de relief précis, en dedans un an, tant » pour les présens que pour les absens «. Voyez les articles RELIEF PRÉCIS, & CHARGE D'ENQUÊTE.

Plainte de rendue à nouvelle loi, ou nouvel héritier.

Cette Plainte ressemble à celle d'exécution, en ce qu'elles tendent l'une comme l'autre à déposséder & exproprier le débiteur; mais la première n'a lieu que pour les rentes affectées sur des main-fermes; la seconde peut être pratiquée pour des sommes une fois payées; dans celle-ci l'adjudicataire paye ou consigne tout le capital de son adjudication; dans celle-là, au contraire, il retient à sa charge la rente dont le défaut de payement a déterminé les poursuites du créancier. Voici le modèle que donne Dumées, en sa jurisprudence du Hainaut, d'une Plainte de rendue à nouvelle loi.

» Vous remontre A, demeurant à ... qu'il » lui compète & appartient une rente de 80 liv. » hainaut, échéante chacun an le 6 de mars, » due, affectée & hypothéquée sur l'héritage de » six rasières de pâtures situées à ... tenant à ... » déclarant dernier héritier B, lequel seroit en » défaut d'en payer trois années, la dernière échue » le 6 mars dernier, malgré plusieurs réquisi» tions à l'amiable & une sommation en date » du. ... Ce considéré, il conclut à ce que » sesdites six rasières de pâtures soient ren» dues à nouvel héritier solvent & puissant » de satisfaire chaque année aux échéances de » ladite rente de 80 livres, après toutes les

» formalités dûment obſervées. A quelle fin il » fait la préſente Plainte, dite de rendue à nou- » velle loi, demandant dépens *in formâ* ».

On remarque deux choſes dans cette Plainte, la première qu'il faut trois années d'arrérages pour que le créancier puiſſe prendre la voie dont nous parlons ; la ſeconde, qu'elle doit être précédée d'une ſommation extrajudiciaire de payer. C'eſt en effet ce qui ſe pratique régulièrement, & ces deux points ſont ainſi réglés par les chartres préaviſées, chapitre 36, article 20, & chapitre 37, articles 7 & 8 ; voici les diſpoſitions qu'elles contiennent :

» L'on ſera entendu capable de faire Plainte » pour trois années de rentes héritières *en ar-* » *gent*, & au regard de celles en plumes & tou- » tes autres eſpèces de grains qu'elles ſoient dues » ſur tels héritages, bien qu'il y ait ayent joinct à » telles redevances, non excédant la valeur deſ- » dites plumes ou grains, ſe pourront leſdites » Plaintes faire pour 10 années, & non plus, » ne ſoit autoriſation du chef-lieu, à connoiſ- » ſance de cauſe comme du paſſé.

» Tous plaindans à rendue à nouveaux héri- » tiers ne ſeront fondés de répéter aucuns frais, » pour rentes non accoutumées payer par l'héritier » du fonds ; ne ſoit que huit jours auparavant » la miſe outre de Plainte, ils ayent été requis ou » les fermiers d'iceux d'en avoir payement, à » peine de demeurer le plaindant chargé des » dépens, ne ſoit qu'il appèſe des devoirs ou » appaiſemens valables demi-preuve, ou qu'il » le remît au ſerment du débiteur.

» En quoi ne ſont compriſes rentes ſeigneu- » riales accoutumées payer, ou autres où il y a

» condition au contraire par lettres de consti-» tution ».

Une observation importante & qui s'applique aussi bien à la Plainte d'exécution qu'à celle de rendue à nouvelle loi, est que quand l'héritage affecté à une rente, est tenu en saisie par des créanciers chirographaires, on peut, au lieu de se pourvoir par l'une ou l'autre voie, donner une simple requête au juge sous l'autorité duquel la saisie a été pratiquée. C'est ce que décide l'article 55 du chapitre 2 des chartres générales: » pour parvenir au payement des rentes, pensions » ou autres redevances annuelles sur terres ou » seigneuries gouvernées par notredite cour, re-» quête se pourra faire à icelle, laquelle après » appaisement sur ce pris, y baillera telle pro-» vision qu'elle trouvera convenir. Le semblable » sera fait par les officiers ordinaires ou seigneurs » vassaux qui auront terres en arrêt, sans qu'il soit » besoin d'y procéder par Plainte «.

Plainte de rétablissement.

Ces termes désignent la demande à fin d'être réintégré dans la possession & propriété d'un bien, faute de payement des rentes ou redevances dont il est chargé.

Il y a en Hainaut des seigneurs qui sont en possession de rentrer de cette manière dans les biens tenus d'eux en main-fermes : cette espèce de commise est autorisée par l'article 4 du chapitre 130 des chartres générales : » Les cas de » basse-justice sont avoir cens, rentes foncières » & droit seigneurial . . . . & de pouvoir, par » ledit seigneur de la basse-justice, retraire les

» héritages tenus de lui, à faute de payement de » ses rentes .... si avant qu'il en auroit l'usance & » possession «.

Les particuliers peuvent même stipuler dans les baux à rente rachetable, que faute par les preneurs de payer les redevances qui forment les prix de leurs acquisitions, il leur sera libre de retirer des mains de ceux-ci les biens qui sont l'objet de ces actes. C'est ce qu'établissent formellement les chartres générales de 1534, chapitre 95, article 1; celles de 1619, chapitre 96, article 8; la coutume du chef-lieu de Mons, chapitre 34, & les chartres préavisées, chapitre 48, articles 1 & 2.

Il résulte encore de tous ces textes, que le preneur est reçu, même après la signification de la Plainte de rétablissement, à purger sa demeure.

Cogniaux dit en sa pratique du retrait, que cette Plainte doit être précédée d'une sommation, & que cela a été ainsi jugé par arrêt du conseil souverain de Mons du 3 juillet 1648, rendu en faveur du nommé Ghislain, contre les religieuses de Rebecque. La raison en est, suivant cet auteur, » qu'autrement le débirentier pourroit » prétexter cause d'ignorance «.

Il faut que le titre sur lequel on se fonde pour demander le *rétablissement*, soit joint à la Plainte. Cogniaux atteste que par une charge d'enquête donnée le 5 mai 1557 par les échevins de Mons à ceux de Virelles, » il fut dit que le » plaindant avoit dû joindre son titre ou chiro- » graphe à sa Plainte; c'est pourquoi le plaindant » fut renvoyé «.

Plainte

Plainte de retrait.

C'est ainsi que l'on appelle la requête par laquelle on demande l'adjudication d'un retrait, soit féodal, soit lignager, soit conventionnel, soit social. Voyez l'article RETRAIT.

(*Article de M. MERLIN, avocat au parlement de Flandres.*)

PLAINTE A LOI. Terme employé dans la coutume de la châtellenie de Lille, pour désigner une espèce de *clain* ou saisie introductive d'instance.

Les juridictions féodales & cottières de la châtellenie de Lille ne peuvent régulièrement connoître que des causes intentées *réellement*, c'est-à-dire, par appréhension judiciaire de biens meubles ou immeubles situés dans leurs territoires (*); de là vient que l'usage des Plaintes à loi est très-fréquent dans cette province, & que la coutume a pris tant de soins pour en régler la forme.

Une Plainte à loi peut avoir deux objets: elle tend, ou à la revendication par retrait lignager ou autrement, des biens sur lesquels elle est pratiquée, ou à procurer sur ces mêmes biens le payement d'une dette.

L'article 3 du titre 21 distingue clairement ces deux objets. » Si quelqu'un appréhende » fiefs, maisons ou héritages par Plainte à loi & » saisine, si le défendeur est possesseur d'an & » jour, doit avoir la jouissance durant le litige,

(*) Voyez l'article GOUVERNANCE, t. 27, p. 478.

» s'il le requiert en temps dû, la main de justice tenant au fond. Mais si lesdites Plainte & saisine sont faites pour quelque dû, est requis, avant avoir main levée, bailler caution suffisante au furnissement du jugé «.

Lorsqu'on veut poursuivre par Plainte à loi le payement d'une dette ou l'exécution d'un contrat, il faut attendre pour le faire, que la dette soit échue, ou que le terme apposé au contrat soit arrivé : les rendages de fermes sont exceptés de cette règle, mais le propriétaire qui veut s'en assurer le payement avant l'échéance, doit supporter tous les frais de la Plainte à Loi. C'est ce que porte l'article 7 du titre cité : » Par la coutume, l'on se peut par Plainte à loi, faire assurer, pour rendages de cense non échus, aux dépens du plaintissant, & non pour sommes de deniers ni autres choses non échues «.

L'exception que renferme la coutume en faveur des rendages, semble devoir exclure toutes les autres que l'on pourroit imaginer; cependant il est d'un usage constant de regarder comme valables les Plaintes à loi qui se pratiquent pour des dettes non échues, à la charge de personnes insolvables. Nous trouvons même dans des notes manuscrites, que la chose a été ainsi jugée au bailliage de Lille. On peut voir par ce que nous avons dit à l'article CLAIN, que ce n'est pas la seule matière où l'insolvabilité des débiteurs fait passer au dessus des règles prescrites par les coutumes.

Il a été pareillement jugé par arrêt du parlement de Flandres du 23 juin 1706, qu'un décimateur peut, pour sûreté du payement de sa dîme, saisir par Plainte a loi les grains sur pied qui la doivent. Les cultivateurs soutenoient, dit M. Desjaunaux, » que les plaintissans n'étoient » point recevables dans la Plainte par eux faite, » pour avoir la dîme de colzat de la récolte à » faire, attendu qu'elle n'étoit point encore échue, » mais encore croissante «. Les décimateurs répondoient, » que leur action n'étoit point pré- » maturée ; qu'à la vérité les colzats étoient encore » sur terre, mais qu'ils étoient mûrs & prêts à » recueillir, & qu'ils avoient été obligés d'en pré- » venir l'enlevement ; que la dîme étoit une por- » tion des fruits, pour le rendage desquels la cou- » tume permettoit aux propriétaires de faire » Plainte avant qu'il fût échu «. Sur ces raisons, il intervint sentence au bailliage de Lille, qui, sans avoir égard au moyen de nullité proposé par les cultivateurs, appointa les parties à faire preuve au principal, & cette sentence a été confirmée par l'arrêt cité.

La forme de procéder à une Plainte à loi, mérite une attention particulière : il faut commencer par annoncer à la justice, *pardevant le seigneur, bailli ou lieutenant, trois hommes de fiefs, trois juges ou quatre échevins du moins*, que l'on entend former une Plainte à loi sur tels biens appartenans à telle personne ; c'est ce que l'on appelle *se fonder en plainte verbale*. Sur cette plainte, il intervient un jugement à la semonce ou conjure du seigneur, du bailli ou de son lieutenant, qui ordonne au conjureur *de prendre & mettre en la main de justice* verbalement tous les biens meubles & immeubles sur lesquels est dirigée la Plainte, *en faisant défense à tous de non emporter ni transporter lesdits biens jus* (hors) *du lieu, à péril d'encourir l'amende de soixante sous, & de réparer le lieu.* L'acte doit ensuite contenir, de la part du semonceur, assignation à la partie saisie *en spécial, & à tous autres en général*, de comparoir au jour ordinaire d'audience du siége; & s'il n'y a point d'audiences réglées, à la quinzaine; & il doit être terminé par un jugement, par lequel *lesdits hommes de fiefs, échevins ou juges, à ladite semonce, doivent répondre que ledit bailli a pris & mis suffisamment en ladite main de justice lesdits biens, qu'il peut & doit suffire à loi, pourvu que le surplus se parfasse en temps & lieu.* Tout cela est prescrit par l'article 4 du titre 21.

Dans les sept jours de cet acte, il faut, suivant l'article 5, que le demandeur en Plainte à loi se transporte sur les lieux avec *le seigneur, bailli, ou lieutenant ou sergent*, & deux hommes de fiefs, juges cottiers ou échevins, & qu'il leur indique les biens meubles ou immeubles qui sont l'objet de sa Plainte; c'est ce que l'on appelle *vue & montrée*. Il faut ensuite que l'officier semonceur touche ces biens de sa masse, ou y lève un gazon, & qu'il en dresse procès-verbal; c'est ce que l'on appelle *saisie réelle*, ou *mettre effectuellement les biens sous la main de justice, en faisant semblables défenses & ajournemens que dessus.* Il faut enfin que le demandeur dénonce tous ces devoirs judiciaires à la partie saisie, *si on la peut recouvrer, & sinon au lieu de son domicile, à ses familiers & domestiques, si aucuns y en a, & en faute de ce, par un cri public en l'église paroissiale, par un jour de fête, au lieu des héritages & biens saisis*; & c'est ce que la coutume & les praticiens appellent *sceute,*

Les officiers du bailliage ont fait sur ce dernier point une espèce de réglement dont voici les termes : » En l'assemblée du 6 mars 1737, » il a été résolu que les sceutes des Plaintes » & saisies exploitées par les sergens de ce siége, » qui seront faites à cri public aux personnes » demeurantes hors la juridiction de ce siége, dont » le domicile est connu, continueront de se faire » par affixion desdites Plaintes & saisies, aux » lieux ordinaires, & par envoi de lettres missives » contenant lesdites Plaintes & saisies, par la » poste ou par exprès, sans qu'il soit besoin de » faire aucune publication ès églises des paroisses » sous lesquelles les biens saisis sont situés, lesquelles publications ès églises paroissiales nous » déclarons ne devoir avoir lieu, conformément » à l'article 5 du titre des Plaintes à loi de la » coutume, que lorsque lesdites sceutes ne pourroient être faites aux propriétaires des biens » saisis, en personne ou à leur domicile, à cause » que le plaintissant ne pourroit en avoir connoissance «.

Un savant jurisconsulte de Lille a fait la critique de ce réglement dans un mémoire imprimé pour le sieur Guette, contre le baron de Hainin. » On ne connoît pas, dit-il, d'autorité » compétente dans la personne des officiers du » bailliage, de déroger à la coutume ; les lettres-» patentes du souverain qui l'ont homologuée, » défendent au contraire bien positivement *à tous » justiciers, officiers, sujets, conseillers, avocats, » procureurs, praticiens de la gouvernance, bail-» liage & châtellenie de Lille, d'introduire, poser, » articuler ou vérifier, en temps à venir, aucunes » coutumes ou usages généraux ou particuliers*

» *d'icelle châtellenie & gouvernance que ceux y* » *spécifiés*. Tout ce que prouve donc la ré» solution transcrite, c'est qu'en 1737 on com» battoit l'abus de ne pas faire la sceute à cri » public, en l'église paroissiale du lieu des hé» ritages saisis, quand elle ne se faisoit pas à la » personne du propriétaire ou à son domicile, » soit à cause que le domicile étoit ignoré, » soit à cause qu'il étoit situé au dehors de la » juridiction du bailliage de Lille. Nous con» venons d'ailleurs que si la coutume étoit obs» cure ou équivoque, la résolution du 6 mars » 1737 pourroit être de quelque poids; mais » l'on soutient que si elle est claire & positive, » cette résolution ne sauroit lui porter la moindre » atteinte. Or, il est hors de doute que l'ar» ticle cité de la coutume n'autorise qu'une seule » forme de faire la sceute à cri public, celle » qu'elle indique en termes qui ne sont pas sus» ceptibles d'un double sens «.

Un exemple confirme ces réflexions. On a vu plus haut que le délai des assignations sur les Plaintes à loi doit être de quinzaine, aux termes de l'article 4 du titre 21. Les officiers du bailliage de Lille ont tenté, en 1714, de changer à cet égard le style de leur siége; mais un arrêt du parlement de Flandres du 30 mars 1716, rendu sur le réquisitoire de M. le procureur général, a déclaré leur réglement nul & incompétemment porté, & leur a fait défenses d'en porter de pareils à l'avenir.

On a remarqué ci-devant une différence très-sensible entre les articles 4 & 5 du titre 21, par rapport aux officiers qui doivent intervenir dans les Plaintes à loi, soit pour conjurer, soit pour exécuter. L'article 4 veut que la Plainte verbale soit faite *pardevant le seigneur, bailli ou lieutenant*; & l'article 5, qu'après la Plainte faite, les biens soient saisis réellement par *ledit seigneur, bailli, lieutenant ou* SERGENT.

La coutume ne dit pas, dans le premier de ces articles, que la Plainte peut être fondée devant un *sergent*, au défaut du seigneur, du bailli ou du lieutenant; mais en disant dans le second, que le demandeur doit faire saisir réellement les biens par *ledit seigneur, bailli, lieutenant ou sergent*, elle annonce, ce semble, assez clairement, qu'en l'absence des trois premiers, c'est au sergent qu'il faut avoir recours pour les remplacer. Les mots *le dit* ne paroissent pas permettre d'en douter; ils rendent, en quelque sorte, les deux articles communs, en ce qui concerne les personnes établies pour recevoir les Plaintes verbales & faire les saisies réelles; ainsi de ce que le sergent est nommé par l'article 5, après le seigneur, le bailli & le lieutenant, pour faire la saisie réelle, il s'ensuit qu'il est également compétent pour présider à une Plainte verbale.

Ce qu'il y a de certain au moins, d'après le texte de la coutume, c'est que l'absence du seigneur, du bailli & du lieutenant, ne seroit pas un motif suffisant pour adresser la Plainte verbale à l'un des juges, quand même il prendroit la qualité de lieutenant extraordinaire. C'est ce qu'a décidé un arrêt du parlement de Flandres du 11 janvier 1768, rapporté au mot CONJURE.

On trouvera sans doute étrange que la coutume attribue en cette partie plus d'autorité à un sergent qu'à un conseiller; mais, étrange ou non, la coutume le règle ainsi, & toute formalité coutumière, sur-tout en matière de saisie, doit être observée à la lettre. Il ne faut pas d'ailleurs s'étonner que la coutume ne confonde pas l'ordre des officiers. Les uns sont faits pour conjurer, pour semoncer, pour requérir que justice soit faite aux particuliers ou au public; les autres, pour connoître des causes & porter les jugemens. Le bailli, le lieutenant, le sergent, sont de la première classe; ils sont, par état, officiers semonceurs. Les conseillers, les hommes de fiefs, les échevins, sont de la seconde classe; leur état est de juger. Or la coutume veut que parmi ceux qui président à la Plainte verbale, il y ait un officier semonceur; en cela, rien d'extraordinaire & qui ne soit même de convenance. Mais sa disposition est-elle remplie, quand un juge prend de lui-même la qualité de bailli ou de lieutenant? Non, il sort de sa place, sans pouvoir se mettre en celle de l'officier conjureur, parce qu'il ne dépend pas de lui de se donner un caractère qu'il n'a pas. L'officier conjureur ne peut pas se faire juge; l'officier juge ne peut pas se faire conjureur; le bon sens dicte ces notions, & elles ne peuvent recevoir d'exception que de la volonté expresse du législateur. Voyez l'article MAYEUR.

Mais reprenons la suite des formalités de la Plainte à loi. L'article 5 du titre 21 porte, qu'au jour fixé par l'assignation, le demandeur doit se présenter en personne ou par procureur, tant contre la partie saisie, que contre les *ajournés en général*; exposer que tel jour il s'est fondé en Plainte devant les officiers du siége; que sur cette Plainte il a été rendu un jugement, qui contient telles défenses; que ce jugement a été signifié à telles personnes ; ensuite *ramener à fait lesdites Plainte & saisine*, c'est-à-dire, prendre les conclusions pour lesquelles il les a fait pratiquer.

Si les assignés ne comparoissent pas ; le demandeur doit, aux termes de l'article 6, obtenir contre eux, *par divers plaids dûment entretenus des heures de premier, second, tiers & quatrième jour*, c'est-à-dire quatre défauts consécutifs : au troisième défaut, il peut faire débouter de défenses ceux qui l'ont encouru ; & après le quatrième, on doit lui adjuger sa demande, si elle se trouve juste & raisonnable : les assignés sont cependant admis, après le troisième défaut, ou, commo dit la coutume, *en dedans l'heure de tiers jour obtenue*, à se présenter & donner leurs moyens de défenses.

Ce grand nombre de défauts n'est point nécessaire, lorsqu'au jour du ramené à fait le demandeur déclare s'en rapporter au serment des ajournés : dans ce cas, on lui donne un premier défaut, dont le profit est de faire réassigner ceux-ci ; & si à la seconde journée ils ne comparent pas encore, il obtient un second défaut, dont le profit est que le serment lui est référé. C'est toujours d'après l'article 6 que nous parlons.

On voit par ces détails combien sont longues les procédures qu'il faut faire pour parvenir au décrétement d'une Plainte à loi. De là résulte un très-grand inconvénient, c'est que quand la Plainte à loi est pratiquée sur des meubles pour avoir payement d'une dette, les frais de gardiens consument presque toujours le produit entier de la vente qui s'en fait après la sentence de décrétement. Cet inconvénient a donné lieu à un usage certifié par un acte de notoriété des procureurs de Lille du 16 mai 1780, dont voici les termes : » Certifions qu'il est d'usage, lorsqu'on agit à fin de recouvrer une dette quelconque, par Plainte à loi, au bailliage de Lille, » qu'on présente une requête au juge après la » Plainte exploitée, par laquelle on demande que » l'huissier exploiteur soit autorisé à vendre les » effets saisis ; qu'on donne pour apostille sur » cette requête, *soit montré à partie pour y dire* » *au tiers jour*, & qu'au jour de la comparution l'exécuté n'est pas reçu opposant sur » ladite requête, qu'après avoir nanti ou donné » caution «.

Il faut convenir que le remède est ici pire que le mal. Un créancier est sans doute bien à plaindre lorsqu'il voit se consumer en frais de justice tous les meubles & effets sur lesquels il fondoit l'espérance du recouvrement de sa dette. Mais, 1°. peut-on sous ce prétexte dépouiller un débiteur avant qu'il ne soit jugé tel ? Peut-on assimiler, contre l'esprit de la coutume, la Plainte à loi qui se pratique pour toutes sortes de dettes & de prétentions, à l'exécution parée, qui, suivant l'article 1 du titre 23, ne peut avoir lieu que contre *une personne condamnée par juge compétent, ou obligée par obligation portant vigueur d'exécution ?* 2°. Rien n'oblige un créancier de prendre contre son débiteur la voie de Plainte à loi ; c'est à la vérité la plus sûre, mais elle n'est point unique : on peut en toutes sortes de causes se pourvoir par requête devant les juges qui en doivent connoître.

La pratique du bailliage & des siéges inférieurs de la châtellenie de Lille, est donc un abus véritable; aussi a-t-elle été condamnée tout récemment par le parlement de Flandres.

Le nommé Adrien Bachelet a fait pratiquer, le 3 septembre 1778, une Plainte à loi fondée au bailliage de Lille, sur tous les meubles & effets de la veuve Thorer, demeurant à Pont-à-Vendin. Le 9 du même mois, il a donné requête pour être autorisé à faire vendre provisionnellement, & sa demande lui a été accordée par sentence du 12. La veuve Thorer a appelé de ce jugement ainsi que de la vente faite en conséquence; & par arrêt rendu le 8 mai 1779, au rapport de M. de la Viefville, la cour, » sans s'arrêter à ladite sentence, a déclaré l'exécution » & vente nulle & tortionnaire, condamné » Adrien Bachelet aux dommages & intérêts » qui en sont résultés, &c. » Le rédacteur de cet article écrivoit pour la veuve Thorer; il a employé contre la vente dont il s'agissoit, différens moyens également péremptoires, & il a su que les juges avoient été particuliérement touchés de l'injustice qu'il y a d'exécuter par provision un débiteur qui n'est ni condamné par sentence, ni obligé par acte authentique.

Cet arrêt n'étoit cependant point assez précis pour réformer l'usage des tribunaux de la châtellenie de Lille; mais bientôt la question s'est représentée dans des circonstances plus simples. Le 18 avril 1780, le sieur Jonville fait saisir par Plainte à loi, fondée devant les bailli & hommes de fiefs de Waterlos, tous les meubles & effets appartenans au nommé Lorfebvre, *pour sur iceux avoir payement de la somme de 2200 livres parisis qu'il lui doit, tant pour livraisons de bietres que pour loyer.* Le lendemain 19, il demande par une requête que le sergent exploiteur de la Plainte à loi, soit autorisé à vendre par provision les meubles & effets saisis. Lorfebvre s'oppose à cette demande ; il soutient que c'est le cas d'ordonner aux parties d'entrer en liquidation, & que par conséquent il faut suspendre la vente jusqu'au jugement définitif : mais ces raisons étoient trop contraires à l'usage, pour être accueillies des premiers juges : par sentence du 29 du même mois, rendue sur l'avis de plusieurs avocats de Lille, il a été ordonné que les meubles & effets seroient vendus par provision, & Lorfebvre a été condamné aux dépens. Appel au parlement de Flandres, &, nonobstant l'acte de notoriété transcrit ci dessus, arrêt du 8 juin 1780, au rapport de M. Remi des Jardins, par lequel » la cour, sans s'arrêter à ladite » sentence, & avant faire droit sur la demande » dudit Jonville, ordonne aux parties d'entrer en » compte & liquidation amiablement, sinon par-» devant le conseiller rapporteur; ordonne néan-» moins que les meubles & effets dont il s'agit au » procès seront sequestrés dans tel endroit qui sera » désigné par les bailli & hommes de fiefs dudit » Waterlos, que la cour commet à cet effet » dépens réservés. «

Cette dernière disposition est un tempérament très-sage entre l'inconvénient de laisser trop long-temps des gardiens dans une maison, & celui d'exécuter provisionnellement & sans titre.

On a vu à l'article Mise de fait, que les meubles sont susceptibles d'hypothèque dans la coutume de la châtellenie de Lille. C'est sur ce fondement que l'article 2 du titre 21, dit, que par la saisie pratiquée en vertu de Plaintes à loi, sur des biens *meubles ou héritages*, » hy-» pothèque est créée à la conservation & sûreté » du prétendu & contenu èsdites Plaintes, dès » l'instant de ladite saisine, pourvu que sentence » s'en ensuive au profit du plaintissant «.

Mais, pour conserver cette hypothèque, il faut que les meubles ne soient pas un instant sans gardiens; autrement on court risque de la perdre. » Si aucuns biens meubles mouvables étoient » judiciairement saisis par Plainte à loi ou autre-» ment, en la maison & pourpris du débiteur, » & fussent après trouvés sans gardes ayant pou-» voir à ces fins, tels biens sont réputés déca-» lengés & déchargés de ladite saisine: de sorte » que si autres faisoient judiciairement par après » saisir lesdits biens, & à iceux mettre garde » ayant pouvoir, feroient à préférer «. Ce sont les termes de l'article 8.

L'article 9 ajoute, que l'appel d'une Plainte à loi ne doit pas empêcher la saisie, » tant & jus-» ques à ce que la main de justice soit garnie » ou caution baillée, si avant que le plaintissant » auroit fait préparativement apparoir de son dû «.

Les officiers du bailliage de Lille ont autrefois prétendu que quand on se pourvoyoit devant eux par Plainte à loi, ils n'étoient pas tenus de déférer à la demande que pouvoit faire l'ajourné, afin d'être renvoyé devant ses juges immédiats; ils l'ont même ainsi jugé par une sentence du 9 mai 1689: mais comme la Plainte à loi n'est par elle-même aucunement privilégiée, cette sentence a été infirmée par arrêt du parlement de Flandres, du 10 février 1690, rapporté dans le recueil de M. de Baralle.

Voyez les articles GOUVERNANCE, CLAIN, EXÉCUTION, SAISIE, MISE DE FAIT, MAIN-MISE, &c.

(*Article de M. MERLIN, avocat au parlement de Flandres*).

PLAISIRS DU ROI. On appelle ainsi l'étendue de pays qui est dans une capitainerie royale, où la chasse est réservée pour le roi.

Suivant les articles 14 & 15 du titre 30 de l'ordonnance des eaux & forêts du mois d'août 1669, il est défendu aux seigneurs & autres de chasser sur leurs terres au menu gibier, lorsqu'elles ne sont pas à la distance d'une lieue des Plaisirs du roi, & de chasser au chevreuil & aux bêtes noires, à moins que ce ne soit dans des endroits éloignés de trois lieues des mêmes Plaisirs.

Il leur est pareillement défendu par l'article 16 de tirer au vol, si ce n'est dans la même distance de trois lieues des Plaisirs du roi, à peine de deux cents livres d'amende pour la première fois, du double pour la seconde, & du triple pour la troisième, outre le bannissement à perpétuité hors de l'étendue de la maîtrise.

PLAIT. On appelle ainsi une sorte de droit seigneurial, connu particuliérement en Dauphiné. C'est une espèce de relief qui est dû aux mutations de seigneur & de vassal, ou emphithéote, ou aux mutations de l'un ou de l'autre seulement, suivant ce qui a été stipulé par le titre d'inféodation au bail emphitéotique.

Il a lieu sur les fiefs comme sur les rotures.

Il n'est dû qu'en vertu d'une stipulation expresse, cependant il se divise en trois sortes; savoir, le Plait conventionnel, le Plait accoutumé, & le Plait à merci.

Le Plait conventionnel est celui dont la quotité est réglée par le titre; il peut être imposé en argent, en grain, &c.

Le Plait accoutumé est celui dont la quotité se règle suivant l'usage du lieu, ou en tout cas, suivant l'usage le plus général en Dauphiné.

Le Plait à merci est communément le revenu d'un an, comme le relief dans la coutume de Paris.

On a proposé la question de savoir, si lorsqu'il y a échéance de plusieurs Plaits la même année, il sont tous dus, ou s'il n'en est dû qu'un seul. M. Salvaing pense qu'on ne peut en exiger qu'un, à moins qu'il ne s'agisse du cas où le Plait est dû tant à la mutation du seigneur, qu'à celle du tenancier: si l'un & l'autre meurent dans la même année, M. Salvaing est d'avis qu'on peut percevoir deux droits, parce qu'ils ont deux causes différentes.

L'auteur qu'on vient de citer rapporte des exemples de fiefs purement honoraires, qui ont droit de Plait sur le seigneur dominant.

Voyez Salvaing de l'usage des fiefs; le dictionnaire des arrêts, & Guyot, traité des fiefs.

PLANCHÉEUR. On appelle ainsi à Paris de petits officiers dont les fonctions sont réglées par l'article 8 du chapitre 4 de l'ordonnance du mois de décembre 1672; il contient les dispositions suivantes:

» Enjoint aux Planchéeurs de mettre sur les » bâteaux de fortes planches, portées sur un

» tel nombre de trétaux qu'il conviendra, depuis le bord de la rivière, jusque sur les bâteaux chargés de marchandises, & d'en mettre de travers sur les bateaux qui se trouveront vides auxdits ports, autrement demeureront lesdits Planchéeurs déchus & privés des droits à eux attribués, & condamnés aux dommages & intérêts des bourgeois, marchands, officiers, ou gagne-deniers, travaillans sur lesdits ports : enjoint aussi aux Planchéeurs du port au vin, de fournir & mettre des planches pour aller du bord de la rivière dans les bateaux, par autres endroits que ceux où les déchargeurs de vins auront fait leurs chemins & posé leurs chantiers, sous les peines ci-dessus, & d'amende arbitraire ».

PLANCHETTE. *Faire Planchette* est une expression usitée dans les coutumes de Ponthieu, de Boullonnois & de Saint-Pol, pour désigner un ordre de succession tout à fait particulier à ces loix.

La coutume de Ponthieu n'admet qu'un héritier dans chaque succession, & cet héritier est toujours le plus âgé de tous les parens du même degré. Suivant l'article 15, quand les parens collatéraux d'un défunt sont frères & sœurs, ou, comme dit la coutume, *nés d'un même ventre*, c'est à l'aîné mâle qu'appartient la succession ; mais s'ils sont collatéraux entre eux comme au défunt, c'est-à-dire, s'ils sont *nés de divers ventres*, en ce cas, on ne distingue plus un sexe d'avec l'autre, & c'est à l'aîné mâle ou femelle que tous les biens sont dévolus : tel est du moins le témoignage qu'ont rendu de leur coutume la plupart des praticiens

ticiens de Ponthieu ; car il s'est trouvé, dit l'article cité, *aucuns autres coutumiers dudit Ponthieu, qui n'ont voulu déposer la coutume être telle, mais ils les ont par ci-devant remis & remettent au droit*. Ce partage d'opinions a été cause que les commissaires préposés pour la rédaction de cette coutume, ont laissé la question indécise, avec déclaration expresse, » que tous & chacun » qui ont & pourront avoir procès touchant ladite » succession en ligne collatérale, pourront con- » duire, démener & mettre à fin leursdits pro- » cès, ainsi qu'ils verront bon être & qu'il ap- » partiendra ».

De la manière qu'étoit rédigé l'article dont il s'agit, on pouvoit aisément s'appercevoir que l'opinion la plus générale & même la plus favorisée des commissaires, étoit celle qui donnoit la préférence à une fille aînée sur un mâle puîné d'une autre branche, & c'est en effet celle qui a prévalu dans la suite.

Mais de là est venu une autre question, c'étoit de savoir si la fille aînée, qui excluoit un puîné mâle d'une autre branche, ne devoit pas être elle même excluse par un puîné mâle de la sienne. L'affirmative a été adoptée par deux arrêts remarquables, qui nous ont été conservés par Ricard & Brodeau, dans leurs notes sur l'article cité. Voici comme s'exprime le premier de ces auteurs :

» *Sed quid*, si en un même degré il y a un » mâle & une fille d'un même ventre, dont la » fille soit plus âgée, un mâle d'un autre ventre » plus âgé que l'autre mâle, mais moins que la » fille ? Jugé en ce cas que la succession appar- » tient au mâle moins âgé, & que la sœur lui

» faisoit ouverture contre l'autre, & que de » part il excluoit sa sœur, par arrêt du 19 ma » 1612 «. Thomas Chauvelin date ce mên arrêt du 24 mars, & le cite comme confirmat d'une sentence du sénéchal de Ponthieu, du décembre 1610.

La note de Brodeau est conçue en ces termes » La femelle aînée étant seule, elle exclut l » collatéral puîné d'un autre ventre; mais quan » avec cette femelle il se rencontre un mâle n » de même ventre, quoique puîné de la fe » melle & du collatéral de l'autre ventre, » exclut l'un & l'autre, la femelle ne servan » que pour exclure le collatéral, & non celui qu » est né de même ventre qu'elle, nonobstant l » régle, *si vinco vincentem*, qui n'a lieu sino » *eodem genere vincendi*; & tel est l'usage cons » tant de la province, confirmé par arrêt donn » en la cinquième chambre des enquêtes, au » rapport de M. Hatte, le ... 1617, en la suc » cession de Parde; ce qu'ils appellent en Pon» thieu le droit de Planchette ».

La coutume de Boullonnois ne s'explique guère plus clairement que celle de Ponthieu; voici ce quelle porte, articles 81 & 82 :

» Si aucun va de vie à trépas & adhérité d'au» cuns héritages féodaux ou cottiers, sans enfans » de sa chair procréés en mariage, délaissant plu» sieurs de ses parens en ligne collatérale en pareil » degré, issus de divers ventres, tous venus du » côté dont sont succédés les héritages, à l'aîné, » soit mâle ou femelle, appartient la totale suc» cession féodale ou cottière. Mais si lesdits pa» rens étoient tous d'un ventre, le fils en dé» boute du tout la fille, posé qu'elle fût aînée.

» Et *ab inteſtat* s'en fait pareillement des biens » meubles, cattels & acquêts «.

On voit que cette coutume garde pareillement le ſilence ſur la queſtion de ſavoir ſi la fille aînée eſt excluſe par ſon frère cadet, lorſqu'elle exclut elle-même un parent d'une autre branche plus âgé que celui-ci; mais ce doute eſt nettement réſolu par la manière dont s'explique M. le Camus d'Houlouve en ſon commentaire, tome 1, page 377 : » La coutume, dit-il, admet un ordre de ſucceſſion entre neveux & nièces ou » autres parens plus éloignés, qui paroît aſſez » ſingulier. Quand ces parens, quoiqu'en parité » de degrès, ſont iſſus de diverſes branches, & » tous également des lignes dont les propres, » ſoit féodaux, ſoit roturiers, ſont provenus, elle » défère la totalité de la ſucceſſion au plus âgé » d'entre eux, mâle ou femelle; & elle ne » préfère le mâle à la femelle, que quand ils » ſont également iſſus d'une même branche. » Il y a plus; ſi pluſieurs branches d'héritiers » en parité de degré, viennent à la ſucceſſion, » lorſque dans une de ces branches il ne ſe trouve » qu'une ſeule femelle plus âgée que tous les » autres, elle recueille la ſucceſſion à leur excluſion; mais ſi cette femelle à un frère moins » âgé qu'elle & que tous les autres parens, celui-ci ſe ſert de ſa ſœur pour exclure tous les » autres, qui ſans elle l'auroient exclu lui-même, & il devient le ſeul héritier du défunt: » c'eſt ce qu'on appelle en Boullonnois *faire Planchette*, c'eſt-à-dire, de la part d'une ſœur, ſervir de degré à ſon frère pour lui procurer un » avantage dont elle ne profite pas. Cette façon » de ſuccéder de la part d'un mâle par l'âge

» de sa sœur, résulte du texte comme de l'esprit » de la coutume; elle accorde le droit d'aînesse » dans une succession à la femelle la plus âgée, » à défaut de mâle; mais il suffit qu'il y ait un » mâle, quoique moins âgé qu'elle, dans une » même branche, pour qu'il lui donne l'exclusion. » Ainsi il étoit juste de ne pas faire passer dans » une autre branche ce qu'elle avoit arrêté dans » la sienne, & ce qu'elle auroit eu sans son frère, » comme il est convenable de donner à son frère » ce quelle ne peut recueillir à son exclusion «.

Cette doctrine est conforme à celle de le Roy de Lozembrune en ses notes sur les textes que nous examinons : » En certains cas (ce sont » ses termes), la sœur aînée, quoiqu'elle n'hé» rite pas, fait hériter son frère cadet : par » exemple, un oncle décède *ab intestat*; il laisse » une nièce âgée de trente ans, fille de son frère; » il laisse encore une autre nièce âgée de trente- » cinq ans, & un neveu âgé de vingt ans, en- » fans de sa sœur : cette fille, âgée de trente- » cinq ans, & par conséquent plus âgée que sa » cousine germaine de cinq ans, exclut, à la vérité, » cette cousine germaine de cette succession col- » latérale, à cause de son âge, & néanmoins elle » n'en profite en aucune façon; mais son frère, » qui n'a que vingt ans, se sert de l'âge de sa » sœur pour en profiter, & emporte cette suc- » cession à l'exclusion de sa sœur & de sa cou- » sine, quoique toutes deux plus âgées que lui. » C'est ce que nous disons vulgairement dans no- » tre coutume, *droit de Planchette*, en ce que la » sœur aînée fait Planchette à son frère cadet, & » lui prête, s'il faut ainsi dire, ses ans, pour suc- » céder à son oncle décédé *ab intestat*. Cette » belle question a été jugée dans cette coutume

» par un arrêt solennel du 26 février 1645, » confirmatif d'une sentence que j'avois rendue «.

La coutume de Saint-Pol est des trois coutumes de *Planchette*, celle qui développe le mieux la nature de ce droit, & ce qu'elle en dit est exactement conforme à ce que les arrêts & les commentateurs ont décidé par rapport au Ponthieu & au Boullonnois. Après avoir établi, titre 2, article 4, qu'en succession collatérale les fiefs & anciens manoirs appartiennent à l'aîné, soit mâle ou femelle, des parens *issus de divers ventres*, & à l'aîné mâle, *encore qu'il y eût femelle plus ancienne, si c'étoit tout d'un ventre*; elle ajoute, article 5, » & d'abondant, advenant » contre les cohéritiers de divers ventres en » même degré, encourent frère & sœur de » même ventre, en ce cas, le frère, quoique » puîné de la femelle plus ancienne, néan» moins que les autres cohéritiers fussent mâle » & femelle, exclura lesdits autres cohéritiers » mâles plus anciens que lui, par le bénéfice de » sadite sœur plus ancienne que lesdits autres » cohéritiers, laquelle lui sert de Planchette en » ce cas, comme l'on dit ordinairement audit » comté de Saint-Pol «.

Voyez les articles HÉRITIERS, MANOIR, SUCCESSION, &c.

(*Article de M. MERLIN, avocat au parlement de Flandres.*)

PLANT. On donne ce nom aux jeunes arbres d'une forêt.

L'article 11 du titre 27 de l'ordonnance des eaux & forêts du mois d'août 1669, a très-expressément défendu d'arracher aucun Plant de chêne, charme ou autre bois dans les forêts du roi, sans une permission expresse de sa majesté & l'attache du grand maître, à peine de punition exemplaire & de cinq cents livres d'amende.

Et par l'article 18 du titre 3, il est défendu aux grands maîtres des eaux & forêts de permettre ou souffrir qu'il soit arraché aucun de ces plants, à peine d'amende arbitraire & des dommages & intérêts du roi.

Ces dispositions ont été confirmées par un arrêt du conseil du 17 janvier 1688, par lequel il a en outre été ordonné que les Plants nécessaires pour les parcs & jardins des maisons royales, ne pourroient être arrachés qu'en vertu d'un ordre exprès du roi ou du surintendant des bâtimens, lequel ordre contiendroit la qualité & quantité des Plants à arracher, & seroit visé du grand maître des eaux & forêts du département, ou en son absence, par le maître particulier dans le ressort duquel les Plants s'arracheroient, & que cette dernière opération se feroit en présence du garde du canton, qui en dresseroit procès-verbal & le déposeroit au greffe, pour y avoir recours au besoin.

PLANTATION. C'est l'action de planter.

L'article 6 du titre 27 de l'ordonnance des eaux & forêts du mois d'août 1669, a défendu à tout particulier de faire des Plantations de bois à la distance de cent perches des forêts du roi, sans une permission expresse de sa majesté, à peine de cent livres d'amende & de voir arracher & confisquer les arbres plantés.

L'article 42 du même titre a pareillement défendu, sous peine d'amende arbitraire, de faire aucune Plantation d'arbres qui pussent nuire au cours de l'eau & à la navigation dans les fleuves & rivières du royaume, à peine d'amende arbitraire.

PLÉBISCITE. Décret émané du peuple romain, séparément des sénateurs & des praticiens.

Il y avoit dans l'origine plusieurs différences entre les Plébiscites & les loix proprement dites.

1°. Les loix, *leges*, étoient les constitutions faites par les rois & par les empereurs, ou par le corps de la république, au lieu que les Plébiscites étoient l'ouvrage du peuple seul, c'est-à-dire des plébéiens.

2°. Les loix faites par tout le peuple, du temps de la république, étoient provoquées par un magistrat patricien. Les Plébiscites se faisoient sur la réquisition d'un magistrat Plébéien, c'est-à-dire d'un tribun du peuple.

3°. Pour faire recevoir une loi, il falloit que tous les différens ordres du peuple fussent assemblés, au lieu que le Plébiscite émanoit du seul tribunal des plébéïens; car les tribuns du peuple ne pouvoient pas convoquer les patriciens, ni traiter avec le sénat.

4°. Les loix se publioient dans le champ de mars; les Plébiscites se faisoient quelquefois dans le cirque de Flaminius, quelquefois au capitole, & plus souvent dans les comices.

5°. Pour faire recevoir une loi, il falloit assembler les comices par centuries; pour les Plébiscites, on assembloit seulement les tribuns, & l'on n'avoit pas besoin d'un sénatusconsulte, ni d'auspices; il y a cependant quelques exemples de Plébiscites pour lesquels les tribuns examinoient le vol des oiseaux, & observoient les mouvemens du ciel avant de présenter les Plébiscites.

6°. C'étoient les tribuns qui s'opposoient ordinairement à l'acceptation des loix, & c'étoient les patriciens qui s'opposoient aux Plébiscites.

Enfin, la manière de recueillir les suffrages étoit fort différente; pour faire recevoir un Plébiscite, on recueilloit simplement les voix des tribuns; au lieu que pour une loi il y avoit beaucoup plus de cérémonie.

Ce qui est de singulier, c'est que les Plébiscites, quoique faits par les Plébéiens seuls, ne laissoient pas d'obliger aussi les Patriciens.

Le pouvoir que le peuple avoit de faire des loix ou Plébiscites, lui avoit été accordé par Romulus. Ce prince ordonna que quand le peuple seroit assemblé dans la grande place, ce que l'on appeloit *l'assemblée des comices*, il pourroit faire des loix; Romulus vouloit par ce moyen rendre le peuple plus soumis aux loix qu'il avoit faites lui-même, & lui ôter l'occasion de murmurer contre la rigueur de la loi.

Sous les rois de Rome, & dans les premiers temps de la république, les Plébiscites n'avoient force de loi qu'après avoir été ratifiés par le corps des sénateurs assemblés.

Mais sous le consulat de L. Valerius & de M. Horatius, ce dernier fit publier une loi qui fut appelée de son nom *Horatia*, par laquelle il fut arrêté que tout ce que le peuple séparé du sénat, ordonneroit, auroit la même force que si les patriciens & le sénat l'eussent décidé dans une assemblée générale.

Depuis cette loi qui fut renouvelée dans la

suite par plusieurs autres, il y eut plus de loix faites dans des assemblées particulières du peuple, que dans les assemblées générales où les sénateurs se trouvoient.

Les Plébéiens, enflés de la prérogative que leur avoit accordée la loi *Horatia*, affectèrent de faire un grand nombre de Plébiscites, pour anéantir, s'il étoit possible, l'autorité du sénat; ils allèrent même jusqu'à donner le nom de loi à leurs Plébiscites.

Le pouvoir législatif que le sénat & le peuple exerçoient ainsi par émulation, fut transféré à l'empereur, du temps d'Auguste, par la loi *regia*, au moyen de quoi il ne se fit plus de Plébiscites.

PLEIGE. Ancien terme de pratique qui signifie caution ou fidéjusseur. Voyez CAUTION ET OBLIGATION.

PLUMITIF. C'est le papier original & primitif sur lequel on écrit les sommaires des arrêts & des sentences qui se donnent à l'audience, & des délibérations d'une compagnie.

On appelle *greffier au Plumitif*, celui qui tient la plume à l'audience.

L'article 5 du titre 26 de l'ordonnance du mois d'avril 1667, veut que celui qui a présidé, voie, à l'issue de l'audience ou dans le même jour, ce que le greffier a rédigé, qu'il signe le Plumitif, & qu'il paraphe chaque sentence, jugement ou arrêt.

PLUS AMPLEMENT INFORMÉ. C'est un jugement qui se prononce en matière criminelle, lorſqu'il reſte des ſoupçons que l'accuſé eſt coupable, & que les preuves ne ſont pas ſuffiſantes pour le condamner.

On diſtingue deux ſortes de Plus amplement informé; ſavoir, le Plus amplement informé à temps, qui ſe prononce pour ſix mois, un an, deux ans, &c., & le Plus amplement informé indéfini.

Le Plus amplement informé, de quelque eſpèce qu'il ſoit, ne peut pas être conſidéré comme une peine : mais comme il laiſſe ſubſiſter le décret décerné contre l'accuſé, à moins que le juge n'en ait ordonné autrement, il faut en conclure que ſi l'accuſé a été, par exemple, décrété d'ajournement perſonnel, & qu'il ſoit officier, il reſte interdit de ſes fonctions durant le temps fixé pour le Plus amplement informé, ou juſqu'à ce que le crime qui a donné lieu à l'accuſation ſoit preſcrit.

Le parlement de Paris a même jugé, par arrêt du 3 juin 1766, qu'un Plus amplement informé indéfini, prononcé contre une femme accuſée d'avoir empoiſonné un particulier, la privoit des avantages que ce particulier lui avoit faits, & même d'une donation entre vifs dont il s'étoit ſeulement reſervé l'uſufruit (*).

(*) *L'eſpèce de cet arrêt eſt ainſi rapportée dans la collection de juriſprudence.*

Le ſieur Parfait de Vaux, officier de la maiſon du roi, avoit inſtitué légataire univerſel, par ſon teſtament du 25 février 1740, Marie-Marguerite Garnier, femme de Nicolas Durand, tonnelier à Paris. Cette femme fut accuſée, à la requête du miniſtère public, d'avoir empoiſonné le ſieur de Vaux. Une ſentence du châtelet avoit ordonné

On demande si un accusé élargi purement & simplement par le jugement qui prononce contre

---

un Plus amplement informé d'un an, les accusés gardant prison; sur l'appel, arrêt du 28 mai 1743, qui ordonna qu'à la requête de M. le procureur général, il seroit Plus amplement informé en la cour pendant un an, durant lequel temps la femme Durand & son mari tiendroient prison. L'année révolue, autre arrêt du 19 juin 1744, qui prononça contre la Durand & son mari un Plus amplement informé, sans limiter aucun terme. Quelques années après, la femme Durand, alors veuve, forma sa demande tendante à l'exécution du testament du sieur de Vaux & à la délivrance du legs universel; sentence sur délibéré des requêtes du palais, du 30 janvier 1746, qui déboute, quant à présent, la veuve Durand de sa demande en délivrance du legs universel fait à son profit, & en exécution d'une donation sous réserve d'usufruit, que le sieur de Vaux lui avoit faite par acte du 15 novembre 1741; permet aux sieurs Duparc d'entrer en possession des biens du sieur de Vaux, en donnant néanmoins préalablement bonne & valable caution. Appel de cette sentence; arrêt confirmatif du 29 juillet 1759. La veuve Durand, en 1762, forma sa demande à l'audience de la tournelle, tendante à être déchargée de l'accusation; elle se fonda sur le laps de temps, & sur ce qu'il n'étoit survenu aucunes preuves nouvelles; mais par arrêt du 3 août 1762, sur les conclusions de M. Séguier, avocat général, la veuve Durand fut déclarée non recevable dans sa demande, sauf à elle à se pourvoir en la manière accoutumée, c'est-à-dire, au procès du grand criminel, qui étoit toujours subsistant. La veuve Durand s'y pourvut en effet, & renouvela sa demande en décharge de l'accusation contre elle intentée, se fondant toujours sur le laps de temps, & sur ce qu'il n'étoit survenu aucunes preuves nouvelles. Arrêt intervint le 17 janvier 1763, au rapport de M. de l'Averdy, qui déclare prescrite l'accusation intentée contre la Durand à la requête de M. le procureur général. Sur le fondement de cet arrêt, la veuve Durand demanda de nouveau en la cour, sous prétexte de connexité & de litispendance, la délivrance du legs universel à elle fait par le sieur de Vaux, & l'exé-

lui un Plus amplement informé indéfini, à la charge seulement de se représenter, en faisant ses soumissions & élisant domicile à cet effet, est censé être en état d'ajournement personnel, ou s'il ne subsiste plus de décret? Il paroît que le titre de l'accusation ayant donné lieu à un décret de prise de corps, l'accusé chargé de se représenter, doit être censé renvoyé en état d'ajournement personnel.

---

cution de la donation : mais par arrêt du 18 mai 1763, sa procédure fut déclarée nulle, sauf à elle à se pourvoir pardevant les juges qui en devoient connoître ; elle renouvela au châtelet la même demande ; qui fut renvoyée aux requêtes du palais, en vertu du *committimus* du sieur Duparc du Bouchet, officier de la reine. La cause plaidée contradictoirement aux requêtes du palais, sentence sur délibéré, qui prononça un appointement ; appel en la cour par la veuve Durand, où elle conclut à l'infirmation de la sentence, à l'évocation du principal, & à ce qu'il fût statué sur sa demande en délivrance du legs universel, & en exécution de la donation ; mais par arrêt définitif du mardi 3 juin 1766, rendu en la grand'chambre, conformément aux conclusions de M. Barentin, avocat général, la cour a mis l'appellation & ce au néant ; évoquant le principal & y faisant droit, a débouté la veuve Durand de ses demandes ; a ordonné que la sentence des requêtes du palais du 30 janvier 1747, & l'arrêt confirmatif du 20 juillet 1749, seroient & demeureroient définitifs ; en conséquence, a déchargé les sieurs Duparc de la caution qu'ils avoient été astreints de donner, la sentence au résidu sortissant effet avec dépens. M. l'avocat général établit, entre autres choses, qu'une simple présomption de crime, réalisée en quelque sorte par un Plus amplement informé indéfini, suffit, soit pour rendre l'accusé à jamais indigne de recevoir la libéralité à lui faite par la personne qu'il étoit accusé d'avoir fait mourir ; il ajouta, que si le crime & la peine du crime se prescrivoient par vingt ans, l'opinion des hommes, ainsi que l'avoit observé M. de l'Epine de Grainville, ne se prescrivoit point.

PLUS-PÉTITION. Demande trop forte.

La Plus-pétition peut avoir lieu en plusieurs manières; savoir, pour le temps, pour le lieu du payement, & pour la manière de l'exiger; par exemple, si on demande des intérêts d'une chose qui n'en peut pas produire, ou que l'on conclue à la contrainte par corps dans un cas où elle n'a pas lieu.

Par l'ancien droit romain, la Plus-pétition étoit punie; celui qui demandoit plus qu'il ne lui étoit dû, étoit déchu de sa demande avec dépens. Dans la suite, cette rigueur de droit fut corrigée par les ordonnances des empereurs. La loi 3, au code, livre 3, titre 10, dit qu'on évite la peine de la Plus-pétition, en réformant sa demande avant la contestation en cause.

En France, les peines établies par les loix romaines contre ceux qui demandent plus qu'il ne leur est dû, n'ont jamais eu lieu; mais si celui qui est tombé dans le cas de la Plus-pétition, est jugé avoir fait une mauvaise contestation, on le condamne aux dépens.

POIDS. C'est un corps d'une pesanteur connue, & qui sert, par le moyen d'une balance, à connoître ce que pèsent les autres corps.

Les Poids sont communément de fer, de plomb ou de cuivre.

La sûreté du commerce dépendant en grande partie de l'exactitude des Poids, il n'y a presque aucune nation qui n'ait pris des précautions pour prévenir toutes les falsifications qu'on y pourroit introduire. Le plus sûr moyen est de préposer des officiers particuliers pour marquer ces Poids

& pour les régler d'après des modèles ou étalons fixes.

C'est ainsi qu'en France l'étalon des Poids est gardé sous plusieurs clefs dans le cabinet de la cour des monnoies.

La plupart des nations chez qui le commerce fleurit, ont leurs Poids particuliers, & souvent même différens Poids, suivant les différentes provinces, & suivant les différentes espèces de denrées.

Cette diversité des Poids, irremédiable pour tous les peuples en général, & très-difficile à changer pour chaque état en particulier, est sans doute une des choses les plus embarrassantes du négoce, à cause des réductions continuelles que les marchands sont obligés de faire d'un Poids à un autre, & de la facilité de se tromper dans ces opérations arithmétiques.

On a tenté plus d'une fois en France, où plus qu'en nul autre état on trouve cette différence des Poids, de les réduire en un seul, mais toujours inutilement. Charlemagne fut le premier qui en forma le dessein. Il s'en tint au projet. Philippe le Long, bien long-temps après, alla jusqu'à l'exécution; mais à peine commença-t-il, que ce dessein, quoique très-louable & très-utile, causa une révolte presque générale dans le royaume & que le clergé & la noblesse se liguèrent avec les villes pour l'empêcher.

On voit encore diverses ordonnances de Louis XI, de François premier, de Henri II, de Charles IX & de Henri III, à ce sujet, & dont aucune n'a été exécutée. Lorsque sous le règne de Louis XIV on travailla au code marchand, ce projet fut de nouveau proposé; il échoua encore, mal gré les mémoires qui alors furent présentés pour le faire réussir.

A Paris & dans les autres villes de l'Europe, quand on parle d'une livre de Poids de marc, on l'entend toujours d'une livre de seize onces ou de deux marcs.

Il y a dans le royaume plusieurs villes où il y a deux Poids différens pour peser diverses marchandises.

A Lyon, le Poids appelé *Poids de ville*, & auquel on donne aussi quelquefois le nom de *Poids subtil* ou *léger*, n'est que de quatorze onces. Poids de marc. Celui qui est appelé *Poids de soie*, parce qu'il sert à peser les soies non fabriquées, est plus fort d'une once, c'est-à-dire, que la livre en est de quinze onces Poids de marc. On y est dans l'usage de ne faire que cent livres Poids de soie, pour cent huit livres Poids de ville, parce qu'à chaque pesée on retranche une livre, & toutes les onces, s'il y en a, en faveur de l'acheteur.

A Rouen, il y a aussi deux sortes de Poids; l'un est le Poids de ville ou de marc, l'autre le Poids de vicomté. La livre de ce dernier Poids est plus forte d'une demi-once, que celle du Poids de marc, en sorte que les cent livres du Poids de vicomté, rendent cent quatre livres de marc. C'est pour cela que les Poids de fer ou de Plomb, dont on se sert pour peser au Poids de vicomté, sont de cent quatre, de cinquante-deux, de vingt-six & de treize livres pesant; sur quoi il est à remarquer qu'au dessous de treize livres on ne se sert plus de Poids de vicomté, & que les marchandises y sont vendues au Poids de marc.

Le Poids de table eſt encore un Poids différent du Poids de marc. On s'en ſert en Provence & en Languedoc. La livre, Poids de table, eſt à la vérité compoſée de ſeize onces, auſſi bien que celle du Poids de marc; mais les onces n'en ſont pas ſi fortes. Les ſeize onces, Poids de table, ne ſont guère que treize onces ou treize onces & demie, Poids de marc, un peu plus, un peu moins, ſuivant les lieux. Le Poids de Marſeille, par exemple, eſt moins fort que celui de Toulouſe.

Par arrêt du 4 ſeptembre 1776, la cour des monnoies a fait défenſe aux maîtres balanciers & autres marchands, de fabriquer & expoſer en vente aucun Poids de marc avant qu'il ait été préalablement marqué & étalonné ſur le Poids original dépoſé au greffe de cette cour.

Voyez l'article MESURE.

POIDS-LE-ROI. On appelle ainſi un droit fort ancien qu'on perçoit pour la peſée qui eſt faite ou cenſée ſe faire à la romaine ou au Poids-le-roi, des marchandiſes d'œuvre de Poids (*), à l'effet d'aſſurer la fidélité des ventes ou des tranſports...

(*) Il y a quatre façons de meſurer toutes les eſpèces de marchandiſes qui entrent dans le commerce, pour fixer le prix de la vente ou du tranſport, ſuivant la nature de chaque eſpèce; 1°. par le nombre, comme on fait les beſtiaux; 2°. par leurs dimenſions, qui ſont la longueur, la largeur & la profondeur, comme le bois, le marbre, qui ſe meſurent ſur les trois; le drap, les toiles, qui ne ſe meſurent que ſur deux, la longueur & la largeur; 3°. par le volume, comme les liquides, les grains; 4°. par le Poids, comme le fil, le coton, les épiceries & drogueries. On appelle marchandiſes d'œuvre de Poids, celles de cette dernière eſpèce.

Le Poids-le-roi avoit été aliéné au chapitre de notre-dame de Paris, ainsi qu'il paroît par un arrêt du parlement de Paris, qui ordonne que le bail qu'en avoit fait ce chapitre pour neuf ans, à commencer du 11 août 1663, seroit, ainsi que le tarif du 22 septembre 1660, entegistré au greffe de cette cour; mais il a été réuni au domaine par arrêt du conseil du 24 juillet 1691.

L'arrêt du 23 septembre 1692, en déclarant ce droit domanial, fit défenses à toutes personnes, dans la ville & les fauxbourgs de Paris, d'avoir des fléaux, balances & Poids au dessus de vingt-cinq livres, & de vendre ni débiter aucune marchandise sans avoir été pesée au Poids-le-roi.

Le droit de Poids-le-roi se percevoit dans tous les cas, tant à l'entrée qu'à la sortie, à raison de dix-huit deniers par quintal des marchandises d'œuvre de Poids; il fut rendu, le 16 juin 1693, un arrêt du conseil contenant tarif des droits qui devoient être perçus.

Il devoit être payé, suivant ce tarif, dix sous cinq deniers du cent pesant de toutes les marchandises comprises dans le tarif de 1664, sous le nom de drogueries & épiceries entrant dans la ville & fauxbourgs de Paris, & trois sous par cent pesant de toutes les autres marchandises d'œuvre de Poids, entrant dans la ville & fauxbourgs; au moyen de quoi il ne devoit être payé aucun droit de sortie, des marchandises voiturées au Poids hors la ville & fauxbourgs de Paris, mais seulement dix-huit deniers pour cent des hardes & bagages qui seroient voiturés par les messagers rouliers, coches & carosses.

Les marchandises passant debout par la ville & fauxbourgs de Paris, par eau ou par terre, font déclarées exemptes du Poids-le-roi, pourvu qu'elles ne séjournent que trois jours francs, & à la charge par les marchands de faire à l'entrée leur déclaration, de représenter leurs lettres de voitures, & de rapporter un certificat de la sortie; & faute par eux de les faire sortir dans les trois jours, elles sont déclarées sujettes au droit de Poids.

Le même arrêt permet aux communautés des marchands & artisans de la ville de Paris, d'avoir chez eux des Poids & balances au dessus de vingt-cinq livres, pour peser leurs marchandises seulement, & non celles des autres, à la charge par chaque maître qui voudra avoir des Poids & balances, d'en faire sa déclaration au bureau du Poids-le-roi au premier janvier de chaque année, & d'y payer en même temps la redevance annuelle contenue au tarif arrêté au conseil le même jour 16 juin 1693.

Les marchandises, hardes, bagages, balles & ballots, qui sortent de la ville & fauxbourgs de Paris, tant par eau que par terre, ont été déchargées des droits de Poids-le-roi par les lettres-patentes du 31 août 1700, & les communautés des marchands & artisans, par l'édit du mois de janvier 1704, de la redevance annuelle à laquelle ils avoient été assujettis par l'arrêt du 16 juin 1693.

Le doublement du Poids-le-roi a été ordonné en même temps que celui du domaine & barrage, par la déclaration du 7 juillet 1705, & prorogé par plusieurs autres déclarations postérieures.

Les marchandises qui ne sont que du Poids de vingt-quatre livres & au dessous, ne doivent point le droit, conformément à la déclaration du 12 août 1721; mais les trois sous & leur doublement se lèvent sur celles du Poids de vingt-cinq livres & au dessus, jusqu'à cent livres, comme si les cent livres étoient complètes.

Celles dont le Poids ne va que jusqu'à cent vingt-quatre livres, ne payent que comme cent livres; celles de cent vingt-cinq livres comme pour deux cents livres; & ainsi des quantités plus fortes.

A l'égard des drogueries & épiceries, les droits en sont dus aussi à l'entrée sur toutes les marchandises comprises sous ce titre dans le tarif de 1664, à raison de vingt sous dix deniers par quintal, y compris le doublement, conformément aux arrêts des 16 juin 1693, dernier mai 1701, arrêts & lettres-patentes du 22 juin suivant.

Le bureau des finances en première instance, & le parlement en cause d'appel, connoissent des contestations relatives à la perception du droit du Poids-le-roi.

Il y a aussi dans la ville de Poitiers un Poids-le-roi, au sujet duquel ont été données, le 2 septembre 1779, des lettres-patentes que le parlement a enregistrées le 22 août 1780; elles sont ainsi conçues:

» Louis, &c. Salut. Par arrêt rendu en notre » conseil d'état, nous y étant, le 2 septembre » 1778, nous aurions, pour les causes contenues » en icelui, fait défenses à tous marchands fo- » rains, voituriers & autres étrangers, de faire » peser aucune marchandise d'œuvre de Poids, » dans la ville de Poitiers, ailleurs qu'au Poids- » le-roi de ladite ville; à tous aubergistes, caba- » retiers & voituriers, d'avoir chez eux aucuns » fléaux, balances, romaines & Poids, & à tous

» marchands domiciliés en ladite ville, & autres » personnes, de peser chez eux, ni souffrir qu'il y » soit pesé par les susdits marchands forains, » voituriers, autres étrangers, & pour autrui, » les marchandises d'œuvre de Poids, achetées » ou vendues en ladite ville de Poitiers, avec » défenses aux bouchers de peser les peaux & suifs » des bêtes qu'ils tuent, ailleurs qu'au Poids- » le-roi; le tout à peine, contre les contreve- » nans au réglement ci-dessus, de vingt-cinq li- » vres d'amende, de confiscation des fléaux, » balances & marchandises; nous aurions enjoint, » sous la même peine, auxdits marchands forains, » voituriers & autres, de faire peser lesdites mar- » chandises au Poids-le-roi établi en ladite ville » de Poitiers, & de payer au fermier dudit Poids- » le-roi, ses préposés ou commis; savoir, un sou » six deniers pour cent pesant de marchandises de » toutes espèces; un sou six deniers pour chaque » peau de bœuf ou vache, sortant de dessus l'animal; » un sou par douzaine de veaux tannés, & deux sous » six deniers par cochon gras, de quelque Poids qu'il » soit : nous aurions encore enjoint aux officiers » du bureau des finances de la ville de Poitiers, » de tenir la main à l'exécution dudit arrêt, que » nous aurions ordonné être imprimé, publié » & affiché par-tout où besoin seroit, le tout » suivant & ainsi qu'il est porté audit arrêt, sur » lequel nous aurions ordonné que toutes lettres- » patentes nécessaires seroient expédiées; & vou- » lant que notredit arrêt soit exécuté dans tout » son contenu : à ces causes & autres à ce nous » mouvant, de l'avis de notre conseil, qui a vu » ledit arrêt rendu en notre conseil d'état le 2 » septembre 1778, dont expédition est ci-atta-

» chée sous le contre-scel de notre chancellerie, » nous avons, conformément à icelui, fait, & » par ces présentes signées de notre main, faisons défenses à tous marchands forains, voituriers & autres étrangers qu'il appartiendra, de » faire peser aucune marchandise d'œuvre de » Poids dans la ville de Poitiers, ailleurs qu'au » Poids-le-roi de ladite ville; à tous aubergistes, » cabaretiers & voituriers, d'avoir chez eux aucuns fléaux, balances, romaines & Poids, & » à tous marchands domiciliés en ladite ville, & » autres personnes, de peser chez eux, ni souffrir » qu'il y soit pesé par les susdits marchands forains, voituriers, autres étrangers, & pour autrui, les marchandises d'œuvre de Poids, » achetées ou vendues en ladite ville de Poitiers. » Faisons pareillement défenses aux bouchers de » peser les peaux & suifs des bêtes qu'ils tuent, » ailleurs qu'au Poids le-roi; le tout à peine par » les contrevenans au réglement ci dessus, de » vingt-cinq livres d'amende, de confiscation » desdits fléaux, balances & marchandises. Enjoignons, sous la même peine, auxdits marchands forains, voituriers & autres qu'il appartiendra, de faire peser lesdites marchandises » au Poids-le-roi établi en ladite ville de Poitiers, & de payer au fermier dudit Poids-le-roi, ses préposés ou commis; savoir, un sou » six deniers par cent pesant de marchandises de » toutes espèces; un sou six deniers par chaque » peau de bœuf ou vache sortant de dessus l'animal; un sou par douzaine de veaux tannés, & » deux sous six deniers par cochon gras, de quelque poids qu'il soit : enjoignons aux officiers » du bureau des finances de la ville de Poitiers,

» de tenir la main à l'exécution des présentes. Si » vous mandons, &c.

POINÇON. C'est un instrument dont on se sert pour marquer des pièces d'orfèverie. *Voyez les articles* MARQUE, OR, & ORFÈVRE.

L'article premier de la déclaration du 4 janvier 1724, veut que ceux qui calquent, contretirent ou contrefont le Poinçon des villes dans lesquelles il y a jurande, ou les Poinçons des fermiers du roi, ou qui s'en servent pour une fausse marque, soient condamnés à faire amende honorable devant les portes de la principale église & de la juridiction du lieu où le faux aura été découvert, & à être ensuite pendus & étranglés.

Et, suivant l'article premier de la déclaration du 19 avril 1739, ceux qui abusent en quelque manière que ce soit, des Poinçons de contremarque de Paris, & des autres villes du royaume où il y a jurande, & qui les entent, soudent, ajoutent, ou appliquent sur des ouvrages d'or & d'argent qui n'ont point été portés, essayés & marqués dans les bureaux des maisons communes, doivent être condamnés à faire amende honorable aux portes de la principale église & de la juridiction du lieu où le faux a été découvert, & à subir la peine de mort.

» Voulons à cet effet, *porte l'article 2 de* » *cette dernière loi*, que tous les ouvrages d'or » ou d'argent, sur lesquels lesdits Poinçons se » trouveront entés, soudés, ajoutés, ou appli» qués, en quelque manière que ce soit, soient » saisis & enlevés chez tous les orfèvres, ou au» tres ouvriers travaillant en or ou en argent, » par les maîtres & gardes desdits orfèvres de

» Paris & des autres villes de notre royaume, » ou par tous autres jurés, officiers ou préposés » ayant droit faire des visites chez lesdits orfèvres » ou autres ouvriers, pour être par eux portés » dans les vingt quatre heures après la saisie, » avec les procès-verbaux qu'ils en auront dressé » dans la forme prescrite par nos ordonnances, » au greffe de nos cours des monnoies, ou des » juges y ressortissant, auxquels la connoissance » de ce faux appartient, pour y être poursuivis » & jugés conformément à ces présentes «.

POINT D'HONNEUR. C'est ce en quoi on fait consister l'honneur.

Le Point d'honneur a un caractère plus marqué chez les gens de guerre que parmi les autres professions; & c'est, dit M. de Montesquieu, le Point d'honneur par excellence. Il seroit difficile de le peindre; car les règles & les maximes qui le constituent sont variables. Autrefois la noblesse suivoit en ce genre d'autres loix qu'aujourd'hui, & ces loix étoient si sévères, qu'on ne pouvoit, sans une peine plus cruelle que la mort, je ne dis pas les enfreindre, mais en éluder la plus petite disposition.

Le tribunal des maréchaux de France est le seul juge du Point d'honneur. Il prononce sur les différends qui surviennent entre les gentilshommes & les militaires, soit pour les engagemens qu'ils ont contractés sur leur parole, soit au sujet des injures, voies de fait & autres cas qui peuvent intéresser leur honneur, leur état, & leur réputation.

POISON. On appelle ainsi les drogues ou compositions vénéneuses, qui peuvent causer la mort.

On distingue en médecine plusieurs espèces de Poisons plus ou moins actifs. Il y en a qui tuent presque sur le champ, d'autres dans quelques heures, après quelques jours, quelques mois, & même, à ce qu'on prétend, après plusieurs années. Les actifs excitent les symptômes les plus terribles, pendant que les plus lents agissent insensiblement & jettent dans une langueur ou marasme dont on ignore très-communément la source.

Ceux qui emploient le Poison pour faire mourir quelqu'un, commettent une espèce d'homicide beaucoup plus criminel que celui qui se commet par le fer; parce qu'on peut ordinairement se garantir de celui-ci, au lieu que l'autre renferme toujours une trahison, & est souvent commis par ceux dont on se défie le moins.

Ce crime se commet plus communément par les femmes, parce que la foiblesse de leur sexe ne leur permettant pas de se venger à force ouverte & par la voie des armes, les engage à prendre une voie plus cachée, & à avoir recours au Poison. Il y en a un exemple célèbre rapporté par Tite-Live. Cet historien raconte que sous le consulat de Marcus Claudius Marcellus & de Caïus Valerius, il se fit un grand nombre d'empoisonnemens dans la ville de Rome par les dames romaines; que la mort subite de plusieurs personnes de toutes sortes de qualités ayant causé de l'étonnement & de la crainte à toute la ville, la cause de ce mal public fut révélée par une esclave qui en avertit le magistrat, & qui lui découvrit que ce qu'on avoit cru jusque-là être une intempérie de l'air, n'étoit autre chose qu'un effet de la malice des femmes romaines, qui se servoient tous les jours de Poison pour faire périr ceux dont elles vouloient se défaire ; & que si on vouloit la suivre & lui promettre qu'il ne lui seroit rien fait, elle en feroit connoître la vérité. Sur cet avis, on fit suivre l'esclave, & on surprit plusieurs dames qui composoient des Poisons & quantité de drogues cachées, que l'on apporta dans la place publique. On y fit aussi amener vingt dames romaines, chez lesquelles on les avoit trouvés. Il y en eut deux qui soutinrent que ces médicamens étoient des remèdes pour la santé ; mais parce que l'esclave qui les avoit accusées soutenoit le contraire, on leur ordonna de boire les breuvages qu'elles avoient composés ; ce qu'elles firent toutes, & moururent en même temps. Cela donna lieu de faire arrêter leurs complices, qui en découvrirent plusieurs autres ; en sorte qu'outre les vingt dont on vient de parler, on en punit encore soixante-dix autres.

Environ deux cents ans après cet événement, Lucius Cornelius Sylla fit une loi, appelée de son nom *Cornelia de veneficiis*, par laquelle il prononça la même peine contre les empoisonneurs que contre les homicides, c'est-à-dire, l'exil & le bannissement, qui sont la même chose que l'interdiction de l'eau & du feu.

La constitution caroline, article 130, porte, que celui qui attentera à la vie d'un autre par le Poison, sera condamné à la roue, ainsi qu'un assassin ; & que si c'est une femme, elle sera précipitée dans l'eau, ou punie d'une autre peine de mort, suivant ce qui se trouvera en usage ; & de plus, que les coupables seront traînés sur la claie au lieu du supplice, &, avant l'exécution, tenaillés avec des fers ardens plus ou moins, selon l'état des personnes & la nature du délit.

Parmi nous la peine du crime de Poison est aussi la mort, & le genre du supplice est plus ou moins sévère, selon les circonstances.

Un édit du mois de juillet 1682 contient sur cette matière les dispositions suivantes :

» Article 4. Seront punis de mort tous ceux » qui seront convaincus de s'être servis de vénéfices & de Poison, soit que la mort s'en soit » ensuivie ou non, comme aussi ceux qui seront » convaincus d'avoir composé ou distribué du » Poison pour empoisonner. Et parce que les » crimes qui se commettent par le Poison, sont » non seulement les plus détestables & les plus » dangereux de tous, mais encore les plus difficiles à découvrir, nous voulons que tous ceux, » sans exception, qui auront connoissance qu'il » aura été travaillé à faire du Poison, qu'il en » aura été demandé ou donné, soient tenus de » dénoncer incessamment ce qu'ils en sauront à » nos procureurs généraux ou à leurs substituts, » & en cas d'absence, au premier officier public » des lieux, à peine d'être extraordinairement » procédé contre eux, & punis selon les circonstances & l'exigence des cas, comme fauteurs » & complices desdits crimes, & sans que les » dénonciateurs soient sujets à aucune peine, ni » même aux intérêts civils, lorsqu'ils auront déclaré & articulé des faits ou des indices considérables qui seront trouvés véritables & conformes à leur dénonciation, quoique dans la » suite les personnes comprises dans lesdites dénonciations soient déchargées des accusations

» dérogeant à cet effet à l'article 73 de l'ordon-
» nance d'Orléans, pour l'effet du vénéfice &
» du Poison seulement, sauf à punir les calom-
» niateurs selon la rigueur de ladite ordonnance.

» 5. Ceux qui seront convaincus d'avoir at-
» tenté à la vie de quelqu'un par vénéfice &
» Poison, en sorte qu'il n'ait pas tenu à eux
» que ce crime n'ait été consommé, seront punis
» de mort.

» 6. Seront réputés au nombre des Poisons,
» non seulement ceux qui peuvent causer une
» mort prompte & violente, mais aussi ceux qui,
» en altérant peu à peu la santé, causent des
» maladies, soit que lesdits Poisons soient sim-
» ples, naturels ou composés, & faits de main
» d'artiste; & en conséquence défendons à tou-
» tes sortes de personnes à peine de la vie, même
» aux médecins, apothicaires & chirurgiens, à
» peine de punition corporelle, d'avoir & garder
» de tels Poisons simples ou préparés, qui, rete-
» nant toujours leur qualité de venin, & n'en-
» trant en aucune composition ordinaire, ne peu-
» vent servir qu'à nuire, & sont de leur nature
» pernicieux & mortels.

» 7. À l'égard de l'arsenic, du réalgal, de l'or-
» piment & du sublimé, quoiqu'ils soient Poi-
» sons dangereux de toute leur substance, comme
» ils entrent & sont employés en plusieurs com-
» positions nécessaires, nous voulons, afin d'em-
» pêcher à l'avenir la trop grande facilité qu'il
» y a eue jusqu'ici d'en abuser, qu'il ne soit per-
» mis qu'aux marchands qui demeurent dans les
» villes, d'en vendre & d'en livrer eux-mêmes
» seulement aux médecins, apothicaires, chirur-
» giens, orfèvres, teinturiers, maréchaux & au-

» tres personnes publiques, qui par leur professi
» sont obligés d'en employer ; lesquels néanmoi
» écriront en les prenant sur un registre partici
» lier, tenu pour cet effet par lesdits marchand
» leurs noms, qualités & demeures, ensemb
» la quantité qu'ils auront prise desdits minerau
» & si au nombre desdits artisans qui s'en se
» vent, il s'en trouve qui ne sachent écrire
» lesdits marchands écriront pour eux ; quant au
» personnes inconnues auxdits marchands, comm
» peuvent être les chirurgiens & maréchaux d
» bourgs & villages, ils apporteront des certi
» cats en bonne forme, contenant leurs nom
» demeures & professions, signés du juge d
» lieux, ou d'un notaire, & de deux témoin
» ou du curé & de deux principaux habitan
» lesquels certificats & attestations demeurero
» chez lesdits marchands pour leur décharg
» Seront aussi les épiciers, merciers & autr
» marchands demeurans dans lesdits bourgs &
» villages, tenus de remettre incessamment c
» qu'ils auront desdits minéraux, entre les mai
» des syndics, gardes ou anciens marchands ép
» ciers ou apothicaires des villes plus prochain
» des lieux où ils demeureront, lesquels leur e
» rendront le prix, le tout à peine de tro
» mille livres d'amende, en cas de contraven
» tion, même de punition corporelle s'il y
» échet.

» 8. Enjoignons à tous ceux qui ont droit, pa
» leurs professions & métiers, de vendre ou d'a
» cheter des susdits minéraux, de les tenir e
» des lieux sûrs, dont ils garderont eux-même
» la clef. Comme aussi leur enjoignons d'é
» crire sur un registre particulier la qualité

des remèdes où ils auront employé desdits » minéraux, les noms de ceux pour qui ils au» ront été faits, & la quantité qu'ils y auront » employée, & d'arrêter à la fin de chaque année » sur leursdits registres, ce qui leur en reste» ra, le tout à peine de mille livres d'amende » pour la première fois, & de plus grande s'il » y écher.

» 9. Défendons aux médecins, chirurgiens, » apothicaires, épiciers-droguistes, orfèvres, rein» turiers, maréchaux & tous autres, de distri» buer desdits minéraux en substance à quelque » personne que ce puisse être, & sous quelque » prétexte que ce soit, sur peine d'être punis » corporellement; & seront tenus de composer » eux-mêmes, ou de faire composer en leur » présence par leurs garçons, les remèdes où il » devra entrer nécessairement desdits minéraux, » qu'ils donneront après cela à ceux qui leur en » demanderont pour s'en servir aux usages or» dinaires.

» 10. Défenses sont aussi faites à toutes per» sonnes, autres qu'aux médecins & apothicaires, » d'employer aucuns insectes vénimeux, comme » serpens, crapeaux, vipères & autres semblables, » sous prétexte de s'en servir à des médicamens » ou à faire des expériences, & sous quelque autre » prétexte que ce puisse être, s'ils n'en ont la » permission expresse & par écrit.

» 11. Faisons très-expresses défenses à toutes » personnes de quelque profession & condition » qu'elles soient, excepté aux médecins approu» vés, & dans le lieu de leur residence, aux » professeurs en chimie, & aux maîtres apothi» caires, d'avoir aucun laboratoire, & d'y tra-

» vailler à aucune préparation de drogues ou
» distillations, sous prétexte de remèdes chimi-
» ques, secrets particuliers, recherche de la pierre
» philosophale, conversion, multiplication ou
» raffinement des métaux, confection de cristaux ou
» pierres de couleur, & autres semblables pré-
» textes, sans avoir auparavant obtenu de nous
» par lettres du grand sceau, la permission d'avoir
» lesdits laboratoires, présenté lesdites lettres & fait
» déclaration en conséquence à nos juges & offi-
» ciers de police des lieux. Défendons pareille-
» ment à tous distillateurs, vendeurs d'eau-de-
» vie, de faire autre distillation que celle de l'eau-
» de-vie & de l'esprit-de-vin, sauf à être choisi d'en-
» tre eux le nombre qui sera jugé nécessaire pour
» la confection des eaux fortes, dont l'usage est
» permis, lesquels ne pourront néanmoins y
» travailler qu'en vertu de nosdites lettres, &
» après en avoir fait leurs déclarations, à peine
» de punition exemplaire «.

Une jeune femme de la paroisse de Vitri aux Loges, âgée de 14 ans & demi, ayant, par l'instigation de son curé, empoisonné son mari en lui donnant de l'arsenic dans du lait, a été condamnée, le 12 septembre 1602, à être pendue & ensuite brûlée. La servante du curé, convaincue d'avoir préparé le Poison, a été condamnée, le 26 du même mois, à être pendue, & le curé, convaincu d'inceste avec cette jeune femme, a été condamné à être brûlé vif.

La marquise de Brinvilliers, convaincue d'avoir fait empoisonner son père & ses deux frères, dont l'un étoit lieutenant civil au châtelet, & l'autre conseiller au parlement de Paris, & d'avoir attenté à la vie de sa sœur, a été condamnée, par arrêt du 16 juillet 1676, à faire amende honorable, à avoir la tête tranchée en place de Grève, & à être ensuite brûlée, après avoir été préalablement appliquée à la question ordinaire & extraordinaire, pour avoir révélation de ses complices.

Par un autre arrêt du 7 octobre 1734, le parlement a condamné Pierre Guet à être brûlé vif pour crime de Poison.

Barbe Leleu a pareillement été condamnée, par arrêt du 11 janvier 1759, à être brûlée vive, pour avoir empoisonné plusieurs personnes.

Par un autre arrêt du 18 août 1767, Marie Sotton, femme d'un boulanger, a été condamnée à être pendue & ensuite brûlée, pour avoir empoisonné plusieurs personnes, & volé un enfant de trois semaines.

Par un autre arrêt du 9 mars 1775, le parlement a condamné Marie-Jeanne Maugras, servante domestique, à faire amende honorable, ayant écriteau devant & derrière portant ces mots: (*Empoisonneuse de dessein prémédité*), & à être ensuite menée en la grande place publique de la ville de Soissons, pour y être attachée à un poteau avec une chaîne de fer, & brûlée vive, pour avoir, de dessein prémédité, empoisonné dans les alimens & médicamens, la femme de Regnault, huissier, sa maîtresse, dont elle est morte.

Par un autre arrêt du 29 mai suivant, le parlement a condamné Jean Fouasson à être rompu vif, & à être ensuite jeté dans un bûcher ardent, pour avoir empoisonné sa belle mère & ses beaux-frères.

» Et, faisant droit sur les conclusions du pro-

» cureur général du roi, il a été ordonné que les » ordonnances, arrêts & réglemens de la cour, » concernant la vente de l'arsenic, du réalgal, » de l'orpiment & du sublimé, & notamment » les articles 7, 8 & 9 de l'édit du mois de » juillet 1682, enregistré en la cour le 30 août » suivant, seroient exécutés suivant leur forme » & teneur; en conséquence, il a été fait défenses » d'y contrevenir sous les peines y portées, or- » donné qu'à la requête du procureur général du » roi, des exemplaires dudit édit seroient envoyés » dans toutes les paroisses des villes, bourgs & » villages du ressort, pour être lu & publié aux » prônes desdites paroisses, & affiché aux portes » des églises collégiales desdits lieux; de laquelle » publication les curés & vicaires des paroisses, » chacun en droit soi, seroient tenus de justifier » aux substituts du procureur général du roi plus » prochains des lieux : il a d'ailleurs été enjoint » aux officiers de police desdits lieux, chacun en » ce qui les concernoit, de veiller à l'exécution » desdits articles sept, huit & neuf dudit édit; » &, à cet effet, qu'ils seroient tenus, au com- » mencement de chaque année, de faire une visite » exacte, assistés de gens à ce connoissans, chez » tous les marchands demeurans dans lesdites » villes, bourgs & villages, pour connoître ceux » qui, au préjudice dudit édit, pourroient avoir » dans leurs boutiques quelques parties des mi- » néraux y désignés; contraindre ceux desdits » marchands chez lesquels il s'en trouveroit, pour » la première fois, de les remettre, aux termes » dudit édit, entre les mains des Syndics, gardes » ou anciens des marchands épiciers ou apothi-

» caires

» caires des villes les plus prochaines des lieux » où ils demeuroient, pour les endroits où il » n'y a point maîtrise & jurande, lesquels syn- » dics, gardes ou anciens leur en rendroient le » prix; &, en cas de récidive, lesdits officiers en » donneroient avis au procureur général du roi, » pour, sur le compte qui en seroit par lui ren- » du, y être pourvu de la manière & ainsi qu'il » appartiendroit, desquelles visites lesdits officiers » dresseroient des procès-verbaux, dont ils enver- » roient chaque année une expédition au procu- » reur général du roi.

Nous avons rapporté à l'article CONTRADICTION, l'arrêt rendu le 5 mai 1777 contre le fameux empoisonneur Desrues.

Par un autre arrêt du 9 septembre de la même année, Pierre Vincent, marchand, a été condamné à être rompu vif à Angoulême, & ensuite brûlé, pour avoir empoisonné plusieurs personnes.

Par un autre arrêt du 29 avril 1779, Renée Richard, veuve de Julien Suhard, a été condamnée à être brûlée vive sur la place publique de la ville de Laval, pour avoir empoisonné des enfans.

Des malfaiteurs répandus dans les villes & les campagnes, ayant fait prendre à plusieurs particuliers qu'ils avoient accostés sur les routes ou chez lesquels ils s'étoient introduits sous différens prétextes, une liqueur narcotique, assoupissante & pernicieuse, qui a procuré au plus grand nombre un sommeil léthargique, accompagné de convulsions & de délire, divers arrêts du parlement de Paris ont puni, comme empoisonneurs, plusieurs de ces scélérats (*).

(*) *Voici un de ces arrêts.*

Extrait des registres du parlement.

Du 4 *janvier* 1780.

Vu par la cour les procès criminels faits par le prévôt de Paris, ou son lieutenant criminel au châtelet, à la requête du substitut du procureur du roi audit siége, demandeur & accusateur, contre deux quidams, accusés, absens & contumax, & encore contre Joseph Descroix, coiffeur; Balthazar Carrier, marchand de peaux; René Plet, marchand de merceries; Pierre Cousinot dit Bellecour, épicier; Jacques Flatté dit l'Oiseau, ci-devant cabaretier à la Vrillière, actuellement sans état; Anne Samson, femme dudit Jacques Flatté dit Loiseau; Marie-Jeanne Prot, veuve de Jean Masselin dit Baptiste, & Philippe Richard, commissionnaire de vins, défendeurs & accusés, prisonniers ès prisons de la conciergerie du palais à Paris, & appelans de la sentence rendue sur lesdits procès le 15 décembre 1779, par laquelle il a été dit que les deux procès étoient & demeureroient joints, pour être jugés par un seul & même jugement; & y faisant droit, la contumace a été déclarée bien & valablement instruite contre lesdits deux quidams, accusés, absens; & avant faire droit définitivement, il a été dit qu'il seroit plus amplement informé des faits mentionnés au procès; lesdits Joseph Descroix, Balthazar Carrier & Jacques Flatté dit l'Oiseau ont été déclarés dûment atteints & convaincus, savoir, ledit Joseph Descroix d'avoir été trouvé saisi d'une montre & d'une bourse volées à une femme qui a été empoisonnée dans du vin que lui ont fait boire trois quidams, desquels effets il a rendu mauvais compte; & véhémentement suspect d'avoir empoisonné, endormi & volé ladite femme, par laquelle il est reconnu, & d'avoir commis le même attentat envers plusieurs autres personnes; ledit Balthazar Carrier, d'avoir escroqué au nommé Cailhot..... une somme de 120 livres, en lui donnant en nantissement quatre lingots de cuivre, qu'il lui a dit être d'or; & encore véhémentement suspect d'avoir em-

Cet évènement a donné lieu à une déclaration du roi du 14 mars 1780, qui, en approuvant la

---

poisonné, endormi & volé plusieurs particuliers, par deux desquels il est reconnu; & ledit Jacques Flatté dit l'Oiseau, d'avoir été trouvé saisi dans sa chambre de liqueur vénéneuse, propre à assoupir, de laquelle il est véhémentement suspect d'avoir fait usage envers plusieurs particuliers pour les voler, & reconnu par l'un d'eux, le tout ainsi qu'il est mentionné au procès; pour réparation de quoi lesdits Joseph Descroix, Balthazar Carrier, & Jacques Flatté dit l'Oiseau, ont été condamnés à être conduits à la chaîne, pour y être attachés & servir le roi comme forçats sur ses galères à perpétuité, préalablement flétris, par l'exécuteur de la haute justice, d'un fer chaud en forme des lettres *G. A. L.* sur l'épaule droite, au devant de la porte des prisons du grand châtelet; leurs biens ont été déclarés acquis & confisqués au roi ou à qui il appartiendroit, sur les biens de chacun d'iceux préalablement pris la somme de 200 liv. d'amende envers le roi, au cas que confiscation n'ait pas lieu au profit de sa majesté. Il a été dit aussi, qu'avant faire droit définitivement sur les plaintes & accusations intentées contre lesdits René Plet, Pierre Cousinot dit Bellecour, Marie-Jeanne Piot, veuve de Jean Masselin dit Baptiste, Anne Samson, femme dudit Jacques Flatté dit l'Oiseau, & Philippe Richard, il seroit plus amplement informé, pendant un an, des faits mentionnés au procès, pendant lequel temps ils garderoient prison; il a été ordonné que les nommés Maréchal, Claustre, Bessin, & deux quidams, dont un nommé la Plume, qui seroient indiqués, seroient pris au corps, & que le procès leur seroit fait & parfait suivant la rigueur des ordonnances; & que ladite sentence seroit, à la diligence du substitut du procureur général du roi, imprimée & affichée dans tous les lieux & carrefours accoutumés de la ville, fauxbourgs & banlieue de Paris, sur les routes, aux portes des auberges, & par-tout où besoin seroit. Conclusions du procureur général du roi, lequel, comme de nouvel venu à sa connoissance, a requis d'être reçu appelant *à minimâ* de ladite sentence à l'égard de Joseph Descroix, Balthazar Carrier, & Jacques Flatté dit l'Oiseau, ouis &

sévérité des peines prononcées par le parlement, a ordonné que ceux qui seroient convaincus de

interrogés en la cour; savoir, lesdits Joseph Descroix, Balthazar Carrier, & Jacques Flatté dit l'Oiseau, sur leurs causes d'appel & cas à eux imposés; & lesdits René Plet, Pierre Cousinot dit Bellecour, Marie-Jeanne Prot, veuve de Jean Masselin dit Baptiste, Anne Samson, femme de Jacques Flatté dit l'Oiseau, & Philippe Richard, pareillement sur leurs causes d'appel & faits résultans du procès: tout considéré;

La cour joint lesdits deux procès, pour être jugés par un seul & même arrêt; faisant droit sur le tout, reçoit le procureur général du roi appelant *à minimâ* de ladite sentence à l'égard desdits Joseph Descroix, Balthazar Carrier, Jacques Flatté dit l'Oiseau; faisant droit sur ledit appel, ensemble sur celui interjeté par lesdits Joseph Descroix, Balthazar Carrier, & Jacques Flatté dit l'Oiseau, de la même sentence, met à leur égard lesdites appellations & sentence de laquelle a été appelé au néant; émendant, pour les cas résultans du procès, condamne lesdits Joseph Descroix, Balthazar Carrier, & Jacques Flatté dit l'Oiseau, à faire amende honorable au devant de la principale porte de l'église de Paris, où ils seront conduits dans un tombereau, par l'exécuteur de la haute-justice, nu-pieds, nu-têtes & en chemise, tenant en leurs mains une torche ardente de cire jaune du poids de deux livres, ayant chacun écriteaux devant & derrière portant ces mots: (*Empoisonneur & voleur*); & là, étant à genoux, dire & déclarer à haute & intelligible voix, savoir, ledit Joseph Descroix, que méchamment, témérairement & comme mal avisé, il a, de complicité avec deux quidams, conduit dans un cabaret à Mouceaux la nommée Marguerite-Georgette dite Duvivier, sous prétexte de la mener promener, dans lequel cabaret ils lui ont fait prendre, dans du vin, une liqueur narcotique, assoupissante & pernicieuse, au point d'avoir procuré à ladite Georgette dite Duvivier un sommeil léthargique, dont ils ont profité, pour, conjointement avec lesdits deux quidams, lui voler les effets qu'elle avoit sur elle, & notamment sa montre & sa bourse, dont il a été trouvé saisi; comme aussi de s'être servis de vénéfices, Poisons, ou de plantes vénéneuses indistinctement, soit que la mort s'en

---

lui avoir occasionné un délire qui a duré plusieurs jours, pendant lesquels elle a été enfermée comme insensée; ledit Balthazar Carrier, que méchamment, témérairement & comme mal avisé, il a, de complicité avec Claude Chassaigne dit la Bussière, ci-devant condamné & exécuté à mort, conduit à Belleville Marie-Agathe Matharon, femme Carouge, sous prétexte de la mener voir son mari, l'a fait entrer dans un cabaret dudit Belleville, où, conjointement avec ledit Chassaigne dit la Bussière, ils lui ont fait prendre, dans du vin, une liqueur narcotique, assoupissante & pernicieuse, au point d'avoir procuré à ladite femme Carouge un sommeil léthargique, dont ils ont profité pour lui faire des violences sur le chemin du pré Saint-Gervais, où ils l'avoient conduite pour prendre les effets qu'elle avoit sur elle, & notamment dans sa poche la clef de son appartement, avec laquelle clef ils sont revenus à Paris, ont ouvert la porte dudit appartement, & ont commis les vols & effractions mentionnés au procès; comme aussi d'avoir occasionné à ladite femme Carouge une espèce de délire, dont elle n'est pas parfaitement guérie; & ledit Jacques Flatté dit l'Oiseau, que méchamment, témérairement & comme mal avisé, il a, de complicité avec les nommés Berger & la Bussière, ci-devant condamnés & exécutés à mort, conduit dans un cabaret près de Berçy le nomme Boudin, marchand de chevaux, sous prétexte de conclure avec lui un marché, dans lequel cabaret ils lui ont fait prendre, dans du vin, une liqueur narcotique, assoupissante & pernicieuse, au point d'avoir procuré audit Boudin un sommeil léthargique, dont ils ont profité pour le conduire dans l'avenue de Bercy, où, après l'avoir jeté à la renverse, ils lui ont pris différens effets & l'argent qu'il avoit sur lui; comme aussi d'avoir occasionné audit Boudin un état de folie qui a duré pendant deux jours, & qui s'est terminé par un flux de sang considérable, avec trouble dans la vue, dont ils se repentent & demandent pardon à dieu, au roi & à justice; ce fait, lesdits Descroix, Cartier & Flatté dit l'Oiseau, mené dans le même tombereau en la place de Grêve, pour, sur un échafaud

fût ensuivie ou non, & sous quelque dénomination que ces plantes fussent connues, seroient

---

qui y sera à cet effet dressé, avoir les bras, jambes, cuisses & reins rompus vifs par ledit exécuteur de la haute-justice, & à l'instant jetés dans un bûcher ardent, pour ce pareillement dressé en ladite place, pour y être réduits en cendres, & leurs cendres jetées au vent; lesdits Descroix, Carrier & Flatté dit l'Oiseau préalablement appliqués à la question ordinaire & extraordinaire, pour avoir par leurs bouches la révélation de leurs complices & la vérité d'aucuns faits résultans du procès : déclare tous les biens desdits Descroix, Carrier & Flatté dit l'Oiseau, acquis & confisqués au roi ou à qui il appartiendra, sur chacun d'iceux préalablement pris la somme de deux cents livres d'amende envers ledit seigneur roi, au cas que confiscation n'ait pas lieu à son profit : surseoit à faire droit sur l'appel interjeté par lesdits René Plet, Pierre Cousinot dit Bellecour, Marie-Jeanne Prot, veuve de Jean Masselin dit Baptiste, Anne Samson, femme de Jacques Flatté dit l'Oiseau, & Philippe Richard, de la même sentence, jusqu'après l'exécution du présent arrêt à l'égard desdits Descroix, Carrier & Flatté dit l'Oiseau, pour, les procès-verbaux de question & d'exécution desdits Descroix, Carrier & Flatté dit l'Oiseau, faits, apportés au greffe criminel de la cour, les accusés prisonniers ramenés sous bonne & sûre garde des prisons du grand châtelet en celles de la conciergerie du palais, le tout communiqué au procureur général du roi, être par lui pris telles conclusions qu'il appartiendra, & vu par la cour être ordonné ce que de raison. Ordonne qu'à la requête du procureur général du roi, le présent arrêt sera imprimé, publié & affiché dans tous les lieux & carrefours accoutumés de la ville, fauxbourgs & banlieue de Paris, notamment dans les routes, aux portes des auberges & par-tout où besoin sera; &, pour le faire mettre à exécution, renvoie lesdits Joseph Descroix, Balthazar Carrier, Jacques Flatté dit l'Oiseau, René Plet, Pierre Cousinot dit Bellecour, Marie-Jeanne Prot, veuve Masselin, Anne Samson, femme Flatté, & Philippe Richard, prisonniers pardevant le lieutenant criminel dudit châtelet. Fait en parlement le 4 janvier 1780. Collationné NOURICHEL.

Signé LECOUSTURIER.

punis de la peine de mort, & que les juges pourroient même aggraver le genre de supplice, & prononcer cumulativement la peine de la roue & celle du feu, suivant les circonstances: la même loi, en ordonnant l'entière exécution de l'édit de juillet 1682, & notamment de l'article 6, a renouvelé les injonctions faites par cet édit aux médecins, chirurgiens, maîtres en pharmacie & apothicaires; a fait défense à tous autres qu'aux maîtres en pharmacie & apothicaires, de tenir dans leur maison, magasin & boutique, aucun Poison ou plante vénéneuse, & a chargé ces derniers d'observer, à l'égard des plantes vénéneuses, les précautions prescrites pour les autres Poisons, le tout sous les peines portées par l'édit dont on vient de parler.

POLICE. Ordre, réglement établi dans une ville pour tout ce qui regarde la sûreté & la commodité des habitans.

Il se dit aussi de la juridiction établie pour l'exercice de la Police.

Chez les Grecs, la Police avoit pour objet la conservation & les agrémens de la vie; ils entendoient par la conservation de la vie, ce qui concerne la naissance, la santé & les vivres. Ils travailloient à augmenter le nombre des citoyens, à les avoir sains, à se procurer un air salubre, des eaux pures, de bons alimens, des remèdes biens conditionnés, & des médecins habiles & honnêtes gens.

Les Romains, en 312, envoyèrent des ambassadeurs en Grèce, chercher des loix. C'est pourquoi leur Police suivit à peu près la même division que celle des Athéniens.

Les François & la plupart des habitans actuels de l'europe ont puisé leur Police chez les anciens, avec cette différence qu'ils ont donné à la religion une attention beaucoup plus étendue. Les jeux & les spectacles étoient, chez les Grecs & les Romains, une partie importante de la Police; son but étoit d'en augmenter la fréquence & la somptuosité; chez nous elle ne tend qu'à en corriger les abus & à en empêcher le tumulte.

L'édit de Cremieu avoit attribué la Police en première instance aux prévôts royaux dans l'étendue de leurs prévôtés.

L'article 72 de l'ordonnance de Moulins ordonna que dans les villes on éliroit tous les six mois ou tous les ans un certain nombre de bourgeois pour veiller à la Police sous la juridiction des juges ordinaires, & que ces bourgeois pourroient condamner à l'amende de soixante sous sans appel.

Les loix postérieures avoient ordonné qu'il se tiendroit des assemblées fréquentes dans les villes, pour délibérer, avec les notables, sur les réglemens qu'il conviendroit de faire; mais cet usage fut abrogé, à cause des inconvéniens qui en résultoient.

La Police étoit administrée à Paris, en première instance, par le lieutenant civil & le lieutenant criminel du châtelet; & ces magistrats avoient souvent des contestations pour leur compétence à cet égard.

Les mêmes difficultés avoient aussi lieu dans les autres villes entre les lieutenans des baillis, les prévôts royaux, les juges des seigneurs, & les justices municipales.

Pour y remédier, Louis XIV commença par créer à Paris, au mois de mars 1667, un lieutenant général de Police, & au mois d'octobre 1699, il créa de pareils officiers dans les principales villes du royaume.

Par ce moyen, les fonctions concernant la Police ont été déterminées avec plus de précision que par les édits antérieurs.

La Police est exercée, dans les justices seigneuriales, par le juge du seigneur : mais lorsque dans le même lieu il y a un juge royal & un juge seigneurial, la Police générale appartient au juge royal seul, qui a d'ailleurs la prévention pour la Police particulière dans la justice seigneuriale. Cette décision est fondée sur un édit du mois de décembre 1666, qui a confirmé le prévôt de Paris dans l'exercice de la Police générale en première instance, à l'exclusion de tout autre juge, & lui attribua la prévention sur les hauts-justiciers pour la Police particulière.

Les soins de la Police peuvent se rapporter à onze objets principaux ; la religion, la discipline des mœurs, la santé, les vivres, la sûreté & la tranquillité publiques, la voirie, les sciences & les arts libéraux, le commerce, les manufactures & les arts mécaniques, les serviteurs domestiques, les manouvriers & les pauvres.

Les fonctions de la Police, par rapport à la religion, consistent à ne rien souffrir qui lui soit préjudiciable, comme à écarter toutes les pratiques superstitieuses, faire rendre aux lieux saints le respect qui leur est dû, faire observer exactement les dimanches & les fêtes, faire observer, dans les processions & autres cérémonies publiques, l'ordre & la décence convenables ; empêcher les abus qui se peuvent commettre à l'occasion des confréries & pélerinages ; enfin, veiller à ce qu'il ne se fasse aucun nouvel établissement, sans y avoir observé les formalités nécessaires.

La discipline des mœurs, qui fait le second objet de la Police, embrasse tout ce qui est nécessaire pour réprimer le luxe, l'ivrognerie & la fréquentation des cabarets à des heures indues; l'ordre convenable pour les bains publics, pour les spectacles, pour les jeux, les loteries, pour contenir la licence des femmes de mauvaise vie, les jureurs & blasphémateurs, & pour bannir ceux qui abusent le public sous le nom de magiciens & devins.

La santé, autre objet de la Police, l'oblige d'étendre son attention sur la conduite des nourrices & des recommandaresses, sur la salubrité de l'air, la propreté des fontaines, puits & rivières, la bonne qualité des vivres, celle du vin, de la bierre & autres boissons, celle des remèdes, enfin sur les maladies épidémiques & contagieuses.

Indépendamment de la bonne qualité des vivres, la Police a encore un autre objet à remplir pour tout ce qui a rapport à la conservation & au débit de cette partie du nécessaire: ainsi la Police veille à la conservation des grains lorsqu'ils sont sur pied; elle prescrit des règles aux moissonneurs, glaneurs, laboureurs, aux marchands de grains, aux blatiers, aux mesureurs porteurs de grains, aux meûniers & aux boulangers.

La Police étend pareillement son attention sur les viandes, &, relativement à cet objet, sur les pâturages, sur les bouchers, sur les chaircuitiers, sur ce qui concerne le gibier & la volaille.

La vente du poiſſon, du lait, du beurre, du fromage, des fruits & légumes, eſt auſſi ſoumiſe aux loix de la Police.

Il en eſt de même de la compoſition & du débit des boiſſons, de la garde des vignobles, de la publication du ban de vendange, & de tout ce qui concerne la profeſſion des marchands de vin, des braſſeurs & diſtillateurs.

La voirie dont s'occupe la Police, embraſſe tout ce qui concerne la ſolidité & la sûreté des bâtimens, les règles à obſerver à cet égard par les couvreurs, maçons, charpentiers, plombiers, ſerruriers, menuiſiers.

Les précautions que l'on doit prendre au ſujet des périls éminens, celles que l'on prend contre les incendies, les ſecours que l'on donne dans ces cas d'accidens, les meſures que l'on prend pour la conſervation des effets des particuliers, ſont auſſi une des branches de la Police.

Il en eſt de même de tout ce qui a rapport à la propreté des rues, comme l'entretien du pavé, le nétoiement, les obligations que les habitans & les entrepreneurs du nétoiement ont chacun à remplir à cet égard; le nétoiement des places & marchés, les égoûts, les voiries, les inondations; tout cela eſt du reſſort de la Police.

Elle ne néglige pas non plus ce qui concerne l'embelliſſement & la décoration des villes, les places vides, l'entretien des places publiques, la ſaillie des bâtimens, la liberté du paſſage dans les rues.

Son attention s'étend auſſi ſur tous les voituriers de la ville ou des environs; ſur l'uſage des caroſſes de place, ſur les charretiers & bateliers, passeurs d'eau, sur les chemins, ponts & chaussées de la ville & fauxbourgs & des environs; sur les postes, chevaux de louage, & sur les messageries.

La sûreté & la tranquillité publiques, qui font le sixième objet de la Police, demandent qu'elle prévienne les cas fortuits & autres accidens; qu'elle empêche les violences, les homicides, les vols, larcins, & autres crimes de cette nature.

C'est pour procurer cette même sûreté & tranquillité, que la Police oblige de tenir les portes des maisons closes, passé une certaine heure; qu'elle défend les ventes suspectes & clandestines; qu'elle écarte les vagabonds & gens sans aveu; défend le port d'armes aux personnes qui sont sans qualité pour en avoir; qu'elle prescrit des règles pour la fabrication & le débit des armes, pour la vente de la poudre à canon & à giboyer.

Ce n'est pas tout encore; pour la tranquillité publique, il faut empêcher les assemblées illicites, la distribution des écrits séditieux, scandaleux & diffamatoires, & de tous les livres dangereux.

Les magistrats de Police ont aussi inspection sur les auberges, hôtelleries & chambres garnies, pour savoir ceux qui s'y retirent. Le jour fini, il faut encore pourvoir à la tranquillité & sûreté de la ville pendant la nuit; les cris publics doivent cesser à une certaine heure, selon les différens temps de l'année: les gens qui travaillent du marteau ne doivent commencer qu'à une certaine heure; les soldats doivent se retirer chacun dans leur quartier quand on bat la retraite ; enfin le guet & les patrouilles bourgeoises & autres veillent à la sûreté des citoyens.

En temps de guerre, & dans les cas de trouble & émotion populaire, la Police est occupée à mettre l'ordre & à procurer la sûreté & la tranquillité.

Les sciences & les arts libéraux, qui font le septième objet de la Police, demandent qu'il y ait un ordre pour les universités, colléges & écoles publiques ; pour l'exercice de la médecine & de la chirurgie, pour les sages-femmes, pour l'exercice de la pharmacie & pour le débit des particuliers, pour le commerce de l'imprimerie & de la librairie, pour les estampes, pour les colporteurs, & généralement pour tout ce qui peut intéresser le public dans l'exercice des autres sciences & arts libéraux.

Le commerce, qui fait le huitième objet de la Police, n'est pas moins intéressant ; il s'agit de régler les poids & mesures, & d'empêcher qu'il ne soit commis aucune fraude par les marchands, commissionnaires, agens de change ou de banque, & par les courtiers de marchandises.

Les manufactures & les arts mécaniques font un objet à part : il y a des réglemens particuliers concernant les manufactures particulières ; d'autres concernant les manufactures privilégiées : il y a aussi une discipline générale à observer pour les arts mécaniques.

Les serviteurs, domestiques & manouvriers, font aussi un objet des soins de la Police, soit pour les contenir dans leur devoir, soit pour leur assurer le payement de leur salaire.

Enfin, les pauvres honteux, les pauvres malades ou invalides exigent l'attention de la Police tant pour dissiper les mendians valides, que pour donner retraite à ceux qui sont malades ou infirmes, & pour procurer aux uns & aux autres les secours légitimes.

On a souvent reproché aux officiers de Police qu'ils exerçoient leurs fonctions militairement: cependant ils ne doivent pas ignorer qu'ils sont assujettis aux règles prescrites pour empêcher tout officier public d'abuser de son autorité. Ainsi, quelque légère que soit la peine qu'ils prononcent, la preuve du délit qui y a donné lieu doit être acquise, soit par une enquête sommaire, soit par un procès-verbal qui fasse foi : cette règle doit particuliérement être observée, quand il s'agit de faire emprisonner quelqu'un. Plusieurs officiers municipaux ont été pris à partie, pour avoir négligé ces formalités.

Le ministère des procureurs n'est pas nécessaire dans les affaires de Police; elles doivent être traitées sommairement & jugées sur le champ.

Les gens du roi au châtelet de Paris ayant remarqué que la procédure tenue à la Police dans les affaires contentieuses, n'étoit plus aussi simple qu'autrefois, & que les contestations introduites dans ce tribunal devenoient de jour en jour plus longues & plus dispendieuses, ils donnèrent leur réquisitoire pour faire rétablir l'ancienne discipline & les réglemens tombés abusivement en désuétude : en conséquence, M. le lieutenant-général de Police rendit, le 21 juillet 1769, la sentence que nous allons rapporter:

» Nous, Antoine-Raymond-Jean-Gualbert

» Gabriel de Sartine, chevalier, conſeiller d'état, » lieutenant général de police de la ville, pré- » vôté & vicomté de Paris, avons donné acte » auxdits gens du roi de leur réquiſitoire; & » ſous le bon plaiſir de la cour y faiſant droit, » diſons :

» 1°. Que toutes les fois qu'il y aura demande » en validité de ſaiſie avec aſſignation pardevant » nous, il ne ſera point permis au procureur » conſtitué par l'aſſignation, ſoit qu'il y ait eu » une ordonnance ſur référé qui renvoye les » parties à l'audience, ſoit qu'il n'y en ait pas » eu, de donner aucune requête verbale pour » procéder ſur le renvoi à l'audience, attendu » que la demande étant formée, il eſt inutile » de la répéter : il n'y aura d'autre procédure à » faire de la part du demandeur, que de ſigni- » fier un aveuir, & de pourſuivre l'audience.

» 2°. Que, dans le cas ci-deſſus, le procureur » du défendeur fournira des défenſes, & le » procureur du demandeur des réponſes, ſans » que ni l'un ni l'autre puiſſe ſe permettre aucune » autre pièce d'écriture, de quelque nature que ce » puiſſe être.

» 3°. Que s'il arrive que la partie ſaiſie non » encore aſſignée en validité de la ſaiſie, ſe ſoit » pourvue en l'hôtel ſur l'ordonnance de renvoi » à l'audience qui y ſera intervenue, le procureur » plus diligent du ſaiſiſſant ou du ſaiſi, pourra » faire ſignifier une requête verbale contenant » ſes moyens & concluſions; & ſi c'eſt la partie » ſaiſie qui ſe trouve la première avoir donné » cette requête, elle pourra fournir de réponſes » aux défenſes du ſaiſiſſant, ſans que ni l'un

» ni l'autre puisse signifier aucune autre pièce de
» procédure.

» 4°. Que quand le demandeur aura obtenu
» une sentence par défaut, adjudicative de ses con-
» clusions, & que le défendeur y aura formé
» opposition, son procureur pourra fournir des
» causes & moyens d'opposition, & le procureur
» du demandeur des réponses, sans que ni l'un
» ni l'autre puisse encore signifier aucune autre
» pièce d'écriture.

» 5°. Que dans le cas où le procureur du dé-
» fendeur auroit fourni des défenses à la demande
» principale, avant la sentence obtenue contre lui
» par défaut, il ne pourra plus fournir de causes
» & moyens d'opposition.

» 6°. Que s'il étoit intervenu sentence inter-
» locutoire qui ordonnât une visite d'experts, ou
» une enquête, ou mise en cause; le procureur
» plus diligent, après l'interlocutoire exécuté,
» pourra signifier requête contenant ses moyens
» & ses conclusions, & le procureur adverse
» pourra y fournir des défenses; le tout sommai-
» rement, sans que ni l'un ni l'autre puisse signi-
» fier non plus aucunes autres écritures.

» 7°. Qu'il ne sera passé en taxe aucune au-
» dience & journée, ni qualité de remise,
» qu'autant que le plumitif du greffier en sera
» chargé.

» Ordonnons aux procureurs du châtelet de
» se conformer au présent réglement; à l'effet de
» quoi disons, qu'à la requête, poursuite & di-
» ligence du procureur du roi, il sera envoyé
» aux procureurs de communauté, pour être
» transcrit sur le registre des délibérations, im-
» primé,

» primé, & un exemplaire d'icelui envoyé à » chacun des membres de la communauté «.

Les amendes & la prison prononcées en matière de Police, n'emportent point infamie, comme l'a observé Loiseau dans son traité des seigneuries.

Les sentences rendues dans cette matière, s'exécutent par provision, nonobstant l'appel; & même lorsque l'amende qu'elles prononcent n'excède pas soixante sous, le juge d'appel ne peut point accorder de défenses de les exécuter. C'est ce qui résulte, tant de l'article 12 du titre 17 de l'ordonnance du mois d'avril 1667, que de la déclaration du 28 décembre 1700.

Par une autre déclaration du 23 décembre 1738, publiée au parlement de Besançon, l'exécution indéfinie des sentences de Police a été ordonnée, sans que les fermiers du domaine, en poursuivant le recouvrement des amendes, fussent tenus de donner caution. Les juges supérieurs ne peuvent surseoir à l'exécution de ces sentences, dans le cas où elles n'excèdent pas cent livres, & lorsqu'elles excèdent cette somme, les condamnés doivent les consigner, pour être reçus appelans.

On ne peut pas décliner la juridiction de la Police en vertu de lettres de committimus ou de garde-gardienne, parce qu'il n'y a point de privilége qui doive l'emporter sur celui de l'ordre public, auquel les délais d'un renvoi, en cas pareil, pourroient être très-préjudiciables.

Les fonctions des magistrats de Police ne se bornent pas à faire exécuter les ordonnances & les arrêts concernant la Police; ils ont aussi le droit de faire des réglemens dans l'étendue de leur juridiction. Il suffit que ces réglemens paroissent dictés par des vûes d'intérêt public, & qu'ils ne soient point opposés à ceux qui sont émanés de l'autorité supérieure.

M. le procureur du roi au châtelet de Paris ayant remontré que l'exécution des réglemens de Police donnoit lieu journellement à des contraventions non moins préjudiciables au bon ordre qu'à la sûreté publique; que la multiplicité de ces réglemens & la négligence de s'instruire de leurs dispositions, exposoient les citoyens à des condamnations pécuniaires qu'il leur étoit difficile de supporter; que pour éviter le dommage que produisoit la contrainte, & prévenir le désordre qu'entraînoit l'abus, il croyoit devoir proposer de rassembler dans une seule & même ordonnance quelques dispositions des anciens réglemens relatifs aux contraventions dans lesquelles les particuliers tomboient le plus souvent; M. le lieutenant général de Police rendit en conséquence, le 26 juillet 1777, la sentence que nous allons rapporter.

» Nous, faisant droit sur le réquisitoire du pro- » cureur du roi, ordonnons :

» Article 1. Que les édits, arrêts, déclara- » tions, réglemens & ordonnances en matière de » Police, précédemment rendus, seront exécutés » selon leur forme & teneur.

» 2. Seront en conséquence tenus tous bour- » geois & habitans de la ville & fauxbourgs de » Paris, de quelque état & condition qu'ils » soient, de faire balayer réguliérement chaque » jour, tant en été qu'en hiver, aux heures qui » leur seront indiquées, & avant le passage des

» tombereaux destinés à l'enlèvement des boues, » devant leurs maisons, cours, jardins & autres » emplacemens dépendans des lieux qu'ils oc- » cupent, jusqu'au ruisseau, même la moitié » des chaussées, & de pousser les ordures & » immondices à côté des murs de leurs maisons, » si ce n'est dans les rues en chaussées, où ils » seront avertis de les mettre en tas sur le bord » des ruisseaux, afin que l'entrepreneur du né- » toiement puisse les faire enlever.

» 3. Faisons défenses à tous particuliers, de » quelque état & condition qu'ils soient, de » jeter, ni souffrir qu'il soit jeté dans les rues » aucunes ordures de jardins, feuilles, immon- » dices, cendres de lescives, ardoises, tuiles, » tuileaux, raclures de cheminée, gravois, ni » d'y mettre ou faire mettre aucuns fumiers, » ni autres ordures de quelque espèce qu'elles » puissent être, & notamment après le passage » des tombereaux pour l'enlèvement des boues.

» 4. Seront tenus tous ceux qui auront chez » eux des gravois, poteries, bouteilles cassées, » verres à vitre, morceaux de glaces, ou vieilles » ferrailles, de les rassembler dans des paniers & » autres ustensiles, pour les porter dans la rue, » & de les mettre dans un tas séparé de celui » des boues, sans pouvoir les mêler avec » lesdites boues, ni les jeter par les fenêtres.

» 5. Faisons défenses à tous particuliers, de » quelque état & condition qu'ils soient, de » jeter par les fenêtres, dans les rues, tant de » jour que de nuit, aucunes eaux, urines, ma- » tières fécales, & autres ordures, de quelque » nature qu'elles puissent être, ni de mettre sur » leurs balcons & appuis de fenêtres, des pots de

» fleurs, des cages ou jardinets, & autres objets » en danger.

» 6. Ordonnons que pendant l'été & dans les » temps des chaleurs, les bourgeois & habitans » de cette ville & fauxbourgs arroseront ou fe- » ront arroser le devant de leurs portes deux » fois par jour; savoir, à dix heures du matin, » & à trois heures après midi, en observant » toutefois de n'arroser qu'à la distance de deux » pieds ou environ des murs de leurs maisons & » bâtimens, & de ne pas prendre pour ledit » arrosement de l'eau croupissante dans les ruis- » seaux.

» 7. Enjoignons aux aubergistes & à ceux qui » logent en chambres garnies, de tenir deux re- » gistres, cotés & paraphés par première & der- » nière, par le commissaire ancien de leurs quar- » tiers, où ils écriront de suite & sans aucun » blanc, les noms, surnoms, pays, qualités & » professions de ceux auxquels ils donneront à » loger dans leurs maisons, & le jour de leur » arrivée & de leur départ; l'un desquels re- » gistres sera représenté chaque jour à l'inspecteur » de Police du quartier, & le double remis le » dernier jour de chaque mois audit commissaire » ancien, pour être par lui signé & visé : seront » également tenus les marchands fripiers, ta- » pissiers, brocanteurs & autres achetant des » marchandises vieilles, d'avoir des registres cotés » & paraphés par l'ancien des commissaires du » quartier, à l'effet d'y inscrire, jour par jour, » de suite & sans aucun blanc, la quantité & » qualité des marchandises vieilles qu'ils ache- » teront; ensemble les noms & domiciles des » vendeurs, pour être lesdits registres représentés

» aux commiſſaires du châtelet, toutes les fois » qu'ils le requerront, & tous les mois aux inſ- » pecteurs de Police, par leſquels ils ſeront viſés » & paraphés.

» 8. Ordonnons à tous particuliers de renfermer » dans leurs maiſons leurs charrettes, haquets, » & autres voitures faiſant embarras, & pouvant » donner lieu à des accidens : permettons de ſaiſir » & mettre en fourrière toutes celles qui ſeront » trouvées en contravention.

» 9. Enjoignons aux propriétaires, maîtres ma- » çons, charpentiers & entrepreneurs de bâtimens, » de renfermer, tailler & préparer, dans l'inté- » rieur deſdits bâtimens, les pierres & matériaux » deſtinés à iceux, autant que ledit intérieur en » pourra contenir. Leur faiſons défenſes de faire » décharger les pierres, moëllons, charpente & » autres matériaux qui ne pourront être contenus » dans l'intérieur des bâtimens, ailleurs que dans » les emplacemens qui leur auront été aſſignés » par les commiſſaires des quartiers ; défenſes à » eux de faire porter dans les rues & places de » cette ville, une plus grande quantité deſdits » matériaux, que ce qui pourra être employé dans » le cours d'une ſemaine au plus, ſi ce n'eſt pour » les édifices publics.

» 10. Défendons pareillement de ne faire » ſortir dans les rues & places, les décombres, » recoupes, pierres, moëllons, terres, gravois, » ardoiſes, tuileaux, & autres matières provenant » des démolitions de bâtimens, qu'autant qu'ils » pourront être enlevés dans le jour ; en ſorte qu'il » n'en reſte point pendant la nuit. Enjoignons aux- » dits propriétaires, maîtres maçons, charpentiers » & autres entrepreneurs de bâtimens, de faire

» balayer tous les jours aux heures prescrites par
» les réglemens, le long de leurs bâtimens &
» atteliers, & de faire enlever les recoupes deux
» fois la semaine, ou plus souvent s'il est nécessaire,
» de manière que leurs atteliers n'en soient
» pas engorgés.

» 11. Ordonnons aux maîtres couvreurs, faisant
» travailler aux couvertures des maisons,
» de faire pendre au-devant d'icelles deux lattes
» en forme de croix au bout d'une corde,
» & d'attacher auxdites lattes un morceau de
» drap d'une couleur voyante; leur enjoignons
» & à tous autres faisant travailler dans le haut
» des maisons, lorsqu'il y aura le moindre danger
» pour les passans, de faire tenir dans la rue un
» homme, pour avertir du travail & prévenir
» les accidens.

» 12. Faisons défenses à tous marchands épiciers,
» marchands de vins, tapissiers, fripiers,
» sculpteurs, marbriers, menuisiers, serruriers,
» layetiers, fruitiers, charrons, loueurs de carosses,
» charretiers, & à tous autres, de travailler
» ou faire travailler dans les rues, d'y établir
» des atteliers, tables & tréteaux, & de laisser
» au-devant de leurs maisons, sous quelque prétexte
» que ce soit, même pour servir de montre,
» aucuns ballots, tonneaux, meubles, trains,
» carrosses, charrettes & autres voitures, ni
» aucuns autres objets de leurs métiers & professions.

» 13. Défendons à tous marchands & loueurs
» de chevaux, d'essayer ni faire essayer leurs chevaux
» dans les rues & places de cette ville; leur
» enjoignons de se retirer dans le marché public
» & dans les endroits écartés qui sont à ce destinés:
» faisons pareillement défenses à tous

» charretiers de conduire leurs voitures & char-
» rettes étant montés sur leurs chevaux, ou de
» les faire courir dans les rues; leur enjoignons de
» les conduire à pied.

» 14. Enjoignons à tous jardiniers, voituriers,
» & autres qui enlèvent les fumiers des maisons
» de cette ville & fauxbourgs de Paris, de met-
» tre sur leurs charrettes & autres voitures,
» une banne de longueur & largeur capables de
» les couvrir, de manière qu'il ne puisse tomber
» aucuns fumiers dans les rues. Enjoignons aussi
» à tous voituriers & plâtriers qui amènent des
» plâtres à Paris, de couvrir leurs charrettes &
» voitures d'une pareille banne, en observant de
» mettre sous leurs charrettes & à côté des ri-
» delles, des nattes propres à contenir leurs plâtres.

» 15. Faisons défenses à toutes personnes de
» jouer dans les rues & places publiques, au vo-
» lant, aux quilles, au bâtonnet, d'élever cerf-
» volans, & de jouer à tous autres jeux dont
» les passans puissent être incommodés ou blessés,
» ou les lanternes publiques cassées.

» 16. Enjoignons à tous propriétaires, loca-
» taires & sous-locataires de maisons, de faire
» exactement ramoner les cheminées des appar-
» temens & autres lieux par eux loués, sous-
» loués ou occupés; leur enjoignons, en cas de feu
» ou incendie, de faire avertir sur le champ les
» pompiers, & défenses de leur refuser l'en-
» trée de leurs maisons, quand ils s'y présente-
» ront d'office.

» 17. Faisons très-expresses défenses à tous
» particuliers, de quelque qualité & condition
» qu'ils soient, de tirer aucuns pétards ou fusées,
» boîtes, pommeaux d'épée ou saucissons, pisto-

» lets, fusils, mousquetons, ou autres armes à » feu, dans les rues, cours ou jardins, & par les » fenêtres de leurs maisons, pour quelque cause » & occasion que ce soit; leur défendons pareil- » lement de brûler ou faire brûler dans les rues, » de la paille, de la fougère, des feuilles de » jardins & toutes autres matières combustibles.

» 18. Seront tenus tous les habitans de cette » ville & fauxbourgs, de quelque état & condition » qu'ils soient, de fermer les portes de leurs » maisons à l'entrée de la nuit.

» 19. Faisons défenses à tous cabaretiers, ta- » verniers, limonadiers, vinaigriers, vendeurs » de bierre, d'eau-de-vie & de liqueurs au dé- » tail, d'avoir leurs boutiques ouvertes, ni de » recevoir aucunes personnes chez eux, & d'y » donner à boire, passé dix heures du soir, de- » puis le premier novembre jusqu'au premier » avril, & depuis le premier avril jusqu'au premier » novembre, après onze heures; leur défendons » pareillement de recevoir chez eux aucunes » femmes de débauche, vagabonds, mendians, » gens sans aveu & filoux.

» 20. Faisons très-expresses inhibitions & défen- » ses à tous marchands de vins, traiteurs, caba- » retiers, limonadiers, débiteurs de bierre & » d'eau-de-vie, & à tous autres particuliers fai- » sant profession de donner à boire & à manger, » même à ceux qui tiennent des jeux de » boules, de donner à jouer, ni souffrir que » l'on joue chez aux dez, aux cartes, ni à aucuns » jeux de hasard, de quelque nature qu'ils soient, » quand même l'on n'y joueroit pas d'argent, & » que ce seroit sous prétexte de payer les dépenses » faites en leurs maisons & cabarets.

» 21. Ne pourront les marchands de vins, » traiteurs, limonadiers, marchands de bierre & » autres faisant profession de donner à boire & » à manger dans la ville, fauxbourgs & les envi- » rons de Paris, avoir des violons & tenir des » assemblées de danse chez eux les jours ouvriers, » si ce n'est en cas de noces, & à la charge » d'obtenir la permission nécessaire, de la repré- » senter préalablement au commandant de la » garde de Paris, & de faire retirer les violons » à l'heure de minuit.

» 22. Défendons auxdits marchands de vins, » limonadiers, marchands de bierre & eau-de- » vie, & autres liqueurs, de donner à boire » chez eux, & aux maîtres paulmiers de laisser » jouer chez eux aux heures du service divin.

» 23. Faisons défenses à toutes personnes qui » iront dans les jeux de billard, de faire aucuns » paris, directement ni indirectement, même » de donner des avis & conseils à ceux qui joue- » ront, à quelque jeu que ce soit; & aux maî- » tres desdits jeux de souffrir qu'il soit fait au- » cuns paris & donné des conseils aux joueurs. » Faisons pareillement défenses auxdits maîtres » de jeux de billard, de donner à jouer au bil- » lard, passé sept heures du soir en hiver, & » neuf heures en été.

» 24. Faisons défenses à tous marchands, ar- » tisans, maçons, manœuvres, crocheteurs, char- » retiers, & autres gens de journée, de vendre, » voiturer, & travailler les jours de dimanches » & fêtes.

» 25. Défendons pareillement à tous proprié- » taires & principaux locataires de maisons, de

» louer aucunes chambres, ni donner retraite à » des femmes de débauche & gens suspects.

» 26. Faisons défenses aux chiffonniers, chiffonnières, & à tous autres, de vaguer par les » rues pendant la nuit, & d'amasser des chiffons » avant le jour.

» 27 & dernier. Toutes les dispositions con» tenues en la présente ordonnance seront exé» cutées, sous peine, contre chacun des contre» venans, d'amende, de confiscation des mar» chandises, de fermeture de boutique, de prison, » de punition corporelle & autres, suivant l'exi» gence des cas, ainsi qu'il est porté par les » précédentes ordonnances, arrêts & réglemens; & » seront les pères & mères, maîtres & maîtresses, » civilement responsables pour leurs enfans, ap» prentis, serviteurs & domestiques.

» Ce fut fait & donné par nous JEAN-CHAR» LES-PIERRE LE NOIR, conseiller d'état, » lieutenant général de police de la ville, prévôté » & vicomté de Paris, le vingt-six juillet mil » sept cent soixante dix-sept.

LE NOIR. MOREAU.

MORISSET, *greffier.*

En termes de commerce maritime, on appelle *Police d'assurance*, un contrat dont nous avons parlé à l'article ASSURANCE.

Voyez le traité de la Police du commissaire la Mare; le dictionnaire des arrêts; le code de la Police; les arrêts de Papon; le recueil des ordonnances, &c. Voyez aussi les articles LIEUTENANT GÉNÉRAL DE POLICE, MAIRE, INSPECTEUR DE POLICE, &c.

POLLICITATION. C'est un engagement

contracté par quelqu'un, sans qu'il soit accepté par une autre personne.

L'article 3 de l'ordonnance des donations du mois de février 1731, ayant décidé qu'il n'y auroit plus que deux manières de disposer de ses biens à titre gratuit; savoir, la donation entre vifs & le testament, il faut en conclure que la Pollicitation ne produit aucune obligation parmi nous.

POLYGAMIE. C'est l'état d'un homme qui est marié à plusieurs femmes en même temps, ou d'une femme qui est mariée à plusieurs hommes. *Voyez* BIGAMIE.

PONTIFICAL. On appelle ainsi le livre qui contient les différentes prières & l'ordre des cérémonies que l'évêque doit observer particulièrement dans l'ordination, la confirmation, les sacres & les autres fonctions réservées aux évêques.

PORCELAINE. Sorte de poterie très-fine, préparée & cuite sous toutes sortes de figures, de vases & ustensiles.

La manufacture royale de Porcelaine de France, établie à Sévre, jouit du privilége exclusif de peindre en plusieurs couleurs les ouvrages qu'elle fabrique. Ce droit est établi par divers arrêts du conseil, dont les dispositions se trouvent rappelées dans une ordonnance de M. le lieutenant général de police de Paris, commissaire du conseil en cette partie, qui contient les trois articles suivans:

» ARTICLE 1. Faisons défenses à toutes per-

» sonnes de quelque qualité & condition qu'ell
» puissent être, de fabriquer & faire fabriquer,
» sculpter, peindre ou dorer aucuns ouvrages d
» Porcelaine, sous quelque forme que ce soit,
» de les vendre & débiter, à peine de confisca
» cation, tant desdites Porcelaines que des ma
» tières servant à leur fabrication, de la des
» truction des fours, & de trois mille livres d'a
» mende.

» 2. Faisons pareillement défenses, sous le
» mêmes peines, à tous privilégiés fabriquan
» certaines Porcelaines communes, poterie à pâ
» blanche, ou faïence peinte en bleu, façon d
» la Chine seulement, d'y employer aucun
» autre couleur & notamment l'or, & de fabri
» quer ou faire fabriqeur aucunes figures, fleur
» de reliefs ou autres pièces de sculpture, si c
» n'est pour garnir & les coller auxdits ouvrag
» de leur fabrication.

» 3. Permettons au directeur nommé par
majesté pour la régie de ladite manufacture roya
de Porcelaines, ses commis ou préposés, de fai
» & faire faire les visites nécessaires & conven
» bles chez les privilégiés, marchands & tout
» autres personnes que ce puisse être, dans l'e
» tendue de la ville, fauxbourgs & banlieue d
» Paris, en se faisant néanmoins assister d'u
» commissaire au châtelet, & de tous autres offi
» ciers de justice, qui, en cas de contravention,
» en dresseront tous procès-verbaux nécessaires,
» sur lesquels il sera procédé en notre audienc
» de la commission, pour sur iceux être par
» nous ordonné ce qu'il appartiendra «.

Par arrêt du conseil du 15 février 1766, il
a été permis à tous particuliers de fabriquer des

Porcelaines à l'imitation de la Chine, tant en blanc que peintes en bleu & blanc, & en camayeux d'une seule couleur (*).

(*) *Voici cet arrêt :*

Le roi étant informé que plusieurs personnes auroient inféré de quelques dispositions des arrêts de son conseil des 19 août 1753 & 17 février 1760, concernant la manufacture royale de Porcelaine de France, qu'il étoit défendu de fabriquer ou faire fabriquer dans le royaume aucune espèce de Porcelaine, quoique par l'article 8 de l'arrêt du 17 février 1760 sa majesté eût permis aux entrepreneurs des manufactures de Porcelaines déjà établies, de continuer la fabrication de leurs Porcelaines en blanc, & de les peindre en bleu, façon de Chine; sa majesté auroit jugé à propos d'expliquer plus particuliérement ses intentions à ce sujet, & en maintenant d'une part la manufacture royale de Porcelaine de France dans les priviléges que la supériorité de ses ouvrages lui a mérités, encourager de l'autre cette branche de commerce dans son royaume, où l'abondance des matières qui se trouvent propres à cette fabrication, semble si favorable à l'industrie de ses sujets. A quoi voulant pourvoir : vu lesdits arrêts du conseil, ensemble tous les arrêts & réglemens rendus sur le fait de la manufacture royale de Porcelaine de France. Oui le rapport; le roi étant en son conseil, a permis & permet, dans toute l'étendue de son royaume, de fabriquer ou faire fabriquer des Porcelaines à l'imitation de la Chine, avec des pâtes composées de telles matières que les entrepreneurs desdits ouvrages jugeront à propos, tant en blanc que peintes en bleu & blanc, & en camayeu d'une seule couleur; à la charge, par chaque entrepreneur, de peindre, graver ou imprimer au revers de chaque pièce de sa Porcelaine, les lettres initiales de son nom, ou telle autre marque qu'il aura choisie; & de faire, avant d'entreprendre ladite fabrication, sa soumission, savoir à Paris, par-devant le lieutenant général de police de ladite ville; & dans les provinces, pardevant les intendans & commissaires départis pour l'exécution des ordres de sa majesté, de se servir uniquement de la marque dont il déposera

Les nommés Catrice & Barbé, ayant été trouvés en contravention aux réglemens donnés en faveur de la manufacture royale de Porcelaine de France, ont été condamnés chacun à trois mill

---

l'empreinte, le tout à peine de trois cents livres d'amende & de confiscation des marchandises ; de laquelle soumission, ensemble de la remise qui aura été faite de ladite empreinte, il sera dressé procès-verbal, & expédition d'icelui délivrée audit entrepreneur pour sa décharge, afin de la représenter au besoin & quand il en sera requis. Fait sa majesté défenses auxdits entrepreneurs de peindre, sous prétexte de la présente permission, leurs Porcelaines en d'autres couleurs qu'en bleu & blanc, & en camayeu d'une seule couleur, & d'y employer de l'or appliqué ou incrusté, jusqu'à ce que par sa majesté il en ait été autrement ordonné ; comme aussi de faire aucunes statues, figures ou ornemens de ronde-bosse avec de la pâte de Porcelaine en biscuit, sans couverte ou avec couverte ; le tout à peine de trois mille livres d'amende en cas de contravention, & de la confiscation des matières & ustensiles, & démolition des fours qui auront servi à ladite fabrication ; & seront les contrevenans déchus de la permission accordée par le présent arrêt, sans qu'ils puissent établir ailleurs aucune manufacture de Porcelaine, directement ni indirectement, par personnes interposées, ni qu'ils puissent y travailler, même en qualité de simples ouvriers ou employés. Enjoint sa majesté au sieur lieutenant général de police de la ville, prévôté & vicomté de Paris, & aux sieurs intendans & commissaires départis pour l'exécution de ses ordres dans les provinces, de tenir la main, chacun en droit soi, à l'exécution du présent arrêt ; à l'effet de quoi, & en cas de contravention & de contestation, sa majesté leur en a attribué toutes cour, juridiction & connoissance, sauf l'appel au conseil, & a icelles interdit à toutes ses cours & autres juges. Ordonne que le présent arrêt sera lu, publié & affiché par-tout où besoin sera, & exécuté nonobstant toutes oppositions & autres empêchemens généralement quelconques, dont sa majesté s'est réservé la connoissance ; & seront au surplus, sur le présent arrêt, toutes lettres nécessaires expédiées. Fait, &c.

livres d'amende par jugement du 3 mars 1779, rendu par M. le lieutenant général de police de Paris, commissaire du conseil en cette partie; & les marchandises de Porcelaines, les paquets d'or dissout, les couleurs, pinceaux & glaces, servant de palettes à couleurs, saisis chez ces particuliers, ont été déclarés acquis & confisqués au profit de cettte manufacture.

Il y a eu un autre pareil jugement prononcé le 27 septembre de la même année contre les sieurs le Bœuf & de Ruelle.

PORT. Lieu propre à recevoir les vaisseaux & à les tenir à couvert des tempêtes.

La police des Ports étant un objet très-important, l'ordonnance de la marine du mois d'août 1681, contient à cet égard plusieurs dispositions. L'article premier du titre premier du livre 4, a ordonné que les Ports & havres seroient entrenus dans leur profondeur & netteté, & a fait défenses d'y jeter aucune immondice, à peine de dix livres d'amende, payables par les maîtres pour leurs valets, & par les pères ou mères pour leurs enfans.

Suivant l'article 5 du même titre, les maîtres ou patrons de navire qui veulent se tenir sur leurs ancres dans un Port, doivent y attacher des *hoisins*, *bouées* ou *gavitaux*, pour les marquer, à peine de cinquante livres d'amende, & de répondre du dommage qui pourroit en résulter.

Ceux qui ont des poudres dans leurs navires doivent, sous pareille peine de cinquante livres d'amende, les faire porter à terre incontinent après leur arrivée, sans qu'ils puissent les remettre dans leur vaisseau, qu'après qu'il est sorti du Port. *Article 6.*

L'article 8 veut qu'il y ait dans chaque Port & havre, des lieux destinés, tant pour travailler aux radoubs & calfats des vaisseaux, que pour goudronner les cordages ; à l'effet de quoi les feux ne peuvent être allumés qu'à cent pieds au moins de distance de tout autre bâtiment, & à vingt pieds des quais, à peine de cinquante livres d'amende, & de plus grande en cas de récidive.

Les maîtres & propriétaires des navires qui sont dans les Ports où il y a flux & reflux, sont tenus, sous les mêmes peines, par l'article 9, d'avoir toujours deux poinçons d'eau sur le tillac de leur vaisseau pendant qu'on en chauffe les soutes ; & dans les Ports d'où la mer ne se retire point, d'être munis de sasses ou pelles creuses, propres à tirer de l'eau.

Ceux qui font des fosses dans les Ports, pour travailler au radoub de leurs navires, sont obligés, sous pareille peine de cinquante livres d'amende, de les remplir vingt-quatre heures après que leurs bâtimens en sont dehors. *Article* 12.

L'article 13 enjoint aux maçons & autres employés aux réparations des murailles, digues & jetées des canaux, havres & bassins, d'enlever les décombres, & faire place nette incontinent après les ouvrages finis, à peine d'amende arbitraire, & d'y être pourvu à leurs frais.

Ceux qui dérobent des cordages, ferrailles ou ustensiles des vaisseaux qui sont dans les Ports, doivent, suivant l'article 16, être flétris d'un fer chaud, & bannis à perpétuité du lieu où ils ont commis le délit ; & s'il arrive perte du bâtiment ou mort d'homme pour avoir coupé ou volé

volé les cables, les coupables doivent être punis du dernier supplice.

L'article 19 défend, sous peine de concussion, de lever aucun droit de coutume, quaiage, balisage, lestage, délestage & ancrage, qu'il ne soit inscrit dans une pancarte approuvée par les officiers de l'amirauté, & affichée dans l'endroit le plus apparent du Port.

Les pieux, boucles & anneaux destinés pour l'amarrage des vaisseaux dans le Port & les quais construits pour la charge & décharge des marchandises, doivent être entretenus des deniers communs des villes, & les maires & échevins sont obligés d'y tenir la main, à peine d'en répondre en leur nom.

Observez néanmoins que les réparations & entretien des quais, boucles & anneaux, sont à la charge de ceux qui jouissent des droits de coutume ou quaiage sur les Ports & havres, à peine de privation de leurs droits, qui doivent être appliqués à ces objets. C'est ce qui résulte des articles 20 & 21.

L'article 22 enjoint aux maires, échevins, syndics, jurats, capitouls & consuls des villes dont les égoûts ont leur décharge dans les Ports & havres, de les faire incessamment garnir de grilles de fer; & aux officiers de l'amirauté d'y tenir la main, à peine d'en répondre en leurs noms.

Les réglemens particuliers qui ont été faits pour certains Ports doivent être exécutés, même lorsqu'ils sont contraires à l'ordonnance de 1681, & à plus forte raison, lorsqu'ils ne font qu'ajouter aux précautions que cette loi a prises. C'est ce qu'on doit inférer de l'article 23. Cela est fondé sur ce que ces réglemens sont relatifs à l'état particulier de chaque Port.

PORT D'ARMES. Voyez ARMES & PISTOLET.

PORTION CONGRUE. C'est une pension due au curé ou vicaire perpétuel qui dessert une cure, ou au vicaire amovible du curé ou vicaire perpétuel, par ceux qui perçoivent les grosses dixmes dans sa paroisse.

Anciennement, & suivant les dispositions du droit canonique, toutes les dixmes d'une paroisse appartenoient à l'église paroissiale : mais il y eut un temps où l'ignorance des prêtres séculiers étoit si grande, que les moines de l'ordre de saint Benoît & les chanoines réguliers de l'ordre de saint Antoine, s'étant emparés des cures, ils les desservirent d'abord eux-mêmes, & par ce moyen se mirent en possession des dixmes.

Dans la suite, ces moines ayant été rappelés dans leur monastère, il leur fut permis de mettre à leur place, dans les cures, des prêtres séculiers en qualité de vicaires révocables à volonté; & comme ils ne leur donnoient que fort peu de chose, ils ne pouvoient trouver que des prêtres incapables de s'acquitter dignement de cet emploi.

L'état déplorable où se trouvoient les paroisses, ayant causé beaucoup de scandale dans l'église, & excité de grandes plaintes, il y fut pourvu au concile général de Latran, tenu sous Alexandre III, & au concile provincial d'Avranches, où il fut ordonné que les religieux qui avoient des cures unies à leurs menses conventuelles,

les feroient desservir par un de leurs religieux *idoine*, ou par un vicaire perpétuel & non révocable, qui seroit institué par l'évêque sur leur présentation, & auquel ils seroient tenus d'assigner une Portion congrue, ou pension suffisante, sur le revenu de la cure. Telle est l'origine des Portions congrues.

En exécution des décrets du concile de Latran, les chanoines réguliers de l'ordre de saint Augustin optèrent de desservir eux-mêmes les cures unies à leurs menses, & pour cet effet y établirent leurs religieux en qualité de prieurs; c'est de là que les prieurés-cures de cet ordre ont pris naissance.

Les religieux de l'ordre de saint Benoît optèrent le contraire; ils retinrent pour eux les dixmes & autres revenus des cures unies à leurs menses, avec la qualité de curés primitifs, & établirent des vicaires perpétuels : l'indigence de ceux-ci a donné lieu à une infinité de demandes de leur part, pour avoir la Portion congrue.

Cette Portion fut d'abord fixée en France à 120 livres par l'article 9 de l'ordonnance de Charles IX du 16 avril 1571.

Les arrêts du parlement portèrent ensuite cette somme à 150 livres, & successivement à 200 livres.

Dans la suite, la jurisprudence relative aux Portions congrues, fut fixée par deux déclarations des 29 janvier 1686 & 30 juin 1690.

La première s'étend sur neuf objets : 1°. Elle fixe la Portion congrue pour les curés ou vicaires perpétuels, à 300 livres.

2°. Elle donne aux curés, outre la Portion congrue, les offrandes, honoraires, droits casuels

& les dixmes novales formées depuis leur option de la Portion congrue, en conséquence de cette déclaration.

3°. Elle donne 150 livres aux vicaires.

4°. Elle laisse à la disposition des évêques d'établir le nombre des vicaires nécessaires.

5°. Elle déclare la Portion congrue exempte de toutes charges.

6°. Elle charge du payement de la Portion congrue les décimateurs ecclésiastiques, & subsidiairement les dixmes inféodées, & de pourvoir à la répartition que les décimateurs doivent faire entre eux de cette dette.

7°. Elle explique la voie qu'ont les curés pour se faire payer de la Portion congrue, qui est de faire leur opposition, de présenter requête, & veut que les ordonnances des juges soient exécutées par provision.

8°. Elle veut qu'il soit établi un desservant en cas de vacance.

9°. Enfin, elle attribue la connoissance de ce qui concerne la Portion congrue, aux baillis & sénéchaux, sauf l'appel au parlement.

La déclaration du 30 juin 1690 contient cinq dispositions relatives aux précédentes.

1°. Elle porte, que les décimateurs payeront la Portion congrue, si mieux ils n'aiment abandonner leurs dixmes pour s'en décharger.

2°. Que les curés à Portion congrue payeront, jusqu'à ce qu'autrement il en soit ordonné par le roi, tout au plus cinquante livres de décimes, dons gratuits & autres impositions.

3°. Que les curés seront tenus de garder la jouissance des fonds & domaines de leurs cures, sur & tant moins de la Portion congrue.

4°. Elle explique la manière de fixer la valeur des fonds de la cure.

5°. Elle donne aux curés, outre la Portion congrue, toutes les oblations & offrandes en cire & en argent, le casuel, les obits & fondations.

Ces déclarations ont été suivies jusqu'à la publication de l'édit du mois de mai 1768, qui a apporté beaucoup de changement dans les dispositions des loix précédentes. Le législateur y a déterminé la valeur de la Portion congrue à une quantité de grains en nature, qui pût toujours servir de base aux fixations occasionnées par les variations du prix des denrées. Cet édit contient les dix-neuf articles suivans :

» ARTICLE I. La Portion congrue des curés » & vicaires perpétuels, tant ceux qui sont établis à présent, que ceux qui pourroient l'être » à l'avenir, sera fixée à perpétuité à la valeur » en argent de vingt-cinq setiers de blé froment, » mesure de Paris.

» 2. La Portion congrue des vicaires, tant » ceux qui sont établis à présent, que ceux qui » pourroient l'être à l'avenir dans la forme » prescrite par les ordonnances, sera aussi fixée » à perpétuité à la valeur en argent de dix » setiers de blé froment, mesure de Paris.

» 3. La valeur en argent desdites Portions » congrues sera & demeurera fixée, quant à » présent ; savoir, celle desdits curés & vicaires » perpétuels à cinq cents livres, & celle desdits » vicaires à deux cents livres ; nous réservant, » dans le cas où il arriveroit un changement con» sidérable dans le prix des grains, de fixer de » nouveau, en la forme ordinaire, les sommes

» auxquelles lesdites Portions congrues devront » être portées, pour être toujours équivalentes » aux quantités de grains déterminées par les » articles 1 & 2 de notre présent édit.

Des lettres-patentes du roi du 12 mai 1778, enregistrées au parlement le 29 du même mois, ont augmenté de cinquante livres la pension des vicaires de paroisse, & ont dérogé, pour cet effet, à l'article qu'on vient de lire.

» 4. Les curés & vicaires perpétuels jouiront, » outre ladite Portion congrue, des maisons & » bâtimens composant le presbytère, cours & » jardins en dépendans, si aucuns y a, ensemble » des oblations, honoraires, offrandes, ou casuel » en tout ou en partie, suivant l'usage des lieux; » comme aussi des fonds & rentes donnés aux » curés pour acquitter des obits & fondations » pour le service divin, à la charge par lesdits » curés & vicaires perpétuels de faire preuve, par » titres constitutifs, que les biens laissés à leurs » cures depuis 1686, & qu'ils voudront retenir, » comme donnés pour obits & fondations, en » sont effectivement chargés : & à l'égard des » biens ou rentes dont lesdits curés & vicaires » perpétuels étoient en possession avant 1686, » & dont ils ont continué de jouir depuis cette » époque, il pourront les retenir, en justifiant, » par des baux & autres actes non suspects, qu'ils » sont chargés d'obits & fondations qui s'acquit- » tent encore actuellement.

» 5. Ne pourront les décimateurs, sous aucun » prétexte, même en cas d'insuffisance du revenu » des fabriques, être chargés du payement d'autres » & plus grandes sommes que celles fixées par » notre présent édit, si ce n'est pour la fourni-

» ture des livres, ornemens & vases sacrés, » ainsi que pour les réparations des chœurs & » cancel; à l'effet de quoi nous avons dérogé » & dérogeons par ces présentes à toutes loix, » usages, arrêts & réglemens à ce contraires.

» 6. Les Portions congrues seront payées sur » toutes les dixmes ecclésiastiques, grosses & » menues, de quelque espèce qu'elles soient; » & au défaut ou en cas d'insuffisance d'icelles, » les possesseurs des dixmes inféodées seront te- » nus de payer lesdites Portions congrues, ou » d'en fournir le supplément; & après l'épuise- » ment desdites dixmes ecclésiastiques & inféo- » dées, les corps & communautés séculières & » régulières qui se prétendent exempts de dixmes, » même de l'ordre de Malte, seront tenus de » fournir le supplément desdites Portions con- » grues, & ce jusqu'à concurrence du montant » de la dixme que devroient supporter les héri- » tages qui jouissent de ladite exemption, si » mieux n'aiment les gros décimateurs aban- » donner à la cure lesdites dixmes, soit ecclé- » siastiques, soit inféodées, ou lesdits exempts » se soumettre à payer la dixme, auquel cas les » uns & les autres seront déchargés à perpétuité » de toutes prétentions pour raison de ladite » Portion congrue.

» 7. Voulons en outre, conformément à nos » déclarations des 5 octobre 1726 & 15 janvier » 1731, que le curé primitif ne puisse être dé- » chargé de la contribution à ladite Portion con- » grue, sous prétexte de l'abandon qu'il auroit » ci-devant fait ou pourroit faire auxdits curés » & vicaires perpétuels, des dixmes par lui pos- » sédées; mais qu'il soit tenu d'en fournir le

» supplément, à moins qu'il n'abandonne tous » les biens, sans exception, qui composoient » l'ancien patrimoine de la cure, ensemble le titre » & les droits de curé primitif.

» 8. Ne seront réputés curés primitifs, que » ceux dont les droits seront établis, soit par des » titres canoniques, actes ou transactions vala- » blement autorisés, ou arrêts contradictoires, » soit par des actes de possession centenaire, con- » formément à l'article 2 de notre déclaration du » 15 janvier 1731.

» 9. Les Portions congrues seront payées de » quartier en quartier & par avance, franches & » quittes de toutes impositions & charges que » supportent ceux qui en sont tenus; sans pré- » judice des décimes que lesdits curés & vicaires » perpétuels continueront de payer, en proportion » du revenu de leurs bénéfices.

» 10. Les curés & vicaires perpétuels, même » ceux de l'ordre de Malte, auront en tout temps » la faculté d'opter la Portion congrue réglée » par notre présent édit, en abandonnant par eux » en même temps tous les fonds & dixmes, » grosses, menues, vertes, de lainages, char- » nages, & autres de quelques espèces qu'elles » soient, & sous quelques dénominations qu'elles » se perçoivent, même les novales, ainsi que les » revenus & droits dont ils seront en possession » au jour de ladite option, autres que ceux à » eux réservés par l'article 4 de notre présent » édit.

» 11. Les abandons faits à la cure par les dé- » cimateurs exempts ou curés primitifs, en con- » séquence des articles 6 & 7 ci-dessus, seront » & demeureront à perpétuité irrévocables; vou-

» lons pareillement que l'option de la Portion » congrue qui sera faite en exécution de notre » présent édit, soit & demeure à perpétuité » irrévocable; mais seulement lorsque les forma- » lités prescrites par l'article suivant auront été » remplies.

» 12. Lorsque les curés ou vicaires perpétuels » opteront la Portion congrue, ceux à qui ils » remettront les dixmes ou autres fonds qu'ils » doivent abandonner, seront tenus, pour que » ladite option demeure irrévocable, de faire » homologuer en nos cours, sur les conclusions » de nos procureurs généraux en icelles, lesdits » actes d'option; lesquelles homologations seront » faites sans frais : voulons que, pour y parvenir, » il soit procédé à une estimation par experts, » nommés d'office par nosdites cours ou par les » juges des lieux qu'elles voudront commettre, » du revenu des biens & droits qui seront aban- » donnés par les curés qui feront l'option; les » frais de laquelle estimation seront à la charge » de ceux auxquels les biens seront réunis; & » seront lesdites estimations faites aux moindres » frais que faire se pourra, lesquels ne pourront » néanmoins, en aucuns cas, excéder le tiers » d'une année de revenu des biens & droits » estimés.

» 13. Tout curé & vicaire perpétuel qui n'op- » tera pas la Portion congrue réglée par notre » présent édit, continuera de jouir de tout ce » qu'il se trouvera posséder au jour de l'enre- » gistrement de notre présent édit, de quelque » nature que soient les biens & droits dont il » se trouvera alors en possession, sans qu'il puisse » lui être opposé par les gros décimateurs, qu'il

» perçoit plus de montant de ladite Portion con-
» grue, à raison des fonds qui auroient été pré-
» cédemment délaissés, ou des supplémens tant
» en fonds qu'en argent, qui auroient été faits
» en exécution de notre déclaration du 29 janvier
» 1686.

» 14. Voulons qu'à l'avenir il ne soit fait au-
» cune distinction entre les dixmes anciennes &
» les dixmes novales dans toute l'étendue de notre
» royaume, même dans les paroisses dont les
» curés n'auroient pas fait l'option de la Portion
» congrue; en conséquence, les dixmes de toutes
» les terres qui seront défrichées dans la suite
» lorsqu'elles auront lieu suivant notre déclara-
» tion du 13 août 1766, comme aussi les dixmes
» des terres remises en valeur ou converties en
» fruits décimables, appartiendront aux gros dé-
» cimateurs de la paroisse ou du canton, soit
» curés, soit autres, soit laïcs ou ecclésiastiques;
» n'entendons néanmoins que les curés qui n'op-
» teront point la Portion congrue, soient troublés
» dans la jouissance des novales dont ils seront
» en possession lors de la publication du présent
» édit, sans que les curés qui en jouiront puis-
» sent être assujettis, à cause desdites novales, à
» autres & plus grandes charges que celles qu'ils
» supportoient auparavant.

» 15. Les honoraires des prêtres commis par
» les archevêques ou évêques à la desserte des
» cures vacantes de droit & de fait, ou à celles
» des cures sujettes au droit de déport, ne pourront
» être fixés au dessous de trois cinquièmes du
» montant de la Portion congrue; pourront néan-
» moins les archevêques ou évêques assigner aux
» desservans des cures qui ne sont pas à Portion

» congrues, une rétribution plus forte, suivant » l'exigence des cas, conformément aux loix pré- » cédemment données sur cet objet.

» 16. A l'égard des cures & vicairies perpé- » tuelles, dont les revenus se trouveroient au » dessous de la somme de cinq cents livres, » même dans les cas des abandons ci-dessous, » nous exhortons les archevêques & évêques, & » néanmoins leur enjoignons d'y pourvoir par » union de bénéfices-cures ou non cures, confor- » mément à l'article 22 de l'ordonnance de » Blois; nous réservant au surplus, d'après le » compte que nous nous ferons rendre du nom- » bre desdits curés & du revenu de leurs bé- » néfices, de prendre les mesures nécessaires, » tant pour faciliter lesdites unions, que pour » procurer auxdits curés un revenu égal à celui » des autres curés à Portions congrues de notre » royaume.

» 17. L'augmentation des Portions congrues, » ordonnée par notre présent édit, aura lieu à » compter du premier janvier 1769.

» 18. Les exploits ou actes d'option & d'a- » bandon, qui seront faits & passés en conséquence » du présent édit, ne pourront avoir leur exé- » cution qu'après avoir été insinués au greffe des » insinuations ecclésiastiques du diocèse, & sera » payé deux livres pour l'insinuation desdits ex- » ploits ou actes; sera aussi payé trois livres pour » chaque acte d'option ou d'abandon, pour tous » droits de contrôle, insinuation laïque, centième » denier, amortissement, échanges, indemnités » ou autres quelconques, sans qu'il puisse être » exigé autres ou plus forts droits pour chacun » desdits actes d'option ou d'abandon, ou autres

» actes qui seroient passés en conséquence du pré» sent édit.

» 19. Les contestations qui pourront naître au » sujet de l'exécution de notre présent édit, » seront portées, en première instance, devant » nos baillis & sénéchaux, & autres juges des » cas royaux, ressortissans nuement à nos cours » de parlement, dans le territoire desquels les » cures se trouveront situées, sans que l'appel » des sentences & jugemens par eux rendus en » cette matière, puisse être relevé ailleurs qu'en » nosdites cours de parlement, & ce nonobstant » toutes évocations qui auroient été accordées » par le passé, ou qui pourroient l'être par la » suite à tous ordres, congrégations, corps, com» munautés ou particuliers. Si donnons en man» dement, &c. «.

La question s'est présentée plusieurs fois de savoir si les cures des villes murées, qui ont un revenu considérable en fondation & en casuel, peuvent demander la Portion congrue au gros décimateur de la paroisse. Différentes personnes prétendent que dans ce cas la Portion congrue est due au curé ou au vicaire perpétuel, parce que les déclarations de nos rois l'accordent à tous les curés, auxquels ils réservent le casuel & les fondations, sans distinguer entre les cures de la campagne & celles des villes. On trouve dans un receuil fait en faveur des curés, un arrêt du parlement de Paris du 11 mai 1689, qui a jugé ainsi cette question : le conseil d'état l'avoit décidée de la même manière le 2 avril 1689. Cependant plusieurs canonistes estiment que dans ce cas la Portion congrue n'est point due au curé ou au vicaire perpétuel, parce que l'esprit de l'ordonnance n'ayant été que d'assurer aux curés une honnête subsistance, les gros décimateurs en doivent être déchargés, dès que les curés ont d'ailleurs de quoi vivre selon leur état. Les derniers arrêts, entre lesquels il y en a un du 11 février 1688, rapporté dans le cinquième volume du journal des audiences, & un autre du 28 août 1706, contre le curé de saint Vaast de Béthune, rapporté par Duperray dans son traité des droits honorifiques & utiles des patrons, autorisent cette interprétation des ordonnances.

Des lettres-patentes du mois de juillet 1769 avoient supprimé le droit de boisselage qui se percevoit par les curés d'un grand nombre de paroisses de la province de Poitou, & avoient ordonné qu'au lieu de ce droit il seroit payé une dixme, à raison de la seizième gerbe, sur toute espèce de grains : l'objet de cet établissement de dixme étoit de fournir de quoi parfaire la Portion congrue des curés, que l'insuffisance du droit de boisselage & le défaut de ressources énoncés dans les articles 6 & 7 de l'édit du mois de mai 1768, laissoient imparfaite dans une partie de ces paroisses. Les propriétaires des terres situées dans ces paroisses sujettes au droit de boisselage, ayant réclamé contre cette dixme, dont ils se prétendoient affranchis par l'usage immémorial de ne payer que le droit de boisselage, & qui, en devenant pour eux une charge onéreuse, devoit produire à la plupart des curés un revenu excessif & bien plus que suffisant pour compléter leurs Portions congrues, le feu roi donna de nouvelles lettres-patentes au mois de mai 1771, qui, en révoquant les premières, & en supprimant la dixme, rétablirent le droit de boiſſelage; & par l'article 3 de ces nouvelles lettres-patentes, il fut ordonné que l'édit du mois de mai 1768, notamment les articles 6 & 7, concernant le payement des Portions congrues, ſeroient exécutés ſelon leur forme & teneur dans les paroiſſes de la province du Poitou ſujettes au droit de boiſſelage; à l'effet de quoi les ſeigneurs & autres qui percevroient dans ces paroiſſes le droit de terrage au ſixième, ſeroient tenus, à raiſon de la moitié de ce droit, de contribuer au payement de la Portion congrue des curés, conformément au même édit. On voit dans le préambule de ces nouvelles lettres-patentes, que cette obligation impoſée aux ſeigneurs & autres percevant le droit de terrage au ſixième, de contribuer, à raiſon de la moitié de ce droit, au payement de la Portion congrue des curés, étoit fondée ſur ce que l'on avoit expoſé au feu roi, qu'indépendamment du droit de boiſſelage, il ſe percevoit dans les mêmes paroiſſes, des dixmes, ſoit eccléſiaſtiques, ſoit inféodées; que ces dixmes, en nombre de territoires, ſe trouvoient confondues dans le droit de terrage qui étoit au ſixième, tandis que, comme cens ſeigneurial, il ne devoit être qu'au douzième, ſuivant la diſpoſition générale de la coutume; que pluſieurs des ſeigneurs qui percevoient ce droit de terrage, étoient même chargés, en leur qualité de décimateurs, de l'entretien des chœurs & cancels, & qu'en cette qualité ils conſentoient de contribuer au ſupplément de la Portion congrue. C'eſt d'après cet expoſé que paroît avoir été dreſſé l'article 3 des nouvelles lettres-patentes ci-deſſus rapportées. Mais les ſeigneurs & autres qui percevoient le droit de terrage au ſixième, ont imploré la juſtice du roi; & contre l'obligation que leur impoſoit cet article, & contre l'expoſé qui lui avoit ſervi de fondement : ils ont prétendu que leur droit de terrage au ſixième étoit purement ſeigneurial; qu'il n'y avoit aucune eſpèce de dixme qui y fût confondue; que la quotité du droit de terrage n'étoit point réglée par la coutume; qu'elle dépendoit des titres particuliers des ſeigneurs; que ces titres la portoient au ſixième dans beaucoup d'endroits; & que ce droit de terrage, ainſi porté au ſixième, n'en avoit pas moins tous les caractères eſſentiels du cens ſeigneurial, qui ne permettoient pas de le confondre avec la dixme, ſans donner atteinte à leur ſeigneurie & à leur propriété.

Sur ces repréſentations, ſa majeſté a donné au mois de juillet 1777, un édit qui contient les diſpoſitions ſuivantes :

» Article 1. Les articles 1 & 2 des lettres-» patentes données par le feu roi notre très-ho-» noré ſeigneur & aïeul, au mois de mai 1771, » qui ont ſupprimé la dixme établie par celles » du mois de juillet 1769, & qui ont rétabli » le droit de boiſſelage dans les paroiſſes & la » province du Poitou où il avoit lieu, ſeront » exécutés ſelon leur forme & teneur.

» 2. Avons révoqué & révoquons l'article 3 » deſdites lettres-patentes du mois de mai 1771; » ainſi que tout ce qu'elles renferment, tendant » à déclarer décimateurs les ſeigneurs & autres » qui perçoivent le droit de terrage au ſixième » dans leſdites paroiſſes du Poitou, & à leur » impoſer en conſéquence l'obligation de contri-» buer au payement de la Portion congrue des

» curés, à raison de la moitié dudit droit de » terrage; laissons néanmoins, quant à ce, » toutes voies de droit ouvertes contre lesdits » seigneurs, en vertu de l'édit du mois de » mai 1768; défenses réservées au contraire.

» 3. Voulons que, conformément audit édit » du mois de mai 1768, & notamment aux articles 6 & 7, les curés & vicaires des paroisses de notre province de Poitou, où se perçoit le droit de boisselage, qui voudront opter la Portion congrue, puissent se pourvoir » pour le payement ou supplément d'icelle contre » les décimateurs ecclésiastiques, les possesseurs » des dixmes inféodées & les corps & communautés séculières & régulières, qui se prétendent exemptes de dixmes, même l'ordre de » Malte, & enfin contre les curés primitifs, en » abandonnant par les curés & vicaires aux décimateurs exempts & curés primitifs, le droit » de boisselage & les autres biens & revenus » dépendans de leurs cures, qui se trouveroient » sujets audit abandon, suivant les dispositions » de l'édit du mois de mai 1768.

» 4. Dans le cas où dans lesdites paroisses il » ne se trouvera ni décimateurs, ni exempts, » ni curés primitifs, pour acquitter la Portion » congrue ou le supplément d'icelle, voulons » qu'ils soient payés par ceux qui payent le droit » de boisselage, en augmentant ce droit jusqu'à » due concurrence, suivant l'estimation qui sera » faite entre les curés ou vicaires & les habitans, » à l'amiable, ou pardevant les juges qui en doivent connoître; en y comprenant les biens » & revenus dépendans des cures dont ils resteront en jouissance, à l'exception de ceux ré-

» servés

» servés par l'article 4 dudit édit du mois de » mai 1768, dont ils resteront pareillement en » jouissance, mais sans qu'ils puissent entrer dans » ladite estimation; cette estimation du droit » de boisselage, ainsi que du revenu des biens » qui ne sont pas réservés par l'article 4 dudit » édit du mois de mai 1768, se fera, année » commune, en prenant les produits des dix » dernières années, & en les compensant entre » eux, de manière qu'en fixant le revenu an» nuel desdits biens à une somme déterminée en » grains, le droit de boisselage soit porté annuel» lement à une quantité de grains pareillement » déterminée & suffisante pour compléter & pour » assurer la Portion congrue des curés & vicaires; » & sera ladite quantité de grains répartie par » égale portion, pour être perçue de la même » manière que le droit de boisselage l'a été jus» qu'à présent sur ceux qui sont dans l'usage de » le payer.

» 5. Voulons que les différentes charges des » églises desdites paroisses où le droit de boisselage » a lieu, & où il ne se trouvera ni décima» teurs, ni exempts, ni curés primitifs, notam» ment les réparations & entretien des nefs, » chœurs & cancels, la fourniture des vases » sacrés, linges, livres, ornemens, & autres ob» jets de menues nécessités, soient acquittées » comme par le passé; sans toutefois que les » curés & vicaires congruistes puissent être obli» gés de supporter celles dont ils ne doivent pas » être tenus, conformément à notre édit du mois » de mai 1768.

» 6. Les curés ou vicaires de ces mêmes pa» roisses continueront d'y jouir des dixmes no-

» vales dont ils se trouveront en possession lors » de la publication de notre présent édit ; mais » ne pourront à l'avenir en acquérir ni percevoir » d'autres, soit qu'ils aient demandé le supplé» ment de la Portion congrue, soit qu'ils ne » l'aient pas demandé ; & le produit des dixmes » novales dont les curés & vicaires qui demande» ront le supplément de la Portion congrue, » se trouveront en possession lors de la publica» tion du présent édit, entrera dans l'estimation » ordonnée par l'article 4 ci-dessus, pour être » imputée sur la Portion congrue, avec les autres » biens dépendans des cures qui ne seront point » dans le cas d'être exceptés. Si donnons en mande» ment, &c. «.

Voyez les mémoires du clergé ; les loix ecclésiastiques de France ; le code des curés ; le recueil de jurisprudence canonique ; Duperray, traité des Portions congrues ; Gohard, traité des bénéfices ; les centuries de le Prêtre ; le journal des audiences & celui du palais ; &c. Voyez aussi les articles CURÉ, DIXME, VICAIRE, &c.

ADDITION à l'article PORTION CONGRUE.

Jurisprudence du parlement de Flandres sur les Portions congrues.

Le parlement de Flandres s'étoit fait, avant la déclaration du 29 janvier 1686, une règle de porter à plus de 300 livres les Portions congrues des curés & vicaires perpétuels. Il avoit arrêté, par une délibération solennelle du 20 novembre 1685, qu'à l'avenir il seroit adjugé, à ce titre, 300 florins dans le Hainaut & le Cambrefis, 350 florins dans la Flandre Françoise, 400 florins dans la Flandre Flamande, & 450 florins dans la Flandre maritime. On sait que le florin des Pays Bas françois équivaut à vingt-cinq sous argent de France.

La déclaration du 29 janvier 1686 sembloit devoir ôter au parlement de Flandres la liberté de fixer lui-même le taux des Portions congrues; mais, sur les remontrances de cette cour, il a été rendu, le 26 juin suivant, une déclaration qui la lui a conservée entiérement; en voici le dispositif: » Voulons & nous plaît que notredite » cour procédant au jugement des procès & instances qui sont ou seront pendans en icelle » entre les décimateurs & les curés ou vicaires » de son ressort, pour raison desdites Portions » congrues, puisse en ordonner le payement sur le » pied & ainsi que par les circonstances des procès sera estimé juste & à propos, & ce » nonobstant ce qui est porté par notredite déclaration du 29 janvier dernier, à laquelle » nous avons dérogé & dérogeons pour le ressort » de notredite cour de parlement seulement, » sans néanmoins en ce faisant qu'en aucun cas » notredite cour puisse adjuger lesdites Portions » congrues sur un moindre pied que ce qui est » porté en notredite déclaration, laquelle sera » au surplus exécutée selon sa forme & teneur «.

Il résulte de cette disposition, que le parlement de Flandres n'a d'autre règle à suivre, par rapport au montant des Portions congrues, que celle que font naître les circonstances de chaque affaire. Ainsi l'arrêté même du 20 novembre 1685 n'est pas une loi pour cette cour; elle peut s'en écarter & adjuger aux congruistes tantôt plus, tantôt moins que ne porte la taxe qu'il renferme: C'est ce que déclare expressément un autre arrêté du premier août 1672; & c'est sur ce principe qu'un arrêt du 24 novembre 1703, rapporté dans l'ordre de sa date par M. Desjaunaux, a jugé que le curé d'Ooren, paroisse située dans la Flandre maritime, mais toute ramassée & de petite étendue, ne pouvoit prétendre, à titre de Portion congrue, qu'une somme annuelle de 350 florins.

Les décimateurs des Pays-Bas ont mis tout en usage pour faire révoquer la déclaration du 26 juin 1686; mais leurs efforts ont toujours échoué. On a rapporté au mot Décimateur, des lettres-patentes du 26 octobre 1754, qui ordonnent que cette loi sera exécutée selon sa forme & teneur; & lorsque le feu roi eut donné son édit du mois de mai 1768, le parlement de Flandres le supplia de permettre qu'il ne l'enregistrât point; ce qui lui fut accordé.

Le conseil souverain de Mons jouit sur cette matière du même pouvoir que le parlement de Flandres. Les curés de Hainaut avoient obtenu en 1698 un décret du conseil privé de Bruxelles, qui fixoit leurs Portions congrues à 300 florins argent de Brabant. Dans la suite, ils demandèrent, par une requête présentée au duc Charles, gouverneur des Pays-Bas Autrichiens, que cette taxe fût augmentée. Leur requête fut communiquée au conseil souverain de Mons, & d'après l'avis de cette cour, il intervint, le 1 avril 1751, un décret conçu en ces termes : » Vu l'avis de » ceux du conseil de Hainaut, & rapport fait à » son altesse royale, ce que les supplians requiè» rent ne se peut accorder. Déclare néanmoins

» son altesse royale, que si quelqu'un des mêmes » supplians se trouvoit dans le cas, pour des mo- » tifs justes & raisonnables, d'avoir besoin d'une » augmentation ou supplément de Portion con- » grue, il pourra s'adresser, soit au conseil de » Hainaut, soit à l'archevêque de Cambrai, pour » en obtenir la taxe, dont il sera écrit lettres d'a- » vertance audit conseil de Hainaut «.

On voit par ce décret, que dans le Hainaut autrichien le juge ecclésiastique peut connoître, par prévention avec le juge royal, de la fixation des Portions congrues. Il fut même un temps où le conseil souverain de Mons se regardoit comme incompétent en cette matière; témoin un arrêt du 8 février 1627, qui renvoie à l'official de Cambrai la demande en Portion congrue formée par le curé de Villers-Saint-Amand, contre les abbé & religieux de Saint-Amand. Mais depuis, cette cour a ouvert les yeux sur ses véritables droits: le curé de Saint-Pierre-Chapelle ayant traduit devant elle les abbé & religieux de Saint-Aubert de Cambrai, pour se faire adjuger une Portion congrue, ceux-ci furent déboutés de leur déclinatoire, & condamnés à payer ce qu'on leur demandoit. L'arrêt est de 1652, & il a été suivi de plusieurs autres.

Un des points les plus remarquables de la jurisprudence des Pays-Bays sur la matière des Portions congrues, est que les curés primitifs sont obligés d'employer à l'acquittement de ces charges toute la part qu'ils ont dans la dixme, avant que les autres codécimateurs soient tenus d'y contribuer. C'est ce qui a été jugé par plusieurs arrêts du parlement de Flandres. Le premier est du 9 novembre 1687; il a été rendu entre le chapitre d'Antoing & l'abbaye de Saint-Marc de Tournai. Le second a été donné le 11 mai 1689, entre l'abbaye de Saint-Vaast & celle de Maroilles. Le troisième, le 21 janvier 1698, entre le chapitre des chanoinesses de Maubeuge & l'abbaye de Liessies. Le quatrième, le 15 juin 1701, entre le chapitre métropolitain de Cambrai & l'abbaye de Saint-Sauve. Le cinquième, le 14 août 1702, entre le chapitre de Condé & l'abbaye de Saint-Amand. Le sixième, le 18 mai 1703; le septième, le 25 juin 1705; le huitième, le 22 octobre 1707, entre le chapitre de Saint-Géry de Cambrai & l'abbaye de Saint-Sépulchre de la même ville. Le neuvième, le 5 avril 1721, entre le chapitre de Saint-Quentin & l'abbaye de Liessies. Le dixième, en 1726, entre les abbayes de Saint-Amand & de Vicogne. M. Waimel du Parc en cite un onzième rendu entre les grands vicaires de la cathédrale de Tournai & l'abbaye de Château. Il y en a un douzième assez récent, entre le chapitre métropolitain de Cambrai & le chapitre de Saint-Géry de Valenciennes.

Dumées a tenté de combattre cette jurisprudence. » J'ai peine à me rendre à des autorités » aussi respectables, dit-il en sa jurisprudence » du Hainaut françois; la déclaration du 29 janvier 1686, qui est une loi générale dans tout » le royaume, ne distingue point entre les codécimateurs ecclésiastiques; elle les charge tous, » sans distinction, de la Portion congrue des » curés, à proportion de ce qu'ils possèdent des » dixmes; elle en charge même subsidiairement » les propriétaires des dixmes inféodées. Or, si » les codécimateurs ecclésiastiques à titre parti-

» culier, n'étoient obligés que subsidiairement à la » Portion congrue après l'entière évacuation des » dixmes appartenantes aux curés primitifs, une » clause de cette importance n'eût point été » omise «. ...

Mais, répond M. Waymel du Parc, la déclaration de 1686, » qui semble vouloir soumettre » à la Portion congrue tous les décimateurs également, doit s'entendre s'ils sont tous décimateurs de la même qualité, cette loi n'ayant » point décidé la question entre les décimateurs » simples & les décimateurs curés primitifs «.

D'ailleurs la raison sur laquelle est fondée la jurisprudence combattue par Dumées, est si juste, si conforme aux principes, qu'elle devroit, à tout évènement, l'emporter sur la lettre d'une loi dont l'auteur ignoroit sans doute les usages particuliers des Pays-Bas par rapport aux charges des curés primitifs : les Portions de dixmes dont jouissent ceux-ci ne leur ont été données que pour remplir eux-mêmes les fonctions pastorales. Dans la suite, il est vrai, ils ont jugé à propos de se faire remplacer par des vicaires, d'abord amovibles & maintenant perpétuels, mais cela ne doit rien changer à la condition des autres décimateurs ; leurs vicaires les représentent, ce sont eux qui demandent des Portions congrues par la bouche de ces derniers ; & s'ils trouvent ces secours en eux-mêmes, de quel droit iroient-ils inquiéter leurs codécimateurs ?

Il faut l'avouer cependant, il a été rendu pour les Pays-Bas même un arrêt qui adopte l'opinion de Dumées. En voici l'espèce, telle que nous la trouvons dans le vu d'une sentence du bailliage du Quesnoy du 22 mars 1669, que nous avons sous les yeux.

L'abbaye de Saint-André au Catteau-Cambresis, avoit, comme subrogée aux droits de l'abbaye de Fémy, le titre de curé primitif de la paroisse de Berlaymont, & un quart de la dixme qui s'y percevoit. Le prieur d'Aimeries, religieux de l'abbaye d'Anchin, étoit décimateur de la même paroisse, pour les trois autres quarts. Il s'éleva un procès sur la question de savoir qui rétabliroit l'église & fourniroit au vicaire perpétuel l'augmentation de Portion congrue qu'il demandoit. Le prieur d'Aimeries soutenoit que l'abbé de Saint-André devoit employer à l'un & à l'autre objet toute sa part dans la dixme, avant que l'on pût toucher à la sienne; mais par sentence du bailliage du Quesnoi du 15 décembre 1665, confirmée par arrêt du parlement de Metz (*) du 15 juillet 1666, les abbé & religieux d'Anchin, qui avoient pris le fait & cause du prieur d'Aimeries, furent condamnés » à contribuer à la réédification & entretenement du chœur & des » chanceaux de l'église paroissiale dudit Berlaymont, comme aussi à l'augmentation de la » Portion congrue du curé de la même église, » à rate & concurrence de la partie & quantité » de dixme qu'ils possédoient sur le terroir & » district de ladite paroisse «.

La partie de cet arrêt qui concerne la réédi-

(*) Le bailliage du Quesnoi ressortissoit alors au parlement de Metz. Voyez les articles DOUAI & PAIRS DU HAINAUT.

fication de l'église, est aussi conforme aux principes, que celle qui est relative à la Portion congrue y est contraire. Le parlement de Flandres même a adopté la première par deux arrêts, dont l'un est cité comme récent dans une consultation de M. Waymel du Parc, sur laquelle est intervenu l'arrêt du 5 avril 1721, rapporté ci-dessus; l'autre se trouve dans Deghewiet, sous la date du 27 juillet 1726. On sent la raison de cette différence entre la charge des réparations de l'église, & l'obligation de fournir au curé les alimens & l'habitation dont il a besoin. » L'église, dit M. Waymel du Parc, n'est pas » plutôt à la charge des dixmes du curé primitif, » que des autres dixmes; au lieu que la Portion congrue & la maison pastorale sont à la » charge du tiers des dixmes abandonné au curé » primitif pour fournir à la compétence du curé; » & voilà pourquoi elle doit être évacuée avant » les autres, au lieu que le tiers des dixmes n'a » point été abandonné pour la réparation de l'église, à laquelle toutes les dixmes sont également soumises «.

Voyez Vanespen, partie 2, titre 34, chapitre 4; la consultation 106 de M. Waymel du Parc, & les articles DIXMES, DÉCIMATEURS, &c.

(*Cette addition est de M. MERLIN, avocat au parlement de Flandres.*)

PORTION VIRILE. On appelle *Portion virile*, celle qu'un héritier a dans la succession, soit *ab intestat*, ou testamentaire, & qui est égale à celle des autres héritiers.

On l'appelle *virile*, à cause de l'égalité qui

est entre cette Portion & celle des autres héritiers.

On entend quelquefois singuliérement par *Portion virile*, celle que les père & mère prennent en propriété dans la succession d'un de leurs enfans auxquels ils succèdent avec leurs autres enfans, frères & sœurs du défunt. Il y a encore une autre sorte de *Portion virile*, qui est celle que le conjoint survivant gagne en propriété dans les gains nuptiaux, quand même il demeure en viduité; mais pour distinguer celle-ci des autres, on l'appelle ordinairement *virile* simplement, & celle des héritiers, qui est égale entre eux, *Portion virile*.

Voyez VIRILE.

POSSESSION. Jouissance d'un héritage, d'une charge, & de tout ce qui est regardé comme un bien.

De la nature de la possession.

Comme ce n'est que par la Possession qu'on a les choses en sa puissance, qu'on en use & qu'on en jouit, on emploie assez fréquemment le mot *Possession*, pour signifier la propriété; & cependant ces choses sont fort différentes, puisqu'on peut avoir l'une sans l'autre. Par exemple; si Pierre vend à Paul votre maison & la lui délivre; Paul, acquéreur de bonne foi, en a la possession, mais vous en conservez la propriété, jusqu'à ce que la prescription l'ait attribuée à Paul.

Il ne faut donc pas confondre la Possession avec la propriété. Mais quoiqu'il paroisse par la distinction qu'on vient de faire, que la Possession ne soit autre chose que la jouissance de ce qu'on a en sa puissance, soit qu'on en ait la propriété ou qu'on ne l'ait pas, il ne faut pas prendre pour une véritable Possession toute sorte de jouissance : on ne peut ainsi considérer que la jouissance de la personne qui tient une chose à titre de maître, soit qu'elle possède par elle-même ou par d'autres, tels qu'un dépositaire, un locataire, un fermier.

Puisque ce n'est que par la Possession qu'on peut exercer le droit de propriété, il faut en conclure, que la possession est naturellement liée à la propriété, & n'en doit pas être séparée. Ainsi la Possession renferme un droit & un fait ; le droit de jouir attaché au droit de propriété, & le fait de la jouissance effective de la chose, soit qu'elle se trouve dans la main du maître ou qu'un autre la tienne pour lui.

Comme il n'est pas possible que de deux particuliers qui contestent l'un à l'autre la propriété d'une même chose, chacun ait seul le droit de propriété, il ne peut pas se faire non plus que de deux individus qui se contestent la Possession d'une même chose, chacun ait seul cette Possession. Ainsi n'y en ayant qu'un qui soit le véritable maître, il n'y a pareillement qu'un vrai possesseur : d'où il suit, que si celui qui possède est un autre que le maître, sa Possession n'est plus qu'une usurpation.

On peut posséder des choses corporelles, soit meubles ou immeubles ; mais selon que la nature de ces choses varie, les marques de la Possession en sont différentes. Ainsi on peut posséder des meubles, en les tenant sous la clef, ou autrement dans sa disposition : on possède des

des animaux, en les renfermant ou les faisant garder : on possède une maison, quand on en a les clefs ou qu'on l'habite, ou qu'on la loue, ou qu'on y fait bâtir : on possède des champs, des près, en les cultivant & en recueillant ce qu'ils produisent.

Il y a aussi une Possession particulière des choses qui ne consistent qu'en des droits, tels qu'un droit de justice, de banalité, de péage, &c. On possède ces sortes de biens, en exerçant son droit dans l'occasion. On possède de même une servitude par l'usage qu'on en fait, quoiqu'on ne possède pas le fonds sur lequel elle est due. Par exemple : celui qui a droit de passer au travers de l'héritage de son voisin, possède cette servitude en passant par cet héritage qu'il ne possède point.

Les jurisconsultes romains avoient élevé sur la nature de la Possession, la question de savoir si deux personnes pouvoient quelquefois avoir chacune pour le total la Possession d'une même chose. On convenoit qu'il étoit contraire à la nature des choses, que deux personnes eussent chacune pour le total une telle Possession (*).

Mais les Sabiniens disoient que cette règle admettoit une distinction : ils convenoient bien que deux personnes ne pouvoient avoir chacune pour le total la même espèce de Possession d'une même chose (**), mais ils croyoient qu'une per-

(*) Plures eamdem rem in solidum possidere non possunt : contra naturam quippe est ut cùm ego aliquid teneam, tu quoque id possidere videaris. *Leg. 3, parag. 5, D. de acquirend. possession.*

(*) Dico in solidum precario non magis possunt,

sonne pouvoit paroître avoir pour le total la juste Possession d'une même chose, en même-temps que celui qui l'en avoit dépouillé avoit pour le total la Possession injuste de cette même chose : ils croyoient pareillement que celui qui avoit donné à quelqu'un, à titre de précaire, la Possession civile de la chose, pouvoit paroître avoir pour le total la Possession civile de cette chose, en même temps que celui qui l'avoit reçue en avoit pour le total la Possession précaire.

Les proculéiens avoient une opinion plus conforme à la nature des choses ; ils pensoient que la règle suivant laquelle deux personnes ne peuvent avoir chacune pour le total la Possession d'une même chose, n'admettoit aucune distinction, & que pendant la durée de l'usurpation de la chose, la personne dépouillée ne pouvoit en conserver aucune Possession : les mêmes jurisconsultes pensoient que celui qui avoit donné à quelqu'un, à titre de précaire, la Possession d'une chose, n'en conservoit aucune Possession pendant que duroit la Possession précaire de celui auquel il l'avoit donnée à ce titre.

L'opinion des proculéiens a prévalu.

Observez que quoique deux personnes ne puissent pas posséder chacune séparement pour le total une même chose, il est néanmoins vrai que si elles possédent en commun une chose indivisible, elles la possèdent conjointement chacune pour le total : en effet, on ne peut pas posséder

---

quàm duo in solidum vi possidere aut clam ; nam neque justæ, neque injûstæ Possessiones duæ concurrere possunt. *Leg.* 19, *D. de precar.*

pour partie une chose qu'on ne sauroit diviser. C'est ce qu'un exemple rendra sensible :

Deux particuliers ont en commun la jouissance d'une maison à laquelle est attaché un droit de servitude sur la maison voisine : or, comme ce droit est une chose indivisible, chacun de ces particuliers le possède pour le total, non séparement, mais en commun.

Des différentes sortes de Possession.

On distingue deux principales sortes de Possession; savoir, la Possession civile & la Possession naturelle.

La Possession civile est la Possession de celui qui possède une chose comme propriétaire, soit qu'il le soit en effet, ou qu'il ait un juste sujet de croire qu'il l'est réellement.

La Possession civile doit procéder d'un juste titre, c'est-à-dire, d'un titre tel qu'il puisse transférer la propriété de la chose au possesseur. Tels sont un contrat de vente, un legs, un échange, &c.

Remarquez à ce sujet que la Possession n'est censée juste Possession, qu'autant que la tradition de la chose énoncée dans le titre nous a été faite. C'est pourquoi si un testateur vous lègue un bien quelconque, & que vous vous en empariez de votre autorité privée sans le consentement de l'héritier, votre Possession sera injuste : mais il en seroit différemment si, sur le refus de l'héritier, vous aviez été mis par le juge en Possession de la chose léguée, votre Possession seroit une juste Possession. *Justè possidet qui auctore pretore possidet.*

Pour que la Possession soit censée procéder d'un juste titre, & être par conséquent Possession civile, il est nécessaire que le possesseur jouisse de ce titre, ou qu'on puisse en supposer l'existence par la durée de la jouissance.

Lorsqu'une Possession est fondée sur un juste titre, c'est une juste Possession, une Possession civile, quand même la propriété de la chose ne seroit pas transférée au possesseur par ce titre; mais il faut, dans ce cas, que le possesseur soit de bonne foi, c'est-à-dire, qu'il ait ignoré que celui de qui il acquéroit la chose n'étoit pas en droit de l'aliéner.

La bonne foi se présume dans le possesseur qui a un titre; c'est pourquoi celui qui prétend qu'une Possession est illégitime, comme fondée sur un titre injuste, doit justifier que le possesseur n'a point ignoré que la personne de qui il a acquis n'avoit pas la propriété de la chose aliénée.

La Possession naturelle se divise en plusieurs espèces :

La première est celle qui est sans titre, & que le possesseur ne justifie qu'en disant qu'il possède parce qu'il possede. Lorsqu'une telle Possession ne paroît infectée d'aucun vice, & qu'elle a duré assez long-temps pour faire présumer un titre, on doit la considérer comme possession civile, & non comme Possession purement naturelle.

La seconde espèce de Possession naturelle est celle qui, quoique fondée sur un titre de nature à transférer la propriété, est néanmoins infectée de mauvaise foi, en ce que le possesseur n'a point ignoré que celui dont il acquéroit la chose n'avoit pas le droit de l'aliéner.

La troisième espèce de Possession naturelle, est celle qui est fondée sur un titre nul: tel seroit le don qu'un conjoint feroit à l'autre conjoint, durant le mariage, contre la disposition de la loi.

La quatrième espèce de Possession naturelle est celle qui est fondée sur un titre valable, mais sans qu'il soit de nature à transférer la propriété. Telle est la Possession d'un engagiste, celle d'un usufruitier, celle d'un sequestre, & celle de celui qui jouit à titre de précaire.

Il y a cette différence entre la première espèce de Possession naturelle & les trois autres, qu'elle n'est censée Possession purement naturelle, que quand elle n'a pas duré assez de temps pour faire présumer un titre; autrement elle est réputée fondée sur un titre valable, & en conséquence on la considère comme Possession civile.

Mais les trois autres espèces de Possession naturelle ne peuvent jamais être réputées Possession civile, parce que la mauvaise foi dont l'une est infectée, de même que la nullité ou la qualité du titre sur lequel les deux autres sont fondées, sont des obstacles perpétuels à ce que le possesseur puisse se regarder comme propriétaire: c'est de là qu'est venue la maxime, *qu'il vaut mieux ne point avoir de titre, que d'en avoir un qui soit vicieux.*

Des différens vices des Possessions.

Le vice le plus commun d'une Possession est la mauvaise foi, qui consiste en ce que le possesseur est instruit que la chose qu'il possède appartient à autrui.

Quoiqu'on ne présume pas ce vice dans une Possession qui procède d'un juste titre, il peut néanmoins s'y rencontrer, mais il faut que celui qui attaque la légitimité d'une telle Possession, prouve la mauvaise foi du possesseur.

On

On présume au contraire cette mauvaise foi dans le possesseur qui ne fonde sa possession sur aucun titre, à moins toutefois qu'elle n'ait duré assez longtemps pour en faire présumer un.

La violence est un autre vice des Possessions. Elle consiste en ce que pour acquérir la Possession, on a dépouillé par violence l'ancien possesseur, soit en ravissant un meuble dont il avoit la jouissance, soit en s'emparant de l'héritage qu'il possédoit.

Peut-on considérer comme une Possession violente celle que Pierre a acquise en s'introduisant dans l'héritage de Paul, où il n'a trouvé personne, & où il a postérieurement empêché Paul de rentrer avant qu'il se fût écoulé un an & jour depuis le commencement de la nouvelle Possession? La raison de douter est, que Pierre n'a employé aucune violence pour entrer dans l'héritage : cependant il est décidé par la loi *6, §. 1, D. de acquir. possess.* que dans ce cas la Possession de Pierre est une Possession violente.

Cette décision est fondée sur ce que Paul qui étoit sorti de son héritage, en conservoit la Possession par la volonté qu'il avoit d'y rentrer : ce n'est par conséquent que quand Pierre l'a empêché d'y rentrer, qu'il l'a dépouillé de sa Possession : & comme Pierre a employé pour cela la violence, il faut en conclure que la Possession qu'il a de l'héritage de Paul est une Possession violente.

Un autre vice des Possessions est la clandestinité, qui consiste à acquérir la Possession d'une chose par des voies clandestines, c'est-à-dire, en se cachant des personnes qui peuvent la revendiquer.

Enfin, un autre vice ou défaut des Possessions, est celui qui dérive d'un titre tel qu'il ne peut pas transférer la propriété.

Des manières d'acquérir & de conserver la Possession, & comment elle se perd.

On conçoit que pour acquérir la Possession d'une chose, il faut avoir intention de la posséder. C'est pourquoi, si étant chez vous, j'y prends un bijou pour l'examiner, je n'en acquiers pas la Possession, quoique je le tienne dans mes mains, attendu que je n'ai pas l'intention de le posséder.

De même, si je vais prendre dans votre maison un appartement tandis que vous êtes absent, je n'en acquiers pas pour cela la Possession, parce que je n'ai pas l'intention de l'acquérir. C'est ce qui est établi par la loi 41, D. *de acquir. Posses.*

Mais il ne suffit pas d'avoir l'intention de posséder une chose, pour en acquérir la Possession, il faut encore la jouissance même de la chose; c'est-à-dire, que s'il s'agit d'un meuble, il faut qu'il vous soit remis en main, ou que quelqu'un le reçoive de votre part en votre nom; & s'il s'agit d'un immeuble, tel qu'un pré, un champ, une maison, il faut que vous vous y transportiez pour en prendre Possession, ou que vous y envoyiez quelqu'un pour la prendre de votre part. Au surplus, vous êtes censé avoir acquis la Possession de tout le fonds, aussitôt que vous vous y êtes transporté, ou que quelqu'un s'y est transporté pour vous, sans que vous ou votre représentant ayez été obligé de vous transporter sur toutes les pièces de terre dont l'héritage est composé (*).

Observez toutefois que cette règle-ci n'a lieu qu'à l'égard de celui qui acquiert la Possession d'un héritage avec le consentement de l'ancien possesseur : il en seroit différemment d'un usurpateur qui, de son autorité privée, s'empareroit d'un héritage ; il ne pourroit acquérir la Possession que pied à pied des parties de cet héritage qu'il usurperoit.

Les gens dont la raison est aliénée ou n'est pas formée, tels que les foux & les enfans, ne peuvent acquérir la Possession d'aucune chose, attendu qu'il faut pour cela la volonté de l'acquérir, & que ces sortes de gens sont incapables de volonté. C'est ce qui est établi par la loi 1, §. 3, *de acquir. Possess.*

Mais ces mêmes gens peuvent acquérir la Possession par le ministère de leurs tuteurs ou curateurs, parce que la volonté d'acquérir qu'ont ceux-ci, supplée à la volonté qui manque à ceux là.

Ce que nous venons de dire des enfans, ne doit pas s'appliquer au mineur qui est âgé suffisamment pour comprendre ce qu'il fait. Celui-ci n'a pas besoin de l'autorité de son tuteur pour

(*) Quod dicimus & corpore & animo acquirere nos debere Possessionem, non utique ita accipiendum est, ut qui fundum possidere velit, omnes glebas circumambulet, sed sufficit quamlibet partem ejus fundi introire, dum mente & cogitatione hæc sit, ut totum fundum usque ad terminum velit possidere. *L.* 3, I. ff. *de acq. possess.*

faire sa condition meilleure : c'est pourquoi il peut valablement accepter par lui-même une donation, & acquérir, par la tradition qui lui est faite de la chose donnée, la Possession & même la propriété de cette chose.

Tout ainsi que vous pouvez acquérir la Possession d'une chose non seulement par vous-même, mais encore par quelqu'un qui la reçoive pour vous & en votre nom, vous pouvez pareillement conserver cette Possession par vous-même & par autrui.

Ceci n'empêche pas qu'il n'y ait deux différences principales entre l'acquisition & la conservation de la Possession.

Premiérement, nous avons observé que pour acquérir la Possession d'une chose. il falloit, avec l'intention de l'acquérir, la jouissance même ou la tradition de la chose. Mais il en est autrement de la conservation de la Possession. La seule intention de posséder suffit pour vous faire conserver la Possession, quoique vous n'ayez pas la jouissance de la chose. C'est ce qui est établi par la loi 4, *cod. de acquir. Posses.* (*).

L'intention de conserver la Possession se présume toujours, à moins qu'il ne paroisse une intention contraire bien caractérisée. C'est pourquoi, si vous laissez votre maison sans l'habiter ni la faire habiter, on ne suppose pas pour cela que votre intention soit d'en abandonner la Possession : on présume au contraire que vous voulez la conserver. Il suffit pour cela que la

(*) Licet Possessio nudo animo, *porte cette loi*, acquiri non possit, tamen solo animo retineri potest.

volonté que vous avez eue de posséder lorsque vous avez acquis la Possession, n'a pas été révoquée par une volonté contraire.

Secondement, pour pouvoir acquérir la Possession d'une chose par autrui, il est nécessaire que l'intention de celui par qui vous acquérez soit conforme à la vôtre : mais pour retenir la Possession d'une chose que vous avez acquise par quelqu'un, il n'est pas nécessaire qu'il conserve l'intention qu'il lui a fallu pour acquérir.

Il suit de là, que si celui qui a acquis la Possession d'une chose pour vous, venoit à changer de volonté & vouloit posséder en son nom ; il n'en seroit pas moins censé posséder pour vous. Cela est fondé sur cet ancien principe de droit ; qu'on ne peut par sa seule volonté, ni par le seul laps de temps, se changer à soi-même la cause de sa Possession (*).

Si la personne par qui vous possédez une chose vient à mourir, & que cette chose soit sous la main de son héritier, vous continuez votre Possession par cet héritier. Par exemple : si votre locataire meurt, vous continuez de posséder par son héritier la maison que vous possédiez par le défunt.

Ce n'est pas assez pour perdre la Possession d'une chose, que vous cessiez d'en avoir la jouissance, il faut encore que vous ayez eu l'intention d'abandonner cette Possession, ou qu'on vous en ait privé malgré vous.

(*) Illud à veteribus præceptum est, neminem sibi ipsum causam Possessionis mutare posse. *L.* 3, *parag.* 19, *D. de acquir. Possess.*

Vous pouvez perdre volontairement la Possession d'une chose, lorsque vous faites la tradition de cette chose à quelqu'un, dans le dessein de lui en transférer la Possession, ou que vous abandonnez cette chose purement & simplement.

La Possession se perd non seulement par une tradition réelle de la chose, mais encore par une tradition feinte. Ainsi, lorsque vous vendez une maison à quelqu'un qui vous la loue par le même acte, la tradition feinte que renferme le bail, lui en fait acquérir la Possession par vous-même, qui reconnoissez tenir cette maison en son nom & comme son locataire, & vous perdez en même temps la Possession que vous en aviez.

Si la tradition n'a eu lieu que sous condition, on ne perd la Possession que quand la condition est accomplie.

La Possession se perd aussi par l'abandon pur & simple de la chose possédée. Tel est, par exemple, l'abandon que l'on fait d'un mauvais chapeau, d'une bouteille cassée, &c. que l'on jette dans la rue, comme choses inutiles, & qu'on ne veut plus posséder.

On fait pareillement l'abandon pur & simple de la Possession d'un héritage, lorsqu'on renonce à la jouissance de cet héritage.

Le déguerpissement que vous faites d'un immeuble chargé d'une rente foncière, pour être à l'avenir déchargé de cette rente, doit être considéré comme un abandon pur & simple que vous faites de la Possession de cet immeuble. Votre projet, en déguerpissant cet immeuble; est d'en perdre la possession, pour être dispensé des charges attachées à cette Possession.

On perd malgré soi la Possession d'un héritage, lorsqu'on en est chassé par quelqu'un.

Vous êtes censé dépossédé, & vous perdez la Possession d'un héritage, non seulement lorsqu'on vous en chasse vous-même, mais encore lorsqu'on en chasse votre fermier ou les autres personnes qui tiennent l'héritage pour vous & en vôtre nom.

Vous êtes pareillement censé chassé de votre héritage, lorsque celui qui s'en est emparé pendant votre absence, empêche, ou est disposé d'empêcher par force que vous n'y rentriez.

Vous perdez aussi la Possession d'un héritage malgré vous, lorsque vous l'avez laissé usurper par quelqu'un qui l'a gardé pendant un an & jour, sans que de votre part vous ayez interrompu sa jouissance par aucun acte de Possession.

Vous perdez encore malgré vous la Possession d'un héritage, lorsqu'il vient à être submergé par la mer ou par une rivière : mais il en est autrement d'une inondation passagère ; vous conservez votre Possession, en attendant que les eaux se soient retirées.

Vous perdez malgré vous, la Possession des choses mobilières, lorsqu'elles cessent d'être dans un lieu où vous puissiez en jouir selon votre volonté. Ainsi, lorsqu'on vous prend votre tabatière, ou qu'elle tombe de votre poche dans la rue, sans que vous vous en apperceviez, vous êtes censé en avoir perdu la Possession.

Il en est de même à l'égard d'un cheval qui vous appartient, & qui vient à prendre la fuite sans que vous sachiez où il est allé.

Observez qu'il ne faut pas confondre avec les

choses perdues, celles qui, n'étant pas sorties de chez vous, y sont seulement égarées; vous conservez sans difficulté la Possession de celles-ci.

Des droits qui dérivent de la Possession.

La Possession donne au possesseur différens droits, dont les uns sont particuliers aux possesseurs de bonne foi, & les autres sont communs à tous les possesseurs.

Les droits qui sont particuliers aux possesseurs de bonne foi, sont premiérement, le droit de prescription, c'est-à-dire, d'acquérir par la Possession la propriété de la chose possédée, lorsque cette Possession a eu lieu pendant un certain temps fixé par la loi.

Secondement, le possesseur de bonne foi perçoit à son profit les fruits de la chose, jusqu'à ce qu'elle soit revendiquée par le propriétaire.

Mais aussi-tôt qu'il y a une demande formée contre le possesseur de bonne foi, par un exploit, en tête duquel on lui donne copie des titres de propriété du demandeur, il cesse d'être réputé possesseur de bonne foi; c'est pourquoi il doit être condamné à la restitution des fruits qu'il peut avoir perçus depuis la demande.

Troisiémement, le possesseur de bonne foi qui a perdu la Possession de la chose, est fondé, quoiqu'il n'en soit pas le propriétaire, à la revendiquer contre celui qui la possède sans titre.

L'action que peut, en cas pareil, exercer le possesseur de bonne foi, est fondée sur l'équité, qui veut qu'on le préfère à l'usurpateur qui s'est mis injustement en Possession.

Il n'eſt pas abſolument néceſſaire que le titre en vertu duquel vous poſſédez, ſoit un titre valable, pour que vous ſoyez réputé avoir été juſte poſſeſſeur, & qu'en conſéquence vous ſoyez autoriſé à exercer l'action en revendication; il ſuffit pour cela que vous ayez eu quelque ſujet de croire ce titre valable. Par exemple : vous avez acheté un héritage d'une femme que vous croyiez veuve, & qui ne l'étoit pas; quoique la vente qu'elle vous a faite, ſoit nulle, vous ne laiſſez pas d'être réputé juſte poſſeſſeur, & d'être en droit d'exercer l'action en revendication contre l'uſurpateur qui vous a dépouillé.

Ce n'eſt communément que contre ceux qui poſſèdent ſans titre, que l'ancien poſſeſſeur de bonne foi, qui n'eſt point encore propriétaire, peut revendiquer la choſe dont il a perdu la Poſſeſſion : cette revendication ne pourroit pas avoir lieu contre le véritable propriétaire, ni même contre un poſſeſſeur, qui, ſans être propriétaire, poſſéderoit en vertu d'un juſte titre. La raiſon en eſt, que les deux parties étant alors d'égale condition, la préférence eſt due au poſſeſſeur actuel.

Il y a cependant des cas où l'ancien poſſeſſeur de bonne foi eſt fondé à revendiquer la choſe dont il a perdu la Poſſeſſion, même contre le propriétaire qui la tient, & à plus forte raiſon contre un autre poſſeſſeur de bonne foi.

Le premier cas a lieu lorſque le propriétaire qui tient la choſe dont vous avez perdu la Poſſeſſion, a conſenti à la vente qui vous en a été faite, comme dans l'eſpèce ſuivante :

Un agent vend, du conſentement du propriétaire, une chose dont ensuite le même propriétaire défend de faire la tradition à l'acheteur : il est certain que cette tradition étant faite contre la volonté du propriétaire, ne transmet pas la propriété à l'acheteur : cependant comme l'équité ne permet pas que le propriétaire contrevienne au consentement qu'il a donné à la vente, non seulement il ne peut pas être admis à revendiquer la chose contre l'acheteur, mais encore si celui-ci vient à perdre la Possession de cette chose, & qu'elle se trouve entre les mains du propriétaire, il peut la revendiquer contre ce dernier par l'action publicienne. C'est ce qui résulte de la loi 14, *D. de public. act* (*).

Le second cas où l'ancien possesseur de bonne foi doit être admis à revendiquer la chose même contre le propriétaire de cette chose, a lieu quand ce propriétaire est, ou celui qui l'avoit vendue & livrée avant qu'il en fût propriétaire, ou quelqu'un qui la tient de ce propriétaire, comme dans l'espèce suivante, que rapporte le jurisconsulte Ulpien.

Vous avez acheté de Titius un héritage qui appartenoit à Sempronius : après la tradition que Titius vous en a faite, il en est devenu propriétaire en qualité d'héritier de Sempronius : vous avez depuis perdu la Possession de cet héritage, & Titius, qui s'en est emparé, l'a vendu à Mœvius ; vous êtes, dans ce cas, fondé à reven-

(*) Si quis prohibuit vel denuntiavit, *porte cette loi*, ex causâ venditionis tradi rem quæ ipsius voluntate fuerit distracta, & is nihilominùs tradiderit, emptorem tuebitur prætor, sive possideat, sive petat rem.

diquer l'héritage contre Mœvius, sans qu'il puisse vous opposer valablement son droit de propriété, parce que Titius n'a pu lui transferer plus de droit qu'il n'en avoit lui-même. Or, le droit que Titius avoit n'étoit pas tel qu'il l'eût pu valablement opposer à l'action que vous pouviez intenter contre lui.

A l'égard des droits qui sont communs à tous les possesseurs, le principal consiste en ce que la Possession les fait réputer par provision propriétaires de la chose qu'ils possèdent, jusqu'à ce que ceux qui viennent à la revendiquer aient justifié de leur droit.

Puisque le possesseur, quel qu'il soit, est réputé propriétaire de la chose qu'il possède, jusqu'à ce qu'il en soit évincé, il faut conclure qu'il doit en percevoir les fruits & jouir de tous les droits, tant honorifiques qu'utiles, attachés à la propriété.

Tout possesseur a d'ailleurs une action pour être maintenu dans sa Possession, lorsqu'il y est troublé par quelqu'un, & pour y être rétabli quand quelqu'un l'en a dépossédé par violence.

Le possesseur de bonne foi qui a construit un bâtiment ou qui a augmenté la valeur du fonds, peut, en cas d'éviction, répéter le prix des améliorations qu'il a faites, jusqu'à concurrence toutefois de ce que le fonds se trouve augmenté de valeur : mais le possesseur de mauvaise foi n'a rien à répéter en cas d'éviction, & les améliorations appartiennent au propriétaire. Le parlement de Paris l'a ainsi jugé, le 30 août 1721, par arrêt rendu en faveur de Me. Pasquier contre Jean Devaux.

A l'égard des impenses & réparations nécefsaires, elles doivent être remboursées au posses-seur de mauvaise foi, comme au possesseur de bonne foi, attendu qu'il ne seroit pas juste que le propriétaire fût dispensé du payement d'une dépense qu'il auroit été obligé de faire lui-même pour conserver son héritage.

De la Possession immémoriale ou centenaire.

On appelle ainsi une Possession qui passe la mémoire des hommes, ou dont la durée remonte à cent ans.

Si vous justifiez que vous & vos auteurs avez possédé une certaine chose, ou joui d'un certain droit durant cent années, cette Possession équivaut à un titre, & établit votre propriété sur cette chose ou sur le droit aussi complétement que si vous rapportiez un titre d'acquisition en bonne forme, par lequel quelqu'un de vos auteurs auroit acquis la chose de la personne qui avoit le droit d'en disposer. C'est ce qu'enseigne Dumoulin sur la coutume de Paris.

Cette règle doit être observée même à l'égard des choses que les loix déclarent n'être sujettes à aucune prescription, par quelque laps de temps que ce soit. La raison en est, dit l'auteur qu'on vient de citer, que ces loix ne s'étendent point à la Possession centenaire ou immémoriale, qui doit être regardée plutôt comme un titre que comme une prescription.

On peut appliquer la règle qu'on vient d'établir aux droits de banalité & de corvées, quoique la coutume de Paris veuille qu'un seigneur ne puisse percevoir ces droits qu'autant qu'il en rapporte un titre valable.

Remarquez que pour qu'un seigneur justif

qu'il a la Possession centenaire d'un droit de banalité, ce n'est pas assez de prouver que depuis plus de cent ans ses justiciables vont moudre à son moulin ou cuire à son four, il faut encore qu'il rapporte des actes par lesquels il paroisse qu'il jouissoit du droit de les contraindre à cela, attendu que c'est ce droit de contrainte qui constitue le droit de banalité. Tels sont des jugemens rendus contre quelques justiciables qui avoient contrevenu à la banalité, des saisies faites en cas de contravention, & d'autres actes semblables qui remontent à plus de cent ans.

La règle que la Possession centenaire équivaut à un titre, peut pareillement s'appliquer aux dixmes inféodées. Comme un laïc ne peut point posséder d'autres dixmes, il doit prouver l'inféodation : mais s'il peut établir par des aveux dont quelqu'un remonte à plus de cent ans, qu'il possède une dixme comme dixme inféodée, sa possession équivaut au titre d'inféodation, & il est dispensé de le représenter.

Observez que pour que la Possession centenaire équivale à un titre, il faut quelle soit une juste Possession, une Possession civile; mais cette qualité est toujours supposée, tandis que le contraire n'est pas prouvé.

Si le titre sur lequel est fondée une Possession centenaire étoit produit, & qu'il fût vicieux, c'est-à-dire, qu'il ne fût pas de nature à transférer la propriété, comme seroit, par exemple, un bail à ferme de l'héritage fait à quelqu'un des auteurs du possesseur centenaire, ou un acte par lequel un de ces auteurs auroit été mis en Possession de l'héritage en qualité d'engagiste ou de sequestre, la Possession dont il s'agit ne seroit point une Possession civile, & par conséquent elle ne pourroit, quelque longue qu'elle fût, procurer aucun moyen de défense au possesseur contre la demande du propriétaire qui revendiqueroit l'héritage. Ce seroit le cas d'appliquer la maxime, *meliùs est non habere titulum, quàm habere vitiosum.*

C'est en conformité de ces principes qu'a été rendu l'arrêt fameux par lequel l'évêque de Clermont fut condamné à rendre à la reine Catherine de Médicis la seigneurie de la ville de Clermont, quoique depuis plusieurs siècles elle fût possédée par les évêques de cette ville : mais il étoit prouvé, par le titre originaire de la Possession, que cette seigneurie avoit été donnée en garde à un évêque de Clermont, par Jean de Bourbon, au droit duquel étoit la reine.

Il ne faut pas confondre les titres absolument vicieux, qui ne peuvent point transférer la propriété, tels que ceux dont on vient de parler, avec les titres qui sont seulement imparfaits & insuffisans pour la translation de propriété, s'ils ne sont revêtus de certaines formalités. La Possession qui est fondée sur un titre de la première espèce, ne peut jamais, quelque longue qu'elle soit, établir la propriété du possesseur : mais il en est autrement de la Possession fondée sur des titres de la seconde espèce, tels que des contrats de vente ou d'échange de biens d'église qui n'ont point été revêtus des formalités prescrites pour l'aliénation des biens d'église. Quoique ces titres soient insuffisans pour transférer la propriété ; ils n'empêchent point l'effet de la Possession centenaire, lequel consiste à suppléer à ce qui manque à la perfection du titre, en faisant présumer que toutes les formalités requises pour le rendre valable ont été observées.

Il y a des choses qu'on ne peut acquérir par la Possession centenaire : tels sont les droits seigneuriaux dont un héritage est chargé. C'est ce que decide expressément la coutume de Paris. *Le vassal*, porte l'article 12, *ne peut prescrire l'affranchissement de la foi qu'il doit à son seigneur au sujet de son fief, par quelque temps qu'il ait joui de cet affranchissement, encore que ce fût par cent ans & plus.*

L'article 124 de la même coutume contient une disposition semblable par rapport au cens ; il est ainsi conçu : *Le droit de cens ne se prescrit par le détenteur de l'héritage contre le seigneur censier, encore qu'il y ait cent ans, quand il y a titre ancien ou reconnoissance faite dudit cens.*

La même jurisprudence est établie par la plupart des coutumes. Elle est fondée sur ce que pour acquérir par la Possession l'affranchissement d'un droit dont votre héritage est chargé, il faut que vous ayez pu croire qu'il n'étoit point chargé de ce droit. Cette opinion se présume toujours tant que le contraire n'est pas prouvé: mais la maxime, *nulle terre sans seigneur*, qui est suivie dans ces coutumes, ne permet pas que vous puissiez y posséder un héritage avec l'opinion qu'il est exempt de droits seigneuriaux ; d'où il suit, qu'après avoir possédé durant plus de cent années cet héritage, sans reconnoître le seigneur de qui il relève, vous n'avez point pu acquérir par cette Possession l'exemption des droits seigneuriaux.

La coutume de Paris décide, article 186, qu'une servitude prédiale ne peut pas s'acquérir par une Possession centenaire qui n'est pas fondé sur un titre.

Plusieurs autres coutumes ont une dispositio[illegible] semblable. Cela est fondé sur ce que la Possessio[illegible] centenaire, qui équivaut à un titre, doit être un[illegible] véritable Possession : or, dans ces coutumes, l[illegible] jouissance que vous avez d'une servitude dont il n[illegible] paroît aucun titre, est présumée n'être qu'un[illegible] jouissance de tolérance, qui, par conséquent n'est pas une véritable Possession. D'où il sui[illegible] qu'une telle jouissance, quelque longue qu'el[illegible] ait été, ne peut pas faire acquérir le droit d[illegible] servitude.

On a différentes fois agité la question de sa-voir si la Possession immémoriale ou centenai[illegible] pouvoit être opposée au roi. On conçoit bien q[illegible] la difficulté ne s'est jamais étendue aux droi[illegible] attachés essentiellement à la souveraineté, tels q[illegible] ceux de légitimer des bâtards, d'accorder d[illegible] lettres d'abolition, & autres semblables. Il e[illegible] clair que si un seigneur s'étoit arrogé des droi[illegible] de cette nature dans sa seigneurie, il ne sero[illegible] pas fondé à opposer la Possession centenaire cont[illegible] la demande que le procureur du roi auroit formé[illegible] pour qu'il lui fût fait défense d'user de pareil[illegible] droits : la question n'a donc pu concerner que le[illegible] biens & droits utiles revendiqués, comme appar-tenans au domaine, contre des particuliers qu[illegible] s'en trouvoient possesseurs.

Il s'agit par conséquent de savoir si ces par-ticuliers peuvent, à défaut de titre, opposer avec succès la Possession centenaire à une demande en revendication formée contre eux par les gens du roi ; ou, au contraire, si les gens du roi son[illegible] fondés à soutenir qu'il suffit que les biens reven-diqués

diqués aient autrefois appartenu au domaine, pour qu'ils soient censés lui appartenir encore, nonobstant la Possession immémoriale ou centenaire des détenteurs.

On observera sur cette importante question, que par une déclaration du 30 juin 1539, enregistrée au parlement le 3 juillet suivant, François premier a déclaré que son domaine étant réputé sacré, il étoit hors le commerce des hommes; qu'en conséquence, on n'en avoit pu rien détacher ni aliéner légitimement, & que tout ce qui l'avoit été y devoit être réuni, sans que, dans la cause où il en seroit question, les juges pussent avoir aucun égard à quelque Possession que ce fût, par quelque laps de temps qu'elle eût duré, ores qu'elle excédât cent ans.

Quelque précise que soit cette loi, il est néanmoins vrai que le parlement de Paris a jugé plusieurs fois que les possesseurs de biens que l'on prétendoit appartenir au domaine, y devoient être maintenus, lorsqu'ils établissoient une Possession centenaire. C'est ce qu'atteste Chopin dans son traité du domaine.

Et Bacquet dit, dans son traité de déshérence, » qu'il est certain que la Possession immémoriale » est reçue contre le roi en tous héritages & » droits domaniaux, nonobstant la déclaration de » 1539 «.

Pour preuve de cette assertion, l'auteur cité rapporte un arrêt du 10 décembre 1548, par lequel le parlement de Paris a vérifié un édit » qui enjoint à tous les prétendans droit de Péage » en la rivière de Loire, de vérifier leurs titres, » par lequel arrêt de vérification la cour déclare » qu'elle n'entend déroger aux permissions de la

» preuve de temps immémorial, octroyées p
» édit du roi Louis XII; concernant les péag
» de ladite rivière «.

Salvaing, dans son usage des fiefs, pour prouv
pareillement que la déclaration de 1539 q
rejette la Possession centenaire, n'est pas o
servée en Dauphiné, cite une déclaration d
Henri II, du 14 août 1556, par laquelle, s
les plaintes des habitans de cette province, q
les officiers chargés de la recherche des domain
inquiétoient, contre la disposition du droit éc
observé en Dauphiné, les possesseurs qui avoie
en leur faveur la Possession centenaire; ce prin
ordonna que les procès seroient jugés suivant
droit, comme auparavant.

Loisel a établi une maxime ainsi conçue : *Con le roi n'y a prescription que de cent ans.*

Lefevre de la Planche soutient au contraire dans son traité du domaine, que la déclaratio de 1539, qui ne donne aucun effet à la Posse sion centenaire en matière de domaine, a tou jours dû être exécutée. Il observe que si le auteurs dont on vient de parler ont admis cont le roi la Possession centenaire, plusieurs autres & entre autres M. le Bret dans son traité de l souveraineté, l'ont rejetée. Cette jurisprudenc est d'ailleurs établie par l'édit du mois d'avri 1667. Cette loi porte, que tous les domaines alié nés à quelques personnes, pour quelques cause & *depuis quelque temps que ce soit*, à l'exceptio des dons faits aux églises, apanages & échanges, seront réunis *nonobstant toute prétention de pres cription & espace de temps pendant lequel les domaines & droits domaniaux en pourroient avoi été separés.*

De la Possession en matière bénéficiale.

On appelle *Possession annale*, la Possession du bénéficier qui jouit paisiblement depuis un an de son bénéfice.

Cette Possession se compte du jour de la prise de Possession du bénéfice, & doit être paisible & non interrompue par aucun exploit.

Elle donne droit au pourvu de demeurer en Possession du bénéfice, jusqu'à ce que le pétitoire soit jugé.

Telle est la teneur de la règle de chancellerie romaine, appelée règle *de annali possessore*.

Cette règle étoit observée en France du temps de Rebuffe & de Dumoulin; mais présentement elle n'y est plus suivie, & il n'y a point de provisions par dévolut dans lesquelles on ne déroge à cette règle; & quand la dérogation ne s'y trouveroit pas nommément exprimée, elle y seroit toujours sous-entendue.

On appelle *Possession triennale*, celle d'un bénéficier qui a possédé paisiblement & avec un titre coloré pendant trois années consécutives & non interrompues.

Cette Possession opère en sa faveur une prescription qui le rend possesseur paisible, tant au possessoire qu'au pétitoire.

L'exception résultante de la Possession triennale, a lieu pour les bénéfices consistoriaux, de même que pour les autres.

Si celui qui a la Possession triennale est troublé par quelqu'un prétendant droit au bénéfice, il obtient en chancellerie des lettres appelées *de pacificis possessoribus*, par lesquelles le roi ordonne au juge de maintenir l'exposant, s'il leur appert qu'il soit en possession plus que triennale.

Au moyen de ces lettres, il excipe de sa Possession & de la règle de triennale Possession, ou *de pacificis possessoribus*, qui est du pape Paul III.

Ceux qui sont intrus ne peuvent, quoiqu'ils aient possédé paisiblement pendant trois années, se servir de la règle *de pacificis*, parce que le temps n'efface point le crime.

Il en est de même de celui qui est coupable de simonie.

On tient néanmoins qu'il en est autrement de celui qui est entré dans un bénéfice avec irrégularité, parce que ce cas n'est pas excepté de la règle *de pacificis*.

La Possession triennale d'un bénéfice pour lequel on est en procès, s'acquiert lorsque le collitigant a discontinué sa procédure pendant trois ans; mais elle ne court point dans le cas de l'appel comme d'abus, parce que l'abus ne se couvre pas.

Pour interrompre la Possession triennale, il faut qu'il y ait eu assignation donnée au possesseur, qu'en conséquence les parties se soient communiqué leurs titres & capacités, & que les délais établis par les ordonnances, avant d'entrer dans la véritable contestation, soient expirés.

L'interruption civile ne suspend la Possession triennale qu'à l'égard de celui qui a fait le trouble, & non à l'égard d'un tiers; mais l'interruption naturelle & la dépossession servent à tous les contendans.

La Possession triennale n'est pas interrompue

par la résignation, lorsque le résignant rentre dans son bénéfice par la voie du regrès, parce que sa Possession est toujours fondée sur le même titre.

Voyez les loix civiles de Domat; Argou, institution au droit françois; les œuvres de Dumoulin & celles de Pothier; le Bret, traité de la souveraineté; Salvaing, de l'usage des fiefs; Lefevre de la Planche, traité du domaine; Bacquet, traité de la déshérence; la pragmatique sanction; les loix ecclésiastiques de d'Héricourt; le recueil de jurisprudence canonique, &c. Voyez aussi les articles PRESCRIPTION, COMPLAINTE, RÉINTÉGRANDE, TROUBLE, PRISE DE POSSESSION, &c.

POSTE. Établissement au moyen duquel on peut faire diligemment des courses & des voyages avec des chevaux disposés ordinairement de deux lieues en deux lieues.

La nécessité de correspondre les uns avec les autres, & particuliérement avec les nations étrangères, a fait inventer les Postes.

Il n'est pas aisé de fixer l'époque de cette invention chez les Romains: mais il est à présumer que comme Auguste fut le principal auteur des grands chemins des provinces, c'est aussi lui qui a donné commencement aux Postes romaines, & qui les a affermies. Suetone, en parlant de ce prince, dit que pour faire recevoir plus promptement des nouvelles des différens endroits de son empire, il fit établir des logemens sur les grands chemins, où l'on trouvoit de jeunes hommes destinés aux Postes qui n'étoient pas éloignées les unes des autres. Ces jeunes-gens couroient à pied avec les paquets de l'empereur; qu'ils portoient de l'une des stations à la Poste prochaine, où ils en trouvoient d'autres tout prêts à courir, &, de mains en mains, les paquets arrivoient à leurs adresses.

Peu de temps après, le même Auguste établit des chevaux & des chariots pour faciliter les expéditions. Ses successeurs continuèrent le même établissement. Chaque particulier contribuoit aux frais des réparations des grands chemins & de l'entretien des Postes, sans qu'aucun s'en pût dispenser, pas même les vétérans; les seuls officiers de la chambre du prince, appelés *præpositi sacri cubiculi*, en furent exemptés.

A l'égard des Postes de France, il ne se trouve que bien peu de chose avant le règne de Louis XI. Bergier, qui avoit fait des recherches immenses sur cet objet, dit qu'il ne sait rien là-dessus, sinon que vers l'an 807 Charlemagne ayant réduit sous son empire l'Italie, l'Allemagne, & partie des Espagnes, établit trois Postes publiques pour aller à ces trois provinces, & pour en venir avec célérité, & que ces Postes s'entretenoient aux dépens du peuple. Il y a apparence que les Postes furent négligées & même abandonnées sous le règne de Lothaire, Louis & Charles le Chauve, fils de Louis le Débonnaire & petits-fils de Charlemagne; d'autant plus que, de leur temps, les terres de ce prince furent divisées en trois, & que par ce moyen l'Italie & l'Allemagne furent séparées & distraites de la France.

Le roi Louis XI fut, en France, le premier qui rendit les Postes ordinaires & perpétuelles.

Les réglemens concernant les Postes aux chevaux, & notamment l'édit du mois de mai 1597, les lettres-patentes des 2 septembre 1607 & 18 octobre 1616, l'arrêt du conseil du 18 août 1681, & l'ordonnance du 28 juin 1733, ont fait défense aux loueurs de chevaux & à tout autre particulier de fournir des chevaux & d'en établir en relais pour aller le train de la Poste, soit à cheval, soit en chaise, & dans d'autres équipages, avec gens pour les guider ou pour ramener les chevaux sur les routes où les Postes sont établies.

Les différentes contraventions des loueurs de chevaux à ces réglemens, & l'intérêt qu'a le public à ce que les maîtres de Postes & les fermiers des messageries ne soient point, par les atteintes portées à leurs droits & priviléges, privés des moyens de soutenir un service souvent dispendieux, & qui mérite d'autant plus de faveur, qu'il n'est pas moins important pour le service du roi que pour celui des particuliers & pour l'avantage du commerce, ont fait rendre l'ordonnance du 26 août 1779, qui a renouvelé les défenses dont on a parlé, & y a ajouté. Elle porte ce qui suit :

» Sa majesté a fait & fait très-expresses inhibi-
» tions & défenses à tous loueurs de chevaux,
» hôteliers & autres particuliers de quelque qua-
» lité & condition qu'ils puissent être, de fournir
» des chevaux pour aller le train de la Poste,
» soit à cheval, soit en chaises, ou dans d'autres
» équipages, avec gens pour les guider ou pour
» ramener les chevaux sur les routes où les Postes
» sont établies, mais seulement pour aller le pas
» ou le trot & sans guides, & sans qu'ils puis-
» sent avoir aucuns relais ni postillons portant

» des vestes bleues, telles qu'en ont ceux de la » Poste, & après avoir préalablement pris au » bureau des messageries un permis, & en avoir » acquitté les droits, conformément aux arrêts » du conseil des 7 août 1775 & 23 janvier » 1777, par lesquels les droits de permission » sont fixés, pour être payés par lesdits loueurs » de chevaux, en proportion du terrein qu'ils » parcourent sur les routes desservies par les di» ligences ou voitures de messageries; le tout à » peine de confiscation des chevaux, selles, har» nois, équipages, & de trois cents livres d'a» mende contre ceux à qui ils se trouveront ap» partenir, & qui contreviendront à la présente » ordonnance, au profit des maîtres de Poste » qui auront saisi & arrêté lesdits chevaux & » équipages en contravention : & pour l'exécu» tion de la présente ordonnance, mande & or» donne sa majesté à tous gouverneurs & lieu» tenans généraux en ses provinces, gouverneurs » particuliers & commandans des ses-villes & » places, intendans & commissaires départis ès» dites provinces, de tenir la main chacun en droit » soi, & donner les ordres nécessaires pour l'exacte » observation de la présente ordonnance; qui sera » publiée & affichée par-tout & ainsi qu'il ap» partiendra, à ce que personne n'en ignore. » Fait, &c. «.

Divers réglemens ont attribué aux maîtres de Postes l'exemption de collecte, tutelle, curatelle, logement de gens de guerre, corvées & autres charges publiques; ensemble l'exemption de la taille personnelle & autres impositions accessoires de cet impôt, à raison de leurs facultés personnelle, commerce & industrie, ainsi que le privilége d'exploitation en exemption des biens fonds à eux appartenans, qu'ils font valoir par eux-mêmes, ou qu'ils tiennent à ferme. (*)

(*) *Ce dernier privilége a été supprimé relativement à quelques maîtres de Poste de la généralité de Moulins, par des lettres-patentes du 26 septembre 1779, enregistrées à la cour des aides le 3 décembre suivant, qui ont substitué à ce privilége une gratification en argent. Voici ces lettres-patentes :*

Louis, &c. Salut. Nous sommes informés que les maîtres de Postes établis sur les routes d'Autun a Limoges, & de Limoges à Clermont, ne sont plus en état de soutenir le service, & pourroient être obligés de l'abandonner, attendu que ces routes sont peu fréquentées pendant les deux tiers de l'année ; & désirant leur faciliter les moyens de continuer leur service sur une route aussi intéressante, nous avons pensé qu'en accordant à chacun desdits maîtres de Poste une gratificatification annuelle par forme d'indemnité, nous y trouverions le double avantage de rendre plus égal le traitement de ces maîtres de Poste, & de faire cesser le privilége d'exploitation en exemption de taille, qui leur étoit accordé, & dont la plupart d'entre eux ne sont pas à portée de jouir par le défaut de fonds à eux appartenans, ou de ferme qu'ils puissent exploiter. Ces gratifications seront bien moins à charge aux paroisses où les Postes sont établies, que l'exemption de taille d'exploitation, parce que l'imposition nécessaire pour payer les gratifications sera répartie sur un plus grand nombre de contribuables : à quoi nous avions pourvu par arrêt rendu le 31 juillet dernier en notre conseil d'état, nous y étant, pour l'exécution duquel nous avons ordonné que toutes lettres nécessaires seroient expédiées. A ces causes, de l'avis de notre conseil, qui a vu ledit arrêt, dont expédition est ci-attachée sous le contre-scel de notre chancellerie, &, conformément à icelui, nous avons ordonné, & par ces présentes signées de notre main, ordonnons ce qui suit :

Article I. Les maîtres de Poste de Luzy, Gannat, Chevagne, Souvigny, la Pierre-percée, le Montet-aux-Moines, Montmarault, Doyet, Montluçon, la Maids-le

Par arrêt rendu contradictoirement au conseil d'état le 15 mars 1740, entre le sieur Laurent

---

Son, Parsat, Ajain, Gueret, la Chapelle-Taillefer, le Dognon & Sauviat, établis dans la généralité de Moulins, sur la grande route de Bourgogne à Limoges, ainsi que ceux de Charbonnier, Aubusson, Lepoux & la Villeneuve, établis sur la route de Limoges à Clermont, jouiront de l'exemption de collecte, tutelle, curatelle, logement de gens de guerre, corvées & autres charges publiques, ensemble de l'exemption de la taille personnelle & autres impositions accessoires de ladite imposition, à raison seulement de leurs facultés personnelles, commerce & industrie, sans qu'ils puissent prétendre le privilége d'exploitation en exemption des biens-fonds à eux appartenans qu'ils feroient valoir par eux-mêmes, ou qu'ils tiendroient à ferme, lequel privilége demeurera éteint & supprimé.

2. Pour indemniser lesdits maîtres de Poste de la non-jouissance de partie de leurs priviléges supprimés, il leur sera accordé en remplacement & en considération de ce qu'ils ne jouissent d'aucuns gages, une gratification annuelle de cent livres par lieue qu'ils auront à desservir de chaque côté, de façon que celui dont les deux Postes au dessus & au dessous de la sienne sont à la distance de deux lieues, recevra par an quatre cents livres de gratification : si une des deux Postes voisines est à trois lieues, sa gratification sera de cinq cents livres, & ainsi toujours à proportion, en augmentant de cent livres par chaque lieue de plus qu'il aura à desservir de part ou d'autre.

3. Ladite gratification sera payée de six mois en six mois à chacun desdits maîtres de Poste, sur les ordonnances qui leur seront à cet effet délivrées par le sieur intendant & commissaire départi pour l'exécution de nos ordres en la généralité de Moulins; à l'effet de quoi le montant en sera imposé chaque année, à commencer l'année prochaine 1780, sur tous les habitans taillables des élections de Moulins, Montluçon, Evaux & Gueret.

4. L'imposition desdites sommes, ensemble du sou pour livre pour frais de recouvrement, sera comprise chaque année dans le second brevet de la taille, & les receveurs généraux de nos finances de la généralité de Moulins, en

Boullé, directeur de la Poste à Arpajon, les collecteurs & les habitans du même lieu, le roi a ordonné l'exécution des édits, déclarations & arrêts de son conseil concernant les Postes; en conséquence, que ledit Boullé, en sa qualité de directeur des Postes, jouiroit de l'exemption des tailles & autres impositions de la ville d'Arpajon, & que les sommes de trente livres pour la taille, & de six livres pour l'ustensile, auxquelles il avoit été imposé en 1739, lui seroient restituées, & seroient réimposées l'année prochaine sur les habitans de la même ville. Sa majesté a en même temps fait défense d'imposer à l'avenir ledit Boullé, tant qu'il seroit directeur des Postes.

Par arrêt du conseil du 8 août 1768, revêtu de lettres-patentes enregistrées à la cour des aides le 7 décembre suivant, il a été ordonné que tous les maîtres de Postes du royaume, sans exception, seroient tenus, pour jouir des priviléges & exemptions à eux accordés, de faire enregistrer leurs brevets aux greffes des élections, & dans les pays d'états & autres provinces où il n'y

---

compteront, chacun dans l'année de leur exercice, pardevant ledit sieur intendant & commissaire départi pour l'exécution de nos ordres dans ladite généralité, & ensuite en notre conseil, par état au vrai, lequel sera accompagné des pièces justificatives de la recette & de la dépense.

5. Seront lesdits maîtres de Poste taxés d'office par ledit sieur intendant & commissaire départi pour l'exécution de nos ordres dans la généralité de Moulins, pour les biens qu'ils feront valoir, sur les états détaillés & certifiés d'eux, qu'ils remettront audit sieur intendant & commissaire départi, à l'effet de proportionner lesdites taxes d'offices à l'exploitation desdits biens. Si vous mandons, &c.

a point d'élection, aux greffes des siéges royaux dans l'étendue desquels leurs Postes & biens propres ou à ferme seroient situés, sans qu'on pût rien exiger d'eux pour cet enregistrement.

Les ordonnances du roi des 3 février 1700, 5 mars 1716, 28 janvier 1722, & 13 mars 1724, ont défendu aux maîtres des Postes de Paris & des endroits où le roi fait sa résidence, & à douze lieues à la ronde, de donner des chevaux de Poste aux courriers venant de cette ville ou de ces endroits, sans un ordre.

Suivant l'ordonnance du 28 novembre 1756, les voitures montées sur deux roues ayant brancard, celles qui sont montées sur quatre à un seul fond ayant limonière, ne peuvent être chargées sur le derrière de plus de cent livres, & sur le devant, de plus de quarante.

Tout courrier, courant à franc étrier, ne peut faire porter au cheval qu'il monte, que ce peuvent contenir les poches de la selle.

Les courriers en guide ne peuvent transporter avec eux aucune malle de bois, mais seulement un porte-manteau de cinquante livres au plus; encore doit-il être porté en croupe par le postillon.

Tout courrier à franc étrier qui n'accompagne pas une voiture, doit avoir un postillon monté pour lui servir de guide.

Un postillon peut conduire cinq courriers à franc étrier; s'il y en avoit six, il faudroit deux postillons.

Il doit être payé autant de chevaux qu'il y a de personnes dans les voitures, derrière ou dessus le siége, & de postillons employés à les conduire, soit que les chevaux puissent y être attelés, ou que cela ne soit pas possible, à moins qu'ils n'aient pas pu être fournis par le maître de Poste. Dans ce cas, il ne peut exiger le payement que des chevaux qu'il a employés.

Les voitures montées sur deux roues ayant brancard, & qui sont chargées d'une personne, doivent être conduites par un postillon & attelées de deux chevaux.

Lorsqu'elles sont chargées de deux personnes, elles doivent être conduites par un postillon, & attelées de trois chevaux.

Si elles sont chargées de trois personnes, elles doivent être conduites par un postillon; & quoiqu'on n'y mette que trois chevaux, il doit en être payé quatre. On n'y met pareillement que trois chevaux pour quatre personnes, & il doit en être payé cinq.

Il est défendu aux maîtres de Poste d'exiger le payement d'un troisième cheval sur une chaise simple, chargée d'une personne seulement, à moins qu'il n'y soit autorisé par une ordonnance particulière.

Observez que les ordonnances particulières ne sont que pour l'année ou pour six mois seulement. Celles qui ne sont que pour six mois s'exécutent depuis le premier novembre jusqu'au premier mai. Elles doivent être conformes à la liste générale des Postes.

Aucun cabriolet chargé d'une seule personne ne peut être attelé de plus de deux chevaux, conduits par un postillon.

Les voitures ayant timon, qui sont montées sur quatre roues & chargées d'une ou de deux personnes, doivent être attelées de quatre chevaux, conduits par deux postillons.

On n'y met pareillement que quatre chevaux pour

trois personnes ; mais on est obligé d'en payer cinq.

Si ces voitures sont chargées de quatre personnes, elles doivent être attelées de six chevaux, conduits par deux postillons. S'il y a cinq personnes, on ne met que le même nombre de chevaux ; mais on est obligé d'en payer sept.

Lorsqu'elles sont chargées de six personnes, elles doivent être attelées de huit chevaux, conduits par trois postillons, & l'on doit payer neuf chevaux.

Les voitures montées sur quatre roues, ayant un seul fond & limonière, & qui sont chargées d'une seule personne, ou de deux personnes sans malle, doivent être attelées de trois chevaux, conduits par un postillon.

Si ces voitures sont chargées de deux personnes, avec malle & porte-manteau, elles doivent être attelées de quatre chevaux, conduits par deux postillons. On met pareillement quatre chevaux pour trois personnes, & l'on en paye cinq.

Quand ces voitures sont chargées de quatre personnes, elles doivent être attelées de six chevaux, conduits par deux postillons.

Il doit être payé dans toute l'étendue du royaume, avant de partir de la Poste, par toutes sortes de personnes, de quelque qualité & condition qu'elles soient, vingt-cinq sous par Poste pour chaque cheval, de quelque manière qu'il soit employé.

A l'entrée & à la sortie des villes de Paris, de Lyon & de Versailles, même pendant l'absence du roi, la première Poste se paye double, en observant toutefois qu'on ne doit payer que trois Postes de Paris à Versailles, & de Versailles à Paris.

A l'entrée & à la sortie des lieux où le roi fait un séjour momentanée, la première Poste se paye double ; mais à compter seulement depuis l'heure de minuit qui suit le jour où le roi est arrivé,

& jusqu'à minuit après le jour qu'il en est parti. Cela est ainsi réglé par l'ordonnance du 25 juillet 1739.

Suivant l'ordonnance du 8 décembre 1738, les postillons seuls peuvent conduire les chevaux de Poste : nul courrier ne peut les remplacer par ses gens.

Les anciens guides sont de cinq sous par Poste pour chaque postillon ; mais il est d'usage de leur payer cinq sous de plus.

Outre ces guides, l'usage s'est établi de payer vingt sous de plus à la Poste de Paris à Versailles, & de Versailles à Paris ; & quinze sous aux Postes de Paris & de Versailles, à toutes les Postes où elles conduisent, ainsi qu'aux Postes des lieux où le roi fait un séjour momentanée.

Les courriers munis d'un ordre particulier du ministre qui les charge de ses dépêches, doivent jouir des prérogatives des courriers du cabinet, en représentant l'ordre dont ils sont porteurs aux maîtres des Postes ; en conséquence, ils ne sont tenus de payer que trente sous par Poste pour leur cheval & celui du postillon qui les accompagne, indépendamment des guides. Cela est ainsi établi par les ordonnances des 8 décembre 1738 & 17 septembre 1761.

D'autres ordonnances des 5 février 1742 & 15 octobre 1764, ont défendu aux maîtres des Postes de conduire les courriers plus de quatre lieues dans la traverse : ils ne sont même autorisés à conduire dans cette distance qu'autant que le service de la grande route ne peut en souffrir.

Les châteaux situés à proximité des grandes routes, doivent être servis par les Postes les plus voisines. Cependant les courriers qui vont pour quelques heures dans un château, peuvent y garder pour leur retour les chevaux qui les ont amenés, à la charge de payer la dépense ou rafraîchissement des chevaux. Ceux qui s'arrêtent plus long-temps au château, ou qui y couchent, sont tenus d'envoyer chercher des chevaux à la Poste la plus prochaine du lieu.

Les maîtres des Postes frontières ne doivent conduire aux Postes étrangères qu'en se faisant payer d'avance & en monnoies étrangères. C'est ce que portent plusieurs ordonnances des 29 février 1740, premier juillet 1746, 18 juin 1758, & 27 février 1762.

Quand des courriers arrivés par la Poste, la quittent pour s'embarquer sur les rivières, le fermier des coches ou diligences d'eau, ou le batelier des villes dans lesquelles les Postes sont situées, ne peut embarquer ces courriers qu'en payant aux maîtres de Poste trois livres pour chaque personne, soit maître ou domestique. Et l'on repute courriers, ceux qui embarquent des berlines, chaises, selles ou bottes. Cela est ainsi réglé par les ordonnances des 19 août 1735 & 15 avril 1746.

Une autre ordonnauce du 6 décembre 1736 défend à tout courrier d'enlever, par ruse ou par violence, les chevaux destinés au service de la malle, ou ceux que les maîtres de Poste ont ordre de réserver.

Les courriers à franc étrier ne peuvent se servir de brides à eux appartenantes.

Ils ne doivent pas non plus, quand ils sont en guide, passer devant le postillon, & il est défendu à tout maître de Poste de donner des chevaux aux courriers & guides qui arrivent à leur Poste, avant que le postillon qui doit les conduire ne soit arrivé, n'ait reconnu les chevaux en état, & n'ait déclaré la course & les guides payés.

Lorsque

Lorsque des courriers accompagnent une voiture, ils ne peuvent la précéder que d'une Poste. Il leur est défendu de partir, & aux maîtres des Postes de les laisser partir avant que la voiture qu'ils ont précédée ne soit arrivée au relais.

Il est pareillement défendu aux courriers de frapper ou de souffrir que leurs domestiques frappent aucun postillon, & de fouetter ou faire fouetter les chevaux, & en général de commettre aucune violence dans les Postes, sous peine de désobéissance aux ordres du roi, & de répondre en leurs propres & privés noms des dommages qui pourroient résulter de ces sortes d'excès.

Les postillons qui donnent lieu aux courriers de porter contre eux de justes plaintes, doivent être sévérement punis après qu'elles ont été vérifiées.

Les maîtres de Postes ne peuvent être contraints à fournir des chevaux pour être attelés à une voiture avec d'autres chevaux que ceux employés au service de la Poste.

Les courriers ne peuvent forcer les postillons à passer au delà d'un relais, encore est-ce dans le cas où il n'y auroit pas les chevaux nécessaires à la Poste, & après que ceux qui doivent passer ont rafraîchi.

Dans le cas où les postillons ne trouvent à la première Poste où ils amènent un courrier, qu'une partie des chevaux nécessaires pour les relayer, ils doivent, après avoir fait rafraîchir ceux de leurs chevaux qui sont en état de passer, les faire courir avec ceux qu'ils ont trouvés, & chaque cheval doit être conduit par ses postillons.

Dans les momens où le nombre des courriers excède celui des chevaux destinés à les servir, il eſt permis aux poſtillons, lorſqu'ils ſe rencontrent à moitié de leur courſe, de changer les chevaux; ce qui ne peut avoir lieu ſans le conſentement des courriers.

Les courriers doivent être ſervis dans les Poſtes conſéquemment à la date de leur arrivée ou de celle de leur avant-courrier, quand ils en ont un qui les précède.

Deux voitures attelées d'un même nombre de chevaux ne peuvent ſe paſſer ; elles doivent marcher dans l'ordre où elles ſont arrivées à la Poſte.

Dans le cas où les chevaux d'une Poſte ſuffiſamment fournie ſont en courſe, le maître de Poſte n'eſt pas obligé d'en louer pour faire le ſervice des courriers qui arrivent ; & ces derniers doivent attendre que les chevaux ſoient de retour & aient rafraîchi.

Il eſt défendu aux maîtres de Poſte de ſe ſervir de poſtillons âgés de moins de ſeize ans.

Les poſtillons ne peuvent quitter leurs maîtres ſans les avoir avertis au moins quinze jours auparavant : il eſt défendu à tout maître de Poſte de recevoir à ſon ſervice aucun poſtillon, qu'il ne ſoit muni d'un certifiat du maître qu'il a quitté.

Les droits de péages, bacs, barrières & ponts, ſont à la charge des courriers, indépendamment du prix des courſes.

Toutes ces règles ſont établies par différentes ordonnances des 29 janvier 1676, 10 juillet, 1720, 8 décembre 1738, 28 novembre 1756, &c.

Par arrêt rendu au conſeil d'état le 18 novembre 1780, le roi a fait entre la régie des meſſageries, & les maîtres de Poſte aux chevaux, un réglement qui eſt ainſi conçu.

» Vu par le roi étant en ſon conſeil, l'arrêt » rendu en icelui le 7 août 1775, qui ordonne

» l'établissement des diligences en Poste, & celui » du 17 août 1776, concernant les messageries, » par lesquels il a été, entre autres choses, » ordonné qu'il seroit fourni par les maîtres de » Poste six chevaux en été, & huit en hiver, » pour la conduite des diligences à huit places, » & quatre chevaux en tout temps pour celles » à quatre places : mais comme ces réglemens » n'ont pas déterminé le nombre des chevaux » qui seront employés sur les diligences à six » places, ce silence a donné matière à quantité » de contestations qui se sont élevées entre les » maîtres de Poste & le régisseur général des » messageries; pour les prévenir, sa majesté a » jugé nécessaire d'expliquer ses intentions. A » quoi voulant pourvoir, oui le rapport; le » roi étant en son conseil, a ordonné & or- » donne, qu'à l'avenir & à compter du jour de » la publication du présent arrêt, il sera fourni » par les maîtres de Poste qui desserviront des » diligences à six places, quatre chevaux, pour » le service desquels il leur sera payé, toute » l'année, cinq chevaux & les guides d'un pos- » tillon, lorsque dans lesdites voitures il n'y aura » que quatre voyageurs, & deux au cabriolet, » non compris le conducteur, & qu'elles ne » seront chargées que de douze cents livres » pesant en marchandises; & six chevaux & les » guides de deux postillons, s'il se trouve sur » lesdites voitures plus de quatre voyageurs en » dedans, & deux au cabriolet, non compris » le conducteur, ou plus de douze cents livres » pesant en marchandises. Fait sa majesté très- » expresses inhibitions & défenses audit régisseur » général des messageries, & à ses fermiers ou

» préposés, de charger sur lesdites voitures plus » de quinze cents livres pesant de marchan» dises, à peine de répondre en leur propre & » privé nom des accidens qui pourroient arriver » aux chevaux de Poste employés au service de » ces voitures. Fait au conseil d'état du roi, » sa majesté y étant, tenu à Versailles le dix» huit novembre 1780. *Signé* AMELOT «.

Suivant une déclaration du 25 septembre 1742, enregistrée au parlement le 14 décembre suivant, les courriers, commis, facteurs, distributeurs ou autres employés dans l'apport ou dans la distribution des lettres ou paquets envoyés par la Poste, qui viennent à être convaincus de prévarication ou de larcin pour eux ou pour d'autres, en interceptant ou décachetant frauduleusement des lettres ou paquets, pour prendre les billets, lettres de change, lettres d'avis, quittances & autres effets, doivent être punis de mort : mais ceux qui ont seulement intercepté, soustrait, ouvert ou décacheté les paquets, & retenu ou détourné les effets qui y étoient renfermés, sans qu'ils soient convaincus d'en avoir abusé pour eux ou pour d'autres, ne doivent être condamnés qu'aux galères à temps ou à perpétuité, ou au bannissement, ou au blâme, selon la qualité du fait & des circonstances.

Un jugement souverain rendu par des commissaires du conseil le 3 mai 1741, a condamné à mort un commis des Postes qui s'étoit rendu coupable de différens vols, en ouvrant & décachetant plusieurs paquets contenant des effets qu'il s'étoit appropriés.

Le 4 juillet 1780, le roi a rendu l'ordonnance que nous allons rapporter concernant le service des bureaux de la Poste maritime.

» Sa majesté ayant permis au sieur Loliot, par » arrêt de son conseil du 14 août 1777, d'éta- » blir dans les ports qui font le commerce » des colonies, des bureaux libres pour la ré- » ception, l'envoi & la distribution des lettres » de France aux colonies, & des colonies en » France ; & voulant régler le service des bu- » reaux, de manière à procurer la plus grande » sûreté dans la correspondance, a ordonné & » ordonne ce qui suit :

» Art. 1. Les armateurs, les négocians & les par- » ticuliers de tous états seront libres d'expédier » leurs lettres & paquets de papiers, ainsi qu'ils le » jugeront à propos, sans néanmoins qu'aucuns » armateurs, négocians, courtiers ou autres, » puissent, au préjudice des bureaux établis pour » la Poste maritime, tenir des bureaux publics » pour la réception, l'envoi & la distribution » des lettres, ni annoncer ou désigner des sacs » ou coffres destinés à recevoir les lettres du pu- » blic pour les colonies.

» 2. Les capitaines des navires seront tenus » de recevoir les sacs ou coffres qui leur seront » remis par les préposés des bureaux avant leur » départ, dont ils donneront avis auxdits pré- » posés ; & seront lesdits coffres ou sacs fermés » & cachetés du cachet desdits bureaux, par » les directeurs, qui en feront mention sur les re- » gistres servant à inscrire les lettres.

» 3. A l'arrivée des navires dans les ports » des colonies, lesdits capitaines feront remettre » lesdits sacs ou coffres aux bureaux des Postes » qui y sont ou seront établis par la suite ; & » les directeurs desdites Postes chargeront à l'ins- » tant leurs registres de ladite remise.

» 4. Les capitaines des navires en useront dans » les ports des colonies, pour la réception des » sacs ou coffres qui contiendront les lettres pour » France, ainsi qu'il est porté en l'article 2 pour » les expéditions de France aux colonies; & à » leur arrivée dans les ports du royaume, ils » feront remettre les sacs ou coffres dont ils » auront été chargés, aux bureaux de la Poste » maritime, qui se conformeront à ce qui est pres- » crit par l'article 3.

» 5. Lesdits sacs ou coffres seront placés dans » le lieu le plus sûr des navires, &, autant que » faire se pourra, dans la chambre du capitaine.

» 6. Les directeurs des bureaux de la Poste » maritime, & les directeurs des Postes dans les » colonies, joindront à leurs envois respectifs, » des lettres d'avis, dont ils garderont des dou- » bles, contenant les quantités des lettres & » paquets de papiers qui seront dans chaque » coffre ou sac, lesquelles lettres d'avis les di- » recteurs des bureaux d'arrivée seront égale- » ment tenus de conserver, pour les représenter en » cas de besoin.

» 7. Lesdits directeurs, commis & facteurs, » seront tenus de faire viser leurs commissions » par les sieurs intendans & commissaires géné- » raux de la marine; se réservant sa majesté de » leur accorder, par des ordres particuliers, & » dans les ports principaux seulement, les exemp- » tions & priviléges dont les détails de leur ser- » vice les rendront susceptibles.

» Veut au surplus sa majesté que les dispo- » sitions de l'arrêt de son conseil du 14 août » 1777, soient exécutées selon leur forme & » teneur, en ce qui n'est pas contraire à la pré- » sente ordonnance, à l'exécution de laquelle mande

» sa majesté à monseigneur le duc de Penthièvre, » amiral de France, de tenir la main, en ce qui » concerne les droits de sa charge : mande & » ordonne sa majesté aux gouverneurs, lieu- » tenans généraux, intendans & ordonnateurs » de ses colonies, aux intendans commissaires » généraux & commissaires ordinaires des ports » & arsenaux de la marine en France, ou à » ceux qui les représenteront, de tenir la main » à l'exécution de la présente ordonnance.

» Fait à Versailles, &c.

Voyez l'article LETTRE.

POSTHUME. C'est l'enfant qui naît après la mort de son père.

Le Posthume qui n'est pas encore né, est néanmoins censé l'être, lorsqu'il s'agit de son avantage, & particuliérement dans les successions.

Il falloit, selon l'ancien droit romain, instituer héritiers, ou deshériter nommément les Posthumes ; mais, par le droit du code, un Posthume ne peut pas être deshérité, attendu qu'il ne peut y avoir en lui aucune cause d'exhérédation.

Si des enfans vouloient procéder au partage des biens de la succession d'un père, dont la mère seroit enceinte, il faudroit faire la portion de l'enfant à naître, & lui nommer un curateur pour défendre ses droits. Mais il est, en cas pareil, plus à propos de surseoir le partage jusqu'à la naissance du Posthume, soit à cause qu'on est incertain s'il naîtra vivant, soit parce qu'il peut se faire que la veuve accouche de plusieurs Posthumes.

Lorsqu'une veuve demande sur les biens de la succession de son défunt mari une provision pour son entretien & sa subsistance, à cause de l'enfant dont elle est enceinte, on doit la lui accorder selon la qualité des personnes & les biens du défunt. Cela est d'autant plus juste, que cette provision regarde l'enfant à naître, qui doit avoir part à l'hérédité, & que l'humanité exige que l'on prenne même plus de soin d'un tel enfant, que de ceux qui sont déjà nés.

Si des enfans d'un premier lit, ou à leur défaut, des héritiers du sang, venoient à contester la légitimité du Posthume, la mère ne seroit pas moins fondée à demander, durant le procès, une provision alimentaire, qui pourroit même être demandée aussi par le curateur du Posthume. Si d'ailleurs le procès traînoit en longueur, les provisions pourroient être augmentées relativement aux dépenses à faire, selon la qualité des personnes & la valeur des biens. Cette jurisprudence est fondée sur ce que dans une contestation de cette nature on doit présumer la légitimité de l'enfant, & que la mère n'a point été infidelle à son mari.

La prétention du Posthume dans le testament du père, est une raison suffisante pour faire casser ce testament, quand même le Posthume seroit mort immédiatement après sa naissance.

Lorsque le Posthume est prétérit par sa mère qui est morte sans avoir eu le temps de changer son testament, on le tient pour institué, si ce sont les autres enfans qu'elle a nommés héritiers; mais si elle a institué des étrangers, on casse le testament.

Voyez les loix civiles, le code & les institutes, & les articles TESTAMENT, SUCCESSION, HÉRITIER, &c.

POSTULATION. C'est, en matière ecclésiastique, la présentation faite par ceux qui ont droit d'élire, au supérieur ecclésiastique, d'une personne pour remplir une dignité vacante, avec une prière au supérieur d'accorder une dispense au présenté, pour être pourvu du bénéfice auquel il ne pouvoit être élu suivant le droit commun.

Un clerc séculier ou un religieux profès d'un autre ordre ne peuvent être élus abbés d'un monastère; mais on peut les postuler, pourvu qu'il y ait une cause juste & raisonnable, comme un mérite distingué de la part de celui qui est postulé, & des talens singuliers. On peut postuler un clerc séculier, pour le faire pourvoir de l'abbaye en commende.

Comme la Postulation ne doit avoir lieu que quand le nommé a des défauts dont le supérieur a accoutumé d'accorder la dispense; si celui qui est postulé est indigne de toute dispense par ses mœurs ou par son ignorance, le chapitre doit être privé pour cette fois du droit d'élire & de postuler.

Quand l'élection & la Postulation concourent, c'est-à-dire, quand une partie des capitulans a élu une personne, & qu'une partie a fait une Postulation, il faut distinguer trois cas différens. Ou il y a deux fois plus de voix pour la Postulation que pour l'élection, & alors la première doit être confirmée; où il n'y a point deux fois plus de voix pour la Postulation, & alors l'élection doit prévaloir : ou il y a deux fois plus de voix pour la Postulation; mais le postulé est indigne de la dispense; & alors ni l'élection ni la Postulation ne doivent subsister. Cependant si la plus grande partie de ceux qui ont fait la Postulation, savoit que le postulé fût indigne de la dispense, cette partie se feroit privée elle-même, par le seul fait, du droit d'élire & de postuler, & l'élection faite d'une personne digne par la plus petite partie du chapitre, seroit confirmée. C'est ce qu'a décidé Innocent III, *cap. scriptum, extra. de electione & electi potest.*

On ne doit pas se servir de ces formules, *j'élis en postulant*, ou *je postule en élisant*, ou de celle ci, *je postule & j'élis*, pour faire valoir le choix comme Postulation, s'il ne vaut pas comme élection; car l'une & l'autre de ces formules ne comprend ni une élection, ni une Postulation. On peut cependant se servir de la dernière, quand on doute si la personne qu'on veut nommer doit être élue ou postulée, pourvu que celui qui est nommé choisisse entre l'élection & la Postulation, dans le temps qu'il doit donner son consentement, sans qu'il puisse varier après avoir fait son choix. Cela est ainsi décidé par Boniface VIII, *cap. unico. de Postulat. in sexto.*

Lorsque celui qui pouvoit être postulé a été élu, l'élection est nulle, sans qu'on puisse la regarder comme une Postulation légitime. Cette décision est d'Honoré III, *cap. & si. extra. de Postulatione.*

Toute Postulation simoniaque est nulle, & ne donne aucun droit au pourvu sur le bénéfice, même pour la perception des fruits ; il est obligé de les restituer. C'est ce que décide Paul II, *cap. cum detestabile extravag. com. de simoniâ.*

POSTULATION se dit aussi des fonctions d'un procureur postulant, de l'exposition qui se fait de vant le juge, des demandes & des défenses des parties, &c.

Chez les Romains, il y avoit certains particuliers qui étoient exclus de la Postulation; savoir, un mineur jusqu'à l'âge de dix-neuf ans, un fou ou un imbécile, un muet, un aveugle, celui qui étoit affligé de quelque autre infirmité, un prodigue, celui qui avoit été condamné publiquement pour calomnie, un hérétique, un infame, un parjure, celui qui avoit été interdit par le juge de la faculté de postuler, celui qui s'étoit loué pour combattre contre les bêtes.

L'avocat du fisc ne pouvoit pas postuler contre le fisc, ni les décurions contre leur patrie; l'avocat qui avoit refusé son ministère d'après mandement du juge, ne pouvoit pas non plus postuler.

On voit par ce qui vient d'être dit, qu'à Rome les avocats pouvoient postuler; leur profession en elle-même étoit cependant différente, & s'appeloit *patrocinium* : il y avoit des procureurs *ad lites*, dont l'emploi étoit singuliérement de postuler & de faire la procédure.

Parmi nous, la Postulation est totalement distincte du ministère des avocats, si ce n'est dans quelques tribunaux, où les avocats font en même temps la profession de procureur.

Dans tous les siéges où il y a des procureurs en titre, eux seuls peuvent faire la Postulation. Il est défendu à leurs clercs & autres personnes sans qualité, de se mêler de Postulation; c'est ce qui résulte de l'ordonnance de Charles VII de 1455, de celle de Louis XII de 1507, de celle de François premier de 1510, & de plusieurs arrêts de réglemens conformes, notamment d'un arrêt du 6 septembre 1670, en conséquence duquel la communauté des procureurs nomme tous les six mois quelques-uns de ses membres pour tenir la main à l'exécution des réglemens. Cette commission est ce qu'on appelle la chambre de la Postulation.

Quand ceux qui font la Postulation sont découverts, leurs papiers sont saisis, & leur procès leur est fait à la requête de M. le procureur général, poursuite & diligence des préposés; & lorsqu'ils se trouvent convaincus d'avoir postulé, ils sont condamnés aux peines portées par les réglemens, ainsi que les procureurs qui ont signé pour eux.

Un arrêt du parlement de Paris du 15 janvier 1675, a ordonné l'exécution d'une délibération de la communauté des procureurs, portant, que les procureurs qui seroient convaincus d'avoir signé pour des postulans, solliciteurs & clercs, seroient interdits pour six mois, & condamnés par corps à cinq cents livres de dommages & intérêts envers les pauvres de la communauté, & en cas de récidive, interdits pour toujours & rayés de la matricule, sans espérance de pouvoir être rétablis; & que les frais qui pourroient avoir été faits par les postulans sous le nom de ces procureurs, ne pourroient être répétés contre les parties, & appartiendroient au contraire aux pauvres de la communauté.

Ces peines ont été prononcées contre des solliciteurs & procureurs, par divers arrêts des 15 mai 1676, 28 février 1679, 4 août 1682, 29 août 1697, 11 août 1739, & 17 juillet 1742.

Par un autre arrêt du 7 septembre 1739, le parlement a fait défense aux procureurs dont les offices sont vendus, de faire aucune fonction de procureur, & de postuler en quelque manière que ce soit, trois jours après la vente judiciaire ou volontaire. Il a en même temps été fait défense aux procureurs interdits de postuler sous les noms d'autres procureurs, & à ceux-ci de prêter leurs noms aux destitués, démis & interdits, à peine de cinq cents livres d'amende contre chacun d'eux pour chaque contravention, même d'interdiction contre ceux des procureurs qui leur prêtent leur ministère & signent pour eux.

POUDRE. Voyez SALPÊTRE.

POUILLÉ. On appelle ainsi l'état & le dénombrement de tous les bénéfices qui sont dans l'étendue d'un diocèse, soit à la nomination du roi, soit à celle d'un autre collateur.

On appelle Pouillé général, celui qui comprend les bénéfices de tous les diocèses d'un royaume ou autre etat.

On a fait en France divers Pouillés généraux & particuliers; en 1516, chaque diocèse se nomma des commissaires pour l'estimation des revenus & la confection de son Pouillé; le clergé nomma des commissaires généraux pour dresser sur ces Pouillés un département.

Il y eut un Pouillé général imprimé *in*-8°. vers l'an 1626, qui est devenu très rare, mais qui ne peut être d'aucun usage, tant il est rempli de fautes.

Celui qui parut *in*-4°. en 1648, est un peu

plus exact, parce qu'il fut fait sur les registres du clergé, qui furent communiqués à l'auteur par l'ordre de l'assemblée de Mantes, tenue l'an 1641; il s'y est néanmoins glissé encore beaucoup de fautes. Il est d'ailleurs imparfait, en ce qu'il n'y en a que huit parties de faites, qui sont les archevêchés de Paris, Sens, Rheims, Lyon, Bordeaux, Bourges, Tours, & Rouen; les autres archevêchés ne sont pas faits.

Le clergé délibéra en 1726, que tous les bénéficiers & communautés donneroient des déclarations aux chambres diocésaines, qui en feroient des Pouillés, & que ces chambres enverroient ces Pouillés à une assemblée générale qui les reviseroit & feroit un département. L'exécution de cette délibération fut ordonnée par un arrêt du conseil du 3 mai 1727, revêtu de lettres-patentes du 15 juin suivant.

Il a paru depuis quelques Pouillés particuliers, tels que ceux des églises de Meaux & de Chartres, & un nouveau Pouillé de Rouen en 1738.

Le clergé assemblé à Paris en 1740 renouvela le dessein de former un Pouillé général sur le plan qui fut proposé à l'assemblée par M. l'abbé le Bœuf, de l'académie des inscriptions & belles-lettres. Ce même dessein fut confirmé par une autre délibération du clergé en 1745; & en conséquence des lettres circulaires écrites par messieurs les agens du clergé à messieurs les archevêques & évêques du royaume, il a été envoyé à M. l'abbé le Bœuf divers Pouillés, tant imprimés que manuscrits, de différens diocèses, pour en former un Pouillé général auquel M. l'abbé le Bœuf avoit commencé à travailler: mais n'ayant point reçu tous les Pouillés de chaque diocèse, & ne s'étant même trouvé aucune province dont la collection fût complette, cet ouvrage est jusqu'à présent demeuré imparfait.

Il y a divers Pouillés particuliers des bénéfices qui sont de nomination royale, de ceux qui sont à la nomination des abbayes, prieurés, chapitres, dignités.

Le père Lelong, dans sa bibliothéque historique, a donné le catalogue de tous les Pouillés imprimés & manuscrits qui sont connus.

Les Pouillés ne sont pas des titres bien authentiques par eux-mêmes, & ne peuvent balancer des titres en bonne forme; mais quand on ne rapporte pas des actes qui justifient positivement à la collation de qui sont les bénéfices, les Pouillés forment un préjugé.

POURSUITE. On appelle ainsi les procédures qu'on fait dans un procès. Voyez POURSUIVANT.

POURSUIVANT. C'est celui qui poursuit un décret, un ordre, une contribution de deniers.

Lorsque plusieurs créanciers ont fait saisir réellement les immeubles de leur débiteur, il arrive souvent des contestations entre eux pour savoir qui restera Poursuivant. C'est la date des saisies réelles qui doit servir de moyen de décision dans ces sortes de contestations; car, suivant l'ancienne maxime de notre droit françois, *saisie sur saisie ne vaut;* la première saisie l'emporte sur les suivantes, qui doivent être converties en opposition. Mais depuis l'établissement des commissaires aux saisies réelles, ce n'est point celui qui fait faire le premier exploit de saisie qui est regardé comme le premier ſaiſiſſant ; on préfère celui qui a le premier fait enregiſtrer la ſaiſie réelle, parce que la première ſaiſie enregiſtrée eſt celle qui a eu la première quelque effet ; c'eſt pourquoi la ſeconde ne doit pas même être enregiſtrée, ſi on la préſente au bureau où la première a été portée. Cependant ſi la ſeconde eſt beaucoup plus ample que la première, c'eſt-à-dire, ſi l'on y a compris beaucoup plus de biens, l'uſage eſt de donner la Pourſuite au ſecond ſaiſiſſant, & de convertir la première ſaiſie en oppoſition, quoique la ſeconde ſaiſie n'ait point été enregiſtrée la première. Le ſecond ſaiſiſſant devient en ce cas le premier, par rapport aux biens que le plus diligent n'avoit point fait ſaiſir ; & ce ſeroit multiplier les frais inutilement, que de faire faire des pourſuites & des procédures différentes, pour parvenir à l'adjudication des biens ſaiſis : il vaut donc mieux joindre ces ſaiſies, & donner la préférence pour la Pourſuite à celui dont la ſaiſie eſt la plus ample.

Quand on a ſujet de craindre des intelligences entre la partie qui a fait une ſaiſie réelle plus ample, & la partie ſaiſie, on ordonne que le premier ſaiſiſſant demeurera Pourſuivant, en rembourſant celui qui a fait la ſeconde ſaiſie. C'eſt l'eſpèce de l'arrêt rendu au rapport de M. de Vienne, le 7 ſeptembre 1713, contre un fils qui demandoit la pourſuite de la ſaiſie réelle des biens de ſon père, ſous prétexte que la ſaiſie qu'il avoit faite étoit plus ample que celle du premier ſaiſiſſant.

Si celui qui eſt chargé de la pourſuite de la ſaiſie réelle, vient à donner main-levée, un autre créancier oppoſant peut ſe faire ſubroger à la pourſuite. La raiſon en eſt, qu'en ce cas tout

oppoſant

opposant est censé saisissant ; c'est le plus diligent qui est alors préféré. Il en est de même si le Poursuivant néglige de faire continuer les procédures, soit parce qu'il se trouve hors d'état d'avancer les frais, soit par pure négligence, soit par collusion avec la partie saisie. Mais dans le cas de la demande en subrogation, formée par l'un des opposans à cause de la main-levée donnée par le saisissant, on accorde d'abord la subrogation ; au lieu que quand on ne se plaint que du défaut de poursuite, on a coutume de rendre un jugement, par lequel on ordonne que le Poursuivant justifiera, dans un certain temps, de ses diligences pour parvenir à la vente & à l'adjudication par décret des biens saisis, sinon qu'il sera fait droit sur la requête de l'opposant. Si le Poursuivant ne justifie pas de ses diligences dans le temps prescrit, on rend un jugement définitif, par lequel la subrogation est ordonnée ; & on condamne le procureur du premier Poursuivant à remettre entre les mains du procureur du subrogé la saisie & les autres pièces & procédures du décret, en le remboursant & le poursuivant des frais ordinaires, sur les pièces qui seront représentées, & suivant la taxe qui en sera faite. On accorde quelquefois au parlement de Paris un second délai au Poursuivant avant de rendre un arrêt de subrogation pure & simple. Aux requêtes du palais & à celles de l'hôtel, celui qui demande la subrogation obtient trois sentences de trois mois en trois mois, qui portent, que dans trois mois le Poursuivant sera tenu de mettre le décret à fin, sinon qu'il sera fait droit sur la demande en subrogation ; après ces délais, on accorde une subrogation pure & simple, à moins que les circonſtances n'engagent les juges à accorder un nouveau délai.

Le ſieur de Ragaru, grand audiencier de France, s'étant fait ſubroger à une ſaiſie, commencée par le ſieur de Saint-André, tréſorier général de la marine, demandoit que le ſaiſiſſant & ſon procureur s'obligeaſſent, par la quittance des frais, à la garantie de leur procédure, ſinon qu'il lui fût permis de conſigner la ſomme de 2500 livres, à laquelle ſe montoient les frais des criées. Son unique moyen, pour fonder cette prétention, étoit de dire que le Pourſuivant criées & ſon procureur ſont garants de leur procédure. On lui répondit que cette ſtipulation étoit inſolite; que le ſubrogé n'étant obligé de rembourſer que les frais des procédures valables, doit s'imputer à lui-même d'en avoir rembourſé qui ſoient nulles; enfin, qu'il s'expoſe, par la ſubrogation, à tous les événemens, parce que le premier Pourſuivant ne peut plus être en état de rectifier ce qu'il y a de défectueux dans ſa procédure. Sur quoi eſt intervenu l'arrêt du parlement de Paris, du 6 juillet 1678, qui, ſans avoir égard à la demande du ſieur de Ragaru, l'a condamné à rembourſer les frais de la pourſuite, ſuivant la taxe qui en avoit été faite.

Pour que le procureur d'un oppoſant puiſſe demander une ſubrogation pour ſa partie, il faut qu'il en ait une procuration ſpéciale; autrement il eſt ſujet au déſaveu, parce que le pouvoir général qu'une partie donne à un procureur de s'oppoſer pour elle à un décret, ne comprend point celui de la faire ſubroger à la pourſuite de la ſaiſie réelle. Pluſieurs perſonnes qui ont deſſein de veiller à la conſervation de leur bien par une opposition, ne veulent pas s'engager dans les embarras de la poursuite d'un décret, avancer les frais nécessaires, & s'exposer à être poursuivies par l'adjudicataire, en cas que le décret dont le Poursuivant demeure garant, soit attaqué; c'est sur ces principes que, par arrêt rendu au parlement de Paris le 22 juin 1675, on a jugé que Noël Gobreau avoit été bien désavoué par la demoiselle Dandrenne, veuve du sieur Magy, au nom de laquelle il s'étoit fait subroger à une saisie réelle sans une procuration spéciale.

La partie qui poursuit le décret en vertu du jugement de subrogation, n'est point obligée de faire de reprise au greffe, parce que le jugement qui la subroge la met au droit du Poursuivant. On le pratique ainsi au châtelet de Paris, suivant un acte de notoriété donné par M. le Camus, lieutenant civil, le 11 janvier 1690; cet usage étant fondé sur les principes, sembleroit devoir servir de règle dans les autres tribunaux. Cependant il y en a plusieurs où l'usage est de faire un acte de reprise. On l'observe ainsi aux requêtes du palais.

Les coutumes de Bourbonnois & de Nivernois ne permettent pas aux Poursuivans criées de se rendre adjudicataire du bail judiciaire : mais cette disposition ne doit pas s'étendre au delà du ressort de ces coutumes, attendu qu'il importe au débiteur que le Poursuivant soit reçu à enchérir, pour faire porter plus haut le prix du bail.

Voyez les articles DÉCRET, CRIÉES, SAISIE RÉELLE, BAIL JUDICIAIRE, &c.

PRAGMATIQUE-SANCTION. Ce terme est emprunté du code, où les rescrits impériaux pour le gouvernement des provinces sont appelés, *formules pragmatiques*, ou *Pragmatiques-sanctions*. Il vient du mot latin *sanctio*, ordonnance, & d'un mot grec qui signifie *affaire*. On l'emploie pour exprimer les ordonnances qui concernent les objets les plus importans de l'administration civile ou ecclésiastique, sur-tout lorsqu'elles ont été rendues dans une assemblée des grands du royaume, & de l'avis de plusieurs jurisconsultes. Il nous reste deux Pragmatiques célèbres dans notre droit; l'une est de saint Louis, l'autre de Charles VII.

De la Pragmatique-sanction de saint Louis.

Le plus saint de nos rois se préparant à une seconde expedition contre les Sarazins, voulut assurer la tranquillité de l'église gallicane, & prévenir les troubles que pouvoit occasionner, pendant son absence, le défaut d'une loi precise. L'ordonnance rendue à ce sujet règle les droits des collateurs & patrons des bénéfices; elle assure la liberté des élections, promotions & collations; elle confirme nos libertés, priviléges & franchises; elle modère les taxes & les exactions de la cour de Rome. Cette Pragmatique est divisée en six articles dont voici la teneur.

1. Les églises, les prélats, les patrons & les collateurs ordinaires des bénéfices jouiront pleinement de leur droit, & on conservera à chacun sa juridiction.

2. Les églises cathédrales & autres auront la liberté des élections, qui sortiront leur plein & entier effet. Un manuscrit du collége de Navarre

ajoute après les mots *electiones*, les deux qui suivent, *promotiones*, *collationes*.

3. Nous voulons que la simonie, ce crime si pernicieux à l'église, soit banni de tout notre royaume.

4. Les promotions, collations, provisions & dispositions des prélatures, dignités & autres bénéfices ou offices ecclésiastiques, quels qu'ils soient, se feront suivant le droit commun, les conciles, & les institutions des anciens pères.

5. Nous ne voulons aucunement qu'on lève ou qu'on recueille les exactions pécuniaires & les charges très-pesantes que la cour de Rome a imposées ou pourroit imposer à l'église de notre royaume, & par lesquelles il est misérablement appauvri, si ce n'est pour une cause raisonnable & très-urgente, ou pour une inévitable nécessité, & du consentement libre & exprès de nous & de l'église.

6. Nous renouvelons & approuvons les libertés, franchises, prérogatives & priviléges accordés par les rois nos prédécesseurs & par nous, aux églises, aux monastères & autres lieux de piété, aussi bien qu'aux personnes ecclésiastiques.

Quelques exemplaires ne renferment point l'article contre les exactions de Rome ; mais on croit, avec raison, que des flatteurs de la cour romaine l'ont retranché de cette ordonnance, qui tend principalement à réprimer les entreprises des papes sur les droits des ordinaires pour les élections, les collations des bénéfices, & la juridiction contentieuse. Le célèbre d'Héricourt & quelques autres ont révoqué en doute l'authenticité de la pièce elle-même ; mais ce doute nous paroît sans fondement. Fontanon dans sa collection des édits ; Bouchel dans son décret ; du Boulay dans son histoire de l'université ; les PP. Labbe & Cossart dans la collection des conciles ; Laurière dans son recueil des ordonnances ; Fleuri dans son institution au droit ecclésiastique & dans son histoire, attribuent au saint roi la Pragmatique dont il s'agit. Pinsson l'a publiée sous le même titre avec des commentaires ; du Tillet assure qu'elle se trouve dans les anciens registres de la cour ; par-tout elle porte le nom de Louis & la date de 1268 ; les partisans même de Rome l'ont reconnue comme les défenseurs de nos libertés. S'il n'en est pas mention dans l'histoire des démêlés de Philippe-le-Bel avec Boniface VIII, c'est qu'elle est absolument étrangère à cette dispute. Si Charles VII, dans celle qu'il publia sur le même sujet, ne s'autorise point de l'exemple de saint Louis, c'est un argument négatif, qui ne peut pas suppléer au défaut des preuves positives. Est-ce une raison pour s'inscrire en faux contre le testament de Philippe-Auguste, parce qu'il n'est point rappelé dans ce même édit de Charles, quoiqu'il ordonne la même chose sur la liberté des chrétiens ? On trouve d'ailleurs la Pragmatique de saint Louis citée par Jean Juvenal des Ursins, dans sa remontrance à Charles VII. N'est-ce donc pas vouloir faire illusion, que de représenter le père Alexandre, comme le chef des modernes qui soutiennent la vérité & l'authenticité de cette loi ? Ignore-t-on que le parlement, en 1461, que les états assemblés à Tours en 1483, que l'université de Paris en son acte d'appel de 1491, l'ont consacrée dans des actes publics, comme l'ouvrage du pieux monarque ? Est-il croyable qu'ils la lui aient attribuée solennellement, sans s'être bien assurés du fait ? Dès l'an 1315, Guillaume du Breuil, célèbre avocat, l'avoit rapportée sous le même nom dans la troisième partie de son recueil, connu sous le titre d'ancien style du parlement ; alors elle n'avoit point de contradicteurs : elle a donc pour elle l'ancienneté des suffrages ; les vrais modernes sont ceux qui osent la combattre. . .

De la Pragmatique-sanction de Charles VII.

Le roi Charles VII étant à Tours au mois de janvier 1438 (nouveau style), écouta les plaintes qu'on vint lui faire de la part du concile de Basle, sur la conduite d'Eugène IV & sur la convocation du nouveau concile de Ferrare : peu de temps après, il se rendit à Bourges avec un grand nombre de princes du sang, de seigneurs & de prélats, pour délibérer sur les affaires présentes de l'église. Il y eut dans cette assemblée l'archevêque de Crète, nonce du pape, les archevêques de Rheims, de Tours, de Bourges, & de Toulouse. On y compta vingt cinq évêques, plusieurs abbés, & une multitude de députés des chapitres & des universités du royaume. Ce fut là qu'on dressa le réglement célèbre, appelé Pragmatique-sanction, décret très-renommé dans nos histoires & dans toute notre jurisprudence ecclésiastique, sans en excepter même celle d'aujourd'hui : car, comme le remarque M. de Marca, » quoique la Pragmatique-sanction ait été abolie sous Léon X & » François I, cependant la plupart des régle-

» mens qu'on y avoit insérés ont été adoptés » dans le concordat ; il n'y a que les élections » qui soient démeurées entiérement éteintes, pour » faire place aux nominations royales «.

Les séances des prélats de l'église gallicane s'ouvrirent dans le chapitre de la sainte chapelle de Bourges dès le premier jour de mai de l'an 1438 ; mais il paroît que ce furent d'abord de simples conférences particulières, & que l'assemblée ne fut publique, générale & solennelle, que le 5 de juin. Alors le roi y présida en personne, & les envoyés, tant du pape que du concile de Basle, se présentèrent pour soutenir les intérêts de leurs maîtres. Les premiers qui parlèrent furent les nonces d'Eugène ; ils prièrent le roi de reconnoître le concile de Ferrare, d'y envoyer ses ambassadeurs, d'y laisser aller tous ceux qui voudroient faire le voyage, de rappeler les François qui étoient à Basle, de révoquer & de mettre à néant le décret de suspense porté contre le pape.

La requête des députés du concile fut toute différente : ils demandèrent que les décrets publiés pour la réformation de l'église gallicane dans son chef & dans ses membres, fussent reçus & observés dans le royaume ; qu'il fût fait défense à tous les sujets du roi d'aller au concile de Ferrare, attendu que celui de Basle étoit vrai & légitime ; qu'il plût au roi d'envoyer une nouvelle ambassade aux pères de Basle, pour achever, de concert avec eux, ce qu'il restoit à faire pour le bien & la réformation de l'église ; qu'enfin le droit de suspense porté contre Eugène, fût gardé & mis en exécution dans toutes les terres de la domination françoise.

Le principal orateur de cette députation fut le célèbre docteur Thomas de Courcelles, alors chanoine d'Amiens, & depuis curé de saint André-des-Arcs, doyen de Notre-Dame de Paris, & proviseur de Sorbonne. Quand le roi & l'assemblée eurent entendu les propositions du pape & celles du concile de Basle, on fit retirer les envoyés; & l'archevêque de Rheims, chancelier de France, prenant la parole, dit que le roi avoit convoqué tant de personnes de considération, pour prendre leur avis sur le démêlé qui troubloit l'église; que son intention étoit d'empêcher les éclats d'un schisme, & qu'en cela il suivoit l'exemple de ses ancêtres, princes toujours remplis d'amour & de respect pour la religion. Cette courte harangue fut suivie du choix qu'on fit de deux prélats, pour parler le lendemain sur la matière présente; ce furent l'évêque de Castres, confesseur du roi, & l'archevêque de Tours. Le premier s'attacha beaucoup à relever le concile au dessus du pape, dans les cas d'hérésie, de schisme, & de réformation générale. L'autre insista particuliérement sur cette réformation, & il en montra la nécessité, non seulement par rapport à l'église, mais aussi à l'égard de l'état. Le chancelier demanda ensuite à l'assemblée si le roi devoit offrir sa médiation au pape & au concile, & il fut conclu que cela seroit digne de sa piété & de son zèle. Mais comme l'objet principal étoit de rassembler les points de discipline ecclésiastique qu'on jugeoit propres au gouvernement de l'église gallicane, on députa dix personnes, tant prélats que docteurs, pour examiner les décrets du concile de Basle. Cette révision dura jusqu'au 7 juillet, jour auquel le roi publia l'édit solennel, appelé Pragmatique-sanction ; c'est, à proprement parler, un recueil des réglemens dressés par les PP. de Basle, auxquels on ajouta quelques modifications relatives aux usages du royaume, ou aux circonstances actuelles. Voici la substance de cette pièce divisée en vingt-trois titres, dont Côme Guymier (*) nous a donné un commentaire très-savant, très-long, & trop peu lu. Elle est précédée d'une préface, dont le commencement explique le dessein de Dieu dans l'institution de la puissance temporelle ; on y établit, qu'une des principales obligations des souverains est de protéger l'église, & d'employer leur autorité pour faire observer la religion de jésus-christ dans les pays soumis à leur obéissance.

TITRE PREMIER. *De autoritate & potestate sacrorum generalium conciliorum temporibusque & modis eadem convocandi & celebrandi.*

» Les conciles généraux seront célébrés tous » les dix ans, & le pape, de l'avis du concile » finissant, doit désigner le lieu de l'autre con-

---

(*) Côme Guymier, chanoine de saint Thomas du Louvre, doyen de l'église collégiale de saint Julien de Laon, conseiller-clerc au parlement de Paris, sa patrie, & président aux enquêtes, étoit un magistrat plein d'intégrité & de lumières. Il composa, vers l'an 1486, son excellent commentaire sur la Pragmatique, plusieurs fois réimprimé. La meilleure édition est celle qu'en donna François Pinsson, célèbre avocat au parlement de Paris, en 1666, *in-folio*. Il orna cette édition d'une histoire aussi utile que curieuse de la Pragmatique, & de plusieurs pièces servant de preuves.

» cile, lequel ne pourra être changé que pour » de grandes raiſons, & par le conſeil des car- » dinaux. Quant à l'autorité du concile général, » on renouvelle les décrets publiés à Conſtance, » par leſquels il eſt dit que cette ſainte aſſem- » blée tient ſa puiſſance immédiatement de jé- » ſus-chriſt; que toute perſonne, même de di- » gnité papale, y eſt ſoumiſe en ce qui regarde » la foi, l'extirpation du ſchiſme, & la réforma- » tion de l'égliſe dans le chef & dans les mem- » bres, & que tous y doivent obéir, même le » pape, qui eſt puniſſable, s'il y contrevient. » En conſéquence, le concile de Baſle définit, » qu'il eſt légitimement aſſemblé, & que per- » ſonne, pas même le pape, ne peut le diſſou- » dre, le transférer, ni le proroger ſans le con- » ſentement des pères de ce concile «.

TITRE SECOND. *De electionibus.*

» Il ſera pourvu déſormais aux dignités des » égliſes cathédrales, collégiales & monaſtiques, » par la voie des élections; & le pape, au jour » de ſon exaltation, jurera d'obſerver ce décret. » Les électeurs ſe comporteront en tout ſelon » les vûes de leur conſcience; ils n'auront égard » ni aux prières, ni aux promeſſes, ni aux me- » naces de perſonne; ils recommanderont l'affaire » à Dieu; ils ſe confeſſeront & communieront le » jour de l'élection; ils feront le ſerment de » choiſir celui qui leur paroîtra le plus digne. » La confirmation ſe fera par le ſupérieur; on » y évitera tout ſoupçon de ſimonie, & le pape » même ne recevra rien pour celles qui ſeront

» portées à son tribunal. Quand une élection ca» nonique, mais sujette à des inconvéniens, aura » été cassée à Rome, le pape renverra pardevant » le chapitre ou le monastère, pour qu'on y pro» cède à un autre choix, dans l'espace de temps » marqué par le droit «.

La Pragmatique, en adoptant ce décret du concile de Basle, y ajoute : 1°. que celui dont l'élection aura été confirmée par le pape, sera renvoyé à son supérieur immédiat, pour être consacré ou béni, à moins qu'il ne veuille l'être *in curiâ*, & que dans ce cas-là même, aussi-tôt après sa consécration, il faudra le renvoyer à son supérieur immédiat pour le serment d'obéissance : 2°. Qu'il n'est point contre les règles canoniques, que le roi ou les grands du royaume recommandent des sujets dignes de leur protection, en quoi elle modère les défenses que fait le concile de Basle par rapport aux prières ou recommandations en faveur des sujets à élire dans les chapitres ou monastères.

Titre troisième. *De reservationibus sublatri.*

» Toutes réserves de bénéfices, tant générales » que particulières, sont & demeureront abolies, » excepté celles dont il est parlé dans le corps » du droit, ou quand il sera question des ter» res immédiatement soumises à l'église romaine «.

Titre quatrième. *De collationibus.*

» Il sera établi dans chaque église des minis» tres savans & vertueux. Les expectatives fai-

» ſant ſouhaiter la mort d'autrui, & donnant » lieu à une infinité de procès, les papes n'en accorderont plus dans la ſuite ; ſeulement il » ſera permis à chaque pape, durant ſon pon- » tificat, de pourvoir à un bénéfice ſur un col- » lateur qui en aura dix, & à deux bénéfices, » ſur un collateur qui en aura cinquante & au » deſſus, ſans qu'il puiſſe néanmoins conférer » deux prébendes dans la même égliſe pen- » dant ſa vie. On n'entend pas non plus » priver le pape du droit de prévention «. Mais le décret touchant la réſerve d'un ou de deux bénéfices, quoique rapporté dans la Pragmatique, n'a point été approuvé par l'égliſe gallicane, non plus que le décret touchant la prévention, qui a été jugé contraire aux droits des collateurs & des patrons, *item circà* 23. Afin d'obliger les collateurs ordinaires à donner des bénéfices aux gens de lettres, voici l'ordre de diſcipline qu'on preſcrit à cet égard. » Dans chaque cathé- » drale, il y aura une prébende deſtinée pour » un licencié ou un bachelier en théologie, le- » quel aura étudié dix ans dans une univerſité. » Cet eccléſiaſtique ſera tenu de faire des leçons » au moins une fois la ſemaine ; s'il y manque, » il ſera puni par la ſouſtraction des diſtributions » de la ſemaine ; & s'il abandonne la réſidence, » on donnera ſon bénéfice à un autre. Cepen- » dant, pour lui laiſſer le temps d'étudier, les » abſences du chœur ne lui ſeront point comp- » tées.

» Outre cette prébende théologale, le tiers » des bénéfices, dans les cathédrales & les collé- » giales, ſera pour les gradués, c'eſt-à-dire les » docteurs, licenciés, bacheliers qui auront étu-

» dié dix ans en théologie, ou les docteurs &
» licenciés en droit ou en médecine, qui auron
» étudié sept ans dans ces facultés; ou bien le
» maîtres ès-arts qui auront étudié cinq ans de
» puis la logique; tout cela dans une universit
» privilégiée. On accorde aux nobles *ex antiqu*
» *genere*, quelque diminution par rapport au
» temps de leurs études : on les réduit à six an
» pour la théologie, & à trois pour les autre
» facultés inférieures; mais il faudra que le
» preuves de noblesse, du côté de père & d
» mère, soient constatées.

» Les gradués déjà pourvus d'un bénéfice qu
» demande résidence, & dont la valeur monte
» à deux cents florins, ou bien qui posséderon
» deux prébendes dans des églises cathédrales
» ne pourront plus jouir du privilége de leur
» grades.

» On aura soin de ne donner les cures de
» villes murées qu'à des gradués, ou du moin
» à des maîtres ès-arts. On oblige tous les gra-
» dués à notifier chaque année leurs nom
» aux collateurs ou à leurs vicaires, dans le
» temps du carême; s'ils y manquent, la col-
» lation faite à un non gradué ne sera pas cen
» sée nulle «. L'assemblée de Bourges ajouta
quelques explications à ces réglemens. Par exemple, elle consentit à ce que les expectatives déjà
accordées eussent leur exécution jusqu'à la fête
de pâques de l'année suivante, & que le pape
pût disposer, pendant le reste de son pontificat,
des bénéfices qui viendroient à vaquer par la
promotion des titulaires à d'autres bénéfices incompatibles. A l'égard des grades, elle voulut
que les cures & les chapelles entrassent dans l'or-

dre des bénéfices affectés aux gradués. Elle permit aux universités de nommer aux collateurs un certain nombre de sujets, laissant toutefois à ces collateurs la liberté de choisir dans ce nombre; c'est, comme on voit, l'origine des gradués nommés. Enfin, la même assemblée recommande fort aux universités de ne conférer les bénéfices qu'à des ecclésiastiques recommandables par leur vertu & par leur science. *Nam*, ajoute le texte, *ut omnibus notum est, & ridiculosum, multi magistrorum nomen obtinent, quos adhuc discipulos magis esse deceret.*

TITRE CINQUIÈME. *De causis.*

» Toutes les causes ecclésiastiques des provinces à quatre journées de Rome, seront » terminées dans le lieu même, hors les causes » majeures & celles des églises qui dépendent » immédiatement du saint siége. Dans les appels, » on gardera l'ordre des tribunaux; jamais on » n'appellera au pape, sans passer auparavant par » le tribunal intermédiaire. Si quelqu'un se croyant » lésé par un tribunal immédiatement sujet au » pape, porte son appel au saint siége, le pape » nommera des juges *in partibus* sur les lieux » mêmes, à moins qu'il n'y ait de grandes raisons d'évoquer entiérement les causes à Rome. » Enfin, on ne pourra appeler d'une sentence » interlocutoire, à moins que les griefs ne soient » irréparables en définitive «.

TITRE SIXIÈME. *De frivolis appellationibus.*

» Celui qui appellera avant la définitive, sans » titre bien fondé dans son appel, payera a la

» partie une amende de quinze florins d'or, » outre les dépens, dommages & intérêts «.

Titre septième. *De pacificis possessoribus.*

» Ceux qui auront possédé sans troubles pendant trois ans, avec un titre coloré, seront » maintenus dans leurs bénéfices. Les ordinaires » seront tenus de s'enquérir s'il y a des intrus, » des incapables «.

Titre huitième. *De numero & qualitate cardinalium.*

» Le nombre des cardinaux n'excédera pas » vingt-quatre ; ils auront trente ans au moins, » & seront docteurs ou licenciés «. Les évêques de France jugèrent qu'il falloit modifier le décret du concile de Basle, en ce qu'il excluoit les neveux des papes du cardinalat, & voulurent qu'on pût décorer de la pourpre, tous ceux qui en seroient dignes par leurs vertus & par leurs talens.

Titre neuvième. *De annatis.*

» On n'exigera plus rien désormais, soit en » cour de Rome, soit ailleurs, pour la confirma» tion des élections, ni pour toute autre dispo» tion en matière de bénéfices, d'ordres, de bé» nédictions, de droits de *pallium*, & cela sous » quelque prétexte que ce soit de bulles, de » sceau, d'annates, de menus services, de pre» miers fruits & de déports. On se contentera » de donner un salaire convenable aux scribes, » abréviateurs

» abréviateurs & copiſtes des expéditions. Si » quelqu'un contrevient à ce décret, il ſera » ſoumis aux peines portées contre les ſimoniaques ; & ſi le pape venoit à ſcandaliſer l'é» gliſe, en ſe permettant quelque choſe contre » cette ordonnance, il faudra le déférer au con» cile général «.

L'aſſemblée de nos prélats modéra ce décret en faveur du pape Eugene : elle lui laiſſa pour tout le reſte de ſa vie la cinquième partie de la taxe impoſée avant le concile de Conſtance, à condition que le payement ſe feroit en monnoie de France ; que ſi le même bénéfice venoit à vaquer pluſieurs fois dans une année, on ne payeroit toujours que ce cinquième, & que toute autre eſpèce de ſubſide ceſſeroit.

Titre dixième. *Quomodò divinum officium ſit celebrandum.*

» L'office divin ſera célébré avec décence ; » gravité, la médiante obſervée ; on ſe levera » à chaque *gloria patri* ; on inclinera la tête au » nom de *Jéſus* ; on ne s'entretiendra point avec » ſon voiſin, &c. «.

Titre onzième. *Quo tempore quiſque debeat eſſe in choro.*

» Celui qui, ſans néceſſité & permiſſion de» mandée & obtenue du préſident du chœur, » n'aura pas aſſiſté à matines avant la fin du » *venite exultemus*, aux autres heures, avant la » fin du premier pſeaume, & à la meſſe avant » la fin du dernier *kyrie eleïſon*, & qui n'y aura

» pas démeuré jusqu'à la fin, sera réputé absent pour cette heure; sans déroger aux usages » plus stricts des églises. Celui qui n'aura pas » assisté aux processions depuis le commencement » jusqu'à la fin, éprouvera le même traitement; » le pointeur s'obligera par serment à être fidèle, & à n'épargner personne. Lorsqu'il n'y » aura pas de distribution établie pour chacune des heures, elles seront prises sur les gros » fruits; celui qui n'aura assisté qu'à une heure, » ne gagnera pas les distributions de tout le » jour; on abolira l'usage de donner au doyen » & aux officiers les distributions quotidiennes » sans assister aux heures, quoiqu'ils ne soient » pas actuellement absens pour l'utilité de » l'église «.

TITRE DOUZIÈME. *Qualiter horæ canonicæ sunt dicendæ extrà cohorum.*

TITRE TREIZIÈME. *De his qui tempore divinorum officiorum vagantur per ecclesiam.*

TITRE QUATORZIÈME. *De tabulâ pendente in choro.*

Chaque chanoine ou autre bénéficier pourra voir sur ce tableau ce qu'il y aura à faire à chaque heure pendant la semaine; & s'il néglige de satisfaire par lui-même ou par un autre à ce qui lui sera prescrit, il perdra les distributions d'un jour pour chaque heure.

TITRE QUINZIÈME. *De his qui in missâ non complent credo, vel cantant cantilenas, vel nimis bassè missam legunt, præter secretas orationes, aut sine ministro.*

TITRE SEIZIÈME. *De pignorantibus cultum divinum.*

» Les chanoines qui s'obligeront à satisfaire » leurs créanciers dans un temps prescrit, sous » peine de cesser l'office divin, s'ils manquent » à leur engagement, perdront, *ipso facto*, trois » mois de leur prébende «.

TITRE DIX-SEPTIÈME. *De tenentibus capitula tempore missæ.*

» Il est défendu de tenir chapitre dans le » temps de la messe, particuliérement aux » jours solennels, sans une urgente & évidente » nécessité «.

TITRE DIX-HUITIEME. *De spectaculis in ecclesiâ non faciendis.*

Cet article condamne la fête des foux, & tous autres spectacles dans l'église.

TITRE DIX-NEUVIEME. *De concubinariis.*

» Tout concubinaire public sera suspens *ipso* » *facto*, & privé pendant trois mois des fruits » de ses bénéfices au profit de l'église dont ils » proviennent. Il perdra ses bénéfices en entier » après la monition du supérieur; s'il reprend » sa mauvaise habitude après avoir été puni par le supérieur & rétabli dans son premier état, il sera déclaré inhabile à tout office, dignité, ou bénéfice; si les ordinaires négligent de sévir contre les coupables, il y sera pourvu par les supérieurs, par les conciles provinciaux, par le pape même, s'il est nécessaire «. Au reste, on appelle concubinaires publics, non seulement ceux dont le délit est constaté par sentence, ou par l'aveu des accusés, ou par la notoriété du fait, mais encore quiconque retient dans sa maison une femme suspecte, & qui ne la renvoie pas après en avoir été averti par son supérieur. On ajoute, que les prélats auront soin d'implorer le bras séculier, pour séparer les personnes de mauvaise réputation, de la compagnie de leurs ecclésiastiques, & qu'ils ne permettront pas que les enfans nés d'un commerce illicite habitent dans la maison de leurs pères.

Le titre 20, *de excommunicatis non vitandis*, lève la défense d'éviter ceux qui ont été frappés de censures, à moins qu'il n'y ait une sentence publiée contre eux, ou bien que la censure ne soit si notoire, qu'on ne puisse ni la nier ni l'excuser.

Le titre 21, *de interdictis indifferenter non ponendis*, condamne les interdits jetés trop légérement sur tout un canton. Il est dit qu'on ne procédera de cette manière, que quand la faute aura été commise par le seigneur, ou le gouverneur du lieu ou leurs officiers, & qu'après avoir publié la sentence d'excommunication contre eux.

Le titre 22, *de sublatione clementinæ litteris, tit. de probat.* supprime une décrétale qui se trouve parmi les clémentines, & dit que de simples énonciations dans les lettres apostoliques, portant qu'un tel est privé de son bénéfice ou autre droit, ou qu'il y a renoncé, n'est pas suffisante, & qu'il faut des preuves.

Le titre 23, *de conclusione ecclesiæ gallicanæ*, contient la conclusion de l'église gallicane pour la réception des décrets du concile de Basle qui y sont énoncés, avec les modifications dont nous avons parlé. Les évêques prient le roi, en finissant, d'agréer tout ce corps de discipline, de le faire publier dans son royaume, & d'obliger les officiers de son parlement & des autres tribunaux à s'y conformer ponctuellement. Le roi entra dans ces vûes, & envoya la Pragmatique-sanction au parlement de Paris, qui l'enregistra le 13 de juillet de l'année suivante 1439. Mais, par une déclaration du 7 août 1441, il ordonna que les décrets du concile de Basle, rapportés dans la Pragmatique, n'auroient leur exécution qu'à compter du jour de la date de cette ordonnance, sans avoir égard à la date des décrets du concile (*). On voit dans toute cette pièce une grande attention à recueillir tout ce qui paroissoit utile dans les décrets du concile de Basle, & une déclaration néanmoins bien positive de l'attachement qu'on vouloit conserver pour la personne du pape Eugene IV; ce furent en effet les deux points fixes du roi Charles VII & de l'église gallicane, durant tous les démêlés qui affligoient alors l'église.

La Pragmatique, maintenue dans son entier sous Charles VII, qui en ordonna de nouveau l'exécution en 1453, reçut dans la suite de grandes atteintes. On ne voulut jamais l'approuver à Rome; elle fut même regardée, dit Robert Gaguin, comme *une hérésie pernicieuse*, tant il

(*) Cette pièce est importante pour prouver que les décrets des conciles, même généraux, en ce qui concerne la police, n'ont force de loi en France qu'après qu'ils y ont été acceptés dans les formes usitées.

eſt vrai que cette cour a de tout temps érigé ſes prétentions en articles de foi ! » C'étoit, s'il » en faut croire Pie II, une tache qui défiguroit » l'égliſe de France, un décret qu'aucun con- » cile général n'avoit porté, qu'aucun pape n'a- » voit reçu ; un principe de confuſion dans la » hiérarchie eccléſiaſtique, puiſqu'on voyoit de- » puis ce temps-là que les laïcs étoient deve- » nus maîtres & juges du clergé ; que la puiſ- » ſance du glaive ſpirituel ne s'exerçoit plus que » ſous le bon plaiſir de l'autorité ſéculière ; » que le pontife romain, malgré la plénitude » de juridiction attachée à ſa dignité, n'avoit » plus de pouvoir en France, qu'autant qu'il » plaiſoit au parlement de lui en laiſſer «. Ainſi parloit aux ambaſſadeurs de France, dans l'aſſem- blée de Mantoue en 1459, un pontife bien différent alors de ce qu'il avoit été au concile de Baſle, où la Pragmatique paſſoit pour une œuvre toute ſainte, pour un plan admirable de réformation. La politique de Louis XI oſa abattre ce mur de diviſion, élevé depuis plus de vingt ans entre les cours de France & de Rome. Ce monarque crut voir bien des avan- tages dans la deſtruction de la Pragmatique. C'étoit d'abord une des règles de ſa conduite, de prendre en tout le contrepied du roi ſon père. La Pragmatique étoit l'ouvrage de Charles VII, c'en étoit aſſez pour qu'elle déplût à Louis XI. D'ailleurs, la diſcipline établie par cette ordon- nance, ramenant tout au droit commun, laiſ- ſant les élections aux chapitres & aux abbayes, déférant aux évêques la collation des bénéfices, il arrivoit que dans chaque province, dans cha- que évêché, les ſeigneurs particuliers ſe rendoient maîtres, par leur crédit ou par leurs menaces, des principales dignités ecclésiastiques ; ce qui augmentoit l'autorité des seigneurs vassaux de la couronne, au grand déplaisir de Louis. ce prince crut qu'il n'en seroit pas de même de l'influence qu'auroit le saint siége dans le gouvernement de l'église gallicane, après l'abolition de la Pragmatique : car, comme le roi seroit toujours plus puissant auprès des papes que les seigneurs subalternes, il devoit aussi en être plus écouté, quand il demanderoit des grâces ecclésiastiques : Louis se flattoit même que peu à peu la cour acquerroit une sorte de direction générale pour le choix des sujets, & que les sujets placés à la recommandation de la cour, se trouveroient liés à elle par des motifs de reconnoissance ; de plus, il espéra qu'en faisant le sacrifice de la Pragmatique, il détermineroit le pape à abandonner le parti des princes Arragonois, pour favoriser celui des princes Angevins : toutes ces considérations l'engagèrent à écrire au pontife une lettre en date du 27 novembre 1461, dans laquelle il reconnoît que » la Pragmatique a été faite dans un temps de schisme » & de sédition ; qu'elle ne peut causer que le » renversement des loix & du bon ordre ; qu'elle » rompt l'uniformité qui doit régner entre tous » les états chrétiens ; qu'il casse dès à présent » cette ordonnance, & que si quelques prélats » osent le contredire, il saura les réduire au » parti de la soumission «. L'intrigant évêque d'Arras, Jean Geoffroi ou Jouffroy, confident de Louis en tout ce qui concernoit l'abolition de la Pragmatique, fut le chef de l'ambassade solennelle que le roi envoya au pape peu de temps après, pour mettre le dernier ſceau à cette affaire; il porta la parole dans la première audience de Pie, & reçut le chapeau des mains du ſaint père, pour prix de ſa flatterie & de ſes artifices. Un autre ambitieux, connu par ſa perfidie, l'évêque d'Angers, Balue, obtint le même honneur de Paul II, par les mêmes moyens. L'abolition de la Pragmatique n'étoit pas encore revêtue des formes légales : Louis XI, pour procurer la pourpre à ſon favori, rendit une déclaration à ce ſujet. Balue la porta au parlement le premier jour d'octobre 1467, & en requit l'enregiſtrement; mais il y trouva des oppoſitions invincibles de la part du procureur général Jean de Saint-Romain, qui déclara que la Pragmatique étoit une ordonnance utile à l'égliſe gallicane, & qu'il falloit la maintenir. Ce reſpectable magiſtrat proteſta qu'il aimeroit mieux perdre ſa charge, & la vie même, que de rien faire contre ſa conſcience, contre le ſervice du roi & le bien de l'état. Louis, informé des oppoſitions du procureur général, fit publier ſa déclaration au châtelet, & voulut en outre qu'on lui préſentât par écrit les motifs qui avoient empêché le parlement d'enregiſtrer ſes lettres. Cette cour fit dreſſer alors les longues remontrances qu'on nous a conſervées; on y lit que la Pragmatique-ſanction étoit le réſultat des conciles de Conſtance & de Baſle, qu'elle avoit été dreſſée du conſentement des princes du ſang, des évêques, des abbés, des communautés monaſtiques, des univerſités du royaume; que l'état & l'égliſe jouiſſoient d'une grande tranquillité depuis qu'on l'obſervoit; qu'on avoit vu dans les évêchés, des prélats recommandables par leur sainteté ; qu'on ne pourroit la détruire sans tomber dans quatre grands inconvéniens, la confusion de l'ordre ecclésiastique, la désolation de la France, l'épuisement des finances du royaume, & la ruine totale des églises. Cet écrit détaille chacune de ces conséquences, insistant toutefois davantage sur le premier & sur le troisième articles, prétendant que par la destruction de la Pragmatique on va donner lieu au rétablissement des réserves, des expectatives, des évocations de procès en cour de Rome, qu'ensuite on verra le royaume surchargé d'annates & d'une multitude d'autres taxes. On fait sentir combien ce transport d'argent hors du royaume est préjudiciable à l'état ; on rappelle à cette occasion les sommes qui avoient été payées à la chambre apostolique dans l'espace de trois ans, & l'on en fait monter le total à deux millions cinq cent mille écus d'or. L'université de Paris se joignit au parlement. A peine la déclaration de Louis XI eut-elle paru, que les docteurs en appelèrent sur le champ au concile général ; ils envoyèrent même des députés à Jouffroy, appelé alors le cardinal d'Albi, légat du pape, pour lui signifier l'acte d'appel. Tous ces mouvemens pour la Pragmatique empêchèrent encore cette fois sa destruction totale. Louis XI s'engagea encore à l'abolir entiérement, dans l'espérance que Sixte IV refuseroit la dispense dont le duc de Guienne, frère du monarque, avoit besoin pour épouser Marie de Bourgogne. La mort de ce jeune prince fit cesser ce motif ; Louis XI n'en parut pas moins disposé à terminer les contestations qui divisoient les cours de France &

de Rome : il traita même avec Sixte en 1472, par des envoyés qui, de concert avec le pape, arrêtèrent, entre autres choses, que le saint siége auroit six mois, à commencer par le mois de janvier, & les ordinaires six mois, à commencer par février, & ainsi de suite alternativement, dans lesquels ils conféreroient les bénéfices vacans, comme s'il n'y avoit aucune expectative. Mais cet accord n'eut pas lieu, & Louis, en 1479, tenta de rétablir la Pragmatique, dans une assemblée tenue à Lyon, qui en rappela les dispositions principales. Louis XII confirma ce décret dès son avénement à la couronne, & jusqu'en 1512 plusieurs arrêts du parlement en maintinrent l'autorité; ce qui n'empêchoit pas qu'on n'y dérogeât de temps en temps, sur-tout quand la cour de France étoit en bonne intelligence avec celle de Rome; au reste, la Pragmatique étoit toujours une loi de discipline dans l'église gallicane. Jules II crut qu'il étoit temps de rétablir pleinement son autorité par rapport aux bénéfices & au gouvernement ecclésiastiques. Il fit lire dans la quatrième session du concile de Latran, tenue le 10 décembre 1512, les lettres données autrefois par Louis XI pour supprimer la Pragmatique. Un avocat consistorial prononça ensuite un long discours, & requit l'abolition totale de cette loi. Un promoteur du concile demanda que les fauteurs de la Pragmatique, quels qu'ils pussent être, rois ou autres, fussent cités au tribunal de cette assemblée, dans le terme de soixante jours, pour faire entendre les raisons qu'ils auroient de soutenir un décret si contraire à l'autorité du saint siége. On fit droit sur le réquisitoire, & l'on décida que l'acte de monition seroit affiché à Milan, à Ast & à Paris, parce qu'il n'étoit pas sûr de le publier en France. L'adresse des envoyés du roi & la mort de Jules II ralentirent la vivacité des procédures. Enfin, Léon X & François premier, dans leur entrevue à Boulogne, conçurent l'idée du concordat, qui règle encore aujourd'hui la discipline de l'église gallicane. Le saint père, non content d'approuver ce traité par une bulle du 18 août 1516, abrogea par une autre bulle la Pragmatique, qu'il appelle *la corruption françoise établie à Bourges.* La vérification du concordat excita des mouvemens qui en suspendirent l'exécution; & lors même qu'il fut enregistré, on vit bien que la Pragmatique occupoit toujours le premier rang dans l'estime des ecclésiastiques & des magistrats françois. Reconnoissons néanmoins, avec M. de Marca (*), » que le concordat a rétabli la paix » dans l'église gallicane, & qu'il a fait plus de » bien au royaume que la Pragmatique sanction. » Il n'est pas étonnant que ce décret ait trouvé » dans sa naissance tant de contradicteurs. Le » clergé ne put voir tranquillement qu'on le » privoit d'un de ses plus beaux droits; il » sentit vivement cette perte; il en appela au » futur concile général: le parlement entra dans » ses vûes. Un changement si subit & si con» sidérable dans le gouvernement des églises, » étonnoit tous les esprits; il n'y avoit que le » temps & l'habitude qui pussent les calmer «. Nous ajouterons, qu'en faisant passer dans la main

(*) De concord., l. 6, p. 886, 3e. édit.

du ſouverain le droit d'élire les paſteurs, on pourvoit au gouvernement des égliſes de manière à n'exciter ni brigues ni violences; que d'ailleurs il eſt important pour la ſûreté du royaume, que nos rois placent dans les évêchés & dans les grands bénéfices, ceux de leurs ſujets dont ils connoiſſent la fidélité, & dont les talens s'étendent au maintien de l'ordre public, comme aux choſes de la religion.

Avant de finir ſur cette matière, nous examinerons quelques queſtions. D'abord, on demande ſi la Pragmatique a été dreſſée par toute l'aſſemblée de Bourges, comme quelques auteurs l'ont avancé, ou ſi elle eſt l'ouvrage du clergé convoqué dans cette aſſemblée. Le texte même lève les doutes qui pourroient s'élever à ce ſujet. Il dit formellement qu'il n'y a eu que les prélats & autres eccléſiaſtiques repréſentans l'égliſe de France, qui aient apporté des modifications aux décrets du concile, & même que les pères de Baſle n'envoyèrent leurs décrets qu'au roi & à l'égliſe. On en peut juger par les paragraphes de la préface, *quæ quidem*, *quibus attentè*, & *quæ omnia*. Le corps de la Pragmatique en renferme autant de preuves qu'il y a de titres: à la ſuite de chaque titre, l'aſſemblée accepte ou modifie les décrets; il eſt marqué à la fin du premier, que par l'aſſemblée on n'entend que les évêques & les autres eccléſiaſtiques qui repréſentent toute l'égliſe de France; *acceptavit & acceptat prout jacent, jam doctorum prælatorum, cæterorumque virorum eccleſiaſticorum ipſam eccleſiam repreſentantium congregatio ſæpè dicta.* Preſque tous les mots du paragraphe *ea propter*, qui contient l'approbation ou confirmation du roi, sont autant de preuves que la Pragmatique n'a été faite que par l'église de France.

Voici une autre question qui concerne l'autorité de la Pragmatique. On demande si elle a été faite dans le schisme. Plusieurs l'ont cru, fondés sur le témoignage du roi Louis XI, qui le dit dans une lettre au pape Pie II, *ut potè quæ in seditione & schismati tempore nata sit*; le pape Léon X le dit aussi dans une lettre rapportée dans le cinquième concile de Latran. Ce même pape avance dans le titre premier du concordat, que c'est le motif qui obligea Louis XI de l'abroger. Le parlement de Paris, dans ses remontrances, & le plus grand nombre de nos meilleurs auteurs, ont soutenu avec raison, que la Pragmatique n'a point été faite dans le schisme; une grande partie des décrets qu'elle renferme, ont été dressés, il est vrai, après que les brouilleries du concile de Basle avec Eugene IV eurent commencé. Le pape vouloit faire finir le concile ou le transférer; les pères assemblés s'y refusèrent, & firent plusieurs décrets contre le pontife. Mais le schisme ne commença qu'à la déposition d'Eugene en 1439, au mois de juin, & fut consommé par l'élection de Félix au mois de novembre de la même année. Or, l'assemblée de Bourges avoit accepté les décrets du concile de Basle avant cette époque, & le roi Charles VII les avoit confirmés le 7 juillet 1438. Il est même à remarquer que le vingt-deuxième titre de la Pragmatique, qui précède immédiatement la conclusion de l'église gallicane, est un décret du mois de mars 1436. D'ailleurs, le pape lui-même a confirmé les seize premières ſeſſions dans un temps où il n'y avoit pas de diviſion entre lui & les pères aſſemblés. En un mot, le titre de *l'autorité des conciles*, tiré de la première & de la ſeconde ſeſſion, ſuppoſe évidemment que le concile a pu faire tous les autres, ſans qu'on puiſſe les arguer de nullité, ſous prétexte que, n'ayant pas été agréables au ſaint père, ils ont été faits en temps de ſchiſme.

Il eſt donc certain que les décrets du concile de Baſle, inſérés dans la Pragmatique, émanèrent d'une autorité légitime. Mais, nous dira-t-on, de quel droit l'égliſe gallicane a-t-elle appoſé des modifications à un réglement qui devoit être révéré comme celui de l'égliſe univerſelle? Nous répondrons, avec l'auteur des mémoires du clergé, tome 10, page 58 & ſuivantes, que le roi & l'égliſe de France, aſſemblés à Bourges, n'ont pas voulu diminuer l'autorité du concile de Baſle, mais que les décret des conciles, ſur ce qui regarde la diſcipline extérieure & le gouvernement, ne doivent être reçus qu'autant qu'ils ſont utiles aux peuples qu'on veut conduire, & qu'il en faut de différens, ſuivant les circonſtances, les temps & les mœurs des états & des ſiècles. Les conciles généraux ont fait leurs réglemens de la manière la plus convenable à la plus grande partie des nations. Quoiqu'il y eût des pays qui paruſſent demander d'autres loix dans leur état préſent, les évêques de ces contrées n'ont pas cru devoir s'oppoſer aux décrets des conciles où ils ſe ſont trouvés; ils ont ſuppoſé que ces diſpoſitions regardoient ſeulement les peuples & les égliſes placés dans certaines circonſtances, & qu'ailleurs on y appoſeroit les modifications néceſſaires pour les rendre utiles. Tels ſont les vrais principes conſacrés dans la préface de la Pragmatique, §. *quæ omnia*. Ces règles ſur la diſcipline de l'égliſe ſont bien expliquées dans le procès-verbal de la chambre eccléſiaſtique des états de 1614, au ſujet du concile de Trente, dont cinquante-cinq prélats du clergé demandoient la réception avec certaines modifications. Cette manière de recevoir les décrets des conciles généraux en matière de diſcipline, n'eſt point nouvelle; les grandes égliſes ont été perſuadées, dans tous les temps, que, ſans faire injure à ces aſſemblées, on pouvoit maintenir les coutumes anciennes dont les peuples étoient édifiés, & qui convenoient aux circonſtances. On ſait la vénération que toutes les égliſes avoient pour le premier concile de Nicée; c'eſt néanmoins un ſentiment ordinaire, que le vingtième canon de ce concile, qui ordonne de prier debout aux jours de dimanche, & depuis pâques juſqu'à la pentecôte, n'a point été ſuivi dans pluſieurs égliſes, & ſur-tout dans celles d'Occident, qui conſervèrent toujours leur uſage de prier à genoux. Chaque pays a eu ſes règles & ſes coutumes particulières, non ſeulement dans ce qui concerne l'ordre & les cérémonies du ſervice divin, la ſolennité des fêtes, & les autres choſes de diſcipline, que l'on regarde comme moins conſidérables, mais auſſi dans les empêchemens qui peuvent rendre nuls les mariages des catholiques, & ſur d'autres points dont les ſuites ſont conſidérés comme moins importantes.

Alexandre III, dans une réponſe à un évêque d'Amiens, rapportée dans la collection de Bernard de Pavie, la première des anciennes collections des décrétales, liv. 4, tit. 16, *de frigidis & maleficiatis*, §. 3, c. 3, suppose qu'un mariage reconnu à Rome pour légitime, pourroit être nul en France. On croit devoir ajouter sur les usages de l'église gallicane, que plusieurs, qui lui étoient particuliers, sont devenus la discipline générale de toute l'église.

La coutume de faire publier des bans, pour empêcher les mariages clandestins, a commencé dans l'église de France, & a été érigée en loi générale par un décret d'Innocent III, rapporté dans le cinquante-unième canon, entre ceux qui sont attribués au quatrième concile de Latran tenu en 1215, & par les pères du concile de Trente, sess. 24, cap. 1. Il en est de même de l'usage observé dans les chapitres, d'affecter une prébende pour la subsistance du théologal, & une autre pour la préceptoriale, qui a passé du clergé de France dans toute l'église.

Ce que nous venons de dire nous a paru d'autant plus important, qu'il justifie les modifications apposées par l'assemblée de Bourges aux décrets du concile de Basle, & qu'il nous fait voir dans l'ancienneté des coutumes qui nous ont été propres, un des principaux fondemens de nos franchises & de nos libertés.

Enfin, la question la plus utile sur la Pragmatique, est de savoir quelle autorité on lui donne dans l'usage de notre siècle; si une partie de ses dispositions fait encore la règle de notre discipline, ou si elle y est regardée comme abrogée dans toutes ses parties.

Quelques auteurs ont avancé que la Pragmatique est entiérement abrogée dans l'église de France. Ils sont fondés sur le discours de Pie II,

II, dans l'assemblée de Mantoue; sur la lettre de Louis XI au même pontife (*); sur plusieurs bulles & actes de Jules II & de Léon X, & spécialement sur la bulle de ce dernier pape, *pastor æternus*; mais cette opinion ne peut plaire qu'à des ultramontains, pour qui tous les décrets de Rome sont des oracles. C'est la doctrine commune du royaume, que les articles de la Pragmatique non contraires à ceux du concordat qui y sont suivis, n'ont pas été abrogés; plusieurs même ont été confirmés par d'autres ordonnances & par la jurisprudence des arrêts: les articles dont le concordat ne parle point, ont été conservés. François I s'en explique assez clairement dans le préambule, lorsqu'il expose les raisons qui l'ont déterminé à conclure ce traité avec Léon X. *Ità confecta temperataque sunt ea conventa, ut pleraque Pragmaticâ sanctionis capita, firma nobis posthac, rataque futura sint, qualia sunt ea quæ de reservationibus in universum aut sigillatim factis statuunt, de collationibus, de causis, de frustatoriis appellationibus, de antiquatione constitutionis clamentinæ quam litteris vocant, de liberè quietèque possidentibus, de concubinariis, quædamque alia quibus nihil iis conventis, derogatum abrogatumque fuit, nisi (si in quibusdam capitibus nonnulla interpretenda, immutandave censuimus), quod ità referre utilitatis publicæ arbitraremur.* Les gens du roi disent la même chose dans l'avis qu'ils donnèrent en 1586, sur les sommes que les offi-

(*) Et non pas à Jules II, comme il est dit dans les mémoires du clergé, tome 10, page 79.

ciers du pape entreprenoient de faire lever dans le royaume. *Le concordat n'a derogé à la Pragmatique, sinon ès points qu'il a expressément corrigés ou révoqués.* On doit observer néanmoins qu'il y a des articles dans la Pragmatique dont il n'est point parlé dans le concordat, & qui ne sont pas suivis; tel est le titre 8, *de numero & qualitate cardinalium*, qui n'est pas observé; tel est le titre 9 *de annatis*. Ainsi, il peut y avoir des articles de la Pragmatique concernant le pape & la cour de Rome, qui ne soient plus en usage, quoiqu'ils ne soient point mentionnés dans l'accord des restaurateurs des lettres; mais ceux qui règlent la discipline intérieure de l'église de France ont toujours force de loi, s'ils n'ont pas été révoqués : on a maintenu dans toute leur vigueur les titres qui regardent la célébration de l'office divin, & ceux qui suivent, jusqu'à la conclusion de l'église gallicane. Plusieurs arrêts confirment cette explication. Le chapitre d'Orléans avoit dressé des statuts contraires aux réglemens de la Pragmatique, *quomodò divinum officium sit celebrandum, quo tempore quisque debeat esse in choro. Qualiter horâ canonicæ sint dicendæ, & de his qui tempore divinorum officiorum vagantur per ecclesiam.* Le procureur général du parlement de Paris se rendit appelant comme d'abus de ces nouveaux statuts, qui furent annullés par arrêt du 5 août 1535. Il paroît, par un arrêt de la même cour, rendu le 1 janvier 1551, que, peu de temps après, le chapitre d'Orléans ayant cessé d'exécuter ce réglement, le parlement réitéra ce qu'il avoit ordonné. Autres arrêts rendus contre le chapitre de saint Etienne de Troies, le 12 octobre 1535; le chapitre de ſaint Pierre de Mâcon, le 11 juillet 1672; le chapitre de Meaux, le 5 août 1705. Il eſt ordonné par celui-ci, » que les doyen, » chanoines & chapelains, & autres du clergé » de ladite égliſe, ſeront tenus d'obſerver l'ar- » ticle de la Pragmatique tiré du concile de » Baſle, au titre *quo tempore quiſque debeat eſſe » in choro*. Et en conſéquence, que nul ne ſeroit » payé de la rétribution fixée pour les heures » de l'office, s'il n'y a aſſiſté, à moins d'une » excuſe légitime au cas de droit «. On en rapporte quelques autres, tome 10 des mémoires du clergé, page 84, 85 & 86.

Nous ne croyons pas pouvoir terminer nos recherches ſur la Pragmatique d'une manière plus intéreſſante pour le lecteur, qu'en tranſcrivant ce que dit l'auteur du clergé de France dans ſon diſcours préliminaire, page 38, tome 1. » La » Pragmatique, revêtue de l'autorité de Charles » VII, éleva un mur de ſéparation entre les » cours de France & de Rome. Louis XI oſa » l'abattre; mais, changeant au gré des caprices » de ſa politique, il tenta de le rétablir. Sixte » IV ſut temporiſer, & le nuage ſe diſſipa. Bien » différens de ces deux hommes, Louis XII & » Jules II firent éclater leurs querelles. Au lieu » de ménager ſon ennemi par des délais, à » l'exemple de Sixte, Jules, ardent & belli- » queux, ſe montra auſſi prompt à prendre les » armes qu'à lancer des anathêmes. Au lieu de » ſe borner à des menaces, comme Louis XI, » Louis XII ſe vengea par des procédures mal » entrepriſes & mal ſoutenues. Léon X & Fran- » çois I ouvrirent une ſcène nouvelle; les reſ- » taurateurs des lettres le furent de la diſcipline

» eccléſiaſtique. François acquit plus de gloire à » Boulogne que dans les champs de Marignan. » Quoi de plus capable de ſignaler ſon règne, » que le concordat, ce chef-d'œuvre de ſageſſe » & de juſtice ? Préparé par les lumières d'une » triſte expérience, établi par le concours des » deux autorités, cimenté par les contradictions, » ce traité ſi libre a fait ceſſer les brigues, » les réſerves, & l'abus des expectatives «.

Voyez les mémoires du clergé, tome 10; le commentaire de Coſme Guymier, édition de Pinſſon; juriſprudence canonique de la Combe; hiſtoire de l'égliſe gallicane, tome 16 & 17. Voyez auſſi CONCORDAT.

(*Article de M. l'abbé* REMY, *avocat au parlement*).

PRATICIEN. C'eſt celui qui entend l'ordre & la manière de procéder en juſtice, & qui ſuit le barreau.

Et quand on parle d'un *Praticien*, ſimplement, on entend quelqu'un qui n'a d'autre emploi que de poſtuler dans une petite juridiction ſeigneuriale.

Les juges abſens peuvent être ſuppléés par de ſimples Praticiens, à défaut de gradués. C'eſt ce qui réſulte des articles 25 & 26 du titre 24 de l'ordonnance du mois d'avril 1667.

Obſervez que les procureurs ſont regardés comme les premiers Praticiens, & que quand il ne ſe trouve point de gradués dans un ſiége, ils tiennent la place du juge & en rempliſſent les fonctions, ſuivant l'ordre de leur réception.

PRATIQUE. Voyez PRATICIEN, PROCÉDURE, PROCÈS.

PRÉ. Terre où croît l'herbe dont on fait le foin.

Les habitans de plusieurs provinces du royaume ont obtenu la permission de clore les Prés & autres heritages qui leur appartiennent.

Les habitans du Boulonnois ayant représenté au roi que la renclôture des Prés & pâtures étant d'une utilité généralement reconnue, il y auroit peu d'endroits où le parcours fût aussi nuisible que dans ce pays, & où il fût plus nécessaire d'y pourvoir, attendu que quoique toute leur richesse consistât dans le commerce de beurre & de bestiaux, les pâturages y étoient livrés à la merci du public pendant les deux tiers de l'année; que cet abus avoit sa source dans les dispositions mêmes de la coutume, dont l'article 131 défendoit de clorre plus du quint de son fief pour le tenir franc, & ne permettoit de renfermer qu'une mesure ou cinq quarterons de terre en roture, à la charge même d'y faire une maison & un jardin; tandis que l'article 132 ne réservoit la jouissance des riets & pâturages aux propriétaires que depuis le 15 mars jusqu'au premier août, auquel temps ils devoient être abandonnés à l'usage du public, ainsi que les Prés, soit qu'ils fussent fauchés ou non; qu'il résultoit de là que les cultivateurs, privés de la seconde herbe de leurs Prés, & réduits à ne jouir des pâturages que l'espace d'environ quatre mois, perdoient plus du tiers de leur produit, & étoient obligés, ou d'avoir moins de bestiaux, ou de multiplier leurs pâtures, en diminuant leurs terres labourables, déjà insuffisantes pour les nourrir; au moyen de quoi ils supplioient sa majesté de rendre communs au Boulonnois les édits rendus sur le fait des renclôtures pour le Béarn, la Franche-Comté, la Lorraine, la Champagne & autres provinces du royaume : en conséquence, le roi a rendu au mois de septembre 1777 un édit que le parlement a enregistré le 19 décembre de la même année, & qui contient les dispositions suivantes :

» Article I. Nous permettons à tous propriétaires, cultivateurs, fermiers & autres nos sujets du comté & gouvernement du Boulonnois, de clorre les terres, Prés, champs, & généralement tous les héritages de quelque nature qu'ils soient, qui leur appartiennent ou qu'ils cultivent, en telle quantité qu'ils jugeront à propos, soit par des fossés, haies vives ou sèches, ou de telle autre manière que ce soit.

» 2. Les terreins qui auront été ainsi enclos ne pourront à l'avenir, & tant qu'ils resteront en cet état de clôture, être assujettis au parcours, ni ouverts à la pâture d'autres bestiaux que de ceux à qui lesdits terreins appartiendront ou seront affermés, interprétant à cet effet & dérogeant même, en tant que de besoin, à toutes loix, coutumes, usages & réglemens à ce contraires.

» 3. La clôture des héritages ne pourra néanmoins avoir lieu, au préjudice du passage des bestiaux, pour aller sur les terreins qui resteront ouverts à la vaine pâture, ni de celui des charrues & voitures pour la culture des terres & l'enlèvement des récoltes; & à cet effet tout propriétaire ou fermier sera tenu de laisser ledit passage libre sur son terrein, s'il y est assujetti,

» ou qu'il ne puisse les clorre sans intercepter le » passage, aux charges de droit.

» 4. Les clôtures d'héritages se feront à frais » communs entre les propriétaires d'iceux, s'ils y » consentent; &, en cas de refus des proprié- » taires voisins, l'emplacement de la clôture sera » pris sur le terrein que l'on voudra clorre, en » laissant pour les haies vives le rejet prescrit par » la coutume. Si donnons en mandement &c «.

Par arrêt du 7 juin 1779, le parlement de Paris, en renouvelant les dispositions des ordonnances & arrêts de réglement concernant le glanage, a fait défense à ceux à qui il est permis de glaner, de se servir, pour glaner dans les prairies & dans les terres ensemencées en luzernes, trêfles, bourgogne, sainfoin, & autres herbes de cette nature, de rateau ayant des dents de fer, ni d'aucun autre instrument semblable où il peut y avoir du fer, sous peine de vingt livres d'amende contre les contrevenans, même d'être procédé extraordinairement contre eux, suivant l'exigence des cas.

PRÉBENDE. Ce mot vient du terme latin *Præbenda*, dérivé du verbe *præbere*, qui signifie donner, offrir, & rendre. On l'emploie pour désigner le droit de percevoir certains revenus dans les églises cathédrales ou collégiales. C'est du moins la définition qu'en donnent la plupart des auteurs. Il seroit cependant plus exact de dire que la Prébende est la portion même de revenu affectée à chaque canonicat, plutôt que le droit de percevoir cette portion de revenu. Le droit, en effet, de les percevoir, n'est point distingué du titre même du canonicat, & il en fait partie, comme une récompense & l'honoraire des offices que le chanoine est obligé de remplir, *beneficium propter officium.* Ainsi quoique les curés, en vertu de leurs titres & à raison de leurs fonctions, soient fondés à percevoir les dixmes de leur paroisse, ou du moins à percevoir sur ces dixmes la quotité fixée par les loix pour leur subsistance, & qu'on appelle *portion congrue*, on n'a jamais dit que cette portion fût le droit qu'avoient les curés de prendre leur subsistance sur les dixmes; mais, au contraire, que ce droit, dont ils devoient jouir, leur assuroit la portion congrue, ou que la portion congrue étoit la plus petite mesure de ce droit, & celle qu'il falloit nécessairement leur accorder. Il auroit fallu, ce semble, s'exprimer de la même manière par rapport aux Prébendes, & n'en pas faire une sorte de droit distinct & séparé des titres des canonicats. A la vérité, les collations des canonicats renferment toutes le mot de *canonicat* & celui de *Prébende.* Les collateurs y disent qu'ils confèrent l'un & l'autre *canonicatum & Præbendam*; mais cela ne veut pas dire qu'ils confèrent deux droits différens. Le mot de *Prébende* n'est ajouté dans les actes de collation à celui de *canonicat*, que par forme d'accessoire & pour désigner l'objet qui doit fournir au titulaire les revenus de sa place & les honoraires de ses fonctions. Aussi les chanoines ne prennent-ils qu'un seul acte de possession, qui affecte également le canonicat & la Prébende; le premier comme titre, la seconde comme suite, effet & dépendance de ce titre.

L'usage de ce mot pour désigner la portion affectée à chaque chanoine, a pu venir de ce qu'autrefois, & pendant la communauté des biens dans les chapitres, on donnoit à chacun certaines portions de revenu pour leurs besoins particuliers & personnels, indépendamment de ce qu'ils trouvoient dans le cloître pour les besoins communs de la vie. On appeloit ces portions *Prébendes*, & on leur a conservé ce nom depuis la division qui s'est faite des biens communs, pour en former les canonicats particuliers.

Il auroit paru juste, lors de ces divisions, de rendre toutes les Prébendes égales, c'est-à dire, d'affecter à chaque titre de canonicat un revenu pareil à celui des autres titres semblables dans la même église, puisque dans l'origine tous les chanoines étoient égaux. C'est même encore le droit commun, auquel les chanoines peuvent revenir, lorsqu'il n'y a point de titre ou d'usage contraire légitimement établis. L'on doit convenir cependant qu'il y a eu des motifs bien capables de faire admettre quelque inégalité dans les revenus des canonicats d'une même église. Il étoit à propos d'accorder une distinction aux canonicats auxquels on ajoutoit, soit une dignité, soit quelque office ou fonction qui entraînoient des dépenses particulières; il étoit bon de même de ménager & d'assurer des secours plus abondans à ceux qui, après avoir servi plus long-temps l'église, se trouvoient exposés à de plus grands besoins, soit par leur âge, soit par leurs infirmités. Lorsque l'inégalité des Prébendes ou des revenus des canonicats portent sur des établissemens de cette nature, on ne sauroit la blâmer. Il faut la respecter également lorsqu'elle vient de la fondation même des canonicats. Il y a quelques églises où chacun de ces bénéfices ont été fondés séparément ; il y faut conserver à chacun ce que sa fondation lui donne.

On dit communément que les Prébendes peuvent être séparées & divisées ; que l'on peut d'une en faire deux, & qu'il n'en est pas de même des canonicats, qu'on ne sauroit ainsi diviser. Il seroit difficile de rendre une bonne raison de cette prétendue distinction. Si la Prébende est le droit de toucher certains revenus, ou, comme nous l'avons dit, si elle est ce revenu même attaché au titre d'un canonicat, comment toucher à l'un, sans affecter l'autre ? Quand d'une Prébende on en fait deux, il faut nécessairement que le titre même du canonicat soit supprimé, soit pour en former de nouveaux titres, soit pour affecter les revenus du canonicat supprimé à quelque autre destination. Quelquefois aussi on supprime un certain nombre de canonicats & de Prébendes, pour rendre plus avantageux les titres que l'on conserve ; mais, de quelque manière que l'on procède, le sort du canonicat se trouve toujours lié à celui de la Prébende.

Ce qui a peut-être plus contribué à faire envisager les Prébendes comme distinguées des canonicats & formant des droits séparés, c'est que dans certaines églises il y a des Prébendes affectées à des fonctions ou à des objets qui ne peuvent convenir à des chanoines ; mais il s'ensuit seulement que lors de la division primitive, ou par des arrangemens postérieurs, on a cru devoir attacher à ces fonctions, ou destiner à ces objets une portion de revenus égale à celle aſſignée à chaque canonicat, que l'on a appelée du nom commun de *Prébende*, ſans que l'on puiſſe en inférer que les portions attachées effectivement à des canonicats, forment un droit différent de celui des canonicats mêmes.

Il y a une eſpèce de bénéfices connue ſous le nom de *ſémi-Prébende*. Ces bénéfices ont été formés pour la plupart de la diviſion des revenus affectés à un canonicat dont on a ſupprimé le titre pour en former des places inférieures, deſtinées à ſervir de récompenſes ou de titres aux clercs attachés aux chapitres (*), & l'on a tiré le nom de ces bénéfices, de celui des revenus employés à leur dotation, afin d'en marquer par-là l'origine. Quelques ſémi-Prébendes ont auſſi été établies dans la même vûe que les autres, mais ſans extinction d'aucun canonicat, & aux dépens ſeulement de la menſe capitulaire, ou par le retranchement d'une portion des revenus affectés à chacun des canonicats dans les chapitres qui n'avoient point de menſe capitulaire diſtincte du fonds des revenus des canonicats eux-mêmes. On a donné à ces bénéfices,

---

(*) Dans quelques égliſes les ſémi-Prébendes ſont *affectées* excluſivement aux enfans de chœur.

Par arrêt du 29 juin 1575, le chapitre de la cathédrale d'Angers fut reçu appelant comme d'abus des proviſions d'une des ſémi-Prébendes de cette égliſe, appelé *Corbeillière*; & il fut fait défenſe de conférer à l'avenir aucune des ſémi-Prébendes à d'autres qu'aux enfans de chœur de la même égliſe.

comme aux autres, le nom de sémi-Prébende, soit pour marquer leur origine, soit pour faire connoître leur infériorité à l'égard des canonicats qui donnent droit à la Prébende entière. Dans quelques chapitres, les pourvus de ces sémi-Prébendes sont décorés du nom de chanoines, mais avec cette addition, chanoines sémi-Prébendés; ils n'ont dans d'autres que la simple qualification de bénéficiers ou de chapelains; on les appelle quelquefois vicaires, parce qu'ils ont été principalement établis pour suppléer au défaut des malades, des vieillards, & des absens. Il y a des chapitres où les chanoines sémi-prébendés n'ont ni voix, ni séance, ni même entrée aux assemblées capitulaires : il y a d'autres chapitres où ils entrent & ont séance dans ces assemblées, mais seulement la moitié d'une voix, de sorte qu'il est nécessaire que deux de ces chanoines sémi-Prébendés concourent au même avis, afin que leurs suffrages soient comptés, & ils ne le sont alors que pour une voix. Sur tous ces points, lorsque le titre de fondation n'est pas représenté, la grande règle est de s'en rapporter aux usages de chaque église, à moins que ces usages n'aient quelque chose de contraire à la discipline générale de l'église & à la jurisprudence des tribunaux. Mais si quelques arrêts ont été déjà rendus en faveur de ces mêmes usages, ils acquièrent une nouvelle force, & ne peuvent plus être attaqués.

Voyez les loix ecclésiastiques; recueil de jurisprudence canonique; mémoires du clergé; définitions du droit canonique, revues par P. Castel, &c. Voyez aussi les articles CANONICAT,

CHANOINE, CHAPITRE, CATHÉDRALES, COLLÉGIALES, &c.

(*Article de M. l'abbé* REMY, *avocat au parlement.*)

PRÉCAIRE. Ce mot, dans son étroite signification, ne signifie qu'un prêt revocable à la volonté de celui qui l'a fait (*).

Comme la possession Précaire n'est que l'effet de la tolérance du propriétaire, elle ne donne aucun droit au possesseur, elle est opposée à la possession du propriétaire; c'est de là que dans l'usage on se sert de ce terme pour exprimer en général toute autre possession que celle du propriétaire, & que celui qui à titre de prêt, d'usufruit, de nantissement; que le mari, la douairière, celui qui fait les affaires d'un absent, les tuteurs, curateurs, syndics, économes, administrateurs, sequestres, & généralement tous ceux qui possèdent pour autrui, sont dits n'avoir qu'une possession Précaire.

Le terme de Précaire emporte tellement l'idée d'une possession de la chose d'autrui, qu'on s'en sert pour exprimer une tradition feinte. C'est ainsi qu'un vendeur, qu'un donateur, qui retiennent sur la chose vendue ou donnée un droit d'usufruit, déclarent ne tenir cette chose qu'à titre de constitut & Précaire; ce qui signifie qu'ils ne possèdent pas pour eux, mais qu'ils se reconnoissent débiteurs de cette chose. Car le

---

(*) Precarium est quod precibus petenti utendum conceditur, tamdiù, quamdiù is qui concessit patitur. *L.* 1, ff. *de Precario.*

terme de conſtitut ſignifie la reconnoiſſance d'une dette (*).

Lauriere, ſur l'article 275 de la coutume de Paris, reprend avec raiſon Auzanet, pour avoir dit que ces termes conſtitut & Précaire, étoient inutiles, parce que dans l'uſage il n'y a que la ſimple rétention d'uſufruit qui donne la faculté au donateur de retenir la poſſeſſion & la jouiſſance de la choſe donnée. Il peut ſe rencontrer des circonſtances, où, ſans s'être réſervé d'uſufruit, le donateur reſte, au moins pendant quelque temps, en poſſeſſion de la choſe donnée. Suppoſez, par exemple, un particulier qui donne une maiſon de campagne à une perſonne abſente; la donation eſt acceptée par un fondé de procuration ſpéciale : le donateur continue d'occuper la maiſon pendant un temps aſſez conſidérable, & meurt avant le donataire. Si la donation ne porte pas la clauſe de conſtitut & Précaire, le donateur ſera décédé en poſſeſſion de la choſe donnée, il n'y aura eu aucune eſpèce de tradition, & la donation ſera ſuſceptible d'être annullée. Si au contraire le contrat porte la clauſe de conſtitut, la donation ne courra plus les mêmes riſques, parce que cette clauſe opère une tradition feinte. Il en ſeroit de même ſi le donateur eût livré la choſe donnée, & que le donataire ou ſon fondé de procuration la lui eût remiſe pour la tenir à titre Précaire, c'eſt-

(*) Conſtitutum eſt conventio quâ quis reſpondet. . . . ſoluturum ſe quod ipſe vel alius debet. Cujacii paratitla. *In tit. digeſt. de pecuniâ conſtitutâ.* Voyez l'introduction à la pratique de Ferriere.

à-dire, comme une espèce de prêt, jusqu'à ce qu'il plût au donataire de l'occuper lui-même; il ne fait en ce cas que ce qu'un propriétaire partant pour un voyage, feroit à l'égard d'un de ses amis, auquel il laisseroit la liberté de jouir de sa maison pendant son absence.

La coutume de Paris, dans l'article cité, distingue très-bien les deux cas. » Ce n'est donner » & retenir (porte cet article), quand l'on donne » la propriété d'aucun héritage, retenu à soi l'u» sufruit, à vie ou à temps, *ou quand il y a » clause de constitut ou Précaire, & vaut telle » donation* «.

La possession Précaire, quelque longue qu'elle soit, ne peut opérer la prescription. La raison en est évidente; la prescription n'est que la confirmation, l'assurance que la loi donne à celui qui a joui pendant le temps qu'elle a déterminé, de ne pas être troublé à l'avenir dans sa jouissance. La loi ne peut donner cette assurance qu'à celui qui a joui comme propriétaire, comment la maintiendroit-elle dans celui qui a joui précairement, qui possédoit pour un autre, puisque par la nature même de sa possession il étoit obligé de la restituer?

Non seulement le possesseur lui-même, mais encore ses héritiers ne peuvent pas prescrire, parce qu'ils représentent leur auteur, & que leur qualité n'opère pas de changement dans la possession qui leur est transmise. On a cependant douté, dans cette espèce, si l'héritier de celui qui jouissoit à titre d'usufruit, n'étant pas lui-même usufruitier, ne pouvoit pas prescrire. La raison de douter étoit, que l'usufruit finit par la mort de l'usufruitier; l'héritier ne ſuccède par conſéquent pas à cet uſufruit qui ne ſubſiſte plus ; le titre de ſa poſſeſſion eſt changé par la nature de la choſe ; & s'il continue de poſſéder, ce n'eſt plus au même titre que ſon auteur, mais d'une manière qui lui eſt propre & particulière. On décide cependant au contraire, que le vice qui ſe trouve dans la poſſeſſion du défunt, nuit à l'héritier, quand même il ignoreroit ce vice, parce qu'il faut remonter au principe : l'heritier tient ſon droit du défunt ; il eſt tenu de toutes les obligations du défunt, & ne peut pas preſcrire, parce que ſon auteur ne l'auroit pu faire.

Quoique le poſſeſſeur Précaire ni ſon héritier ne puiſſent pas preſcrire, ils peuvent cependant, par leur fait, donner ouverture à la preſcription. En aliénant la choſe, le nouvel acquéreur qui poſſède *animo domini*, pourra acquérir la preſcription, quoiqu'il tienne ſon droit d'un poſſeſſeur Précaire. Il y a cette différence entre le ſucceſſeur à titre particulier & le ſucceſſeur à titre univerſel, que le premier n'eſt pas tenu des faits du défunt comme le ſecond.

Il eſt cependant des cas où le poſſeſſeur Précaire peut preſcrire : 1°. lorſqu'il a acquis la choſe de celui qu'il croyoit en être le propriétaire. Dans ce cas, il ne faut plus le conſidérer comme un poſſeſſeur Précaire, mais comme un acquéreur.

2°. S'il y a eu contradiction, par exemple, s'il a été aſſigné en reſtitution, & qu'il ait ſoutenu dans ſes défenſes qu'il jouiſſoit comme propriétaire, la preſcription commencera à courir du jour de la contradiction ; mais il faut que les actes de contradiction ſoient formels & poſitifs,

sitifs, en sorte qu'on puisse justifier qu'on a eu dessein de posséder ce qu'on a prescrit; car il ne siéroit pas, par exemple, à celui qui prétendroit un droit de servitude sur un fonds; de soutenir qu'il en a toujours joui, s'il ne disoit en même temps qu'il en a joui en vertu de son droit. Ce ne seroit pas assez qu'un fermier prétendît jouir comme maître, s'il ne l'avoit pas manifesté par quelque acte, quand même il demeureroit cent ans sans payer le prix de la ferme, parce qu'il paroîtroit toujours au dehors sous la qualité de fermier.

Voyez l'introduction à la pratique de Ferriere; les titres du digeste & du code de Precario; *les pandectes de Pothier; de Lauriere sur l'art. 272 de la coutume de Paris, & les autres commentateurs; Ricard, traité des donations; Dunod, traité des presciptions; traité de la possession de Pothier, &c.* Voyez aussi CONSTITUT.

(*Cet article est de M. LAFOREST, avocat au parlement.*)

PRÉCIPUT LÉGAL. C'est ainsi que bien des auteurs appellent le droit que plusieurs coutumes accordent au survivant des époux, & qui consiste, ou dans la propriété des meubles, ou dans l'usufruit des acquêts faits durant le mariage, ou dans l'un & l'autre de ces avantages tout à la fois.

On appelle dans l'usage, ce droit, Préciput légal, pour le distinguer du préciput conventionnel que l'on stipule ordinairement dans les contrats de mariage: la loi, c'est-à-dire la coutume, donne le premier; le second dérive des conventions du mariage: l'un & l'autre n'appartiennent qu'au survivant des époux, & sont appelés par cette raison gains de survie.

Les coutumes dans lesquelles le Préciput légal est introduit, varient beaucoup entre elles, soit sur le nom qu'elles lui donnent, soit sur les objets dont elles le composent, soit sur les conditions qu'elles exigent pour qu'il y ait ouverture, soit enfin sur les charges dont elles grèvent le survivant qui en profite.

On ne connoît aucune coutume qui le nomme Préciput : quelques unes l'appellent privilége des nobles, par la raison sans doute qu'elles ne l'accordent qu'aux époux nobles, & même à ceux là seulement qui vivent noblement. D'autres coutumes l'accordent aussi aux époux roturiers : celles-ci ne veulent qu'il ait lieu que dans le cas où il n'y a pas d'enfans ; celles-là au contraire n'en font jouir le survivant que lorsqu'il a des enfans de son mariage ; enfin, dans des coutumes il consiste dans la propriété des meubles, & dans d'autres, il comprend encore l'usufruit des acquêts faits durant le mariage.

Malgré cette grande diversité des coutumes sur le Préciput légal, on va tâcher d'établir un ordre qui fera connoître leurs différentes dispositions sur cette matière. On examinera, 1°. quelles sont les personnes à qui le Préciput légal appartient, & en quels cas.

2°. S'il est nécessaire d'être noble pour pouvoir jouir de cet avantage.

3°. S'il est nécessaire qu'il y ait communauté entre les conjoints, pour donner ouverture à ce droit.

4°. On parlera de la coutume de Cambrai

qui ne l'accorde au survivant que lorsqu'il possède un fief.

5°. Si les enfans sont ou ne sont pas obstacle au Préciput légal.

6°. Dans quelles coutumes il ne consiste que dans les meubles.

7°. Dans quelles coutumes il ne consiste que dans l'usufruit des acquêts faits durant le mariage.

8°. Dans quelles coutumes il consiste tout à la fois, & dans la propriété des meubles, & dans l'usufruit des acquêts faits pendant le mariage.

9°. De quelques formalités prescrites par quelques coutumes au survivant, avant & pour qu'il puisse jouir du Préciput légal.

10°. Enfin, quelles en sont les charges. Nous ferons en sorte de renfermer dans ces dix articles tout ce qui concerne le Préciput légal.

ARTICLE PREMIER.

Quelles sont les personnes à qui le Préciput légal appartient, & en quels cas.

Ce droit en général n'appartient qu'au survivant de deux conjoints par mariage : deux choses sont principalement & généralement requises pour qu'il ait lieu, savoir, le prédécès de l'un des époux, & la survie de l'autre.

Comme les coutumes qui admettent ce droit s'accordent à dire qu'il n'a lieu qu'après le *prédécès* ou *le trépas* de l'un des époux, il faut en conclure qu'il n'y a que la mort naturelle qui y donne ouverture : il seroit en suspens ſeulement par l'évènement de la mort civile, & ne ſe réaliſeroit qu'au moment de la mort naturelle de l'époux déjà mort civilement.

Le Préciput légal eſt un préſent que la loi fait au ſurvivant de deux conjoints qui ont alors leur domicile dans ſon territoire : comme cet avantage conſiſte le plus généralement en meubles, dont le ſurvivant recueille la propriété, & que les meubles ſe déſèrent par-tout dans les ſucceſſions, conformément à la coutume dans laquelle étoit domicilié celui qui les poſſédoit, c'eſt ſans doute à cauſe de cela que l'uſage & preſque tous les auteurs ſe réuniſſent pour faire dépendre l'exercice de ce droit, de la coutume dans laquelle, au moment de ſon ouverture, les époux avoient leur domicile.

Devroit-on accorder le Préciput légal au ſurvivant de deux époux, dans le cas d'une tranſlation de domicile faite dans le temps où il y avoit à craindre pour la vie du prédécédé, qui étoit déjà malade, dans une coutume où ce droit eſt introduit? Pothier répond que non, à cauſe de la fraude qui paroît avoir été le ſeul motif de ce changement de domicile.

On demande ſi un aubain, qui ſeroit venu s'établir en France, pourroit prétendre au Préciput légal : » Je ne le penſe pas, répond Pothier; car ce Préciput n'étant dû en vertu » d'aucune convention, même virtuelle & pré» ſumée, mais par le bénéfice du droit civil, il » ne peut être prétendu par un aubain, *qui » ſolius juris gentium communionem habet non juris » civilis* «.

Cette déciſion n'eſt-elle pas bien rigoureuſe? Si cet aubain, en venant s'établir en France, y avoit épousé une Françoise, on ne pourroit pas refuser à celle-ci, si elle survivoit à son mari, le Préciput légal ; pourquoi le refuseroit-on au mari, s'il étoit survivant, sur-tout dans les coutumes qui regardent ce gain de survie comme un soulagement qu'elles accordent à l'époux devenu veuf ? D'ailleurs on a presque entiérement aboli aujourd'hui ce droit d'aubaine ; & à l'égard des peuples pour lesquels on ne l'a pas encore supprimé, on a fait en faveur de la plupart une exception des meubles, qui sont communément l'objet du Préciput légal.

Quoique ce gain de survie fût regardé par quelques coutumes comme une espèce de succession, il est cependant certain que les époux peuvent y renoncer par leur contrat de mariage ; & dans ce cas le survivant des deux ne peut le réclamer.

Mais on demande si les époux qui sont convenus, par leur contrat de mariage, d'un certain Préciput que prendra le survivant, sont censés, par cela seul, avoir renoncé au Préciput légal ? Pothier, qui s'est fait cette question dans son traité de la communauté, nomb. 427, décide pour la négative, & en donne les raisons suivantes : » La disposition de la coutume, dit-il, qui donne » au survivant de deux époux nobles le droit » de prendre le total des meubles de la com- » munauté, à la charge des dettes mobilières » de ladite communauté, est un titre entiére- » ment différent du titre que forme la conven- » tion du Préciput portée par le contrat ; la » disposition de la coutume est un avantage que » la loi fait au survivant ; c'est un titre universel » auquel est attachée la charge des dettes de la

» communauté ; au contraire, le titre qui résulte » d'une convention de Préciput, portée par un » contrat de mariage, est un avantage que les » conjoints se font réciproquement ; ce n'est pas » un titre universel, ce n'est pas un titre au- » quel soit attachée la charge de payer les dettes, » ni aucune autre charge «.

Article II.

S'il est nécessaire d'être noble pour pouvoir jouir du Préciput légal.

La noblesse est requise par un grand nombre de coutumes dans l'époux survivant, auquel elles accordent le Préciput légal : voici celles qui exigent cette qualité. Paris, art. 238 ; Meaux, 49 ; Melun, 218 ; Sens, 83 ; Etampes, 98 ; Montfort-l'Amaury, 133 ; Mantes, 131 ; Senlis, 146 ; Clermont en Argonne, ch. 5, art. 8 ; Clermont en Beauvoisis, 189 ; Calais, 39 ; Laon, tit. 3, art. 20 & 21 ; Troies, tit. 2, art. 11 ; Chaumont en Bassigny, chap. 1, art. 6 ; Vitri-le-François, ch. 4, art. 74 ; Rheims, art. 279 & 281 ; Châlons, art. 28 ; Noyon, art. 31 ; Saint-Quentin, art. 3 ; Ribemont, art. 93 ; Chaulny, art. 17 & 18 ; Péronne, art. 126 ; Tours, art. 247 ; Château-Neuf en Thimerais, ch. 9, art. 66 ; Chartres, ch. 10, art. 57 ; Berry, tit. 8, art. 13 ; Poitou, art. 238 ; Sédan, tit. 4, art. 78 ; & Dreux, art. 103.

La plupart de ces coutumes exigent non seulement que les époux soient nobles, mais encore qu'ils aient vécu & vivent noblement, pour pouvoir jouir du Préciput légal : de sorte que, dans ces coutumes, deux époux nobles qui auroient, par l'exercice de quelque profession, dérogé à la noblesse, seroient exclus de ce droit. Quelques coutumes veulent seulement que les époux soient nobles, sans exiger qu'ils vivent noblement : telle est la coutume de Troies, tit. 2, art. 11, dont voici les termes : *Entre nobles, vivans noblement ou roturièrement, le survivant prend tous les meubles.* Telle est encore la coutume de Châlons, art. 29, suivant laquelle ce *bénéfice est accordé aux personnes extraites de noble lignée, encore qu'elles vivent roturièrement.*

On peut faire ici la question de savoir s'il est nécessaire que les deux époux soient l'un & l'autre d'extraction noble : il semble qu'on devroit la décider pour l'affirmative, d'après les textes de quelques coutumes : de ce nombre est celle de Valois, art. 62, qui s'exprime ainsi : *Le survivant de deux nobles conjoints par mariage, prendra de son chef la moitié des conquêts en propriété, & jouira de l'autre moitié sa vie durant par usufruit.* . . . . De ce nombre est encore la coutume de Sens, tit. 9, art. 85, dont voici les termes : *Quand l'un des deux mariés, issus & réputés de noble lignée, vivans noblement, va de vie à trépas, au survivant par coutume gardée entre nobles, pourvu qu'ils n'aient enfans, appartient* le droit de prendre les meubles. Les textes qu'on vient de rapporter sembleroient exiger la noblesse dans la femme, comme dans le mari, pour qu'elle pût jouir du préciput : cependant il faut dire que le mari noble communique à sa femme roturière sa noblesse & le privilége qui y est attaché, comme le décident plusieurs coutumes : celle de Valois, art. 65, dit qu'*une femme non noble, qui auroit été conjointe par mariage à un homme noble, après le trépas d'icelui, jouira du privilége de noblesse durant le temps de sa viduité.*

On trouve la même disposition dans les coutumes de Vitry, chap. 4, art. 68 ; Châlons, art. 28 ; Meaux, chap. 9, art. 49 ; Sédan, art. 78 ; Chaumont en Bassigny, chap. 1, art. 6.

Dans ces coutumes, où la noblesse est exigée dans les deux époux, & où la femme roturière est anoblie par son mari, à l'effet de jouir du Préciput, on peut encore faire la question de savoir si la femme en seroit privée dans le cas où elle convoleroit à de secondes noces avec un mari roturier : il semble que l'on doive décider que la femme ne perdra pas la propriété des meubles qu'elle aura gagnés après la mort de son premier mari ; mais qu'elle ne jouira pas d'un pareil avantage après la mort du second. On ne parle que pour les coutumes qui ne défendent pas les secondes noces au survivant des époux.

Cette double décision paroît résulter de l'article 5 de la coutume de Saint-Quentin, dont voici la disposition : » Et si desdits conjoints n'y avoit » que le mari noble, ce nonobstant sa veuve survivante peut prendre & avoir les meubles & » dettes ; car le mari noble anoblit la femme ; de » sorte que, durant & après leur mariage, elle est » réputée noble, & jouit des priviléges de la noblesse durant sa viduité : mais si elle se marie » à homme roturier, suit la condition d'icelui, » & perd lesdits priviléges de noblesse pour » l'avenir «.

Pour l'avenir, dit cette coutume ; c'est-à-dire que

la femme, dans le cas où elle deviendroit veuve du mari roturier qu'elle a épousé en secondes noces, ne gagnera pas les meubles; mais elle gardera ceux dont elle a eu la propriété à la mort de son premier mari.

Entre autres raisons que l'on peut en donner, on peut dire que ces meubles sont le prix des dettes qu'elle a acquittées; & comme le payement qu'elle fait de ces dettes est irrévocable, de même la propriété des meubles qu'on lui a donnés en cette considération doit être également irrévocable.

Après avoir cité les coutumes qui n'accordent le Préciput légal qu'aux époux nobles, il semble naturel de parler de celles qui n'en excluent pas même les époux roturiers, soit qu'elles les nomme formellement, comme Maine, art. 259; Anjou, art. 283; & Coucy, art. 2; soit que dans leurs dispositions elles accordent ce privilége au survivant des époux, sans aucune distinction entre les nobles & les roturiers, d'où l'on doit conclure que les uns & les autres y ont droit. Ces dernières sont plusieurs coutumes locales d'Artois, ou du bailliage & châtellenie de Lille, ou enfin de la ville & échevinage de Lille. De ce nombre est aussi la coutume de Luxembourg, tit. 8, art. 8; & la coutume de Bruxelles, art. 249.

ARTICLE III.

Est-il nécessaire qu'il y ait communauté entre les époux?

On ne connoît que la coutume du Maine qui renferme une disposition expresse à cet égard.

Elle est ainsi conçue dans l'article 299 : » Le » survivant de deux conjoints ensemble par ma- » riage, qui ont fait acquêt de choses immeu- » bles pendant leur mariage, *pourvu qu'au temps » du premier trépassé ils soient communs en biens*, » a droit de tenir icelui acquêt, moitié en pleine » propriété, & l'autre moitié par usufruit & viage » seulement «.

On peut inférer la même chose de quelques expressions répandues dans l'article 238 de la coutume d'Anjou.

A l'égard de la coutume de Paris, les auteurs ont fait résulter la nécessité de cette condition, des termes de l'article 131 de l'ancienne coutume, que l'on a fondu avec le 116e. dans l'article 238 de la nouvelle. Voici ces termes : L'époux survivant ...... *prendra les meubles qui communs étoient entre lui & le prédécédé.*

Dumoulin, sur l'article 116 de l'ancienne coutume de Paris, assure que cet article & le 131e n'ont d'application que lorsqu'il y a communauté entre les conjoints. *Loquuntur tantùm quando est communio.*

A l'exemple de Dumoulin, le Brun & Renusson ont aussi assuré la même chose. Le premier avoue cependant dans son traité des sucessions, liv. 1, chap. 7, nomb. 49, que *cette condition n'est pas expressé dans la coutume.*

La même opinion a été suivie par Argou dans son institution au droit françois, où il définit ainsi le Préciput légal : » C'est un avantage que quel- » ques coutumes donnent au survivant des deux » conjoints sur une certaine nature de biens dé- » pendans de la communauté. Le mot *Préciput* » signifie *hors part*, & suppose par conséquent

» qu'il y a une communauté à partager ; c'est » pourquoi la femme qui renonce à la communauté ne doit point jouir du Préciput qui est » introduit par la coutume «.

Pothier dans son traité de la communauté, nomb. 418, & dans son traité particulier du Préciput légal, pense » qu'il faut qu'il y ait eu communauté de biens entre les conjoints, qui subsiste au temps du prédécès «.

Enfin, d'Héricourt sur la coutume de Vermandois, art. 20 & 21, dit aussi » que le Préciput légal est une dépendance & une suite de » la communauté, & qu'il faut être en communauté pour en jouir, puisqu'il ne s'étend que » sur les biens qui étoient communs entre les » conjoints «.

D'autres auteurs ont une opinion contraire. De ce nombre sont, 1°. Bacquet, lequel, dans son traité des droits de justice, chap. 21, nomb. 75 ; tient que *le Préciput légal n'est point une suite de la communauté.*

2°. Buridan sur la coutume de Laon, & Billecart sur celle de Châlons, disent que le *Préciput légal procède du privilége de noblesse, & est un fait de succession & non de communauté.*

La Thaumassiere sur la coutume de Berry, titre 18, article 13, lequel dit encore, que *le gain déféré par cet article a lieu, soit qu'il y ait communauté ou non entre les conjoints, parce que la coutume ne leur donne pas cet avantage en conséquence de la communauté, ni à le prendre sur la communauté, mais indistinctement au survivant des conjoints entre nobles ; ce qui fait voir qu'il ne dépend aucunement de la communauté.... Et je n'ai*, ajoute-t-il, *jamais vu ſur cela faire de difficulté à nos anciens conſultans.*

Tous les commentateurs de la coutume de Poitou penſent auſſi que le Préciput légal peut avoir lieu, quoiqu'il n'y ait pas de communauté; on citera Boucheul, le plus récent d'entre eux, & qui a réuni les autres dans ſon ouvrage; voici comme il s'exprime ſur l'article 228 : *La coutume, dans ce privilége qu'elle donne au ſurvivant noble de prendre les meubles quand il n'y a point d'enfans, parle généralement, & ſans diſtinguer ſi les conjoints ſont en communauté de biens ou non : ce n'eſt pas parce qu'ils ſont communs en biens que la coutume défère le gain des meubles au ſurvivant, mais par un privilége de la nobleſſe; de ſorte que ce privilége n'étant pas une ſuite de la communauté, mais le droit de perſonnes nobles* in ſolatium ſterilitatis, *il doit avoir lieu lorſque ces deux cas ſe rencontrent.*

Cette queſtion, ſur laquelle on vient de voir que les auteurs ne ſont pas d'accord, a été jugée en grand'chambre le 31 juillet 1778, au rapport de M. Choart : elle s'étoit élevée dans la coutume de Poitou entre la veuve du ſieur le Bœuf, ſeigneur de la Noue, & ſes héritiers, dans l'eſpèce qui ſuit. Les ſieur & dame de la Noue avoient ſtipulé dans leur contrat de mariage, qu'*ils ne ſeroient pas communs*; que chacun d'eux adminiſtreroit ſéparément ſes revenus; que la femme, en cas de ſurvie, *auroit ſon douaire, & de plus une chambre garnie & ſon deuil.* Les deux époux demeurèrent d'abord aux Eſſarts; une incompatibilité d'humeurs & de caractères les ſépara volontairement l'un de l'autre; la femme ſe retira dans un couvent; le mari vint fixer sa demeure à Fontenay-le-Comte, où il mourut le 29 novembre 1776. Après son décès, sa veuve demanda son douaire, l'usufruit des acquêts, & la propriété des meubles. A l'égard de ces deux derniers objets, elle se fondoit sur l'article 238 de la coutume de Poitou, qui accorde le Préciput légal au survivant des époux nobles dans quelques lieux de la province de Poitou, au nombre desquels est Fontenay-le-Comte, où étoit décédé le sieur de la Noue. La contestation a d'abord été portée devant les juges de Fontenay-le-Comte, qui, par sentence du .... 1776, ont adjugé le douaire à la dame de la Noue, ainsi que la propriété des meubles, en lui refusant l'usufruit des acquêts.

Les héritiers ont appelé en la cour de ce jugement : à l'égard du douaire qu'ils avoient contesté devant le premier juge, ils s'en sont rapportés à justice ; ils se sont bornés à demander l'infirmation de la sentence, en ce qu'elle adjugeoit les meubles à la dame de la Noue : celle-ci n'a point appelé de la sentence au chef qui lui refusoit l'usufruit des acquêts. De sorte que sur l'appel il étoit question uniquement de savoir si la dame de la Noue, quoiqu'elle ne fût pas commune en biens avec son mari ni lors de son décès, ni même par son contrat de mariage, pouvoit cependant jouir du Préciput légal sur les meubles de son mari.

M. Garran de Coulon, défenseur des héritiers du mari, disoit, que soit que l'on consultât les dispositions de la coutume de Poitou, soit que l'on voulût lire celles des autres coutumes qui admettent le Préciput légal, soit que l'on remontât à l'origine & aux fondemens de ce droit; soit enfin que l'on eût recours aux suffrages des auteurs, il ne pouvoit y avoir de doutes pour la négative.

A l'égard des textes de la coutume, tous ceux où il est parlé du Préciput légal, supposent le cas de la communauté, & n'adjugent la totalité des meubles à l'époux survivant, que comme une exception au partage égal de la communauté: ce sont les meubles qui auroient été partagés par moitié en vertu de la communauté, qui sont recueillis par le suivant des conjoints, en vertu de son Préciput légal. Si ces textes n'étoient pas encore assez précis, ceux des autres coutumes se réuniroient pour prêter leur appui. Berri, Tours, Maine & Anjou disent, comme Poitou, que le privilége des nobles s'exerce sur les meubles qui seroient partagés par moitié en vertu de la communauté, ou même qu'il ne s'exerce qu'autant qu'*au jour du décès du premier trépassé les époux seront communs en biens.* Dans toutes ces coutumes, il est permis à la femme qui survit de renoncer au Préciput légal comme à la communauté; ce qui prouve qu'ils ont l'un & l'autre une même origine & les mêmes fondemens.

En effet, quel est l'objet de ce droit dans la plupart des coutumes? Ne sont-ce pas les meubles & les conquêts immeubles; n'est-ce donc pas de ces mêmes biens que la communauté coutumière est composée? Ne suit-il pas de là que le Préciput légal a les mêmes fondemens que la communauté?

Quant à son origine, on en trouve les premières traces dans le grand coutumier de France, composé sous Charles VI ; voici ce qu'on y lit, livre 2, chapitre 41 : » L'on dit communément » qu'un noble a élection de prendre tous les » meubles & payer toutes les dettes, ou de » renoncer aux meubles pour être quitte des » dettes .... «. Immédiatement après cela, l'auteur rapporte l'origine du droit de renonciation à la communauté ; ce qui prouve bien que le Préciput légal étoit une suite & une dépendance de la communauté : il n'a lieu en effet que dans les coutumes qui admettent la communauté.

On ne peut pas donner comme une preuve du contraire, la coutume de Rheims; elle dit, il est vrai, dans l'article 239, que *les conjoints par mariage ne sont pas communs* ; mais elle dit aussi, dans les articles suivans, que la veuve a la faculté de partager les meubles & les conquêts immeubles avec les héritiers de son mari ; ce qui suppose réellement une part dans ces meubles & conquêts immeubles, part qu'elle a au moins la faculté de prendre, & qu'elle ne prendra qu'en se déclarant commune, ou, si l'on veut, en acceptant la communauté. Enfin, M. Garran de Coulon citoit le suffrage des auteurs que l'on a rapporté plus haut.

J'écrivois pour la dame de la Noue : je me fondai particuliérement sur l'usage que je soutenois avoir lieu dans le Poitou d'accorder le Préciput légal à l'époux survivant, même dans le cas de non communauté : j'invoquois le témoignage de tous les commentateurs de la coutume, à commencer depuis Barraud, qui vivoit en 1625, jusqu'à Boucheuil, le plus récent de tous, & dont j'ai copié les paroles ci-devant ; je citois même, après eux, deux jugemens de la sénéchaussée de Poitiers, qui l'avoient ainsi jugé. Je disois encore, que rien ne prouvoit que ce droit fût ni dût être une dépendance de la communauté ; j'en donnois pour preuve : 1°. que pas une coutume ne le nommoit Préciput, dénomination que quelques auteurs lui avoient donnée, & d'après laquelle ils avoient conclu qu'il étoit une dependance de la communauté : 2°. qu'il produisoit un effet tout différent de la communauté ; il donnoit tous les meubles dont on ne pouvoit prendre que la moitié en vertu de la communauté : 3°. On pouvoit, dans beaucoup de coutumes, comme celles du Vermandois, Rheims, Noyon & autres, renoncer à cet avantage, sans renoncer à celui de la communauté : 4°. il se régloit suivant la coutume du domicile qu'avoient les époux lors du prédécès de l'un d'eux, & non suivant celle du domicile qu'avoient les époux lors de leur mariage, laquelle cependant régloit la communauté & ses effets : 5°. je citois la coutume de Rheims, dans laquelle, suivant l'article 239, les époux ne sont pas communs, & cependant, suivant l'article 281, la veuve du mari noble pouvoit joüir du droit de prendre tous les meubles.

Les héritiers, outre leurs moyens de droit, en firent résulter d'autres encore de quelques circonstances : ils soutenoient, entre autres choses, que les sieur & dame de la Noue, en stipulant dans leur contrat de mariage tous les droits qui pouvoient appartenir à celle-ci en cas de survie, & en déclarant qu'ils renonçoient & dérogeoient expressément à toutes coutumes contraires, avoient fait entendre par-là qu'ils ne vouloient rien laisser à décider à la coutume ; d'où ils concluoient

que

que la dame de la Noue étoit non recevable à demander le Préciput légal en vertu de la coutume, aux dispositions de laquelle elle avoit renoncé.

Ils alléguoient encore, qu'en examinant avec attention la conduite particulière & respective des deux époux, depuis leur séparation, l'on demeuroit de plus en plus convaincu que ni l'un ni l'autre n'avoient jamais cru que le survivant d'entre eux eût d'autres demandes à former que celles que le contrat de mariage avoit réglées.

Enfin, ils tiroient un dernier moyen de fait, de ce que la dame de la Noue, dont le droit étoit égal sur les meubles & les acquêts, renonçoit à l'exercer sur ceux-ci.

Malgré tous ces différens moyens de droit & de fait, développés avec autant de force que de précision dans le mémoire de M. Garran de Coulon, la sentence de Fontenai-le-Comte fut confirmée par arrêt du 31 juillet 1778.

Est-ce l'usage que les auteurs du Poitou attestent que l'on suit dans leur province, sont-ce les autres moyens que la veuve employa, qui ont déterminé la cour à juger en sa faveur ? C'est ce que l'on n'ose assurer.

Mais si l'on ignore les véritables motifs de l'arrêt, au moins on peut dire qu'il a jugé, que dans la coutume de Poitou la femme, même non commune en biens avec son mari, peut jouir du droit de prendre tous les meubles qu'il laisse à son décès.

Peut-on s'autoriser de cet arrêt, pour soutenir que la même chose devroit avoir lieu dans les autres coutumes ? Il est certain que non, sur tout dans la coutume du Maine, qui accorde ce droit à l'époux survivant, *pouvu seulement qu'au jour du décès du premier trépassé les époux fussent communs*; on ne le pourra pas davantage dans les autres coutumes qui auront une disposition à peu près pareille, comme Anjou, Touraine & Paris, qui donnent, à droit de Préciput légal, les meubles *qui communs étoient* entre les époux; de même encore dans la coutume de Laon, dont les articles 20 & 21 donnent à l'époux survivant les meubles & dettes actives *qui communs étoient* entre le mari & la femme *au jour du trépas* du premier décédé; de même encore dans la coutume de Châlons, qui donne *les meubles & dettes actives de la communauté*; & dans d'autres coutumes semblables.

Mais il n'y auroit aucune raison de n'accorder le Préciput légal que dans le cas de communauté, dans les coutumes qui ne la requièrent pas, comme Rheims, ainsi qu'on l'a ci-devant remarqué: de même dans la coutume de Lorraine, où les meubles n'entrent pas en communauté, mais seulement les conquêts immeubles, suivant l'article 6 du titre 2, & où le survivant n'en gagne pas moins les meubles, quoiqu'ils ne fussent pas communs.

L'on doit dire donc qu'il ne faut pas admettre dans un sens général & absolu la proposition de Pothier & des autres auteurs qui, comme lui, décident que le Préciput légal ne doit point avoir lieu, lorsqu'il n'y a pas de communauté: elle est vraie dans la coutume de Paris & autres semblables; elle ne l'est point dans la coutume de Poitou & autres semblables dont les dispositions ne l'exigent point.

Article IV.

De la coutume de Cambrai, qui n'accorde le Préciput légal que lorsque le survivant possède un fief.

Nous ne connoissons que cette coutume qui exige cette condition dans la personne de l'époux survivant, afin de lui accorder le Préciput légal; voici comme elle s'exprime dans l'article 4 du titre premier : » Fief en Cambresis est de telle » nature, privilége & franchise, que celui qui » a fief audit pays, soit homme, soit femme, » conjoint en mariage, demeurant le dernier » survivant, succède à icelui qui décède premier » sans enfans, en tous biens meubles, aux charges » des dettes, obsèques & funérailles, en tant que » par traité de mariage autrement n'en auroit été » disposé «.

Dans cette coutume, où les époux sont en communauté de biens, les fiefs n'y entrent jamais : ceux qui sont acquis durant le mariage, *tiennent en propriété la côte & ligne de l'homme*, comme le dit l'article 1 du titre 1; de sorte que si la femme n'a pas apporté en dot, ou n'a pas de quelque autre manière un fief en sa possession, elle n'a point l'espoir de jouir du Préciput légal; tandis que son mari peut, en acquérant un fief, même durant le mariage, se procurer un moyen de recueillir cet avantage.

ARTICLE V.

Si les enfans font ou ne font point obſtacle au Préciput légal?

Les coutumes ſur ce point ont trois différences eſſentielles ; les unes accordent le Préciput légal lorſqu'il n'y a pas d'enfans ; d'autres ; au contraire, l'accordent ſeulement dans le cas où il y a des enfans ; enfin, d'autres veulent qu'il y ait ouverture à ce droit, ſoit qu'il y ait, ſoit qu'il n'y ait pas d'enfans.

Les coutumes de la première claſſe ſont, Paris, article 238 ; Etampes, 98 ; Calais, chapitre 3, article 39 ; Berry, chapitre 3, article 39 ; Troies, titre 2, article 11 ; Vitry-le François, chapitre 4, article 68 ; Meaux, chapitre 9, article 49 ; Melun, chapitre 13, article 211 ; Valois, article 62 ; Cambrai, titre 1, article 4 ; Bar, article 78 ; Saint-Mihiel, titre 6, article 3, & peut-être quelques autres.

Ces coutumes, qui exigent *qu'il n'y ait pas d'enfans*, doivent-elles s'entendre de manière qu'il ne doive point y avoir d'enfans, ni du mariage dont la diſſolution vient de s'opérer par le prédécès de l'un des époux, ni d'un mariage précédent de l'un des deux, ou du moins d'un mariage précédent de l'époux prédécédé ? Ces diſtinctions ſont importantes à faire.

La coutume de Paris, & les autres que nous avons citées, diſent en termes généraux, *pourvu qu'il n'y ait pas d'enfans*. Cela ſembleroit ſuffiſant pour faire croire que la condition manque lorsqu'il y a des enfans de quelque mariage que ce soit.

Il faut tenir cependant, qu'à l'égard des enfans d'un mariage précédent de l'époux survivant, ils ne font pas manquer la condition; ils n'ont en effet aucun intérêt à s'opposer à l'exercice d'un privilége qui a pour objet les meubles dans lesquels ils n'ont point de part à réclamer; d'où l'on doit conclure, que la condition ne doit s'entendre que des enfans sortis du mariage des deux époux, ou d'un mariage précédent de l'époux prédécédé : l'article 131 de l'ancienne coutume de Paris le disoit en termes formels, *pourvu qu'il n'y ait enfans du trépassé.*

D'ailleurs, comme l'observe Pothier, il est assez évident qu'il ne faut entendre la clause que des enfans du trépassé, par la disposition qui veut, que s'il y a enfans, les meubles soient partagés par moitié, puisque les enfans d'un mariage précédent de l'époux survivant n'ont pas de partage à faire avec lui; d'où l'on peut inférer, que, dans la coutume de Paris & autres semblables, le survivant ne jouira de l'avantage de prendre les meubles, que lorsqu'il n'y aura pas d'enfans ni de son mariage avec le prédécédé, ni d'un mariage précedent de ce dernier.

Cette opinion n'est pas cependant sans difficulté. En effet, l'avantage du Préciput légal ne doit-il pas être nécessairement réciproque entre les deux époux, de manière que l'un y ait autant de droit que l'autre? Si les enfans font manquer la condition à l'égard de l'époux survivant dont ils ne sont pas issus, pourquoi ne la feroient-ils pas également manquer à l'égard de l'autre? Sans cela, sans cette réciprocité, il seroit incertain s'il y auroit lieu au Préciput légal, parce que l'ouverture de ce droit dépendroit d'un évènement douteux, savoir, du prédécès de l'époux qui n'auroit pas d'enfans.

D'un autre côté, l'on pourroit citer quelques coutumes qui excluent cette réciprocité, puisqu'elles accordent le Préciput légal au mari, en cas de survie, sans que le femme y jouisse du même avantage en pareil cas. Telle est la coutume du comté de Bourgogne, chapitre 2, article 115, qui s'exprime ainsi : » Nobles gens » mariés ensemble sont communs en biens meu» bles & en acquêts d'héritages, qui sont faits » constant le mariage : jaçoit que si le mari sur» vit à la femme, ledit mari demeure seigneur » des meubles «.

La femme n'y a rien que ce qui lui a été promis par son contrat de mariage ; d'où l'on pourroit conclure qu'il n'est pas de l'essence du Préciput légal d'être réciproque.

Cependant, ne pourroit-on pas dire, avec quelque vraisemblance, que c'est cette raison de réciprocité ou d'autres pareilles qui ont déterminé le changement de la nouvelle coutume de Paris, laquelle, en supprimant l'expression *du trépassé* qui se trouvoit dans l'ancienne, a dit en termes généraux, *pourvu qu'il n'y eût pas d'enfans*, afin de faire entendre qu'elle parloit des enfans de quelque mariage que ce fût de l'un ou l'autre des deux époux.

Cette interprétation rentreroit dans le systême de quelques coutumes qui n'accordent le Préciput légal que dans le cas seulement où il n'y a pas d'enfans de quelque mariage que ce soit. Telle est la coutume de Coucy, dont l'article

2 statue que le Préciput légal n'aura lieu *qu'autant qu'il n'y aura pas d'enfant de quelque mariage que ce soit*. Telle est encore la coutume de Bar, laquelle, titre 7, article 78, dit que *le survivant de deux conjoints gagnera les meubles, s'il n'y a héritiers d'eux ou de l'un d'eux.*

Telles sont enfin les coutumes de Sedan, article 78, qui porte, *pourvu qu'il n'y eût enfans d'eux deux, ou de l'un d'eux*; la coutume du Bassigny, titre 6, article 4, qui porte, *s'il n'y a enfans, soit dudit mariage, ou autre*; la coutume de Sens, titre 9, article 83, qui porte, *pourvu qu'ils n'aient enfans de leur mariage, ni d'autres précédens*; la coutume de Montfort-l'Amaury, titre 11, article 133, qui porte, *pourvu qu'il n'y ait enfans dudit mariage ou d'autre.* L'article 131 de la coutume de Mantes en dit autant, ainsi que l'article 128 de la coutume de Poitou.

D'après les dispositions de ces différentes coutumes, il faut décider qu'elles n'accordent le Préciput légal au survivant de deux conjoints, que dans le seul cas où il n'y aura point d'enfans, soit de leur mariage, soit d'un mariage précédent de l'un d'eux.

La raison que donne Pothier pour soutenir que les enfans d'un mariage précédent du survivant n'ont rien à partager dans les meubles avec lui, & ne peuvent pas conséquemment faire manquer la condition, ne cesse-t-elle pas dans le cas d'une continuation de communauté tripartite qui se forme entre les enfans d'un des conjoints d'un premier lit, l'épouse auquel il se marie en seconde noces, & lui-même? Par l'effet de cette continuation de communauté, les meubles qui la composent appartiennent, pour une partie, aux enfans de l'époux qui s'est remarié; ce qui devroit suffire pour qu'ils fussent un obstacle à la jouissance du privilége, qui paroît ne devoir s'exercer que lorsque les deux époux seuls partageoient entre eux tous les meubles, dans lequel cas le survivant ne gagne que ce qui appartenoit au prédécédé. Or, lorsque d'autres que les deux époux avoient un droit ou futur ou présent à exercer sur les meubles; ce qui se rencontre dans les enfans d'un précédent mariage de l'époux survivant, avec lesquels la communauté est continuée pour un tiers, il sembleroit injuste d'accorder à cet époux survivant la totalité des meubles, comme il le seroit dans une société de trois personnes, d'accorder, après le décès de l'une d'elles, les effets de la société à l'une des deux qui survivroient. Il ne devroit prendre que la portion qui appartenoit à l'époux prédécédé, c'est-à-dire, un tiers des meubles. C'est sur ces raisons sans doute que sont fondées les coutumes qui portent, qu'il ne doit point y avoir d'enfans des conjoints, ni de leur mariage, ni d'un mariage précédent de l'un des deux. On peut ajouter ces raisons à celles que proposent le Brun, Duplessis, & les annotateurs de ce dernier, pour soutenir que le Préciput légal n'a lieu qu'autant qu'il n'y a pas d'enfans, soit de l'époux survivant, soit du prédécédé.

Dumoulin, que citent les annotateurs de Duplessis, ne parle que des enfans du prédécédé, issus, soit du mariage que sa mort vient de rompre, soit d'un autre mariage précédent, comme cela résulte de ses termes sur l'article 116 de l'ancienne coutume de Paris: Le *pourvu qu'il n'y ait enfans du trépaſſé, s'entend*, dit-il, *ex quocumque ipſius matrimonio, vel etiam ex debite legitimatis.*

Dans les coutumes qui exigent qu'il n'y ait pas d'enfans du mariage d'entre les époux, rien ne peut empêcher qu'il y ait lieu au Préciput légal, quoique l'un ou l'autre des époux ait des enfans d'un mariage précédent. Ainſi, dans la coutume de Troies; titre 2, article 11, *le ſurvivant prend les meubles, ſi dudit mariage n'y a enfans; & ſi dudit mariage y a enfans, les meubles ſe partiront de même.* La coutume de Vitry-le-François, article 74, accorde le Préciput légal au conjoint ſurvivant, *ſi dudit mariage n'y a aucuns enfans.* La coutume de Meaux, chapitre 9, article 49, dit également, *ſi dudit mariage n'y a aucuns enfans.* Chaumont en Baſſigni, chapitre 1, article 6, dit auſſi, *ſi dudit mariage n'y a aucuns enfans.* La coutume de Montargis, chapitre 1, article 40, porte, *ſans enfans iſſus dudit mariage.*

Ces coutumes ne privent le ſurvivant des conjoints du Préciput légal, que dans le cas où il y a des enfans du mariage d'entre lui & le prédécédé; d'où il ſuit, que ce Préciput aura lieu, quoiqu'il y ait des enfans d'un mariage précédent, ſoit de l'époux ſurvivant, ſoit de celui qui eſt prédécédé. Il n'y a pas de doute que ſous le mot enfant on doit comprendre les petits-enfans, qui ſont cenſés appelés par le mot enfans, quand il en réſulte pour eux un avantage.

Il n'eſt pas beſoin de dire qu'un poſthume, qui naît vivant & à terme, fait auſſi manquer la condition, ſuivant la règle, *non videtur ſine liberis decessisse, qui prægnantem uxorem reliquit.*

Les enfans n'excluent ainsi le survivant des conjoints du Préciput légal, que parce qu'ils ont droit de prendre une partie des meubles qui en sont l'objet; d'où il suit, que les enfans incapables de succéder ne font point obstacle à l'exercice de ce privilége, comme ceux qui seroient morts civilement. . . . .

S'il y avoit un enfant vivant, mais qui eût été justement exhérédé, il ne devroit pas faire manquer la condition, puisque, en conséquence de son exhérédation, il n'a rien à prétendre dans la succession. Pothier en fait la question dans son traité de la communauté, nombre 423, & il paroit incliner à cet avis, après avoir rapporté pour raison de douter la loi 114, §. 13, D. *de legat.* 1°., où il est dit : *Cùm erit rogatus, si sine liberis decesserit, fideicommissum restituere, conditio defecisse videbitur, si patri supervixerint liberi; nec quæritur an hæredes extiterint.*

Pothier décide ensuite que l'enfant qui a renoncé à la succession fait manquer la condition, parce qu'il suffit, suivant lui, que cet enfant ait pu recueillir la succession; cela ne paroît pas cependant sans difficulté. L'intention de la coutume est évidemment de n'ôter cet avantage au conjoint survivant, qu'en faveur de l'enfant qui en profitera; mais s'il renonce à la succession, il ne profitera pas de la faveur que veut lui faire la coutume; & si, malgré sa renonciation, on n'accorde pas au conjoint survivant le Préciput légal, ce dernier se trouvera privé de cet avantage, sans que celui-là seul en profite, à cause duquel cependant la coutume ne vouloit pas qu'il en jouît. On seroit donc porté à croire, contre l'avis de

Pothier, que l'enfant qui renonce ne fait pas plus manquer la condition, que l'enfant qui n'existe pas, puisqu'au moyen de sa renonciation il ne prend rien dans la succession.

D'autres coutumes, bien différentes de celles dont nous venons de parler, accordent le Préciput légal seulement lorsqu'il y a des enfans.

Ces coutumes paroissent avoir en vûe de favoriser la population, en accordant aux époux qui ont des enfans, des avantages qu'elles refusent aux époux qui n'en ont point. Telles sont quelques coutumes de Flandres, entre autres celles du bailliage & de la ville & échevinage de Lille, qui sont deux coutumes différentes. La première, chapitre 9, article 39, porte : » A une femme veuve demeurée ès biens » & dettes de son mari, ayant enfans vivans » d'icelui, compètent & appartiennent tous les » biens meubles, catteux & réputés pour meu» bles «. La seconde, dans les articles 22 & 23 du chapitre 1, s'exprime encore plus clairement : » Quand un des deux conjoints par » mariage va de vie à trépas, délaissant un ou » plusieurs enfans, au survivant compètent & » appartiennent tous les biens meubles & actions » mobilières..... Mais quand de deux con» joints par mariage, l'un termine ses jours sans » délaisser enfant, au survivant appartient la » moitié des meubles & réputés pour meubles «.

Presque toutes les coutumes locales, soit du bailliage, soit de la ville & échevinage de Lille, contiennent la même disposition ; il faut en excepter la coutume de la Bassée, qui accorde le Préciput légal, soit *que les conjoints ou l'un d'eux aient enfans ou enfant de leur mariage, d'autres précédens, ou non.*

Dans les coutumes qui n'accordent le Préciput légal, ou, si l'on aime mieux, le gain des meubles, que dans le cas où il y a des enfans, il est évident que cela doit s'entendre des enfans sortis du mariage d'entre les deux époux, comme le dit formellement l'article 39 de la coutume du bailliage de Lille, cité ci-devant en ces termes, *femme veuve demeurée ès biens & dettes de son feu mari, AYANT ENFANT VIVANT D'ICELUI.* Il est encore évident, par ces derniers termes, qu'il faut qu'au moment de la dissolution du mariage il y ait un enfant *vivant*, pour qu'il y ait ouverture au gain des meubles en faveur de l'époux survivant. Voyez encore l'article 9 du titre 3 de la coutume de Valenciennes.

Il y a enfin une troisième classe de coutumes qui accordent le Préciput légal, soit qu'il y ait enfans, soit qu'il n'y en ait pas.

Nous n'en connoissons qu'un petit nombre, qui s'expriment positivement sur ce point; savoir, la coutume du pays de Luxembourg; voici comme elle s'exprime, titre 8, article 8: » Au survivant de deux conjoints appartiennent » tous les meubles, & tout ce qui est réputé » pour tel, ensemble l'usufruit de tous les biens » immeubles du trépassé, comme aussi de la moi» tié des acquêts faits constant le mariage, » l'autre moitié lui demeurant en pleine pro» priété, soit qu'ils aient enfans à l'heure de leur » trépas, ou point, &c. «

On trouve la même disposition dans l'article

8 du titre 8 de la coutume de Thionville, & dans l'article 283 de la coutume d'Anjou, dont voici la teneur : » Le survivant des deux » conjoints par mariage (*liberis existentibus*) aura » les acquêts, moitié en propriété & moitié en » usufruit, tant qu'il sera en viduité, à la charge » de nourrir & entretenir les enfans mineurs, » tant qu'ils soient en âge..... Et s'il n'y a » aucuns enfans, ledit survivant aura tous les- » dits acquêts, moitié en propriété, & l'autre en » usufruit «.

A l'égard des autres coutumes, elles accordent le Préciput légal au survivant des conjoints, sans parler en aucune manière des enfans, soit qu'ils existent, soit qu'ils n'existent pas. Telles sont les coutumes de Senlis, article 146 ; Clermont en Beauvoisis, article 189 ; Rheims, article 279 & 281 ; Noyon, article 131 ; Saint-Quentin, article 3 ; Ribemont, article 93 ; Chaulny, article 15 & 16 ; Péronne, article 126 ; Tours, article 247 ; Château neuf en Thimerais, chapitre 9, article 66 ; Dreux, article 103 ; & Maine, article 299.

On n'a pas besoin de dire que dans ces dernières coutumes, c'est de leur silence sur la nécessité de l'existence ou de l'inexistence des enfans pour qu'il y ait lieu au Préciput légal, que l'on infère qu'elles l'accordent à l'époux survivant dans l'un & l'autre cas.

ARTICLE VI.

Dans quelles coutumes le Préciput légal ne consiste que dans la propriété des meubles.

C'eſt le plus grand nombre des coutumes où le Préciput légal conſiſte dans la propriété des meubles. Telles ſont Touraine, article 247; Berry, titre 8, article 13; Calais, chapitre 3, article 39; Étampes, article 98; Troies, titre 2, article 11; Noyon, article 31; Laon, articles 20 & 21; Châlons, article 28; Rheims, article 281; Ribemont, article 93; Saint-Quentin, article 3; Cambrai, article 4; coutumes générales & locales de Lille; Bar, titre 7, article 78; Melun, chapitre 13, article 211; Péronne, article 126; Chaulny, titre 4, article 18; Senlis, titre 13, article 146; Clermont en Beauvoiſis, article 189; Baſſigny, titre 6, article 45; Lorraine, titre 1, article 1; Sens, titre 9, article 83; Château-Neuf en Thimerais, chapitre 9, article 66; Chartres, chapitre 10, article 57; Montfort-l'Amaury, titre 11, article 133; Mantes & Meulan, titre 11, article 131; Dreux, chapitre 21, article 103.

Il paroît inutile de dire que dans ces meubles ne ſont pas compris ceux que les coutumes aſſimilent aux immeubles; la coutume de Montargis en contient une diſpoſition expreſſe, chapitre 1, article 40: elle excepte du Préciput légal les meubles qui *ſont pour la fortification & inſtruction des maiſons, & ceux qui y ſeroient pour perpétuelle demeure.*

La coutume de Paris fait une autre exception ; elle ne donne à l'époux survivant que *les meubles étant hors la ville & fauxbourgs de Paris*, *sans fraude*. Ces termes *sans fraude* font entendre que l'on ne doit pas comprendre dans le Préciput légal les meubles qui n'auroient été portés à la campagne que dans le dessein d'en profiter à la mort du prédécédé ; ce qui se présume, s'ils ont été portés pendant sa dernière maladie.

A l'égard des coutumes qui défèrent au survivant la totalité des meubles, il n'y a pas de doute que les dettes actives & les créances mobilières en font partie ; plusieurs de ces coutumes le disent formellement : mais la coutume de Paris, en n'accordant que *les meubles étant hors la ville & fauxbourgs de Paris*, a donné lieu à la question de savoir si parmi ces meubles on devoit comprendre les créances.

Presque tous les auteurs de Paris pensent que les créances n'en font pas partie, mais seulement l'argent comptant qui se trouveroit hors de Paris : ils se fondent particuliérement sur ces termes, *étant hors la ville de Paris*; ce qui désigne des meubles qui *sont* dans un lieu, & l'occupent, au lieu que des meubles incorporels, comme des créances, ne sont pas véritablement capables d'être dans un lieu & de l'occuper.

Dumoulin traite la même question sur l'art. 116 de l'ancienne coutume de Paris : on lira sans doute avec plaisir ses propres expressions. » Reste » une difficulté, dit-il, si le survivant a seulement les meubles corporels & matériels étant » hors la ville & fauxbourgs, sans fraude, & » sans qu'il puisse rien prétendre aux créances ou

» dettes actives, combien qu'elles procèdent des » choses étant hors la ville, sans fraude, il est » bien clair *quod in terminis juris appellatione* » *mobilium simpliciter, non veniunt nomina, leg.* » *à divo Pio, §. 2, D. de re judic.* Encore » moins, *quando additur circumstantia quæ non* » *congruit nominibus, prout situs loci, leg. Caius,* » *D. de legatis 2°.*, comme *ibi*, meubles étant » hors la ville : mais il y a bien autre raison de » présent, car les coutumes de France ne sont » pas statuts d'Italie, & ne se restreignent *ad* » *modum loquendi & intelligendi juris romani*, » mais s'entendent *secundùm modum loquendi &* » *utendi*, de France & des coutumes, lesquelles, » quand elles disposent des meubles, elles com- » prennent aussi les dettes actives mobilières, » *etiam alio non addito*, comme il appert, art. » 95 (217 de la nouvelle coutume), *des biens* » *meubles demeurés par son décès*; ils s'entendent » aussi bien des créances dont les exécuteurs sont » saisis; & article 128 (311 de la nouvelle cou- » tume), où les ascendans sont entendus être » héritiers des meubles & créances, sous le sim- » ple mot de meubles, *quantò fortiùs*, quand » il y a la charge expresse de payer les dettes » mobilières; car cela montre bien *per locum* » *& argumentum à correlativis*, que sous ce mot » *meubles*, viennent les dettes ou créances acti- » ves, autrement n'y auroit propos qu'il payât » les passives; ce seroit contre la règle & raison » naturelle incommutable. *De quâ in leg. secun-* » *dùm naturam de reg. juris, in leg. si duo patroni* » *de jure jur.* Bien est vrai que comme les meubles » sont restreints à ceux étant hors la ville, & » fauxbourgs de Paris, sans fraude, aussi les créances » mobilières

» mobilières comprises sous ce mot *meubles* sont » restreintes à celles qui procèdent, non de » la ville & fauxbourgs, ni pour raison des hé- » ritages y assis, mais à celles qui procèdent à » cause des choses & héritages assis hors la ville » & fauxbourgs «.

On voit que Dumoulin comprenoit les dettes actives au nombre des meubles; ces raisons paroissent décisives à Pothier, lequel observe en outre, que l'article 131 de l'ancienne coutume de Paris s'étoit expliqué formellement sur les créances; il y est dit: *Entre nobles, quand l'un des deux conjoints va de vie à trepas, le survivant peut prendre les meubles & créances de son décès.* Or, toutes les fois qu'en réformant une coutume on n'a fait qu'abréger ses dispositions, sans aucun dessein d'y rien innover, il n'y a pas de règle plus sûre de l'interpréter, que de recourir à son ancien texte; c'est ce que l'on doit dire à l'égard de l'article 238 de la nouvelle coutume de Paris, dans lequel ont été fondus les articles 116 & 131 de l'ancienne coutume.

Berroyer & Laurière agitent la même question dans leurs notes sur Duplessis. Ils rapportent fort longuement les raisons pour & contre; ils observent quelle étoit l'opinion de Dumoulin. » Cependant, continuent-ils, l'on doit soutenir » l'opinion contraire, & dire que les dettes ac- » tives mobilières, procédantes d'héritages assis » hors la ville & fauxbourgs de Paris, ne sont » point comprises dans le Précipur légal, & que » ce n'a jamais été l'intention de la coutume. » Il est vrai que si l'article 238 donnoit au survi- » vant simplement les meubles, cela compren- » droit les dettes actives, suivant l'usage du pays

» coutumier, qui, sous le nom de *meubles* » *sans restriction*, comprend les dettes actives ; » mais l'article 238 ayant restreint sa disposition, » n'ayant compris que les meubles étant hors la » ville & fauxbourgs, & les dettes actives n'ayant » pas de situation, cela fait connoître que l'inten- » tion des rédacteurs & des réformateurs de la » coutume, a été de ne comprendre dans cette » disposition que les meubles meublans *in specie*, » qui ont une situation, & non point des dettes » actives, ni tous les meubles *in genere*, qui n'en » peuvent avoir. Cela se juge ainsi au châtelet. Et » en effet, Auzanet, sur l'article 238, dit *meubles* » *étans*, marque que la coutume parle seulement » des meubles corporels ; & tel est l'usage.

Voici la raison que Dumoulin donne de la limitation prescrite par la coutume de Paris. » Les » nobles bourgeois de Paris font plus grand état » des meubles & en ont une trop plus grande » quantité que les nobles demeurans hors la » ville & fauxbourgs, partant il arriveroit que » le bénéfice de la coutume seroit trop grand » & excessif entre les nobles bourgeois de Paris, » si les meubles, tant de la ville que des champs » y étoient compris, qui est la raison pour laquelle » la coutume, pour le regard des nobles bour- » geois de Paris, a ôté de son bénéfice les meubles » étant en la ville & fauxbourgs, & partant, » *cessante ratione limitationis, cessat limitatio*, » en cet endroit, leg. *in agris de acquir. rer.*; » dont & outre n'y a pas ici de différence entre » meubles & créances mobilières, mais seulement » en ce qui est de la ville & fauxbourgs, soit » meubles ou créances qui est exclus, & entre » ce qui est ou procède dehors la ville ou » fauxbourgs, ce qui est inclus «.

Nous inclinerions beaucoup à l'opinion de Dumoulin, nonobstant l'usage contraire attesté par les annotateurs de Duplessis, & nous serions portés à croire que dans les meubles que la coutume de Paris donne à titre de Préciput légal, doivent être comprises les dettes actives & créances mobilières, dont on exceptera cependant, comme le remarquent Dumoulin, & Pothier après lui, les créances qui procéderoient de choses qui sont à Paris, tels que sont, par exemple, des loyers qui se seroient trouvés dus lors du prédécès, pour des maisons de Paris & des profits seigneuriaux de censives étant dans la ville de Paris.

Au reste, on doit suivre, à l'égard du discernement des meubles & de ce qui est réputé meubles, les dispositions des coutumes, qui ne permettroient pas que le survivant emportât les meubles qui auroient été placés dans une maison à perpétuelle demeure, comme la coutume de Montargis le décide en termes exprès.

Mais ne peut-on pas demander si dans les meubles *étant hors Paris* l'on peut comprendre les arrérages des rentes foncières ou constituées, dues par des particuliers demeurant à Paris, & affectées sur des fonds qui y seroient situés? Pothier, d'après Dumoulin, décide que les loyers pour maisons, & les profits seigneuriaux pour censives situées à Paris, sont exceptés du Préciput légal : ne devoit-on pas dire la même chose d'arrérages de rentes dues sur des immeubles situés dans Paris, s'il est vrai, comme l'assure Dumoulin, qu'il n'y ait *que ce qui est ou procède de dehors la ville ou fauxbourgs, qui y soit inclus*. Cependant si ces arrérages avoient été payés, ils feroient partie de l'argent comptant trouvé au décès, & appartiendroient sans difficulté au survivant, dans le cas où les époux auroient eu leur domicile hors la ville de Paris : alors ce ne seroit que des deniers qui ne porteroient pas avec eux la trace de leur origine ; on ne pourroit les considérer que pour ce qu'ils seroient, savoir, de l'argent comptant. Il en seroit de même des deniers provenant de loyers de maisons ou de profits de censives situées à Paris, si les loyers & les profits avoient été payés ; *secùs*, s'ils sont dus encore lors du décès qui donne ouverture au Préciput légal.

La coutume ne paroît comprendre dans les *meubles étant hors Paris*, que ceux que des bourgeois de Paris qui auroient une maison à la ville & l'autre à la campagne, auroient portés & laisseroient ordinairement dans cette dernière habitation. Cependant où seroit la raison d'en exclure des meubles que l'on porteroit avec soi à la campagne, seulement pour le temps qu'on y passe, dès que ces meubles se seroient trouvés à la campagne par le seul effet du hazard, ou plutôt de l'usage des bourgeois qui les y auroient portés, sans aucun dessein de fraude de leur part ?

Si l'on avoit fait apporter à Paris, soit pour les changer, soit pour les racommoder, des meubles qui sont ordinairement à la campagne, & qu'on avoit dessein d'y faire reporter ensuite; ces meubles sont censés faire partie des meubles de la campagne, & seroient par cette raison-là compris dans le Préciput légal, quoiqu'ils se trouvassent par hasard à Paris au moment du décès de l'un des conjoints ; cela est fondé sur cette règle de droit, *rebus quæ in fundo sunt accedunt etiam quæ tunc non sunt, si esse solent*; leg. 78, §. 7, D. de leg. 3. » Lorsqu'un parisien, demande Pothier, après avoir fait emplette à Rome de tableaux de grand prix, pour » les placer dans son hôtel à Paris, vient à » perdre sa femme pendant que les tableaux » sont encore en chemin, peut-il les prétendre » comme meubles étant hors la ville de Paris? » Je le pense, répond-il; car, quoiqu'ils fussent » destinés à être meubles de Paris, ils ne l'étoient » pas encore. Lorsque des meubles de Paris » sont transportés de Paris dans un autre lieu, » avec intention de les y faire revenir, cette des- » tination leur conserve bien la qualité de meu- » bles de Paris qu'ils avoient déjà; mais la des- » tination ne peut pas donner à des meubles » la qualité de meubles de Paris, avant qu'ils » l'aient «.

On peut citer à l'appui de cette opinion, la loi 17, §. 11, D. *de act. empti* : *pali*, dit Ulpien, *qui vineæ causâ parati sunt, antequàm collocentur, fundi non sunt; sed qui exempti sunt hac mente ut collocentur, fundi sunt.*

ARTICLE VII.

Dans quelles coutumes le Préciput légal ne consiste que dans l'usufruit des conquêts.

Nous n'en connoissons que deux où le Préciput légal ne consiste que dans cet usufruit: elles donnent, il est vrai, au survivant la moitié des meubles en propriété; mais cette moitié des meubles en propriété dérive uniquement de la communauté; de sorte que dans ces coutumes le Préciput légal ne consiste que dans ce que le survivant recueille au delà de ce qu'il prendroit dans la communauté.

Ces coutumes sont celles d'Anjou, art. 283, & du Maine, art. 299, dont les dispositions sont presque semblables; voici comme est conçue celle du Maine : » Le survivant de deux conjoints » ensemble par mariage, qui ont fait acquêt de » choses immeubles pendant leur mariage, » pourvu qu'au temps du décès du premier tré- » passé ils soient communs en biens; a droit » de tenir icelui acquêt, moitié en pleine pro- » priété, moitié en usufruit & viage seule- » ment «.

ARTICLE VIII.

Dans quelles coutumes le Préciput légal consiste dans l'usufruit des acquêts faits durant le mariage, & dans la propriété des meubles.

On peut mettre à la tête de ces coutumes celle de Poitou, qui s'exprime en ces termes dans l'art. 242 : » Le survivant des conjoints » nobles tient le tout desdits acquêts le cours » de sa vie, pourvu qu'il ne se remarie, & » que dudit mariage n'y ait enfans, c'est à sa- » voir, une moitié comme propriétaire & vrai » seigneur, & l'autre moitié par usufruit seule- » lement «.

L'article 238 de la même coutume parle des meubles, & les donne au survivant.

Dans cette coutume & dans celles qui lui sont semblables, l'avantage du survivant noble à l'égard des acquêts, ne consiste réellement que dans l'usufruit de la moitié des acquêts dont il n'est pas propriétaire, & dont la propriété passe aux héritiers du prédécédé : si le droit du survivant ne lui déféroit que sa moitié, tant en usufruit qu'en propriété, ce seroit alors plutôt l'effet de la communauté seule, que celui du Préciput légal.

ARTICLE IX.

Quelles sont les formalités prescrites au survivant des époux par quelques coutumes.

Ces formalités sont une acceptation expresse & judiciaire du Préciput légal, ou un inventaire des meubles qui en font l'objet.

Quant à l'acceptation, elle est requise par la coutume de Sens, dont l'article 3 porte, que le *survivant sera tenu de faire son acceptation ou sa renonciation dans le délai de huitaine du jour du décès* ; ce qu'il faut entendre, pourvu que ce décès soit venu à la connoissance du survivant. La coutume de Troies, titre 2, article 11, fait la distinction des époux nobles vivant noblement, & des époux nobles vivant roturièrement ; elle accorde, à droit de Préciput légal, les meubles au survivant des uns & des autres ; mais les premiers prennent les meubles, & ceux » vivant roturiérement doivent accepter les meu- » bles en justice dedans quarante jours après le » trépas du premier mourant ; *aliàs*, où ladite » acceptation ne seroit faite en justice dedans » lesdits quarante jours, entre le survivant &

» les héritiers du trépassé se partiront les meu-
» bles «.

La coutume de Sedan exige aussi (art. 79) une acceptation expresse en justice, dans le délai d'un mois; & » à faute, dit-elle, d'avoir fait » ladite déclaration, le survivant sera présumé » avoir choisi le privilége des nobles, sans qu'il » soit plus reçu à choisir ou retourner au droit des » roturiers «.

Dans ces deux coutumes de Troies & de Sedan, où le survivant doit faire sa déclaration qu'il accepte le Préciput légal, l'omission de cette formalité produit un effet différent & contraire: dans l'une, il est forcé de prendre la totalité des meubles; dans l'autre, il est réduit à n'en prendre que la moitié.

Les coutumes de Châlons, art. 28; Rheims, art. 281; Saint-Quentin, art. 6, exigent aussi une acceptation expresse en justice, & dans le même délai de quarante jours; mais elles ne disent pas, comme celle de Troies, que ce délai est fatal, & que, faute d'avoir fait dans ce délai l'acceptation, le survivant est déchu de son droit.

La coutume de Saint-Quentin exige outre cela que les héritiers du conjoint prédécédé soient appelés par le survivant, lorsque celui-ci fait son acceptation judiciaire. Enfin, la coutume de Chaulny, tit. 24, art. 129, requiert aussi, mais de la part de la femme seulement, qu'elle fasse son acceptation en justice, & dans le délai de trois mois.

Comme dans la plupart des coutumes où le Préciput légal consiste dans la propriété des meubles, il n'a lieu que dans le cas où il n'y a pas d'enfans, la formalité d'un inventaire ne paroissoit être d'aucune nécessité, on pourroit dire même, d'aucune utilité : mais dans les coutumes qui imposent au survivant la condition de ne pas se remarier, & qui, dans le cas où il se remarie, l'obligent de partager ces meubles avec les héritiers du conjoint prédécédé, il étoit à propos de faire un inventaire de ces meubles.

C'est dans cette vûe que l'art. 2 de la coutume de Coucy exige de la part du survivant, qu'il fasse un inventaire, parce qu'elle veut que, dans le cas où il se remarieroit, il fasse partage avec l'héritier du prédécédé, des biens dont il jouissoit à droit de Préciput légal : & même, pour mieux assurer les intérêts de cet héritier, le survivant, outre l'inventaire, est tenu de donner caution de la valeur des choses inventoriées.

C'est encore par le même motif que la coutume de Melun, ch. 13, art. 218, exige qu'il soit fait un inventaire par le survivant des conjoints, lorsqu'il y a des enfans, afin, dit-elle, de pouvoir en faire avec eux un partage égal & exact, dans le cas où il viendroit à se remarier

D'autres coutumes ont eu moins de prévoyance, & ont pris moins de soin de l'intérêt des enfans ou des héritiers du prédécédé : elles accordent le Préciput légal, quoiqu'il y ait des enfans, pour en jouir par le survivant, s'il ne se remarie pas : dans le cas où il se remarieroit, elles le forcent de partager les meubles avec les héritiers du prédécédé ; mais ce sont les meubles que le *survivant a alors*, comme dit la coutume d'Ostrinconrt, locale de la coutume de la châtellenie de Lille.

La coutume de Verdun a une disposition plus singulière encore. Suivant elle, le survivant de deux personnes nobles a la propriété des meubles : entre époux qui ne sont pas nobles, le mari seul, s'il est survivant, & non la femme, a la faculté de demeurer *meublier*; c'est-à-dire, aux termes l'article 2 du titre 4, *qu'il tient, sa vie durant, les meubles & les acquêts, à la charge des frais funéraux & des dettes de la défunte, & de nourrir & entretenir les enfans, si aucuns y en a. . . . .* Cependant ce mari survivant, qui n'a que l'usufruit des meubles, *n'est tenu*, article 5 du même titre 4, *faire inventaire desdits meubles, les exhiber ni en bailler sûreté ni caution.*

La coutume de Sens a une disposition qui paroît plus sage. Elle donne les meubles au survivant de deux conjoints nobles, lorsqu'il n'y a pas d'enfans, sans exiger du survivant qu'il fasse faire un inventaire; mais elle laisse aux héritiers la faculté de requérir qu'il en soit fait un.

On retrouve le même usage à peu près dans la coutume de Château-Neuf en Thimerais. Le survivant des époux nobles y gagne les meubles, soit qu'il y ait des enfans, soit qu'il n'y en ait pas. Dans ce dernier cas, il n'est pas tenu de requérir un inventaire; mais s'il y a des enfans, le survivant, comme dit l'article 140 de cette coutume, *n'est pas excusé de faire inventaire des héritages, titres & enseignemens des mineurs*; cela est cependant, à ce qu'il semble, uniquement fondé sur ce que le survivant, outre l'avantage du Préciput légal qu'il recueille, a de plus, dans l'hypothèse de l'article cité, le bail & la garde des enfans; aussi la coutume ne requiert pas inventaire des meubles, puisqu'elle les donne au survivant en propriété, mais seulement un inventaire *des héritages, titres & enseignemens des meubles.*

ARTICLE X.

Quelles sont les charges du Préciput légal ?

Le Préciput légal n'est pas un avantage purement gratuit ; les coutumes ne l'accordent que sous certaines charges, savoir, celle d'acquitter les dettes ; ce qui a fait dire à Dumoulin, sur l'article 131 de l'ancienne coutume de Paris, en parlant de ce droit : *Non est merum lucrum, sed commutatio ad onus solvendi debita.*

Les coutumes varient entre elles sur l'étendue des charges qu'elles attachent à la jouissance du Préciput légal. Suivant l'article 238 de la coutume de Paris, le survivant est tenu *de payer les dettes mobilières & les obsèques & funérailles du défunt.* On trouve la même disposition dans les coutumes de Calais, chapitre 3, article 39 ; de Coucy, article 2 ; de Cambrai, article 4 ; de Bar, titre 7, article 78 ; de Senlis, article 146 ; de Clermont en Beauvoisis, article 189 ; d'Arras, article 21 ; & de Rheims, article 283.

D'autres coutumes chargent de plus le survivant d'acquitter les legs : parmi celles là, les unes ne parlent que des legs pieux, consistant en deniers ou en meubles, comme Sens, article 82 ; Troies, titre 2, article 11 ; Châlons, art. 28. Cette dernière coutume excèpte formellement les autres legs : *Et au regard*, dit-elle, *du surplus du testament, il se paye par les héritiers du trépassé, auxquels appartient le propre du décédé.* Les autres parlent des legs sans distinction, des legs pieux & des legs ordinaires, comme Chaumont en Baſſigny, chapitre 1, article 6; d'où il ſemble que l'on devroit conclure que le ſurvivant ſeroit tenu d'acquitter généralement tous les legs, comme paroiſſent le dire formellement la coutume de Saint-Quentin, article 3, & celle de Ribemont, article 93. Cette dernière porte, que le ſurvivant eſt *eſt tenu de payer toutes les dettes mobilières, & d'accomplir le teſtament du défunt.*

Cela doit-il s'entendre indiſtinctement & ſans réſerve, de manière que le ſurvivant ſoit tenu d'acquitter ces charges à quelque ſomme qu'elles montent? Il ſemble que l'on doit diſtinguer, avec Pothier, les charges mobilières, dettes ou legs, des charges immobilières. Celles-ci ſeront acquittées par les héritiers des immeubles, & celles-là ſeulement ſeront ſur le compte de l'époux ſurvivant; c'eſt du moins ce qu'ordonnent pluſieurs coutumes, en reſtreignant la charge des dettes aux dettes mobilières, & la charge des legs aux legs mobiliers, & à une fois payer, comme diſent Péronne, article 126; Sédan, article 79; Montargis, chapitre 1, article 40; Touraine, article 247.

Quelques coutumes, comme Poitou, Mantes & quelques autres encore, n'obligent le ſurvivant à payer que les dettes mobilières & perſonnelles. On demande ſi dans ces coutumes on doit comprendre au nombre de ces dettes mobilières & perſonnelles, les legs mobiliers faits par le prédécédé? A ne conſidérer que la nature de ces legs, qui ne conſiſtent qu'en ſommes mobilières, il ſemble que l'on doit décider que le ſurvivant qui gagne tous les meubles, doit acquitter les legs. Cependant ces legs, quoique mobiliers, diffèrent en un point essentiel des dettes mobilières; savoir, en ce que celles-ci, qui étoient dues dès avant la mort du prédécédé, pouvoient être exigées avant son décès, & sont, par cette raison, censées avoir diminué d'autant les meubles; les legs, au contraire, ne commencent à devenir des dettes qu'après la mort du conjoint qui les a faits, & après que le survivant a recueilli le Préciput légal qu'il tient de la coutume, & non du prédécédé; d'où l'on doit conclure, qu'il en est des legs comme des frais funéraires, & que les uns & les autres ne sont point à la charge du survivant, à moins que les coutumes ne le disent expressément.

Les dettes contractées par les conjoints durant leur communauté, sont incontestablement à la charge du survivant qui prend les meubles. En est-il de même des dettes personnelles que le prédécédé avoit contractées avant son mariage, lorsqu'il y a séparation de dettes entre les deux époux ? Les auteurs de Paris ont diversement décidé cette question. Le Brun & Duplessis pensent pour l'affirmative, & en donnent pour raison, *que l'article* (238 de Paris) *ne distingue point & ne parle pas même de communauté, & de plus, charge le survivant des obsèques, qui constamment ne sont point dette de la communauté.* Ricard, Fortin & le Maitre pensent au contraire que le survivant n'est tenu d'acquitter les dettes du prédécédé, qu'autant qu'on peut les regarder comme dettes de la communauté.

Pothier, dans son traité de la communauté, nombre 435, édition *in*-4°., embrasse cette dernière opinion, & en donne les raisons suivanres : » La coutume ne faisant pas succéder, » par cet article (238 de Paris), le survivant » indistinctement à l'universalité des biens meu- » bles du prédécédé, mais seulement à l'univer- » salité des biens meubles de la communauté, » pour la part qu'y avoit le prédécédé, il ne » doit pas être présumé avoir été chargé d'autres » dettes mobilières que de celles de la commu- » nauté, qui sont les seules qui soient une charge » de l'universalité de la communauté à laquelle » il succède au prédécédé pour la part qu'il y » avoit. Le survivant n'étant donc tenu que des » dettes de la communauté, par la nature de la » chose à laquelle il succède, pour qu'il pût » être réputé tenu des autres, il eût fallu que » la coutume s'en fût expliquée d'une manière » plus formelle ; ce que n'ayant pas fait, les dettes » mobilières dont elle le charge doivent être » entendues, *secundùm subjectam materiam*, de » celles de la communauté «.

Cela ne doit pas au moins souffrir de difficulté dans les coutumes qui, comme celle de Péronne, ne parlent que de *dettes mobilières de la communauté ;* ce qui exclut nécessairement les dettes du prédécédé, particulières à sa personne, & qu'il a gardées pour son propre compte ou celui de sa succession, par la cause de séparation de dettes.

» Suivant ce principe, continue Pothier, le » survivant ne laissera pas de demeurer créan- » cier pour une dette personnelle que pouvoit lui » devoir le prédécédé, & il ne s'en fera pas » de confusion avec le Préciput légal qu'il re- » cueille «.

Le survivant ne fait pas non plus de confusion

des deniers qui lui ont été ſtipulés propres, quoiqu'ils ſoient une dette de la communauté. La raiſon qu'en donne Pothier, & qui paroît très-juſte, „ c'eſt que ces créances, quoiqu'elles „ ſoient, dans la vérité, créances mobilières, „ ſont, entre les conjoints, réputées pour im- „ meubles fictifs, que le ſurvivant, chargé ſeu- „ lement des dettes mobilières, n'eſt pas tenu „ d'acquitter “.

Il n'en eſt pas de même du Préciput conventionnel; le ſurvivant le confond dans ſon Préciput légal, ſoit qu'il conſiſte en une ſomme de deniers, ſoit qu'il conſiſte en une certaine eſpèce de meubles, comme le décident Dupleſſis & Pothier. C'eſt en effet une créance à exercer ſur les meubles de la communauté, & qui doit être conſidérée comme une dette mobilière, & par conſéquent à la charge du ſurvivant.

Si le ſurvivant étoit mineur, & avoit accepté en minorité le Préciput légal, point de doute qu'il fût recevable à ſe faire relever de ſon acceptation. Mais s'il étoit majeur, y eſt-il recevable? Non certainement; s'il n'y a pas eu d'inventaire, ſans lequel il ne pourroit rétablir les choſes en l'état où elles étoient lors de ſon acceptation.

Mais que décidera-t-on dans le cas où il y aura eu inventaire? Les auteurs ſont partagés ſur cette queſtion. Pothier rapporte leurs raiſons reſpectives, ſans donner ſon avis; cependant il paroît incliner pour l'affirmative, ſur le fondement que le Préciput légal eſt une donation, & que, ſuivant le droit commun, tout donataire n'eſt tenu des charges de la donation que juſques à concurrence de l'émolument, &

peut se décharger des charges de la donation, en abandonnant les choses données, & en rendant compte de tout ce qu'il a perçu. Il semble, & plusieurs coutumes le disent en termes clairs, que le Préciput légal est déféré à titre de succession, & non de donation : d'où l'on devroit conclure, contre l'avis de Pothier, que comme un majeur ne peut pas renoncer à une succession qu'il a une fois acceptée, de même il ne peut pas renoncer au Préciput légal.

L'on peut rapporter à ce sujet une disposition de la coutume de Bruxelles, qui est unique & singulière. Cette coutume, comme toutes celles dont il a été parlé dans cet article, donne au survivant des époux, soit qu'il y ait enfans, soit qu'il n'y en ait point, tous les meubles ; mais il paroît qu'elle a moins eu pour objet d'accorder un avantage au survivant, que de donner aux créanciers du prédécédé une personne à laquelle ils pussent demander le payement de ce qui leur étoit dû ; car le survivant, seroit-ce même la femme, n'a pas la faculté de renoncer aux meubles, pour se décharger des dettes ; cela est textuellement décidé par l'article 250, en ces termes : » Le survivant des mariés est tenu pour héritier nécessaire du prédéfunt, *la mai-*
» *son* (*) *mortuaire étant tombée à Bruxelles*,
» & est obligé en toutes les dettes & charges
» personnelles dudit prédéfunt & de sa maison
» mortuaire, sans distinguer de la part de qui
» procèdent lesdites charges ou dettes, ou si

(*) C'est-à-dire, les époux ayant leur domicile à Bruxelles au moment de la mort de l'un d'eux.

» elles sont faites par le mari ou par la femme, » ou par eux ensemble ; & le survivant, soit » mari ou femme, ne s'en peut exempter en » abstenant & répudiant les biens ou la maison » mortuaire du prédéfunt, ou en mettant les » clefs sur le tombeau, parce qu'il ne trouve » point des biens du prédéfunt, ou que les dettes » excèdent les biens : même point par contrat de » mariage, ou *sous quelque autre prétexte que ce* » *soit* «.

Voyez les autorités citeés, & les articles COMMUNAUTÉ, MARIAGE, NOBLESSE, SECONDES NOCES, RENONCIATION A LA COMMUNAUTÉ, &c.

(*Article de M. SANSON DUPERRON, avocat au parlement.*)

PRÉCIPUT CONVENTIONNEL. On appelle ainsi le droit qu'a le survivant des conjoints, en vertu d'une clause très-fréquente dans les contrats de mariage, de prélever une certaine portion des meubles de la communauté, avant qu'elle soit partagée.

Pour traiter convenablement cette matière, qui heureusement ne presente pas un grand nombre de difficultés, on parlera, 1°. de l'ouverture du Préciput conventionnel : 2°. des choses qui le composent : 3°. de la manière de le percevoir, de la nature & des effets de cette convention.

§. I. *De l'ouverture du Préciput conventionnel.*

La clause du Préciput conventionnel est ordinairement conçue de la manière suivante dans les contrats de mariage : *Le ſurvivant des futurs époux*, ou bien *le futur époux, en cas de ſurvie, & pareillement la future épouſe, dans le même cas, prendra par Préciput* tels & tels objets. On conclut de là avec raiſon, qu'il n'y a que le prédécès de l'un des conjoints qui donne ouverture au Préciput au profit de l'autre.

Ainſi, lorſque la communauté a été diſſoute du vivant des deux époux, en vertu d'un jugement de ſéparation, ſi la femme accepte la communauté, ce qui eſt bien rare, le partage doit ſe faire ſans Préciput ; mais à la charge que lorſque le prédécès de l'un d'eux donnera ouverture au Préciput, la ſucceſſion du prédécédé fera raiſon de ce Préciput au ſurvivant.

Il eſt évident que dans ce cas le droit dont la ſucceſſion du prédécédé eſt grévée au profit du ſurvivant, n'eſt que de la moitié du Préciput, parce que le ſurvivant en a confondu en lui-même l'autre moitié, lors du partage. Il n'y a pas de difficulté à cela, lorſque le Préciput eſt d'une ſomme d'argent. Mais lorſqu'il conſiſte en effets, comme il ne doit pas être au pouvoir de l'un des conjoints de préjudicier à ce droit, qui doit ſe prendre ſur la communauté dans l'état où elle eſt au temps de ſa diſſolution, il faut faire une eſtimation des choſes ſujettes au Préciput de chacun des conjoints qui ſe ſont trouvées dans la communauté lors de ſa diſſolution, afin de fixer la ſomme que la ſucceſſion du prédécédé devra au ſurvivant, lorſqu'il y aura ouverture au Préciput par le prédécès de l'un des conjoints. En attendant, chacun d'eux prendra, ſur le pied de l'eſtimation, les choſes ſujettes à ſon Préciput, en les précomptant ſur ſa part, à la charge d'en faire tenir compte au ſurvivant par sa succession, en cas qu'il y donne ouverture par son prédécès. C'est le tempérament proposé par Me. Pothier, au numéro 445 de son traité de la communauté.

La dissolution de la communauté qui arrive par la mort civile de l'un des conjoints, est-elle dans le même cas que celle qui a lieu lors d'une séparation par jugement, ou bien doit-on la regarder comme un prédécès qui donne ouverture au Préciput ? On peut dire, contre le Préciput, que la mort naturelle de l'un des conjoints avant l'autre, est le seul cas que les parties ont proposé pour l'ouverture du Préciput ; que c'est le seul qu'elles aient prévu ; qu'on ne peut pas même supposer qu'elles aient pensé au cas de la mort civile de l'un d'entre eux ; enfin, que la mort civile & la mort naturelle n'ont pas des effets entiérement semblables, même dans le droit, puisque ceux de la mort civile peuvent être détruits, comme elle, par la restitution à la vie civile, que le prince accorde quelquefois. Un arrêt célèbre, prononcé le 2 juin 1549, le roi Henri II séant en son lit de justice, l'a ainsi jugé.

On peut dire au contraire que la mort civile a véritablement les effets de la mort naturelle, quant à la société, puisqu'elle en retranche tout aussi bien la personne qui l'a encourue, que l'auroit fait la mort naturelle, & que la grâce éventuelle de la restitution à la vie civile, étant un bienfait du prince purement volontaire, & sur lequel on ne peut pas compter, ne doit pas plus empêcher l'ouverture du Préciput que le partage de la communauté, auquel la mort civile a pareillement donné lieu.

On pourroit opposer à l'arrêt du 2 juin 1549,

l'article 24 de l'ordonnance des ſubſtitutions, qui porte, » que dans tous les cas où la condamnation » pour crime emporte mort civile, elle donnera » lieu à l'ouverture du fidéicommis, comme la » mort naturelle. Mais, obſerve M. Pothier, on » ne peut pas argumenter des fidéicommis à la » convention de Préciput; les fidéicommis, qui » ſont faits en l'abſence de la perſonne au profit » de qui la diſpoſition eſt faite, étant ſuſceptibles » d'une interprétation beaucoup plus étendue que » ne le ſont les conventions entre vifs «.

» La diſpoſition de l'ordonnance des ſubſtitu- » tions, continue M. Pothier, n'eſt donc pas » ſeule ſuffiſante pour établir qu'on s'eſt écarté » de la juriſprudence établie par l'arrêt de 1549. » Mais j'ai appris que la cour s'en étoit formel- » lement écartée, en jugeant, dans l'eſpèce d'un » homme qui étoit ſorti du royaume pour cauſe » de religion, que la mort civile qu'il avoit en- » courue par ſa ſortie du royaume, avoit donné » ouverture au Préciput au profit de ſa femme «.

Au reſte, le ſeul mot de *Préciput* emporte naturellement l'idée d'un prélévement, d'une délibation ſur une maſſe commune; il ne peut donc pas avoir lieu lorſqu'il y a renonciation à la communauté. Cela eſt inconteſtable, quand c'eſt le mari qui ſurvit, puiſqu'en ce cas il retient ſeul la totalité de la maſſe ſur laquelle le Préciput devoit être pris. Mais on doit ſuivre la même règle lorſque c'eſt la veuve qui ſurvit, & qu'elle renonce à la communauté, parce que ſa renonciation a détruit à ſon égard tous les effets de la communauté.

Telle eſt la juriſprudence du châtelet, atteſtée par Bourjon, traité de la communauté, partie 6, chapitre 5, ſection 1, n°. 3. Le même auteur cite deux arrêts des 4 juillet 1629 & 12 mai 1702, rapportés, le premier par Bardet, tome 1, livre 3, chapitre 54, & le second par les continuateurs du journal des audiences, tome 6, livre 2, chapitre 24. Enfin, c'eſt auſſi l'avis de le Brun & de Pothier en leurs traités de la communauté.

Lorſque les deux conjoints ſont morts par un même accident, ſans qu'on ſache lequel a ſurvécu l'autre; par exemple, lorſqu'ils ſont péris dans un naufrage, il n'y aura point de Préciput en faveur des héritiers de l'un ou de l'autre, lors du partage de la communauté qui eſt à faire entre les héritiers de l'un des conjoints & ceux de l'autre; car ni les uns ni les autres ne peuvent juſtifier que c'eſt celui des conjoints auxquels ils ont ſuccédé qui a ſurvécu, & au profit de qui il y a ouverture au Préciput.

Quoique le Préciput ne puiſſe réguliérement avoir lieu qu'en cas d'acceptation de communauté, il eſt néanmoins d'un uſage très-fréquent, dans les contrats de mariage, de convenir que la future épouſe, en cas de renonciation à la communauté, aura ſon Préciput. On ſtipule encore quelquefois qu'il ſe prendra entiérement ſur la part du prédécédé, en cas d'acceptation de la communauté. On verra dans le paragraphe ſuivant quel eſt l'effet de ces deux clauſes. Mais c'eſt mal à propos qu'Argou dit dans ſes inſtitutions, livre 3, chapitre 11, » que l'on tient au palais, que quand la » clauſe que *la future aura ſon Préciput même en* » *cas de renonciation*, auroit été omiſe, la femme » ne laiſſeroit pas d'avoir ſon Préciput ſur les

» biens du mari, même sur ses propres, quoi-
» qu'elle eût renoncé à la communauté «.

Ses annotateurs observent avec raison que *l'usage certain est que quand la clause n'est point dans le contrat, la femme renonçant ne peut avoir de Préciput.* Argou convient lui-même que *l'usage* prétendu dont il parle, *paroît contraire à la nature du Préciput, qui présuppose, comme on l'a dit, un partage de communauté.*

§. II. *Des choses qui sont l'objet du Préciput conventionnel.*

Comme la convention du Préciput est purement volontaire dans les contrats de mariage, on sent bien qu'il dépend des contractans d'y mettre telles clauses que bon leur semblera, & d'étendre ou de resserrer plus ou moins cette convention. Mais le plus souvent elle est ainsi conçue : » Le sur-
» vivant des futurs époux prendra à titre de Pré-
» ciput, si c'est le futur époux, ses habits, linges
» & bijoux à son usage, *avec ses armes & che-*
» *vaux* (si c'est un homme de guerre), ou *ses*
» *livres* (si c'est un homme de lettres), ou *ses*
» *outils* (si c'est un ouvrier); & si c'est la future
» épouse, ses habits, linges, dentelles, bijoux,
» joyaux & diamans à son usage «.

Si la clause portoit simplement ses *habits & linges*, ou même seulement ses habits, les bijoux & joyaux n'y seroient pas compris, mais bien les dentelles, parce que ces mots comprennent tout ce qui sert à vêtir le corps; & au contraire, s'il étoit dit seulement *ses bijoux & joyaux*, les habits, linges & dentelles n'y seroient pas compris. Ces mots *bijoux & joyaux* comprennent non seulement les boucles & pendans d'oreilles, les bracelets, bagues, anneaux, colliers, aiguilles de tête, & autres ornemens de tête, comme le mot latin *ornamenta*, suivant la loi 23, §. 10, ff. *de aur. arg. legat.*; mais ils comprennent aussi les montres, les éventails, les tabatières, les étuis, & les autres petits meubles de cette espèce, qui sont faits pour être portés par la personne à l'usage de qui ils sont, en quoi ces mots *bijoux & joyaux* ont plus d'étendue que le mot latin *ornamenta*.

On ne comprend pas néanmoins sous ces mots la toilette & tout ce qui en dépend. Tout cela, dit fort bien M. Pothier, appartient plutôt à un autre genre, que les jurisconsultes appeloient *mundus mulicbris*, & qu'ils distinguent très-fort de ce qu'ils appeloient *ornamenta* (*); mais si à ces termes, *habits, linges, bijoux & joyaux*, on avoit ajouté ceux-ci, *& généralement tout ce qui se trouvera servir pour l'usage de la personne de la future épouse*, il n'est pas douteux qu'on ne dût comprendre sous la généralité de ces termes, la toilette & tout ce qui en dépend, comme les miroirs & boîtes de toilette, parfums, &c.

Lorsque le Préciput a ainsi pour objet des meubles en nature, on peut le limiter à une certaine somme; mais lorsqu'il est illimité, il doit comprendre toutes les choses appartenant au genre dont parle la clause du Préciput, telles qu'elles se trouvent dans les biens de la communauté lors

(*) *Ornamenta*, dit Ulpien, *sunt quibus mulier ornatur. Mundus muliebris est quo mulier mundior fit.* D. l. 25, parag. 10, de aur. arg. leg.

de sa dissolution. Il faudroit néanmoins en excepter le cas où le prix auquel elles se monteroient seroit excessif, eu égard à l'état & aux facultés des parties : car quoiqu'elles n'aient pas limité le Préciput à une somme déterminée, elles sont néanmoins censées être convenues d'un Préciput proportionné à leur état & à leur faculté. Lors donc qu'il est excessif, les héritiers du prédécédé ont le droit de demander qu'il soit réduit à la volonté du juge, eu égard à ce qui se pratique ordinairement pour les personnes de même fortune & de même état, suivant cette règle de droit, *in contractibus tacitè veniunt ea quæ sunt moris & consuetudinis.*

A plus forte raison doit-on retrancher du Préciput les choses qui paroissent avoir été achetées en fraude pendant la dernière maladie du prédécédé, dans la vûe de grossir le Préciput.

Au lieu de donner un Préciput de certains effets en nature, on fixe quelquefois ce droit à une somme d'argent : d'autres fois on donne le choix au survivant de certains effets en nature pour son Préciput, ou d'une somme d'argent ; & dans ce cas, le Préciput en nature peut excéder la somme d'argent dont on a laissé le choix au survivant, pourvu néanmoins qu'il n'y ait pas de fraude ou une trop grande disproportion, comme on vient de le voir. On peut même donner tout à la fois ces deux sortes de Préciputs, en convenant, par exemple, que le survivant aura, en cas de survie, par Préciput, la somme de tant, & en outre, ses habits, linges & bijoux.

Quelquefois enfin on convient que le survivant des futurs époux prendra, outre les habits & linges servant à son usage, par Préciput, *tels meubles & effets mobiliers qu'il voudra choisir, suivant la prisée de l'inventaire qui en sera fait, & sans y ajouter la crue, jusqu'à la concurrence de la somme de ..... ou ladite somme en deniers comptans, à son choix;* dans ce cas, il ne peut y avoir de difficultés à fixer ce qui peut entrer dans le Préciput en nature.

§ III. *De la manière de percevoir le Préciput conventionnel, de la nature & des effets de cette convention.*

Lors du partage de la communauté, la femme ou ses héritiers reprennent d'abord, comme on sait, ses deniers stipulés propres, & ses remplois; ensuite le mari ou ses héritiers reprennent de même ses deniers stipulés propres, & ce qui lui est dû à titre de remploi. Il est évident que ces sortes de reprises doivent passer avant le Préciput, parce que ce sont des objets étrangers à la communauté, qu'il faut par conséquent en distraire avant d'y prélever le Préciput.

Il faut encore régler auparavant les récompenses & les indemnités qui peuvent être dues à la communauté, tant de la part du mari que de celle de la femme ou de leurs héritiers, si l'on n'en a pas fait le rapport; avant même de prendre sur la communauté les deniers réalisés de l'un ou de l'autre des conjoints, & ce qui leur est dû à titre de remploi.

Ce n'est qu'après tout cela, & même après avoir distrait encore toutes les charges de la communauté envers des étrangers, qu'on prélève le Préciput sur le restant qui forme la véritable masse de la communauté. Ainsi le survivant ne prend ſon Préciput que pour moitié ſur la part du prédécédé. Il confond l'autre moitié en lui-même, puiſqu'il a moitié dans ce qu'il prélève pour ſe remplir de ſon Préciput, ſoit que ce droit conſiſte dans une ſomme en argent, ſoit qu'il ait pour objet des effets en nature.

Lors même qu'il eſt ſtipulé expreſſément par le contrat de mariage, que le Préciput ſera payé au ſurvivant ſur la portion du prédécédé, il faut toujours commencer par reprendre les deniers ſtipulés propres, les remplois, & les articles de récompenſe ou d'indemnité de chacun des conjoints. On procéde enſuite au partage par moitié de tout le reſte de la communauté, pour attribuer au ſurvivant ſon Préciput plein ſur la moitié du prédécédé, avec les dons & avantages qu'il en auroit reçus.

Dans tous les cas, les dettes doivent être prélevées ſur la maſſe de la communauté, ou ſe payer par moitié entre le ſurvivant & les héritiers du prédécédé, ſans que le ſurvivant puiſſe être tenu de rien payer au delà de ſa moitié, ſous prétexte de ſon Préciput.

Si, après qu'on a exercé reſpectivement la repriſe des remplois & des deniers ſtipulés propres, il ne reſtoit rien dans la communauté, le Préciput ſeroit caduc ; s'il reſtoit ſeulement de quoi remplir le ſurvivant d'une partie de ſon Préciput, ce droit ſeroit caduc pour le ſurplus, parce qu'il ne ſe prend que ſur les effets de la communauté. Mais ne reſtât-il que ce qui ſeroit néceſſaire pour remplir le ſurvivant, il prendroit la totalité de ſon Préciput.

Tout cela a lieu dans le cas même où le Préciput doit se prendre sur la portion du prédécédé. Elle peut bien être absorbée entiérement par le Préciput du survivant ; mais il ne peut rien prétendre à ce titre sur les biens de la succession du prédécédé, qui ne faisoient point partie de la communauté. Il faudroit une clause expresse, pour que le préciput se prelevât sur les biens particuliers du prédécédé, & cette clause même seroit moins un Préciput qu'un avantage particulier qui suivroit d'autres règles.

Il en seroit de même dans le cas où il auroit été convenu que la femme prendroit son Préciput, en cas de survie, même en renonçant à la communauté. Dans ce cas, si elle accepte, le Préciput ne changera pas de nature, & sera toujours borné à la communauté ; mais si elle renonce, elle exercera le Préciput comme une donation simple, d'abord sur la communauté, & subsidiairement sur les propres du mari. C'est ainsi que le décident le Brun & Pothier dans leurs traités de la coutume, Bourjon dans son droit commun, Vaslin sur l'art. 46, §. 3, n°. 85 de la coutume de la Rochelle.

Lorsque le survivant a le droit de prendre des meubles en nature, suivant la prisée de l'inventaire & sans crue, jusqu'à concurrence d'une certaine somme, il peut empêcher les héritiers du prédécédé de faire vendre les meubles qu'il a choisis jusqu'à concurrence de cette somme. Mais, comme l'observe fort bien Bourjon (ibid. titre de la communauté, partie 7, sect. 1, n°. 9 & 10.), d'après Duplessis, cela ne peut pas empêcher les créanciers d'en provoquer la vente, parce que les meubles n'ont pas de suite par hypothèque.

Le survivant vient dans ce cas à contribution sur ces meubles, non seulement pour la somme à laquelle son Préciput en meubles étoit fixé, mais encore pour le quart en sus." Outre l'action en contribution sur les meubles vendus, la veuve a, pour le Préciput, hypothèque sur les immeubles du mari, du jour du contrat de mariage. Cette hypothèque, qui a lieu pour toutes ses reprises, doit s'étendre au Préciput comme à toutes les autres, puisqu'il est dans ce cas une véritable reprise.

L'arrêt du 4 juillet 1629, rapporté par Bardet, tom. 1, liv. 3, chap. 54, l'a ainsi jugé, & tel est l'usage constant du châtelet. Bourjon, qui atteste cet usage (titre de la communauté, partie 7, chap. 2, n°. 89), observe que ce droit, *quoiqu'avantage dans sa source, devient, par son exécution, une vraie créance.*

Le Préciput n'a pas néanmoins la même faveur que le douaire, & les intérêts n'en peuvent être dus que du jour de la demande, suivant la jurisprudence constante du châtelet, attestée encore par Bourjon, au même chap. n°. 79. C'est aussi le sentiment de le Brun dans son traité de la communauté.

Les mêmes auteurs observent avec raison, que le Préciput légal des nobles, dont on a parlé dans l'art. précédent, n'est pas un obstacle au Préciput conventionnel, & qu'ils concourent ensemble, parce qu'ils sont réclamés à deux titres différens; l'un en vertu de la loi, l'autre en vertu de la convention. Mais l'on sent que lorsque le Préciput conventionnel a pour objet des meubles en nature, qui se trouvent aussi être l'objet du Préciput légal, l'exercice de l'un d ces droits exclut néceſſairement l'exercice de l'autre, ſoit pour le tout, ſoit pour partie, quand la totalité du Préciput conventionnel n'a pas pour objet des meubles ſujets au Préciput légal.

Il faut obſerver enfin, avec M. Pothier (traité du contrat de mariage, n°. 549), que le Préciput conventionnel, à la différence du Préciput légal, eſt ſujet à la réduction de l'édit des ſecondes noces, quelque fréquente qu'en ſoit la convention, parce que les diſpoſitions de cet édit s'étendent à tous les avantages que les conjoints peuvent ſe faire, lors même qu'ils ſont mutuels. Lors donc qu'on eſt convenu, dans le contrat de mariage d'une veuve, que le ſurvivant auroit par Préciput une certaine ſomme, par exemple, trois mille livres, & que le mari ſurvit, cette convention, en cas d'acceptation de la communauté, renferme un avantage au profit du ſecond mari ſurvivant, de la moitié de cette ſomme, & cet avantage eſt ſujet à la réduction de l'édit, ſi la portion de l'enfant moins prenant montoit à moins que la ſomme de quinze cents livres, moitié du Préciput.

Par la même raiſon, ſi le contrat de mariage où ſe trouve cette convention de Préciput, portoit auſſi une donation de part d'enfant au profit du ſecond mari, il ne peut plus prendre de Préciput, parce que la part d'enfant qui lui a été donnée comprend tout ce qu'il a été permis à la femme de lui donner.

Lorſque c'eſt un homme veuf qui a épouſé une ſeconde femme, laquelle a ſurvécu, la convention de Préciput forme pareillement, au profit de cette femme, un avantage de la moitié de la somme convenue pour le Préciput du survivant ; & si elle renonce à la communauté, & qu'il y ait clause qu'elle aura son Préciput, même en cas de renonciation à la communauté, la convention du Préciput forme, en ce cas, au profit de la seconde femme, un avantage de toute la somme convenue pour le Préciput ; dans les deux cas, l'avantage est sujet à la réduction de l'édit.

A tout autre égard néanmoins, le Préciput conventionnel est plutôt regardé comme convention de mariage que comme donation, & en conséquence, M. Pothier dit qu'*elle n'est pas sujette à la formalité de l'insinuation*, suivant la déclaration du 25 juin 1729, & l'art. 21 de l'ordonnance de 1731 : mais cela n'est pas tout à fait exact.

L'art. 21 de l'ordonnance de 1731, dit seulement que *la peine de nullité* prononcée à défaut d'insinuation des donations autres que celles faites en ligne directe par contrat de mariage, *n'aura pas lieu néanmoins à l'egard des dons mobiles, gains de noces & de survie, & dans les pays où ils sont en usage ; à l'égard de toutes lesquelles stipulations ou conventions, à quelque somme ou valeur qu'elles puissent monter, la déclaration du 25 juin 1729 sera exécutée suivant sa forme & teneur.*

Le Préciput conventionnel doit bien être censé compris sous ce nom de *gains de noces & de survie* ; mais la déclaration du 25 juin 1729, à laquelle renvoie l'ordonnance de 1731, en les exemptant aussi de la peine de nullité, ajoute, » que ceux qui auront négligé de satisfaire à » cette formalité, n'ont dû & ne doivent être

» regardés que comme *sujets aux autres peines* » *prononcées par les édits & déclarations* «. Ainsi l'exemption de la peine de nullité prononcée par ces deux loix, ne s'étend pas aux peines pécuniaires prononcées par l'édit du mois de décembre 1703, & la déclaration du 20 mars 1708, comme Furgole & du Rousseaud de Lacombe ont eu soin de le remarquer dans leurs commentaires sur l'article 21 de l'ordonnance de 1731.

Voyez les autorités citées, & les articles COMMUNAUTÉ, PRÉCIPUT LÉGAL, SECONDES NOCES, &c.

(*Article de M. GARRAN DE COULON, avocat au parlement.*)

PRÉCIPUT D'AINÉ. On appelle ainsi l'avantage que la plupart des coutumes attribuent, dans certaines espèces de biens, à l'un des cohéritiers, & sur tout à l'aîné de plusieurs enfans, par-dessus les autres, avec lesquels néanmois il partage le reste des mêmes biens, soit également, soit en y prenant une portion avantageuse.

Il faut donc bien distinguer ce Préciput, de la portion avantageuse, que beaucoup de coutumes accordent à l'aîné, quoique plusieurs auteurs & trop souvent le texte des coutumes même aient confondu ces deux droits. Le Préciput appartient en totalité à l'aîné seul, qui doit le prendre avant toute espèce de partage. Il ne fait point partie de l'avantage qui lui est attribué dans le partage; en sorte que l'aîné a encore les deux tiers, la moitié ou telle autre portion avantageuse que les coutumes lui attribuent sur tout ce qui reste après le prélèvement de son Préciput.

Pour mettre de l'ordre dans cette matière, on traitera, dans quatre sections, 1°. des successions qui sont sujettes au Préciput d'aîné : 2°. des personnes auxquelles ce Préciput peut appartenir : 3°. des biens qui y sont sujets, & s'il peut y en avoir plus d'un dans une même succession : 4°. enfin, du Préciput de la branche aînée dans le partage des successions qu'on recueille à titre de représentation, & de celui de l'aîné de chaque branche dans la subdivision des lots.

On n'expliquera point ici en quoi consiste le Préciput, ni quelles en sont les charges. De ces deux objets, le dernier a été traité sous l'article Dettes, & le second sous l'article Aîné. On renverra de même à ce dernier article plusieurs questions, à l'égard desquelles il n'y a point de différence entre le Préciput & les autres avantages que les coutumes accordent aux aînés.

Section première.

Des successions sujettes au Préciput.

Suivant le droit commun, énoncé dans les articles 13 & 331 de la coutume de Paris, le Préciput n'a lieu que dans les successions qui sont recueillies en ligne directe. Mais ce droit y est admis indistinctement dans les successions des personnes de tout état, sans qu'il y ait de différence entre les héritiers nobles & ceux qui sont roturiers. Plusieurs coutumes ont néanmoins des dispositions contraires sur ce dernier objet.

On en parlera dans la section suivante, en

traitant tout ce qui concerne cette qualité de noble ou de roturier, relativement au Préciput.

Un assez grand nombre de coutumes se sont aussi écartées des dispositions de celle de Paris, en ce qu'elle accorde le Préciput avec une portion avantageuse à l'aîné dans les successions qui viennent en ligne directe ; on peut les ranger sous deux classes générales, qui présentent néanmoins bien des variétés. Quelques-unes ont restreint celles des successions où le Préciput peut avoir lieu, d'autres ont, au contraire, étendu le nombre de ces successions.

PREMIÈRE CLASSE. *Coutumes qui ont restreint le nombre des successions où le Préciput peut avoir lieu.*

On doit y mettre les coutumes qui n'accordent qu'un Préciput dans la succession du père ou de la mère seulement ; par exemple, suivant les art. 347 & 348 de la coutume de Normandie, lorsque les successions paternelle & maternelle sont toutes deux ouvertes avant que l'aîné ait fait choix de son Préciput en jugement, *ou gagé partage à ses frères en celle qui premièrement étoit échue, elles sont confuses & réputées pour une seule succession, tellement que l'aîné n'a qu'un Préciput en toutes les deux. Mais si l'aîné a fait judiciairement déclaration du fief qu'il prend par Préciput, ou gagé partage à ses puînés avant l'échéance de la seconde succession, il aura Préciput en chacune des deux, encore que le partage n'ait été actuellement fait.*

Telle est encore la coutume d'Auxerre, à

porte dans l'art. 55 : » Et si en chacune des successions des père & mère y a fiefs, le fils aîné » ne pourra prendre droit d'aînesse qu'en l'une » desdites successions, à son choix & option, tellement que si, par la mort de l'un de sesdits » père & mère, il prend son droit d'aînesse en » la succession du prédécédé durant la vie de » l'autre, pourra néanmoins, après le décès du » survivant, prendre son droit d'aînesse au fief » dudit dernier décédé, en se déportant du droit » d'aînesse, qu'il avoit premiérement prins «.

La coutume de Bar, qui n'accorde à l'aîné d'autre avantage que le Préciput, dit aussi, dans l'article 115, » que le fils aîné n'aura en succession de père & de mère, à son choix, audit » bailliage, qu'un droit d'aînesse «.

L'article 97 de la coutume d'Orléans, la coutume de Château-Neuf en Thimerais, article 5; celle de Châteaudun, article 3, & quelques autres coutumes locales de celle de Blois, ont aussi la même disposition, en accordant au fils aîné le droit de changer le manoir qu'il auroit pris par Préciput dans la succession du prédécédé de ses père & mère, contre l'un de ceux qu'il trouvera ensuite dans la succession du dernier décédé des deux. Ce privilége doit se suppléer dans les coutumes d'Orléans, de Bar, & dans toutes celles qui auroient des dispositions semblables. Tel est l'avis de Me Pothier.

La coutume de Château-Neuf ajoute encore, que » s'il y a un seul manoir féodal procédant » de l'acquisition du père ou de la mère, ou » autrement, en quelque manière que ce soit, » le fils aîné le prendra intégralement pour son » principal manoir, après le trépas de ses père

» & mère, sans que ses autres frères & sœurs y » puissent rien prétendre ne demander de ce » qui en sera échu de la succession de la mère «.

Les autres coutumes dont on vient de parler ne disent rien de semblable ; & quoique le principal objet qu'elles ont eu en attribuant un Préciput à l'aîné, soit de lui assurer une habitation honorable dans le fief, la décision de la coutume de Château-Neuf peut y souffrir beaucoup de difficultés, puisqu'elles n'accordent de Preciput que dans l'une des deux successions.

La coutume de Dreux paroît être aussi dans la même classe que toutes les coutumes précédentes. Elle porte dans l'article 3 : » Le fils aîné, » entre plusieurs enfans, *pour sa part & portion* » *de père ou de mère*, doit avoir, pour son » droit d'aînesse, le principal manoir & arpent » & demi de terres, ou environ icelui, s'ils y » sont, ou le vol d'un chapon, avec la moitié » de tous les fiefs, & l'autre moitié appartien- » dra aux autres enfans ; & s'il advient qu'ils ne » soient que deux, & il y a un fils, tel fils doit » avoir les deux tierces parties avec le principal » manoir, & le puîné le tiers seulement, *& n'y a* » *qu'un droit d'aînesse, quant au principal manoir* «.

Dumoulin veut néanmoins, dans son apostille sur cet article, que cela n'ait lieu que dans le cas où les père & mère sont communs, c'est-à-dire, où tous les enfans sont frères germains. Il en seroit autrement, dit-il, si celui dans la succession duquel l'aîné a pris un Préciput n'étoit pas un auteur commun, mais d'un autre mariage. » *Id est* (dit-il sur ces mots *principal* » *manoir*), *si illud accepit in successione communis* » *patris*, *non debet rursùs aliam principalem*

» *mensionem capere in successione communis ma-*
» *tris, & è contrà. Secùs, si parens, in cujus suc-*
» *cessione accepit, non esset communis, sed alte-*
» *rius matrimonii* «.

Dumoulin fonde sans doute cette décision sur l'article 89 de la même coutume, qui dit, » qu'aux enfans du premier mariage appartien- » nent les propres tenus en fief, & aux enfans » du second mariage les conquêts tenus en fief «. Mais la nécessité de cette conséquence ne paroît point sensible; car cette distinction n'a rapport ni au principal manoir, ni même aux fiefs qui appartenoient particuliérement à l'auteur non commun. On ne peut pas conclure non plus de ce que les enfans du second lit n'ont eu rien dans les fiefs où l'aîné a déjà pris son Préciput, qu'il doive en prendre un second dans les biens provenus de l'auteur commun.

Lorsque les coutumes, comme celle de Paris, attribuent à l'aîné un principal manoir à titre de Préciput, dans chacune des deux successions de père & de mère, ou des autres ascendans, Dumoulin pense aussi que l'aîné doit prendre à ce titre deux maisons dans le fief qui auroit été acquis à titre de conquêt dans la communauté de ses père & mère, s'il s'y trouve plusieurs maisons destinées à l'habitation. » *Ideò*, » dit-il, *si sint duæ mensiones in illo feudo,* » *utramque habebit primogenitus, unam respectu* » *successionis patris, alteram respectu successionis* » *matris* «.

D'autres auteurs ont adopté cette décision. Ils soutiennent même assez conséquemment, que lorsqu'il n'y a pas de manoir principal dans le fief acquis durant la communauté, l'aîné peut, en faisant usage de la faculté qui lui est accordée par l'article 18, prendre deux arpens dans ce fief, l'un, comme dépendant de la succession paternelle, & l'autre, comme dépendant de la succession maternelle; enfin, que lorsqu'il y a un seul manoir dans le fief, l'aîné peut le prendre en totalité pour le Préciput de l'une des deux successions, avec l'arpent de terre de l'enclos ou jardin joignant ledit manoir, suivant l'article 13, & prendre en outre, pour le Préciput de l'autre succession, un arpent de terre en tel lieu qu'il voudroit choisir, à défaut de manoir, suivant l'article 18.

Brodeau est de cet avis dans son commentaire sur l'article 15, n°. 4 : » Car, dit-il, *bien que » le fief de conquêt soit indivis*, n'y ayant point » de partage fait entre les enfans, ce néanmoins, » y ayant deux successions à partager, on pré» sume que ce sont en effet & en vérité deux » fiefs « (*).

Duplessis, traité des successions, liv. 1, ch. 2, pense au contraire que dans tous ces cas indistinctement l'aîné ne peut prendre qu'un seul manoir & ses dépendances, ou, à défaut de manoir, un seul arpent pour les deux successions. Il en donne une raison qui est très-solide. » C'est que

(*) Cet auteur semble néanmoins plus haut contredire la généralité de cette décision, & n'accorder ce privilége à l'aîné que » *lorsqu'après le décès du premier mourant il y » eût eu partage fait entre le survivant & les enfans du » prédécédé*. Car, dit-il, les choses n'étant plus communes » & indivises, l'aîné prendroit pour son Préciput un ma» noir en chacune succession, s'il s'y en rencontroit dans » les biens «.

» le Préciput est le principal manoir en fief de la » succession du père; la succession n'a que la moitié » par indivis dans ce principal manoir. Donc il est » vrai de dire que cette moitié est le Préciput de » la succession du père, & que l'autre moitié » est la succession de la mère «.

L'opinion de Duplessis a été adoptée avec raison par le Maître sur la coutume de Paris, & par Guyot dans son traité des fiefs.

SECONDE CLASSE. *Coutumes qui ont étendu le nombre des successions où le Préciput a lieu.*

On doit mettre en tête de cette classe les coutumes qui accordent le Préciput non seulement dans les successions de ligne directe, mais aussi dans celles de ligne collatérale. Telles sont les coutumes d'Angoumois, art. 90 & 91, & de Poitou, art. 295.

Dans plusieurs autres coutumes même, l'aîné mâle, & l'aînée femelle, à défaut de mâle, a plus d'avantage encore en ligne collatérale qu'en ligne directe. Ainsi, dans les coutumes de Tours & de Loudunois, l'aîné, ou l'aînée, n'a qu'un Préciput & les deux tiers des fiefs en ligne directe, tant entre nobles qu'entre roturiers, lorsqu'ils partagent noblement les fiefs venus à la tierce foi. Mais, suivant l'article 289 de la coutume de Tours, & l'article correspondant de celle de Loudunois, » entre nobles, les successions collatérales viennent à l'aîné ou aînée, ou leurs re» présentans, & n'y prennent rien les puînés, » fors en deux cas; l'un, quand les puînés tien» nent leurs partages ensemble; l'autre, quand » la succession naît & procède du frère aîné ou

» autre parent, chef de la ligne ou souche dont » ils sont descendus, ou de leursdits représentans; » laquelle succession advenant, audit dernier cas, » tous les membres en sont abreuvés, & en aura » l'aîné les deux parts à l'avantage (outre le » Préciput), comme en succession directe, & » tous les puînés le tiers «.

Il est évident que ces exceptions ne font que confirmer la règle, puisque les successions collatérales sont considérées évidemment dans ces deux cas comme des successions directes.

La coutume de Péronne veut aussi, dans les articles 178, 179 & 187, que l'aîné mâle, ou, à défaut de mâle, l'aînée femelle, plus prochaine du décédé, recueille tous les fiefs, tant entre nobles qu'entre roturiers. Mais, suivant les articles 180, 181 & 182, l'aîné entre roturiers n'a pour son Préciput, en succession de père & de mère, que *le chef-lieu & manoir seigneurial, tel qu'il voudra choisir, avec la basse-cour, fossés, jardins, clôtures & pourpris anciens*, & une portion avantageuse de la moitié ou des deux tiers, selon le nombre des enfans, dans le surplus des fiefs, comme dans la coutume de Paris.

L'article 169 laisse de même entre nobles un quint héréditai aux puînés, en attribuant à l'aîné, outre les quatre autres quints, *le châtel & principal manoir & pourpris d'icelui, auxquels les puînés ne prennent rien.*

La coutume de Noyon, & presque toutes celles de Picardie, dont on parlera aux mots QUINT HÉRÉDITAL & QUINT-VIAGER, ont des dispositions peu différentes.

La coutume de Bretagne fait une autre distinction dans les articles 541, 543 & 546. Elle donne à l'aîné par Préciput *le château & principal manoir avec le pourpris*; & en outre, une portion avantageuse des deux tiers, tant en ligne directe que pour *les acquêts & autres biens nobles n'étant du tige & tronc commun, qui se trouveront ès successions collatérales.* Mais en collatérale, elle veut de plus que *l'aîné, ou la personne qui le représente, recueille seul l'héritage, fiefs, & autres choses qui auront procédé du tige & tronc commun, & qui auront été baillés par l'aîné, ou celui qui le représente, par partage à ses puînés.*

Ces derniers mots expliquent les fondemens de cette distinction bizarre : c'est qu'autrefois les puînés n'avoient qu'une portion viagère, qu'ils étoient censés avoir reçue de leur aîné à titre d'apanage. Encore aujourd'hui la coutume de Péronne, qui attribue aux puînés en ligne directe un quint hérédital entre nobles, semble indiquer par ses expressions, qu'ils tiennent ce quint de leur aîné, qui a d'ailleurs la faculté de le retirer de leurs mains, en les récompensant, soit en héritages roturiers, s'il y en a, ou, à défaut d'héritages roturiers, en argent, dans le délai de trois ans après la succession échue.

Toutes les coutumes de Picardie s'expliquent de la même manière, & quelques-unes même n'accordent encore aux puînés qu'un quint viager dans les fiefs en ligne directe.

Les coutumes d'Anjou, article 229, & du Maine, article 246, ont pris le systême contraire; l'aîné, ou l'aînée, entre nobles & entre roturiers, dans le cas où ils partagent noblement, y a seulement le Préciput & les deux tiers en ligne collatérale; mais en ligne directe il a non seulement la totalité du principal manoir, à titre de

Préciput, mais encore la propriété du ſurplus des fiefs, s'il n'y a que des puînés mâles. Ces deux coutumes laiſſent ſeulement aux puînés, pendant leur vie, un tiers entre eux tous, à titre de *bienfait.* Les filles ſeules, *non mariées & emparagées noblement*, ont leur portion des fiefs à titre de *propriété.*

SECTION II.

Des perſonnes auxquelles le Préciput d'aîné peut appartenir.

On peut ranger ſous trois chefs les qualités que les coutumes requièrent pour que l'un des héritiers prenne le Préciput. Ces qualités ſont en effet relatives ou au ſexe des héritiers, ou à la condition des héritiers & de leurs auteurs, ou enfin à l'ordre de leur naiſſance.

I. QUANT AU SEXE. La coutume de Paris & le plus grand nombre des autres ne donnent le droit d'aîneſſe, & par conſéquent le Préciput, qu'à l'aîné mâle. L'article 19 de celle de Paris, dit expreſſément, que » quand il n'y a que fille » venant à ſucceſſion directe ou collatérale, » droit d'aîneſſe n'a lieu, & partiſſent également «.

D'autres coutumes accordent le droit d'aîneſſe aux femelles comme aux mâles, avec cette différence néanmoins, qu'en ligne directe le mâle eſt toujours préféré aux femelles, pour jouir des prérogatives de l'aîneſſe, quand même il feroit né le dernier; telle eſt la diſpoſition des coutumes d'Amiens, article 71; d'Angoumois, article 88; d'Anjou, article 247; d'Artois, articles 94 & 97 ; de Boulonnois, articles 63 & 66 ; de Chauny, article 72 ; de Loudun, ch. 27, article 16 ; du Maine, article 243 ; de la Rochelle, article 54 ; de Tours, article 173, & de Saintonge, articles 91 & 94.

Les coutumes de Clermont, article 83, & de Poitou, article 296, accordent aussi le même avantage à l'aînée entre filles, qu'à l'aîné mâle; mais elles diffèrent des précédentes, en ce qu'elles refusent néanmoins à la fille aînée la portion avantageuse qu'elles accordent, outre le Préciput, à l'aîné mâle.

Lorsque les coutumes ne se sont point expliquées sur le droit d'aînesse & le Préciput entre filles, on y suit ordinairement la décision de la coutume de Paris, à moins que l'usage ou d'autres coutumes voisines, & fort analogues à la coutume muette, n'engagent à se déterminer en faveur de la fille aînée.

Le Brun, livre 2, chapitre 2, section 1, n°. 3, dit, que quand la coutume appelle simplement l'*aîné* au droit d'aînesse, la fille-aînée, soit qu'elle ait des filles ou non, n'y est pas comprise ; mais qu'il faut tenir le contraire, lorsque la coutume y appelle en général l'*aîné des enfans*.

II. QUANT A LA CONDITION. Dans la majeure partie des coutumes, comme dans celle de Paris, l'aîné a les mêmes avantages dans la succession des fiefs, soit qu'il soit noble ou roturier. Beaucoup de coutumes ont néanmoins des dispositions contraires ; mais il y a plusieurs différences entre elles.

Ainsi la coutume de Péronne, articles 169 & 180, attribue à l'aîné, entre nobles, la totalité des fiefs, sauf un quint héréditaire qu'elle accorde aux puînés, *sans y comprendre le châtel & principal, manoir & pourpris d'icelui, auquel les puînés ne prennent rien.* Mais, *entre roturiers, en succession de fiefs, appartient à l'aîné, pour son droit d'aînesse & par Préciput, de chacune succession de père & mère, le chef-lieu & manoir seigneurial, tel qu'il voudra choisir*, avec les deux tiers du surplus des fiefs, s'il n'y a qu'un puîné, & la moitié seulement, s'il y a plusieurs puînés.

Dans la coutume de Ribemont, & dans plusieurs autres coutumes locales du Vermandois, l'aîné noble a la totalité des fiefs, sauf un quint viager que la coutume accorde aux puînés : mais entre roturiers, l'aîné a seulement un Préciput & une portion avantageuse plus ou moins forte, selon le nombre des enfans.

Dans quelques coutumes, le partage noble, & le Préciput, qui en est une suite, n'ont lieu généralement qu'entre nobles ; mais ils ont lieu aussi entre roturiers, quand un ou plusieurs des fiefs qui sont dans la succession sont parvenus à la troisième ou à la quatrième mutation. C'est ce qu'on appelle *tierce foi & quart hommage* dans les coutumes d'Anjou, du Maine, de Loudun, de Tours, de Poitou & de Saintonge. Voyez les articles TIERCE FOI & QUART HOMMAGE.

L'article 541 de la coutume de Bretagne, attribue à l'aîné, entre nobles seulement, *le principal manoir avec le pourpris*, & en outre les deux tiers des terres nobles. Mais, suivant l'article 589, » l'aîné des bourgeois & autres du » tiers-état, ou ses enfans, fils ou filles, qui » auroient terres & fiefs nobles, soit fils ou-

» filles, aura *par Préciput*, sur lesdites terres » nobles, un sou pour livre, partage faisant, » & ce en la succession directe seulement «.

Dans d'autres coutumes, le droit d'aînesse, & par conséquent le Préciput, n'ont jamais lieu que dans les successions des nobles. Telles sont celles d'Anjou, article 152; d'Angoumois, article 87; d'Auvergne, chapitre 12, article 51; de Berry, titre 19, article 31; de Bourbonnois, article 301; de la Marche, article 215; de Meaux, article 45; de la Rochelle, article 54; de Troies, article 14, & de Vitry, article 55 (*).

Quelques-unes de ces coutumes, comme celles d'Anjou, articles 252 & 253; de Bretagne, articles 553, 554 & 555; du Maine, articles 270 & 271, & de Poitou, article 286, disent que les enfans d'une mère noble & d'un père roturier succéderont noblement à leur mère, & qu'au contraire, les enfans d'un père noble & d'une mére roturière partageront la succession maternelle roturièrement, hors le cas de la tierce foi & du quart hommage (**).

Les coutumes de Loudun, titre 29, articles 19 & 20, & de Tours, articles 317 & 318,

---

(*) Un arrêt rendu en très-grande connoissance de cause, le 16 mars 1670, & rapporté au journal du palais, l'a ainsi jugé pour cette coutume, quoiqu'on y eût prétendu, que ces mots de l'article 55, *en succession de nobles personnes*, ne décidoient rien; parce que la coutume ne permettoit aux roturiers de tenir des fiefs qu'avec le congé du roi ou des seigneurs.

(**) Il faut en excepter, dans la coutume de Poitou, les conquêts de la communauté qui suivent toujours la qualité du père pour la totalité.

disent au contraire, que » *femme roturière qui* » *se marie à homme noble*, *est réputée noble*, *&* » *se départ sa succession noblement*, sinon que » auparavant elle eût été mariée à homme » roturier, & eût enfans ou leurs représentans » vivans au temps qu'elle décéderoit, auquel cas » sa succession se partagera roturièrement «.

Celle de Troies dit que cela a lieu pour *les enfans des nobles*. Pithou conclut de là, que les enfans partagent noblement la succèssion de leur père noble, quoiqu'ils ne soient pas nobles eux-mêmes. Cela a été ainsi jugé; dit-il, » entre » les héritiers de Mesnager, qui n'étoient no- » bles, pour ce que *constabat* que ledit Mes- » nager étoit décédé conseiller au parlement de » Paris, lequel état on jugea être suffisant pour » être réputé noble, ores que cette noblesse ne » passe en la personne de l'héritier, *contrà gl.* » *in l.* 1, *cod. de dignit.*, par arrêt prononcé en » robes rouges par M. le président Seguier; le » vendredi avant la pentecôte, 8 mai 1573 «.

On suit la même règle dans les autres coutumes de Champagne, telles que Chaumont, article 1; Meaux, article 4, & Sens, article 160, qui, comme celle de Troies, réputent nobles les enfans qui le sont de père ou de mère. C'est à peu près à cela que se réduit aujourd'hui la noblesse utérine, admise par ces coutumes, suivant l'article 69 de la coutume de Vitry.

La coutume de Berry dit simplement que l'aîné prend un Préciput *en succession de nobles*; & Ragueau prétend qu'il faut y décider tout le contraire de ce qui a été jugé pour la coutume de Troies. » Cette qualité de noblesse, dit-il, est requise, » non seulement aux père, mère, aieul, aïeule,

» auxquels on succède, mais aussi aux enfans qui » viennent à succession pour obtenir le droit » d'aînesse ; tellement que si du mariage d'une » femme noble & d'un homme roturier il y a » des enfans, sa succession se partagera entre » eux roturiérement (Tours, art. 317 ; Lou-» dunois, chap. 29, art. 18) ; car le fruit n'en-» suit la condition de la mère. *Secùs* est à Meaux, » articles 4 & 156 «.

» Mais, continue Ragueau, s'il y a encore » d'autres enfans du second mariage d'icelle » avec homme de noble condition, le fils aîné » du second mariage aura le droit d'aînesse, » d'autant que les enfans du premier mariage » sont roturiers & ne partagent que comme » puînés. (Argentré en la question 118 de l'avis » qu'il a donné sur les partages des nobles.) » De même, si une femme roturière ayant été » mariée à homme noble, duquel elle aie en-» fans ou représentans, se remarie à homme » roturier dont elle aie autres enfans, sa succes-» sion se partagera noblement entre tous lesdits » enfans, si au temps qu'elle échet les enfans » dudit premier mariage ou leurs représentans » étoient vivans. (Tours, article 138 ; Loudunois, » chapitre 29, article 19.) «

Cependant cet auteur paroît se contrarier lui-même, en ajoutant plus bas : » *Ergo*, si aucun » roturier prend femme noble, ou si le noble » prend femme roturière, les enfans succèdent à » celui qui sera noble, & partiront la succession » venant de son branchage, comme nobles, & » aux successions venant du branchage roturier, suc-» céderont & partiront comme roturiers, encore » que la chose fût noble. (Poitou, art. 286.) «

L'article 169 de la coutume de Péronne se sert de cette expression, *entre nobles, l'aîné.* La Villette, dans son commentaire, conclut de là, que la succession d'une femme noble, mariée à un roturier, doit se partager roturiérement. » Ces » termes, dit-il, l'aîné *d'entre nobles*, témoi- » gnent en effet que la coutume veut la qua- » lité de noble en la personne de l'aîné, aussi » bien qu'en la personne de celui *de cujus bonis* » *agitur* «. Lafont, cité par cet auteur, dit la » même chose sur l'article 14 de la coutume » de Vermandois, qui a la même disposition «.

Enfin, l'article 54 de la coutume de la Rochelle accorde le Préciput de l'hôtel principal & du quint, *au fils aîné, ou fille, à défaut de fils de seigneur noble, ou qui le représente.* Cet article sembleroit n'exiger la noblesse que dans celui dont la succession est à partager; cependant l'additionnaire de Vigier & Vaslin, n. 11 & 35, disent que pour y jouir de ce privilége, il faut non seulement succéder à un noble, mais encore être noble soi-même.

Il faut donc examiner avec soin les termes de chaque coutume, & l'usage qui l'interprète, pour s'y décider sur cette question.

L'article 541 de la coutume de Bretagne dit que les *terres nobles seront partagées noblement entre les nobles qui ont, eux & leurs prédécesseurs, dès & paravant les cent ans derniers, vécu & se sont comportés noblement.* Au contraire, la coutume de Péronne, en parlant du partage des nobles dans l'article 169, ne dit point entre nobles *vivant noblement*, comme elle le dit dans l'article 126, en parlant du Préciput légal du survivant des conjoints. La Villette en conclut encore, qu'il y aura lieu au partage noble, quand même le défunt auroit dérogé, & qu'il en seroit de même, supposé que l'aîné vécût roturiérement, ou que l'aînée, à défaut de mâles, eût été mariée à un roturier.

Cette interprétation ne doit point être admise dans les autres coutumes, & l'on y doit tenir, avec Vaslin sur l'article 54 de la coutume de la Rochelle, n°. 6, que, dans les coutumes qui exigent la noblesse de l'auteur auquel on succède, la succession d'un noble qui a dérogé, sans s'être fait réhabiliter, se partage roturiérement, lors même que ses enfans sont nobles, & que si la noblesse est exigée dans l'héritier, il ne pourra non plus prétendre de Préciput & de droit d'aînesse, s'il ne s'est pas fait réhabiliter après avoir dérogé.

Il est certain, au reste, que dans toutes les coutumes qui exigent la noblesse dans l'héritier, pour jouir du Préciput, la fille noble, mariée à un roturier, n'est pas moins admise à prendre ce droit, à défaut de mâles, parce que le mariage ne lui ôte pas la noblesse, & ne la fait point véritablement déroger; il ne la prive même de l'exercice des priviléges & des exemptions accordés à la noblesse, que dans les choses où elle suit l'état de son mari, & où elle tire ses droits de lui. Il est évident que le partage des successions ne peut pas être dans ce cas (*). Maichin

(*) Les raisons que Vaslin donne de cette décision, d'après plusieurs autres auteurs, ne sont point assez exactes. » C'est, dit-il, que le droit d'aînesse est un droit » pour l'exercice duquel il suffit d'être noble, abstraction » faite des priviléges & prérogatives de la noblesse en

sur

sur l'article 92 de la coutume de Saint-Jean; Boucheul sur l'article 289 de la coutume de Poitou; Dussaut sur les articles 57 & 58 de l'usance de Saintes; Vigier & Vaslin sur l'article 54 de la Rochelle; Cochin, tom. 1, plaidoyer 20, page 279, & la Peyrere, lettre A, n°. 32, sont de cet avis. Ce dernier auteur rapporte un arrêt conforme du 14 juillet 1648.

Un arrêt de la cour des aides, du 17 janvier 1676, qu'on trouve au journal du palais, a jugé à la vérité que la fille noble, par son mariage avec un roturier, avoit réellement dérogé & perdu sa noblesse; & l'on pensoit en effet autrefois, qu'il lui falloit des lettres de réhabilitation, lorsqu'elle étoit devenue veuve. C'est l'opinion du célèbre Loiseau, traité des ordres, chap. 5, n°. 104; de Guenois en sa conférence des coutumes, tit. 1, part. 1, n°. 3, dans sa note sur celle de Melun; & enfin de M. Expilly, plaidoyer premier, n°. 26 & suivans. Mais l'on tient aujourd'hui le contraire, conformement à la décision des coutumes d'Amiens, art. 124; de Clermont en Argonne, chap. 2, art. 7; de Metz, art. 7; & de Sedan, art. 4; de Valois, art. 66, & de quelques autres coutumes. Deux autres arrêts de

---

» général. La femme, durant son mariage avec un roturier, » *perd à la vérité l'exercice des priviléges & des exemptions accordées à la noblesse*; mais elle ne cesse pas » d'être noble, n'ayant pas dérogé par-là; & cela suffit » pour lui assurer le droit d'aînesse «.

Il est manifeste que l'exercice du Préciput est bien *l'exercice d'un des priviléges accordés à la noblesse*. Si donc la femme, en se mariant avec un roturier, perdoit indistinctement l'exercice de tous ces priviléges, elle ne pourroit point prétendre de Préciput.

la cour des aides des 27 juin 1698 & 9 août 1702, rapportés dans le mémorial alphabétique, au mot VEUVE, n°. 10, l'ont ainsi jugé.

Ce dernier arrêt a aussi jugé que les enfans de l'anobli, nés avant son anoblissement, jouissoient des exemptions de la noblesse. Ils doivent donc aussi en avoir les priviléges en matière de succession, & c'est ainsi qu'on le pratique dans le droit commun, suivant le Brun, traité des successions, liv. 2, chap. 2, sect. 1, n°. 95, & un grand nombre d'autres auteurs. La coutume de Hainaut, chap. 11, art. 4, porte en effet, que *les enfans nés avant que leur père fût devenu chevalier, jouissent des priviléges des chevaliers, comme s'ils fussent nés depuis.*

Il faut néanmoins excepter de cette règle quelques coutumes qui ont des dispositions contraires; par exemple, celles de Bretagne, art. 570; de Loudun, chap. 29, art. 20; & de Tours, art. 315, n'admettent le droit d'aînesse dans la succession de l'anobli, qu'au cas qu'il n'y ait que des enfans nés depuis l'obtention des lettres.

III. QUANT A L'ORDRE DE LA NAISSANCE. Presque toutes les coutumes n'accordent le Préciput qu'à l'aîné; cependant la coutume de Sedan, en attribuant d'abord un Préciput à l'aîné, en accorde néanmoins aussi un aux puînés, à proportion du nombre des fiefs, dans les art. 158, 159 & 160. » En seigneuries & terres féodales, » y est-il dit, le fils aîné aura & prendra par » Préciput & hors part le principal châtel & » maison forte ou seigneuriale pour son droit » d'aînesse, & en partage moitié des terres &

» seigneuries nobles. Le second fils, semblablement aura le second château, place où maison » forte par Préciput, & ainsi des autres fils » successivement, si tant y a de places, châ- » teaux ou maisons fortes en la succession; & » quant à l'autre moitié des terres féodales & » seigneuries, revenus & dépendances d'icelles » qui seront de fief, elle se partira également » entre les puînés; & s'il y a filles, un fils en » prendra autant que deux filles «.

Suivant les art. 337, 338 & 339 de la coutume de Normandie, l'aîné peut prendre la totalité d'un fief *par Préciput*, en abandonnant le surplus de la succession à ses puînés, si mieux il n'aime choisir également avec ses puînés : dans le premier cas, les autres frères *peuvent* aussi *choisir un fief par Préciput, selon leur aînesse, chacun à leur rang*. Mais lorsque l'aîné ne choisit point de fief par Préciput, aucun des puînés ne peut non plus jouir de ce privilége.

On sent au reste que cette espèce de choix, permis par la coutume de Normandie, ne forme qu'improprement un Préciput, puisqu'il comprend toute la portion héréditaire de celui qui le fait. Il en est à peu près de même dans les coutumes de Cambray, tit. 1, art. 10 & 11; de Haynaut, chap. 90, art. 7; de la châtellenie de Lille, tit. des successions, art. 19; & de Tournai, tit. 11, art. 3, où, lorsqu'il y a plusieurs fiefs dans une succession, l'aîné des fils en choisit un, puis les autres fils successivement.

Dans les coutumes qui n'accordent le Préciput à l'aîné qu'entre nobles, que faut-il dé-décider, lorsqu'une femme qui s'est mariée en premières noces avec un roturier, a épousé un noble en secondes noces, & qu'elle a eu des enfans mâles de ces deux mariages ?

Suivant le Brun, traité des successions, liv. 2, chap. 2, sect. 1, » La Thaumassiere en ses décisions, liv. 4, chap. 46, estime, que si une » femme roturière s'est mariée une première fois » à un roturier dont elle ait eu des enfans » mâles, & une seconde fois à un gentilhomme » dont elle ait eu aussi des enfans mâles, l'aîné de » ce second lit ne pourra pas prétendre de droit » d'aînesse en la succession de sa mère, qui a » été anoblie par ce second mariage, parce » qu'il n'est pas l'aîné de tous les mâles, quoiqu'il » soit l'aîné des nobles «.

Le Brun, & Boucheul qui l'a copié dans son commentaire sur l'art. 286, n°. 39, paroissent adopter entiérement cette opinion, en la rapportant sans y rien ajouter. Mais quoique le résultat en soit très-vrai, elle est cependant fort mal énoncée; le mariage d'une roturière avec un noble, ne l'anoblit point proprement, quoiqu'il la fasse jouir des priviléges personnels de la noblesse. Il ne peut donc pas faire que sa succession se partage noblement, dans les coutumes qui exigent la noblesse de la personne à laquelle on succède, lors même que la femme roturière n'a eu des enfans que du seul mariage qu'elle a contracté avec un noble.

Aussi la Thaumassiere ne donne-t-il la raison que le Brun & Boucheul ont rapportée, que subsidiairement : *La première est*, dit-il, *que réguliérement la succession de femme roturière qui épouse un gentilhomme, se partage roturiérement pour la première fois, suivant les art. 94 &*

253 de la coutume d'Anjou, & les 315 & 316 de celle de Tours.

La coutume de Bretagne, qui veut en général que l'on partage noblement la succession de la femme roturière mariée à un noble, & roturiérement celle de la femme noble mariée à un roturier, a pris un tempérament singulier sur cette question. L'art. 156 porte, que » la succession d'elle ou autre, soit directe ou collatérale, qui seroit de son estoc & aviendroit à » cause d'elle, sera partagée entre les enfans » du premier lit, comme succession égale, sans » Préciput, sur les portions des enfans du noble, » &, leurs portions ainsi distraites, ce qui demeurera pour le droit des enfans du second lit, » sera partagé entre eux noblement (*) «.

L'art. 590 a la même disposition. Tous deux ont été vivement critiqués par les commentateurs, & ils ne décident pas ce qu'il faut pratiquer dans le cas inverse. » Il doit s'ensuivre de » cet article, dit M. de Perchambault, que si une » femme roturière épouse d'abord un gentil- » homme, leurs enfans doivent partager toute » la masse de la succession noblement, & ce qui » demeurera aux enfans qu'elle aura d'un second » mari roturier, sera partagé entre eux égale-

(*) Cela n'empêche pas néanmoins l'ainé du premier lit de prélever le Préciput du sou pour livre sur les biens nobles échus aux enfans roturiers du premier lit, que l'article 589 de la coutume accorde aux roturiers. Telle est la décision de M. de Perchambault sur l'article 590. » Cet » article, dit-il, faisant une exemption précise en faveur des » enfans du second lit noble, suppose la règle contraire à » l'égard des autres «.

» ment, parce que tous les droits sont acquis » aux enfans du premier lit, avant le second » mariage, comme dans l'espèce de cet article. Cependant le contraire a été jugé par un arrêt » sur tourbes; rapporté par Frain. Et quoi! si » une femme noble épouse d'abord un premier » mari noble, dont elle n'a que des filles, & » ensuite un second mari roturier, dont elle a » des enfans mâles, comment feront-ils leurs partages? L'aîné noble du premier lit désignera-t-il le tiers appartenant aux puînés roturiers? » Quand un des enfans dont il est question ici » vient à mourir, comment sa succession se partagera-t-elle entre ses frères nobles & roturiers? » Enfin, l'aîné noble auroit-il un Préciput? Nous » n'avons jamais vu que des transactions sur ces » questions, & point de jugement précis «.

Quoi qu'il en soit, on sent bien que cette disposition de la coutume de Bretagne n'est pas applicable aux autres coutumes.

Celle de Saint-Sever divise aussi les biens de la personne qui a eu des enfans de deux mariages, en deux portions égales, sans distinction de nobles ou de roturiers, quant à la personne & quant aux biens, pour en attribuer la totalité à l'aîné de chaque lit, sauf l'apportionnement des puînés. Mais l'art. 26 du tit. 12 y met toutefois cette réserve, *qu'en succession de biens nobles l'aîné du premier mariage doit avoir la maison principale, appelée vulgairement* capdeulh, *par Préciput, avec le jardin à icelle contigu.* C'est-là le seul cas où il y ait lieu au Préciput en cette coutume. Celle d'Acs a la même disposition au titre 2.

Suivant le titre 12 de la coutume de la Bourt,

qui attribue aussi la totalité des biens nobles & des propres même roturiers à l'aîné, en partageant également les acquêts roturiers, *s'il y a enfans de divers mariages, & du premier n'y a que filles ; la fille aînée du premier mariage succède & exclut tous les enfans des autres mariages, (ès maisons & héritages nobles)*, posé qu'il y en ait *de mâles*. On trouve la même règle au tit. 27 de celle de Soles. Mais ce sont encore là des dispositions particulières à ces coutumes.

On n'examinera point au surplus ici quel est celui de plusieurs héritiers qu'on doit réputer l'aîné, si le droit d'aînesse est cessible & si l'on peut y porter atteinte. Toutes ces questions ont été traitées dans l'art. Aîné, & le Préciput ne diffère en rien à cet égard de tous les autres avantages qui peuvent appartenir aux aînés.

Section III.

Des biens sujets au Préciput d'aîné, & s'il peut y en avoir plus d'un dans une même succession.

Réguliérement le Préciput, comme tout autre droit d'aînesse, ne peut avoir lieu que sur les fiefs & les autres biens réputés nobles. Les rotures n'y sont point sujettes, quand mêmes elles auroient été contre-échangées pour un fief, & que, lors de l'échange, il auroit été stipulé que l'aîné prendroit son droit d'aînesse sur cette roture, parce qu'il ne se fait point de subrogation des qualités intrinsèques. (*) Telle est la doc-

(*) Renusson, qui est d'ailleurs du même avis dans

trine de Dumoulin sur l'art. 30 de la coutume d'Amiens; de le Brun, traité des successions, liv. 2, chap. 2, sect. 1, n°. 52; & de Guyot, traité des fiefs, tom. 5, sect. 3, p. 323 & 324.

Quelques coutumes ont néanmoins des dispositions contraires. La coutume du Grand-Perche, par exemple, porte, dans l'art. 153, que *l'aîné peut prendre sondit Préciput en telle terre de chacune desdites successions qu'il voudra choisir, soit féodale ou roturière, étant ladite roturière ès champs, & non en la ville.*

La coutume de Normandie, art. 295 & 356, attribue à l'aîné *le manoir & pourpris* dans les rotures, *sans aucune estimation ou récompense*, à moins que ce manoir ne forme la totalité de la succession.

La coutume de Bayonne, tit. 12, art. 1, 2 & 3, dit aussi que tous les biens d'une succession se partagent également par têtes, entre les descendans qui sont en pareil degré, » excepté *la* » *lar*, ou maison principale du défunt, obvenue » de l'aïeul par succession, laquelle, par la cou- » tume, est due par Préciput au mâle aîné, & » en défaut de mâle, à l'aînée femelle «.

Cette coutume qui, comme on le voit, ne distingue pas si *la lar* est un fief ou une roture, attribue le Préciput, non pas sur les biens nobles, mais sur les propres.

---

son traité des propres, chap. 1, sect. 1, n'approuve pas la distinction que Dumoulin fait à cet égard entre les qualités intrinsèques & extrinsèques. Mais sa critique n'est fondée que sur des subtilités qui ne font rien au point de droit.

Dans les coutumes même, où, ſuivant le droit commun, le Préciput a lieu ſur les fiefs, tous les biens nobles n'y ſont pas indiſtinctement ſujets; tous les droits incorporels, tels que la juſtice, les mouvances, les cens, les péages, les droits de main-morte, de bannalité, &c. ſont dans ce cas. Si donc il n'y avoit pas de maiſon ni de fonds nobles dans la ſucceſſion, l'aîné ne pourroit prétendre aucun Préciput, quand même il y auroit des fiefs en l'air avec des droits de mouvance conſidérables. Les coutumes n'attribuant ce Préciput que pour l'habitation de l'aîné, ne le lui accordent que ſur la maiſon, & à défaut de maiſon, ſur les fonds.

Il y a néanmoins quelques coutumes, telles que celles d'Anjou, art. 15, qui accordent à l'aîné le droit de choiſir un hommage, & d'autres qui, comme celles de Romorantin, art. 1, & de la Rue d'Indre, l'autoriſent à prendre également un ſerf. Dans ces coutumes, il n'eſt pas douteux que l'aîné ne puiſſe prendre ces droits à titre de Préciput, lors même que le fief auquel ils ſont attachés eſt ſans domaine.

La règle 80 de Loiſel, liv. 3, tit. 4 de ſes inſtitutes coutumières, porte, que *s'il y a diverſes ſucceſſions, coutumes & bailliages, l'aîné prendra droit d'aîneſſe* (c'eſt-à-dire *ſon Préciput*) *en chacune d'icelles.*

Pluſieurs coutumes ſe ſervent d'expreſſions aſſez analogues.

La coutume d'Anjou dit, par exemple, dans l'art. 223, » que ſi les choſes d'une même ſuc- » ceſſion ſont aſſiſes en divers bailliages ou ſé- » néchauſſées royales, toutefois l'aîné ou héritier » principal aura un Préciput & avantage en cha-

» cun bailliage ou sénéchaussée «. Mais on tient aujourd'hui, suivant l'apostille que Dumoulin a mise à cet article, que l'aîné ne peut prendre qu'un Préciput dans chaque coutume, & non pas dans chaque bailliage d'une même province ou d'une même coutume (*).

Le Febvre, cité par Dupineau dans son commentaire sur le même article, dit que cette in- » terprétation de Dumoulin, que la coutume » parle de diverses provinces, ne lui plaît pas, » parce que les réformateurs & compilateurs de » la coutume n'ont pas eu droit de statuer à » l'égard des étrangers «. Mais il paroît que Dumoulin, qui, dans ses apostilles, s'est souvent élevé bien au dessus des idées serviles d'un commentateur, a moins entendu ici expliquer le sens littéral de la coutume d'Anjou, qu'y mettre un correctif conforme à son esprit, pour parer aux inconvéniens qui pourroient en résulter aujourd'hui.

On sait qu'il n'y avoit guère autrefois qu'un bailliage dans chaque province ou dans chaque coutume, & c'est même la diversité des usages établis dans les principales juridictions, qui est l'une des causes de la diversité des coutumes. Voilà pourquoi Loisel & quelques coutumes confondent, à cet égard, les bailliages & les coutumes. Mais depuis qu'on a multiplié les bailliages, comme ils le sont aujourd'hui, il seroit injuste d'en conclure qu'on a aussi multiplié les Préciputs.

(*) *Id est, in diversis & distinctis provinciis, non autem in eâdem provinciâ, nec in singulis localibus sedibus & præfecturis ejusdem provinciæ*, quod esset nimis durum, nec est de mente consuetudinis.

Auſſi le Febvre ajoute-t-il lui-même, que *l'uſage eſt ainſi, & qu'on n'en a point uſé autrement que ſelon le ſens de Dumoulin.*

A plus forte raiſon doit-on le pratiquer de cette manière hors le reſſort de la coutume d'Anjou; c'eſt aujourd'hui l'opinion reçue par tous les auteurs.

Il faut même obſerver, avec Brodeau ſur l'art. 15, n°. 3 de la coutume de Paris, que cette multiplicité des Préciputs, à raiſon de la diverſité des coutumes, n'a lieu que pour les coutumes générales, & non pour les coutumes locales qui en dépendent. « De ſorte que ſi en la ſucceſſion » du père il ſe trouve un fief ſitué dans l'é- » tendue du Vexin François, & un dans un » autre lieu de la prévôté de Paris, accompagné » chacun d'un manoir, l'aîné n'en aura qu'un » ſeul, parce que le Vexin eſt de même cou- » tume & province, bien qu'il y ait un uſage » local & particulier pour les droits féodaux » (art. 3.); de même, ſi en la coutume de » Senlis il ſe trouve un fief ſitué au bailliage » de Beauvais, & un en celui de Chaumont; & » ainſi des autres ».

La coutume du Maine a à cet égard une diſpoſition ſingulière, dont le fondement confirme néanmoins les principes qu'on vient d'établir. L'art. 240 porte, que » ſi les choſes d'une même ſuc- » ceſſion noble ſont aſſiſes ès pays d'Anjou & du » Maine, toutefois l'aîné, ou héritier principal, » n'y aura qu'un Préciput & advantage, poſé » qu'il y ait en chacun pays une maiſon de- » meurée d'icelle ſucceſſion «.

La raiſon de cette ſingularité eſt qu'il n'y avoit autrefois qu'un ſeul coutumier entièrement ſemblable pour ces deux provinces, dont encore aujourd'hui les coutumes sont fort peu différentes. La coutume du Maine, dans l'art. 240, n'a point cessé de les considérer comme réunies par la même loi, malgré ces légères différences.

SECTION IV.

Du Préciput de la branche aînée dans les successions qu'on recueille par représentation, & du Préciput de l'aîné de chaque branche dans la subdivision des lots.

Ce n'est point ici le lieu d'examiner la question de savoir si les représentans succèdent aux droits comme au degré du représenté. Cette question, qui a partagé les jurisconsultes & les coutumes même, trouvera naturellement sa place dans l'article REPRÉSENTATION. Il est bien certain que c'est sur les différens principes admis par les coutumes & par la jurisprudence à cet égard, qu'on doit se décider, pour savoir si l'aîné de plusieurs cohéritiers d'une même branche doit avoir une portion avantageuse dans la subdivision du lot qui est échu à cette branche à titre de représentation.

Comme cela n'est plus guère contesté, il sembleroit d'abord qu'il doit en être nécessairement de même du Préciput; que la branche aînée, dans une succession qui se partage entre plusieurs branches d'héritiers, doit en avoir un dans son lot, s'il y a des biens qui y soient sujets dans la succession; & que l'aîné de chaque subdivision a droit d'en réclamer aussi un sur le lot échu à sa branche dans les coutumes & dans les cas où les représentans succèdent à tous les droits du représenté; de même qu'il n'en jouit point lorsque les représentans ne succèdent qu'au degré, & non pas au droit du représenté.

Cependant, quoique ce dernier point ne forme pas de doute, & que l'on convienne même du principe pour le premier point, dans la règle générale, on a prétendu qu'il falloit y mettre pour restriction le cas où celui dont il s'agit de partager la succession auroit lui-même pris le Préciput d'aîné dans la succession du représenté par la branche aînée, sous prétexte qu'il ne peut y en avoir deux dans une même succession, & que dans ce cas les biens qu'on recueille à titre de représentation, sont censés procéder de la même succession. On prétend qu'il en doit être de même dans la subdivision du représenté, quand l'aîné des représentans a déjà pris un Préciput dans sa succession, parce qu'autrement ce seroit admettre un second Préciput.

Il faut même avouer que cette exception est autorisée par la seule coutume qui ait parlé précisément de cette question. La coutume d'Angoumois attribue, dans les art. 88 & 89, à l'aîné entre nobles, en noble & directe succession, *le châtel & manoir principal de ladite succession, avec ses anciennes preclôtures, & en outre sur ses autres cohéritiers le quint du revenu de ladite successian par Préciput & advantage.* C'est ce qu'on appelle aussi simplement *quinter*, & ce privilége forme un véritable Préciput, puisque la coutume ajoute que l'aîné aura encore *au résidu d'icelle succession, sa portion contingente & légitime, selon le nombre des venans à la succession.*

Les art. 90 & 91 accordent le même Préciput à l'aîné en ligne collatérale, » si ladite succession » collatérale n'avoit été quintée & partie par les

» succédans en ligne droite ; car, si elle avoit été » quintée & partie en succession vraie collatérale, » soit entre fils ou filles, n'y a aucun droit d'aî- » nesse ; ains se divise *æqualiter & per stirpes*. » Ou si ce n'étoit que la directe succession dont » est descendue la collatérale, dont il est question, » eût été quintée ou partie, & sur icelle eût été » prins droit d'aînesse par celui de la succession » duquel est question. Car, audit cas, en succession » collatérale n'y a aucun quintement ni droit » d'aînesse ; ains succéderont les lignagers venans » à la succession collatérale, *in stirpes*, jouxte leur » degré, sans faire aucune différence entre eux «.

On cite communément les coutumes d'Anjou & du Maine, comme faisant la même distinction; mais c'est mal à propos.

L'article 223 de la coutume d'Anjou, après avoir dit que si une fille décède avant son père ou sa mère noble, décide » que sa représenta- » tion départira sa portion qu'elle eût prise en » ladite succession, tout ainsi que si le cas fût » advenu que ladite défunte eût survécu & suc- » cédé, & que les enfans eussent recueilli ladite » portion immédiate par la mort d'icelle fille «. Puis elle ajoute indistinctement : » Et aura l'aîné fils » ou aînée fille d'icelle défunte les deux tiers en icelle » partie, sans aucun Préciput ; *car en une succes- » sion, soit directe ou collatérale, n'a qu'un Pré- » ciput & avantage* «.

L'article 224 dit encore : » Et à semblable, s'il » advenoit qu'un oncle noble mourût sans hoir » de sa chair, & que à sa succession vinssent les » enfans de ses frères & sœurs, qui sont vul- » gairement appelés neveux, ou les enfans d'iceux » neveux, & qu'il y eût deux ou trois moyens

» au temps du trépas d'icelui oncle, & succession advenue, y aura pour chaque représentation & *pro qualibet stirpe aut stipite*, nouvel avantage pour l'aîné ; c'est à savoir, de chacune représentation se fera le partage par les deux parts & par le tiers. Toutefois n'y aura qu'un Préciput «.

La coutume du Maine a la même disposition dans l'article 240.

On voit que le systême de ces coutumes est très différent de celui de la coutume d'Angoumois, puisqu'elles ôtent indistinctement à l'aîné des représentans le Préciput dans la subdivision du lot qui leur est échu, tandis que la coutume d'Angoumois ne le leur ôte que dans les deux cas que l'on a expliqués. C'est néanmoins principalement sur les dispositions de la coutume d'Anjou qu'on s'est fondé pour faire admettre la même distinction dans les coutumes de représentation infinie. Plusieurs jurisconsultes l'ont sur-tout proposée pour la coutume de Poitou, quoique l'esprit général de cette coutume, & son texte même, y répugnent de la manière la plus forte. Il est facile de le prouver.

Le grand principe des successions, dans la coutume de Poitou, c'est de régler celles qui proviennent en collatérale de la même manière que les successions en ligne directe, & d'accorder à chaque branche les droits qu'auroit le représenté s'il recueilloit lui-même une partie de la succession. Ces principes sont trop évidemment établis par les articles 277, 289, 290, 292 & 296, pour avoir besoin de preuve.

Cette coutume attribue aussi à chacun des représentans, dans la subdivision de la portion succeſſive qu'ils recueillent par repréſentation, les mêmes droits & les mêmes avantages qu'il auroit eus ſi cette ſucceſſion lui eût été tranſmiſe ſéparément par celui qu'ils repréſentent, ſans aucune relation aux droits & aux charges que le repréſenté peut avoir laiſſés dans ſa propre ſucceſſion, ou, pour mieux dire, ſans aucune relation à cette ſucceſſion même.

Cette indépendance des ſucceſſions les unes à l'égard des autres, n'eſt pas un principe particulier à la coutume de Poitou; c'en eſt un du droit commun, ſuivant lequel une ſucceſſion, une fois échue, doit ſe régler dans l'état où elle ſe trouve, abſtraction faite de toutes celles qui ont pu échoir, ou qui écherront dans la ſuite à ceux qui ſont habiles à la recueillir. Il n'importe pas pour cela que la première des deux ſucceſſions ait été répudiée ou acceptée; que l'une ſoit avantageuſe ou déſavantageuſe.

Dans toutes les coutumes de repréſentation, la renonciation à la ſucceſſion du repréſenté n'empêche pas qu'on ne puiſſe recueillir, en le repréſentant, la ſucceſſion d'une autre perſonne; ſi l'on avoit accepté la ſucceſſion du repréſenté ſous bénéfice d'inventaire, on pourroit en accepter une autre purement & ſimplement de ſon chef, & réciproquement. Lors même que toutes les deux ſont acceptées de la même manière, les dettes dont on eſt tenu à raiſon de l'une, ſont abſolument étrangères aux dettes dont on eſt tenu à raiſon de l'autre; & par cette raiſon, les obligations, ſoit perſonnelles, ſoit hypothécaires, que l'acceptation & le partage de chacune des deux ſucceſſions peuvent produire, n'ont aucune ſorte d'influence les unes ſur les autres. ....

Pour

Pour venir à des exemples plus particuliérement applicables à la coutume de Poitou, cette coutume admet la subrogation des meubles aux acquêts, & des acquêts aux propres. Mais lorsqu'on a recueilli toutes ces sortes de biens dans la succession de son père ou de sa mère, cela n'empêche pas qu'on ne puisse demander la subrogation des acquêts aux propres, ou des meubles aux acquêts, dans la succession de l'aïeul ou de l'aïeule, auquel on vient par représentation.

De même encore, l'article 208 admet le cumul du tiers de tous les meubles & acquêts en faveur des enfans, lorsque les propres que forment leurs réserves coutumières sont d'une valeur trop modique. Personne néanmoins n'oseroit soutenir que les enfans qui ont opté le cumul dans la succession paternelle ou maternelle, ne puissent se tenir à la réserve des propres dans la succession de l'aïeul, qu'ils recueillent à titre de représentation, ou tout au contraire.

Toutes ces décisions, qu'on pourroit multiplier encore, dépendent de la maxime, que les successions sont étrangères les unes aux autres, & que celle qui a été recueillie n'est plus considérée comme une succession, mais comme le patrimoine de l'héritier, suivant cet axiome : *Hæreditas, semel adita, non est jam hæreditas, sed patrimonium hæredis.*

Il est donc conforme à l'esprit de la coutume de Poitou, ainsi qu'à celui des autres coutumes de représentation infinie, d'accorder à la branche aînée un Préciput dans le partage général d'une succession, & d'en accorder un autre à l'aîné de chaque branche dans la subdivision des lots, lors même que le représenté de la branche aînée a déja pris un Préciput, & que l'aîné des représentans de chaque branche en a eu aussi un dans la succession du représenté.

Pour s'écarter de ces principes, sous le vain prétexte qu'il ne peut pas y avoir deux Préciputs dans la même succession, il faudroit en trouver une décision précise dans le texte de la coutume, parce qu'on ne doit supposer des inconséquences dans une loi, que lorsqu'on ne peut pas faire autrement. Or, il s'en faut bien qu'on trouve rien de semblable dans le texte de la coutume de Poitou.

L'article 289 attribue un Préciput à l'aîné entre nobles, *tant en succession directe que collatérale*, sans aucune exception ni réserve. L'article 296 porte aussi indistinctement : » Et si aucune succession directe ou collatérale écheoit à filles, » *& qu'il n'y ait enfant mâle ou qui le représente*, la fille, *ou sœur aînée, ou qui la représente*, doit avoir, par aînesse ou prérogative, » le châtel ou hôtel principal noble, qu'elle élira, » avec les appartenances, vergers & clôtures anciennes, joignant à icelui, ainsi & de la manière que dessus est dit «.

On voit que dans ces deux articles la coutume attribue à l'aîné ou à la branche aînée, entre nobles, soit entre mâles, soit entre femelles, un Préciput dans les successions même collatérales, sans en excepter aucun cas, pas même celui où le défunt en avoit lui-même pris un dans la succession du représenté par la branche ainée, ni celui où l'aîné de chaque branche en auroit aussi pris un dans la succession du représenté. La coutume de Poitou n'admet donc pas le systême des coutumes d'Anjou & du Maine, non plus que les exceptions portées par la coutume d'Angoumois.

L'article 290, dont quelques jurisconsultes se sont prévalus pour soutenir l'opinion contraire, n'a point le sens qu'on y voudroit donner. Cet article est une suite de l'article 289, avec lequel il n'en faisoit qu'un seul & même dans l'ancien coutumier.

Voici comment sont conçus ces articles aujourd'hui : » *Article* 289 ; entre nobles, au regard » des choses nobles, tant en succession directe » que collatérale, *le principal héritier mâle, & » qui le représente*, prend pour son droit d'aînesse le principal châtel ou hôtel noble qu'il » veut élire, avec les appartenances des vergers » & préclôtures anciennes joignant ledit hôtel «. Le surplus de l'article énonce ce que l'on doit comprendre sous ces appartenances des vergers & préclôtures anciennes ; puis l'article 290 ajoute immédiatement : » *Et* quant au *surplus* de toutes » les terres & revenus nobles obvenus d'icelle suc» cession, l'aîné en prend les deux tiers, & tous les » puînés, fils ou filles, ou qui les représentent, pren» nent l'autre tierce partie à icelle diviser égale» ment entre eux, & où il y écherroit subdivi» sion pour la succession de l'un de plusieurs des » puînés prédécédés, *sera gardé l'avantage à » l'aîné ou à celui qui le représente, SELON » QUE DESSUS.* Et où il n'y auroit aucun châtel, » ou hôtel noble, ou hébergement, soit pour le » seigneur ou pour le métayer, aura l'aîné le » chef d'hommage au lieu destiné pour ledit » hôtel, avec une septerée de terres au lieu de » préclôtures «.

Il n'est pas possible de croire, avec quelques

jurisconsultes, que ces mots *selon que dessus*, ne s'entendent que de la portion avantageuse de l'aîné, & non pas du Préciput. 1°. L'article 290 est encore aujourd'hui lié avec le précédent, dont il faisoit partie autrefois, par la conjonction *&*, qui se trouve immédiatement après tout ce qui concerne le Préciput dans l'article 289.

2°. Si l'on n'a pas entendu comprendre, sous ces mots *selon que dessus*, le Préciput avec la part avantageuse, on eût dit simplement & tout aussi briévement, *l'aîné aura pareillement les deux tiers des terres & revenus nobles*, au lieu de ces mots, qui s'appliquent à tout ce qui précède sur le droit d'aînesse, *sera gardé l'avantage à l'aîné ou qui le représente, selon que dessus.* Ces mots *selon que dessus*, indiquent une abréviation, dont on ne pouvoit avoir besoin que pour rappeler le Préciput, dont la fixation, dans l'article 289, a exigé beaucoup de détails.

3°. Comme ces mots, *selon que dessus*, sont évidemment synonymes à ceux ci, *ainsi & de la manière que dessus est dit*, dont se sert la coutume en rappelant le Préciput dans l'art. 296, il paroît très-conforme de comprendre aussi le Préciput dans l'avantage que l'art. 290 accorde à l'aîné de la subdivision.

4°. Et cette réflexion est décisive; ces mots qui commencent l'art. 290, & *quant AU SURPLUS de toutes les terres & revenus nobles d'icelle succession, l'aîné en prend les deux tiers, & tous les puînés, fils ou filles, ou qui les représentent, prennent l'autre tierce partie à icelle diviser entre eux*, ne se relatent évidemment qu'à ce qui reste de la succession après que le Préciput en a été prélevé. L'aîné ne prend donc les deux tiers que de ce *surplus* dans tous les cas, & les puînés ne partagent aussi également entre eux que les deux tiers de ce *surplus*, sans qu'on dise rien de l'exception portée par la coutume d'Angoumois. Quand donc on voudroit rapporter seulement à cette première partie de l'art. 290, *l'avantage* que la suite de ce même article accorde à l'aîné de la subdivision, *selon que dessus*, on ne pourroit pas entendre par cet *avantage* les deux tiers de la totalité du lot, y compris les biens qui sont sujets au Préciput dans les cas ordinaires, puisque l'aîné ne prend ces deux tiers que du *surplus* de toutes les terres & revenus nobles, après le prélèvement du Préciput.

5°. Enfin, l'art. 289 dit que l'aîné prend le principal châtel ou hôtel noble, *pour son droit d'aînesse*, en toutes successions ; l'art. 296 accorde le même droit à la fille aînée, *par aînesse ou prérogatives*. Ne seroit ce pas s'écarter des vûes de la coutume, que de refuser à l'aîné de la subdivision un avantage qui constitue si essentiellement le droit d'*aînesse*, pour lui en attribuer un autre que la coutume refuse à l'aînée des filles, & auquel elle ne donne point cette qualification honorable ?

Qu'importent après cela les raisonnemens des commentateurs & leurs allégations ? Mais il se trouve encore que tous ceux de la coutume de Poitou ont admis le Préciput, même dans les subdivisions, du moins jusqu'à Boucheul, qui suppose mal à propos le contraire, & qui ne paroît pas trop d'accord avec lui-même sur cette question.

Constant, dans ses notes sur l'art. 290, prouve avec beaucoup d'étendue, que l'aîné, *en toute ſucceſſion directe ou collatérale*, prendra l'hôtel principal & les deux tiers, & que dans la ſubdiviſion *l'aîné de la branche de l'aîné prendra les Préciputs coutumiers* (c'eſt-à-dire, le Préciput proprement dit & la portion avantageuſe), & ſic viciſſim *le feront les aînés de chaque branche.* Il fonde cette déciſion ſur les expreſſions des art. 289 & 290.

Enfin, il cite l'arrêt de 1577, connu ſous le nom *de la Tour-Landry*, avec un autre arrêt, qu'il dit avoir lu & tenu ; il convient qu'on lui avoit mal repréſenté cet arrêt de la Tour-Landry, qu'on cite encore aujourd'hui dans la province de Poitou pour l'opinion contraire. Il aſſure que cet arrêt, rendu après une enquête par turbes, a jugé expreſſément que l'aîné de chaque branche devoit avoir les droits d'aîneſſe, *jura primogenituræ conſequi debere.*

Chopin, qui donne l'eſpèce de cet arrêt & d'autres ſemblables, dans ſon traité *de privilegiis rusticorum*, *liv.* 3, *part.* 3, *chap.* 9, *n°.* 2 de l'édition *in-folio* & de la traduction françoiſe (*), dit la même choſe. Ni lui ni Conſtant ne parlent pas même de la reſtriction importante qu'on ſuppoſe communément, d'après eux, que cet arrêt a adoptée.

Barraud, tit. 6, chap. 3, n°. 6, dit, » qu'en » collatérale, l'aîné ou celui qui le repréſente » aura *pareil droit & avantage* qu'en la ſucceſſion » directe «.

Lelet refute l'objection, que ce feroit là admettre *deux avantages & deux droits d'aîneſſe dans*

(*) On ne le trouve pas dans l'édition *in*-4°. de 1581.

une même succession. Il cite ensuite l'arrêt de 1577, rapporté par Chopin, & un avis conforme de MM. Galland & Chamillard, avocats au parlement de Paris, qui régla la même chose pour la succession de Matthieu Vidard, & qui, dans la subdivision d'un lot, adjugea les deux tiers à l'aîné *avec le principal manoir.*

Les additionnaires de Lelet sont du même avis, quoiqu'ils allèguent à ce sujet des autorités avec peu d'exactitude. Ils finissent par dire : » Et le 16 de mai 1634, en la succession de » défunte Rachel Vernou, à l'aîné des représentans » Marguerite Vernou, qui avoient recueilli la » succession de Rachel avec Jeanne Vernou, » fut adjugé en la subdivision de ladite succes- » sion son Préciput & droit d'aînesse, par juge- » ment rendu à Poitiers, le Blanc, & Achard, » parties plaidantes ; ce qui a été confirmé par » arrêt subséquent de 1635 «.

Liége, qui cite aussi cet arrêt, en allègue, à la vérité sans le dater, un autre contraire, qui avoit adjugé le droit d'aînesse sans hôtel ; mais il écarte ce préjugé par ces mots, *ce que les consultans n'approuvent pas.* Il propose bien ensuite la restriction que Boucheul a adoptée, avec une autre qui est relative à l'indivision des biens entre puînés ; mais il les écarte encore par ces mots, *ce qui n'est pas de l'usance de la province. V. l'art.* 294.

Enfin, Boucheul sur ce même art. 294, n°. 54, paroît admettre aussi ces principes, quoiqu'il les méconnoisse, dans ce qu'il dit sur l'art. 290, n°. 54. En tout cas, il ne fonde son opinion que sur la disposition de la coutume d'Anjou, qui, comme on l'a vu, ne fait point la distinction qu'il croit y trouver.

Voyez les autorités citées, & les articles AÎNÉ, DÉMEMBREMENT DE FIEF, DETTES, DONATION, DOUAIRE, EMPIRER LE FIEF, FIEF, LÉGITIME, NOBLESSE, PARAGE, PARTAGE, PRÉCLÔTURES, QUART HOMMAGE, QUINT DATIF, QUINT HÉRÉDITAL, QUINT VIAGER, REPRÉSENTATION, SUBSTITUTION, SUCCESSION ET TIERCE FOI.

(*Article de M. GARRAN DE COULON, avocat au parlement.*)

PRÉDICATEUR, PRÉDICATION. La prédication est la fonction propre des évêques, & leur premier devoir. C'est aux évêques que jésus-christ adresse ces paroles dans l'évangile : *Allez, enseignez toutes les nations*. Matthieu, 28, ℣. 19. Les apôtres n'établirent les diacres, que pour se réserver entiérement à cette fonction importante. » Il n'est pas juste, disent-ils, d'abandonner le » ministère de la parole, pour nous charger de » celui des tables ; choisissons sept hommes d'entre » nous, de bon témoignage & remplis de l'esprit » prit saint, auxquels nous confierons le soin » des pauvres & la distribution des aumônes «. Acte 6, ℣. 2. Saint Paul écrit aux Corinthiens, que dieu ne l'a point envoyé pour baptiser, mais pour prêcher : *Non misit me dominus baptisare, sed evangelisare*. Corinth. 1, ℣. 17. C'est pourquoi le concile de Trente appelle la prédication le principal devoir des évêques : *Præcipuum munus episcoporum*.

Les évêques ne remplissent pas leurs obligations à cet égard, en faisant prêcher par d'autres; ils font tenus de prêcher eux-mêmes. Le premier devoir que nous impose le sacerdoce, dit saint Ambroise, est celui d'enseigner : *Officium docendi nobis imposuit sacerdotii necessitudo*. L. 1, offic. c. 10. Saint Thomas remarque que le ministère de la parole a été confié par jésus-christ aux apôtres, & par eux aux évêques, leurs successeurs, afin que ceux-ci s'en acquittent par eux-mêmes. C'est donc avec grande raison que Fagnan observe que les évêques ne peuvent pas s'exempter de prêcher, sous prétexte qu'il n'est plus d'usage qu'ils remplissent eux-mêmes ce ministère ; parce que cet usage étant contraire à un précepte divin, ne peut jamais être qu'une corruption & un abus.

La fonction de prêcher étoit regardée, dans les premiers siècles de l'église, comme tellement propre à l'épiscopat, que c'étoit l'évêque seul qui prêchoit alors. Quelques évêques, que leurs infirmités ou d'autres raisons empêchoient de s'acquitter de ce devoir, commencèrent à faire prêcher un prêtre à leur place. Valère, évêque d'Hyppone, étant Grec d'origine & ne s'exprimant pas facilement en latin, qui étoit la langue de son peuple, commit saint Augustin, encore prêtre, pour prêcher en sa présence. Le premier prêtre qui paroisse chargé de cette fonction dans l'église d'Orient, est saint Jean-Chrysostôme. Bientôt la religion se répandant dans l'intérieur des campagnes, & le nombre des chrétiens se multipliant, il ne fut plus possible d'assembler tout le peuple dans la même église. Il fallut en établir d'autres, où les fidèles reçussent tous les sacremens, & les instructions qu'ils recevoient auparavant de l'évêque dans l'église principale. C'est-là l'établissement des paroisses. La prédication devint alors le premier devoir des prêtres chargés de les desservir, comme elle avoit été jusque-là la première fonction des évêques.

Il eût été avantageux sans doute de ne pas étendre à un plus grand nombre de personnes le ministère de la prédication. Des Prédicateurs étrangers, qui prêchent en passant dans une église à laquelle ils ne sont point attachés, n'ont jamais le respect & la confiance des fidèles, comme leurs propres pasteurs; ils n'ont point l'autorité suffisante pour s'élever avec fruit contre le vice & pour faire cesser les scandales; ils ne peuvent entreprendre des instructions suivies, comme celui qui est attaché à une certaine église, ni entrer dans le détail des mœurs, comme celui qui connoît les besoins de son troupeau. Mais l'ignorance des pasteurs obligea, dans le dixième & le onzième siècles, d'admettre à cette fonction tous ceux qui avoient quelque talent pour la remplir.

Les ordres mendians qui se destinoient par état à secourir les pasteurs, & les différentes ramifications dans lesquelles ils se divisèrent depuis, obtinrent, dès leur origine, la permission de prêcher pour tous leurs membres; mais depuis on a rendu ce ministère si commun, qu'il est, pour ainsi dire, abandonné au premier venu, & même aux plus incapables.

Approbation des Prédicateurs.

Si la prédication est principalement le devoir des évêques & la fonction qui leur est propre, aucun membre du clergé ne peut l'exercer sans leur consentement. Les curés reçoivent d'eux cette permission par l'institution autorisable qu'ils obtiennent pour pouvoir exercer toutes les fonctions du ministère dans leurs paroisses. Mais les autres prêtres séculiers ou réguliers, qui se destinent à la prédication, ne peuvent prêcher sans avoir obtenu à cet effet une permission spéciale. Cet usage a été constamment observé dans l'église, depuis que le ministère de la prédication est exercé par d'autres que par les évêques & les curés. Il subsiste dans l'église grecque depuis qu'elle est séparée par le schisme, comme il paroît par une remarque de Balsamon sur le soixante-quatrième canon du concile du Trullo. Ce prélat, qui vivoit dans le treizième siècle, dit que le droit de prêcher n'a été confié par le saint-esprit qu'aux seuls évêques & à ceux qui ont obtenu leur consentement. Chez nous, le concile de Trente le décide expressément, session. 5, *de reformat.* où il veut que les réguliers soient obligés de se présenter à l'évêque & de demander sa bénédiction, pour prêcher dans les églises de leur ordre, & d'obtenir, outre cela, sa permission pour prêcher dans celles qui ne sont point de leur ordre. *Regulares verò cujuscumque ordinis, nisi à suis superioribus, de vitâ, moribus & scientiâ examinati & approbati fuerint, ac de eorum licentiâ, etiam in ecclesiis suorum ordinum prædicare non possint; cum quâ licentiâ personaliter se coram episcopis præsentare & ab eis benedictionem petere teneantur, antequàm prædicare incipiant : in ecclesiis verò quæ suorum ordinum non sunt, ultra licentiam suorum superiorum, etiam episcoporum licentiam habere teneantur.* Sess. 5, *de reformat.* A la vérité, le concile met une différence entre les églises des réguliers & les autres églises du diocèse. Il exige qu'ils obtiennent la permission de l'évêque pour prêcher dans les églises du diocèse ; il veut seulement qu'ils se présentent à lui & demandent sa bénédiction pour prêcher dans leurs propres églises ; mais il n'entend certainement point par-là leur donner la permission d'y prêcher malgré lui & lorsqu'il s'y oppose formellement.

Nos ordonnances ont aussi établi la nécessité de l'approbation de l'évêque, par rapport aux Prédicateurs. C'est ainsi que s'exprime l'édit de 1606, donné sur les remontrances du clergé : » Les » Prédicateurs ne pourront obtenir la chaire des » églises, même pour l'avent & le carême, sans » la mission & permission des archevêques & » évêques, ou leurs grands vicaires, chacun en » leur diocèse. N'entendons néanmoins y assujettir » les églises où il y a coutume au contraire, ès-» quelles suffira d'obtenir l'approbation desdits » archevêques & évêques, du choix ou élection » qu'ils auront fait «. *Article* 11, *édit de* 1606.

Nonobstant des loix si formelles, les réguliers prétendirent encore, dans le siècle passé, qu'il leur suffisoit de demander la permission de l'évêque, pour prêcher dans les différentes églises du diocèse, sans qu'il fût nécessaire de l'obtenir ; que quand ils étoient une fois approuvés dans un diocèse, l'évêque qui les avoit approuvés, ni ses successeurs, ne pouvoient plus retirer ni révoquer leur approbation ; qu'ayant été une fois approuvés par un évêque, ils étoient censés approuvés pour tous les diocèses. Ils fondoient des prétentions si extraordinaires & si contraires aux règles de toute l'antiquité, sur les priviléges qui leur avoient été accordés par quelques papes. Regardant le pape comme ordinaire des ordinaires, & comme évêque immédiat dans tous les diocèses du monde chrétien, selon l'opinion si commune & si accréditée parmi les réguliers ; & supposant que l'approbation de leurs règles & de leurs priviléges leur tenoit lieu d'approbation pour exercer par-tout les fonctions du ministère sacerdotal, ils en concluoient qu'ils n'avoient aucun besoin de celle des évêques.

Ces prétentions, qui causèrent tant de scandales dans les diocèses de Sens, d'Angers, d'Agen, & à la Chine, furent réprimées par les arrêts du conseil des 9 janvier 1657 & 4 mars 1669. Ce dernier arrêt fait la même distinction que le concile de Trente. Il suffit, pour autoriser les réguliers à prêcher dans les églises de leur ordre, que l'évêque ne s'y oppose pas, & qu'ils se soient présentés à lui pour recevoir sa bénédiction : mais s'ils veulent prêcher dans les autres églises du diocèse, ce n'est pas assez que l'évêque ne s'y oppose pas, sa permission est nécessaire, & il peut la révoquer quand bon lui semble.

Les prétentions des réguliers n'ont été véritablement anéanties, qu'à dater de l'édit de 1695, dont voici la disposition : » Aucuns réguliers ne » pourront prêcher dans leurs églises & chapelles, sans s'être présentés en personnes aux » archevêques ou évêques diocésains, pour leur » demander leur bénédiction, ni y prêcher contre » leur volonté ; & à l'égard des autres églises

» les séculiers & les réguliers ne pourront y » prêcher, sans en avoir obtenu la permission » des archevêques ou évêques, qui pourront la » limiter & révoquer ainsi qu'ils le jugeront à » propos; & ès églises dans lesquelles il y a titre » ou possession valable pour la nomination des » Prédicateurs, ils ne pourront pareillement » prêcher sans l'approbation & mission desdits » archevêques ou évêques. Faisons défenses à nos » juges & à ceux desdits seigneurs ayant jus- » tice, de commettre & autoriser des Prédica- » teurs, & leur enjoignons d'en laisser la libre » & entière disposition aux prélats, voulant que » ce qui sera par eux ordonné sur ce sujet, soit » exécuté nonobstant toutes oppositions ou ap- » pellations, & sans y préjudicier. Art. 10, édit » de 1695 ".

Cet article, comme on le voit, termine toutes les questions qui pouvoient être élevées sur l'approbation nécessaire, soit aux ecclésiastiques séculiers, soit aux réguliers. 1°. Tous les séculiers ne peuvent prêcher dans aucune église du diocèse, même dans celle des réguliers, sans une approbation expresse de l'évêque.

D'où il suit, que les curés primitifs ou leurs députés ne peuvent, aux fêtes annuelles, prêcher dans leurs paroisses, sans être approuvés par l'évêque. L'article 14 du réglement des réguliers en contenoit déjà une disposition expresse.

D'où il suit encore que les curés mêmes ne peuvent faire prêcher dans leurs paroisses un prêtre qui n'a point l'approbation de l'évêque.

Mais par prédications on n'entend point

les instructions familières, telles que les prônes, les prières du soir, & les cathéchismes. Les curés peuvent commettre tels ecclésiastiques qu'ils jugent à propos, pour les faire dans leurs paroisses, sans que ces ecclésiastiques aient pour cela besoin d'être approuvés par l'évêque. C'est ce qui a été jugé par arrêt du parlement de Paris le 5 septembre 1558. Sur l'appel comme d'abus interjeté par les curés de la ville & fauxbourgs d'Auxerre, de deux ordonnances rendues par l'évêque d'Auxerre, les 26 janvier & 13 février de la même année, les deux ordonnances sont déclarées abusives, en ce qu'elles exigent l'approbation par écrit de l'évêque pour les cathéchismes, prières du soir, prônes & autres instructions familières qui ne sont pas comprises dans l'art. 10 de l'édit de 1695. En conséquence, l'arrêt maintient & garde les curés de ce diocèse dans le droit & possession de commettre les ecclésiastiques du diocèse pour faire les instructions, autres que les prédications proprement dites, sans être tenus de les faire approuver par l'evêque, & lui fait défenses & à tous autres de les y troubler.

2°. Les réguliers ne sont point tenus, pour prêcher dans les églises de leur ordre, d'obtenir la permission de l'évêque ; il suffit qu'ils se présentent à lui pour recevoir sa bénédiction : mais ils ne peuvent pas plus prêcher dans leurs églises que dans les autres, lorsque l'évêque s'y oppose. Quand ils veulent prêcher dans les églises du diocèse, ou dans celles des réguliers d'autres ordres, ils sont dans le cas des ecclésiastiques séculiers, & il leur faut une approbation expresse de l'évêque.

S'il n'eſt queſtion que d'exhortations qui doivent être faites dans le chapitre ou dans les autres lieux du monaſtère, pour l'inſtruction ſeulement des religieux, les réguliers n'ont pas beſoin pour cela de l'approbation de l'évêque.

3°. Les évêques ſont en droit de refuſer la permiſſion de prêcher à qui bon leur ſemble, ſans qu'il y ait de voie ouverte pour les forcer à la donner. C'eſt ce qui ſuit évidemment de cette clauſe, » leſquels évêques la pourront limiter pour les lieux, les perſonnes, le temps, » ou les cas, ainſi qu'ils le jugeront à propos, » & la révoquer même avant le temps expiré, » pour cauſes ſurvenues depuis à leur connoiſ» ſance, leſquelles ils ne ſeront pas tenus d'ex» primer «. De ſorte que quand l'évêque ne fait pas paroître les cauſes de ſon refus, il n'y a point lieu à l'appel comme d'abus ni à l'appel ſimple.

Cependant ſi l'évêque, en révoquant une permiſſion de prêcher, exprimoit la cauſe de la révocation, & que cette cauſe ſe trouvât abuſive, elle donneroit lieu à l'appel ſimple ou à l'appel comme d'abus. C'eſt en ce ſens qu'il faut entendre cette dernière clauſe de l'art. 10, » voulant que ce qui ſera par eux ordonné ſur ce » ſujet, ſoit exécuté, nonobſtant toutes oppoſi» tions & appellations, & ſans y préjudicier «.

4°. Le Prédicateur qui eſt approuvé pour prêcher dans un diocèſe, ne peut prêcher dans un autre ſans l'approbation ſpéciale de l'évêque du lieu.

L'approbation des Prédicateurs eſt un droit qui appartient uniquement aux évêques, de ſorte que les exempts, quelle que ſoit la juridiction dont

dont ils jouiſſent, ne peuvent approuver les Prédicateurs, même pour les égliſes de leur territoire, & que les Prédicateurs qui ſont nommés pour y prêcher, doivent avoir l'approbation de l'évêque diocéſain.

De là, il ſuit que quand un prêtre eſt approuvé de l'évêque, & qu'il eſt nommé pour prêcher dans les égliſes qui dépendent de la juridiction des exempts, il n'eſt point obligé de leur repréſenter ſon approbation, quelle que ſoit la poſſeſſion contraire.

Le doyen du chapitre royal de Saint Florent de Roye, official né de l'évêque d'Amiens, & commis pour l'exercice de la juridiction ſpirituelle du chapitre, rendit une ordonnance le 27 décembre 1706, par laquelle il fit défenſe à M^e. Bains, curé du Queſnoi, de prêcher ce même jour dans l'égliſe des religieux de la charité de Roye, & à l'avenir dans les autres égliſes de la ville de la juridiction du chapitre, ſans auparavant lui avoir fait voir ſon approbation de l'évêque d'Amiens, & ſans avoir obtenu ſa nomination. Il prononçoit contre lui la peine d'interdit, *ipſo facto*, en cas qu'il entreprît de prêcher malgré la défenſe qui lui en étoit faite. Les religieux de la charité ſe pourvurent contre cette entrepriſe du chapitre, & ſur la ſentence qui intervint aux requêtes du palais entre les religieux & le chapitre, le 6 ſeptembre 1707, les religieux furent maintenus en la poſſeſſion de prendre & choiſir tels prêtres & eccléſiaſtiques qu'ils voudroient, pour prêcher & adminiſtrer les ſacremens en leurs égliſe, maiſon, hôpital de la charité de Roye, pourvu qu'ils fuſſent approuvés de l'évêque d'Amiens; défenſes au chapitre de les y troubler; le chapitre fut maintenu & gardé en la possession de se faire représenter les approbations de l'évêque d'Amiens, par tous les prêtres & ecclésiastiques, pour prêcher & administrer les sacremens dans toutes les églises & lieux de la ville de Roye; & il fut en conséquence ordonné que les religieux seroient tenus de s'y conformer.

Les religieux s'étant pourvus par la voie de l'appel contre cette sentence, & ayant appelé comme d'abus de l'ordonnance du chapitre, & le sieur Bains s'étant rendu intervenant; par arrêt du 23 mars 1709, la cour, sur l'appel de ladite ordonnance, a dit qu'il y avoit abus; sur l'appel de ladite sentence, a mis l'appellation & ce dont est appel au néant; émendant déboute lesdits du chapitre de Saint-Florent de Roye de leur demande: ce faisant, maintient les religieux de la charité de Roye dans le droit & possession de se servir, pour prêcher & administrer les sacremens dans leurs église & hôpital, de tels prêtres séculiers ou réguliers qu'ils jugeront à propos, pourvu qu'ils soient du nombre de ceux qui sont approuvés par l'évêque d'Amiens, sans que le prêtre séculier ou régulier par eux choisi, soit obligé, non plus que les religieux de la charité, avant que de s'immiscer dans les fonctions ecclésiastiques, de représenter l'approbation au chapitre: fait défenses au chapitre de Roye de les y troubler; condamne le chapitre en tous les dépens, tant des causes principales d'appel, que demandes envers lesdits religieux de la Charité & Bains, chacun à leur égard. Duperrai rapporte cet arrêt dans son commentaire sur l'édit de 1695, art. 10. On voit qu'il juge disertement que l'évêque peut donner les approbations pour prêcher dans le territoire des exempts, & que les exempts n'ont pas droit d'approuver les Prédicateurs, puisqu'ils ne peuvent pas même se faire représenter les approbations accordées par l'évêque.

La bénédiction que celui qui prêche devant l'évêque est obligé de lui demander, est une reconnoissance que la prédication est principalement la fonction de l'évêque; qu'il n'exerce cette fonction qu'à sa place, & qu'il a besoin pour cela de son consentement. Les exempts y sont assujettis comme les autres; & lorsque les évêques assistent dans leurs églises au sermon, le Prédicateur est tenu de leur demander leur bénédiction. C'est ce qui a été jugé au grand conseil le 22 septembre 1663, en faveur de l'évêque de Laon, contre les religieux de l'abbaye de saint Martin de cette ville. Par cet arrêt, il est enjoint aux religieux & aux autres ecclésiastiques qui prêcheront dans leur église, de demander la bénédiction de l'évêque, lorsqu'il sera présent.

L'approbation que les évêques donnent aux Prédicateurs, doit être accordé sans frais : c'est la disposition précise de l'art. 11 de l'édit de 1695. » Voulons, y est-il dit, que lesdites per» missions (ce qui comprend celle de prêcher, » comme celle de confesser) soient délivrées » sans frais. Le concile de Trente l'avoit déjà » ordonné «, *sess.* 8, *de reformat. cap.* 2, *ipsam autem licentiam* (*prædicandi*) *gratis episcopi concedant.*

Il n'en est point des curés comme des autres ecclésiastiques séculiers ou réguliers; ayant par leur titre droit de prêcher dans leurs paroisses; ils n'ont pas besoin d'une mission particulière de l'évêque, pour s'acquitter de cette fonction. L'évêque ne peut leur interdire le ministère de la prédication, qu'en prononçant contre eux une peine de suspense, après leur avoir fait leur procès selon les formes canoniques, ou en les privant de leur bénéfice pour quelque crime. Aussi l'article 2 de l'édit de 1695, les exempte-t-il formellement de l'obligation imposée aux autres ecclésiastiques d'obtenir des évêques une permission particulière. » N'entendons comprendre » dans les articles précédens les curés, tant sé» culiers que réguliers, qui pourront prêcher » & administrer le sacrement de pénitence dans » leurs paroisses; comme aussi les théologaux, » qui pourront prêcher dans les églises où ils » sont établis, sans aucune permission plus spéciale. » Edit de 1695, art. 12 «.

Comme on ne peut jamais empêcher les curés de prêcher eux-mêmes, il faut non seulement le consentement de l'évêque pour qu'un ecclésiastique séculier ou régulier puisse prêcher dans une paroisse, mais encore le consentement du curé. En effet, toutes les fois que l'évêque jugera à propos d'envoyer une ecclésiastique pour prêcher dans une paroisse, cet ecclésiastique ne montera point en chair, si le curé le juge à propos, parce que celui-ci pourra toujours se présenter pour remplir cette fonction par lui-même.

Mais il arrivera aussi que lorsque le curé ne sera pas en état de prêcher, ou d'instruire son peuple de quelque manière que ce soit, il sera toujours obligé de recevoir celui que lui enverra l'évêque. Il faudra que le curé choisisse quelque autre ecclésiastique pour le faire prêcher à sa place : mais l'évêque est le maître de revoquer les approbations qu'il a données, sans être tenu d'en déduire les causes. Il pourra donc toujours révoquer celui que le curé aura choisi : & comme le peuple doit être instruit, il forcera toujours le curé à consentir à ce que celui qu'il commet prêche dans sa paroisse.

D'après cela, il est aisé de résoudre la question de savoir si les curés peuvent refuser d'admettre dans leurs paroisses les Prédicateurs que les évêques ont coutume d'envoyer pendant l'avent & le carême pour un certain nombre d'églises de la campagne. Ces Prédicateurs n'étant donnés au curé que pour le soulager, & le curé pouvant lui-même se présenter pour prêcher, il est évident qu'il est libre de ne pas les admettre, & que l'évêque ne peut le forcer à les recevoir.

Quand il seroit question d'une station d'avent & de carême, fondée dans une paroisse considérable, & à laquelle d'autres que le curé auroient droit de nommer, il pourroit toujours exclure le Prédicateur nommé pour le remplir, parce que ces stations n'étant fondées que pour sa décharge, il seroit libre de les remplir lui-même.

Mais il n'en est pas de même des missions extraordinaires que les évêques établissent par intervalles dans certains cantons de leurs diocèses, pour y ranimer la piété des peuples. Les instructions de ces missions se font à des heures qui n'interrompent point le cours des offices de la paroiſſe, & n'empêchent point par conſéquent le curé d'y inſtruire ſon peuple, comme il a coutume de le faire. Ces miſſions ſont rares, & on ne peut pas ſuppoſer qu'elles aient pour but de nuire à ſes droits : elles produiſent les plus heureux effets, & ſouvent on en apperçoit encore les fruits très-long-temps après dans les paroiſſes où elles ſe ſont faites. Ainſi un curé qui refuſeroit de les admettre dans ſa paroiſſe, ſeroit tout à fait déraiſonnable. Et il y a lieu de croire qu'il ſeroit condamné, en cas qu'il ſe pourvût par l'appel ſimple ou par l'appel comme d'abus, pour qu'elles n'euſſent pas lieu chez lui.

Si l'évêque trouve toujours le moyen d'obliger un curé qui ne peut pas prêcher par lui-même, à recevoir le Prédicateur qu'il lui envoye, lors même qu'il a jeté les yeux ſur un autre, il peut l'y forcer abſolument, quand il néglige de prêcher ou de faire prêcher. Le curé manque alors à ſon devoir ; c'eſt le cas où le ſupérieur doit ſuppléer à ſon défaut, & la juridiction ne lui a été donnée que pour cela. L'évêque peut donc commettre alors un Prédicateur pour prêcher à ſa place, quoiqu'il refuſe d'y conſentir. Le concile de Trente veut que lorſque les curés négligeront de s'acquitter de ce devoir, les évêques nomment des Prédicateurs pour le faire à leur défaut, & que les curés ſoient tenus de les payer. C'eſt la diſpoſition du quatrième chapitre *de reformat. ſeſſ.* 24. *Sancta ſynodus ..... mandat ..... ut ..... in aliis eccleſiis per parochos, ſive, iis impeditis, per alios ab epiſcopo, impenſis eorum qui eas præſtare vel tenentur, vel ſolent, deputandos in civitate, aut in quacumque parte diœceſeos cenſebunt expedire, ſaltem omnibus do-*

minicis ..... ſacras ſcripturas divinamque legem annuntient.

Mais quand le curé ne ſeroit point négligent de prêcher, qu'il ſe préſenteroit même pour le faire, l'évêque peut toujours l'en empêcher, s'il juge à propos de prêcher ce jour-là dans la paroiſſe. L'évêque eſt le premier paſteur du diocèſe, & par conſéquent de la paroiſſe ; la prédication ſur tout eſt ſa fonction, & le curé ne s'en trouve jamais chargé qu'en ſecond & à ſa décharge. Il faut pourtant obſerver qu'il n'y a que l'évêque ſeul & en perſonne qui ſoit en droit de prêcher lorſque le curé ſe propoſe de prêcher lui-même.

On peut demander ici ſi les curés ont le droit de prêcher ailleurs que dans leurs paroiſſes ſans la permiſſion de l'évêque. Il eſt certain qu'il leur faut alors une permiſſion ſpéciale, comme aux autres prêtres du diocèſe; que cette permiſſion, après leur avoir été accordée, peut être revoquée au gré de l'évêque, ſans qu'il ſoit obligé de déduire les raiſons pour leſquelles il la revoque. Par leur titre, ils ont droit de remplir toutes les fonctions du miniſtère dans leur paroiſſe ; mais ce droit ne s'étend pas ailleurs. Ils ne ſont pas plus, par rapport aux paroiſſes voiſines, que les autres eccléſiaſtiques du diocèſe, qui ne ſont point attachés au miniſtère par le titre de curé.

L'exception qui a lieu par rapport aux curés, a lieu auſſi à l'égard des théologaux. Nous avons vu que l'art. 12 de l'édit de 1695, déclare que les théologaux, de même que les curés, ne ſont point obligés d'obtenir une permiſſion ſpéciale, pour prêcher dans les églises où ils sont établis, » comme aussi les théologaux, qui pourront prê» cher dans les églises où ils sont établis, sans » aucune permission plus spéciale. Edit de 1695, » art. 12 «.

L'établissement des théologaux n'est pas de la première antiquité. Sans le chercher dans l'église grecque, où l'on prétend qu'ils ont existé d'abord, l'opinion commune est qu'il ne remonte point au delà du troisième concile de Latran, en 1179.

Cependant il ne faut pas même l'attribuer à ce concile, parce que le 18e. canon, où il est question de les établir, conseille seulement de le faire, sans contenir de disposition précise à cet égard. C'est du 4e. concile de ce nom qu'il faut véritablement dater leur établissement, parce qu'Innocent III ordonne expressément d'en instituer dans toutes les églises cathédrales. *Undè cùm sæpe contingat quòd episcopi, propter suas occupationes multiplices, vel invaletudines corporales... per seipsos non sufficiunt ministrare verbum dei populo, maximè per amplas diœceses & diffusas, generali constitutione sancimus, ut episcopi viros idoneos ad sanctæ prædicationis officium salubriter exequendum assumant, potentes in opere & sermone ..... undè præcipimus ..... in cathedralibus ..... viros idoneos ordinari, quos episcopi possint coadjutores & cooperatores habere ..... in prædicationis officio ..... Innocen. III in concil. Lateran. cap. inter cætera extra. de officio judicis ordinarii.*

Quoi qu'il en soit; ils ne furent d'abord établis que dans les églises métropolitaines. Le concile de Basle en 1438, *seff.* 31, *c.* 3; la pragmat. *tit. de collat. seff.* 10; le concordat, *tit. de collat.* ont ordonné d'en établir dans les cathédrales. L'ordonnance d'Orléans, art. 8, a adopté ces dispositions. » En chacune église cathédrale » ou collégiale, sera réservée une prébende affectée à un docteur en théologie, de laquelle » il sera pourvu par l'archevêque, évêque ou » chapitre, à la charge qu'il prêchera & annoncera la parole de dieu, chacun jour de dimanche » & fêtes solennelles, & ès autres jours, il fera & » continuera trois fois la semaine une leçon publique d'écriture sainte, & seront tenus & » contraints les chanoines d'y assister, par privation de leurs distributions «. L'art. 33 de l'ordonnance de Blois, a excepté du nombre des collégiales, où l'établissement du théologal devoit avoir lieu, celles où le nombre des prébendes ne seroit que de dix, outre la principale dignité. » Nous voulons que l'ordonnance faite » à la réquisition des états tenus à Orléans, tant » pour les prébendes théologales que préceptoriales, soit exactement gardée, fors & excepté » toutefois pour le regard des églises où le nombre des prébendes ne seroit que de dix, outre » la principale dignité «.

Les fonctions du théologal étoient de deux espèces différentes; il devoit prêcher dans la cathédrale tous les dimanches & fêtes de l'année, » à la charge, dit l'article déjà cité de l'ordonnance d'Orléans, qu'il prêchera & annoncera » la parole de dieu chacun jour de dimanche » & fêtes solennelles «. Il étoit tenu, de plus, de faire des leçons d'écriture sainte ou de théologie aux chanoines, une ou deux fois la semaine. Cette ſeconde partie de ſes fonctions eſt exprimée dans la ſuite du même article. » Et » ès autres jours, il fera & continuera, trois fois » la ſemaine, une leçon publique d'écriture ſainte » ou de théologie aux chanoines «.

Les leçons des théologaux ne ſont plus en uſage aujourd'hui. La célébrité des univerſités, le concours des étudians qui s'y rendoient de toutes parts, la réputation des maîtres qui y enſeignoient, ont fait que les chanoines qui étoient dans le cas d'étudier la théologie, ont mieux aimé y aller prendre les leçons de cette ſcience, que de les recevoir du théologal dans leurs égliſes, & les théologaux ont ceſſé de donner des leçons, faute d'avoir des diſciples pour les entendre.

A l'égard de la prédication, ils ſont toujours obligés de s'en acquitter. Les conciles & les ordonnances qui les établiſſent, leur impoſent le devoir de prêcher tous les dimanches & fêtes de l'année. Ainſi, réguliérement parlant, ils ſont tenus de le faire tous les dimanches & fêtes. Cependant ils ſont diſpenſés ordinairement de prêcher l'avent & le carême, parce que les ſermons d'avent & de carême ſont preſque toujours fondés. En général, le plus ou le moins de beſoins des lieux, les différentes fondations de ſermons dans les égliſes, ainſi que les clauſes des actes d'établiſſement des prébendes théologales, ſont des circonſtances qui peuvent diminuer les charges & les devoirs des théologaux. Il y a même des égliſes, comme celles de Paris, où les théologaux ne ſont chargés que de trois ou quatre ſermons par an; ſoit à cauſe de la modicité de leurs prébendes, soit parce que tous les autres sermons sont fondés.

Les théologaux étant chargés, par leur titre même, du ministère de la prédication, il en est d'eux comme des curés, & tout ce que nous avons dit par rapport aux curés peut se dire à leur égard. Ainsi ils n'ont pas besoin de permission spéciale pour prêcher; l'évêque ne peut les empêcher de s'acquitter de cette fonction, sans leur faire leur procès. Ce n'est que lorsqu'ils refusent de prêcher ou de faire prêcher, que l'évêque a droit de nommer un autre Prédicateur, pour le faire à leur place; & lorsqu'ils commettent un prêtre pour prêcher dans la cathédrale, il faut qu'il soit du nombre de ceux qui sont approuvés par l'évêque. L'édit de 1695 en contient une disposition formelle. » Les théologaux ne pourront substituer autres personnes » pour prêcher à leur place, sans la permission » des archevêques & évêques «. Article 13.

De même, ils ne peuvent être empêchés de prêcher que par l'évêque en personne. S'ils veulent prêcher ailleurs que dans la cathédrale, ils ne peuvent le faire sans la permission de l'évêque; & les théologaux qui sont pourvus par d'autres que par les évêques, ne peuvent exercer leurs fonctions, sans avoir obtenu la mission de l'évêque ou de ses grands vicaires. Toutes ces propositions sont autant de conséquences naturelles de l'autorité qu'ont les évêques, en vertu de leur juridiction épiscopale, dans l'approbation des Prédicateurs.

Nomination des Prédicateurs.

Il y a une grande différence entre la nomination des Prédicateurs, & leur approbation. L'approbation dépend de la jurisdiction, & la nomination, de la possession & du titre ; il n'y a que les évêques qui puissent approuver les Prédicateurs, au lieu qu'un grand nombre de personnes peuvent avoir le droit de les nommer. Tels sont les curé & marguilliers d'une paroisse, les particuliers qui ont fondé des sermons, ou ceux à qui les fondateurs ont jugé à propos d'en assurer le droit.

Que faut-il donc penser d'un arrêt cité par Duperrai dans son commentaire sur l'édit de 1695, qui semble contraire à ces maximes? Cet arrêt, rendu, selon lui, le 24 janvier 1699, déboute les habitans de Moulins de la demande qu'ils avoient formée contre l'évêque d'Autun, afin de faire preuve de la possession où ils étoient de nommer un Prédicateur.

Si cet arrêt existe, il est solitaire & contraire aux règles, & par conséquent ne peut être tiré à conséquence; d'ailleurs, il peut avoir été rendu dans des circonstances particulières, qui ne sont point connues aujourd'hui, & d'après lesquelles il ne seroit pas même contraire aux principes que nous établissons. Au reste, l'évêque de Boulogne ayant voulu obtenir la même chose contre les habitans de Saint-Pol en Artois, qui étoient en possession de nommer un Prédicateur, il en fut débouté par arrêt du 30 décembre 1710. On trouve encore dans le journal des audiences un arrêt du 2 février 1624, qui juge que la nomination des Prédicateurs appartient au curé & aux marguilliers, & non à l'évêque ou à son grand vicaire.

Mais il faut un titre valable ou une possession suffisante, pour être en droit de nommer les Prédicateurs. L'article 10 de l'édit de 1695 décidant que l'approbation est nécessaire, où il y a titre & possession valable pour nommer les Prédicateurs, suppose qu'on ne peut avoir droit à la nomination sans un titre ou une possession suffisante. Ainsi, les curé & marguilliers d'une paroisse ne peuvent prétendre au droit de nommer leurs Prédicateurs, qu'ils n'aient un titre qui le leur accorde, ou qu'ils ne soient en possession de le faire.

Les femmes sont exclues du droit de nommer un Prédicateur, quoiqu'il leur soit accordé expressément par la fondation. C'est ce qui résulte d'un arrêt rendu au parlement de Paris le 24 septembre 1578. Le cardinal de Créqui avoit laissé, par son testament, une rente de trois cents livres, pour entretenir un Prédicateur qui seroit choisi par ses successeurs évêques d'Amiens, du consentement du chapitre & de la dame de Gouvrain, sa sœur & son héritière. Après son décès, l'évêque d'Amiens choisit un Prédicateur : il consulta pour cet effet son chapitre, mais n'eut aucun égard à la clause qui exigeoit qu'il demandât le consentement de la dame de Gouvrain. Celle-ci le fit appeler au bailliage d'Amiens. La sentence rendue en conséquence fut favorable à l'évêque ; & sur l'appel interjeté de cette sentence par la dame de Gouvrain, intervint l'arrêt qui la déclara non recevable dans sa demande.

Avant l'édit de 1695, les évêques étoient en quelque façon forcés de laisser prêcher tous ceux qui étoient nommés par les personnes qui avoient titre ou possession pour les nommer, parce que les parlemens les obligeoient presque toujours à les approuver. Mais cet édit a rétabli les évêques dans tous leurs droits par rapport à l'approbation des Prédicateurs. Il décide que les Prédicateurs ne pourront prêcher dans les églises même où il y a titre ou possession pour nommer les Prédicateurs, sans avoir obtenu l'approbation de l'évêque. » Et ès églises où il y a titre ou pos- » session valable pour la nomination des Prédi- » cateurs, ils ne pourront pareillement prêcher » sans l'approbation & mission desdits archevê- » ques ou évêques «. Article 10, édit de 1695. Et comme par le même article les évêques sont maîtres de refuser ou de révoquer les approbations, ainsi qu'ils le jugent à propos, sans être tenus d'en rendre compte à personne, les évêques ne sont jamais forcés, aujourd'hui, de laisser prêcher malgré eux un Prédicateur, quoique nommé par ceux qui en ont le droit, parce qu'ils peuvent lui refuser leur approbation, ou la révoquer, en cas qu'il l'ait déjà obtenue.

Et ceci est vrai, non seulement par rapport aux Prédicateurs nommés par les curés & marguilliers des paroisses ou par les fondateurs, mais même à l'égard de ceux qui sont nommés par les chapitres des cathédrales pour prêcher dans leurs églises. Lorsqu'ils ont titre ou possession pour nommer les Prédicateurs, c'est à eux à le faire; mais l'évêque n'est jamais tenu de donner son approbation à ceux qu'il leur a plu de choisir; & peu importe que le chapitre soit exempt ou non; quelle que soit l'étendue de son exemption & de ses privilèges, il n'est pas plus dispensé que les autres chapitres de choisir des prêtres qui aient l'approbation de l'évêque.

Dans toutes les églises qui n'ont point titre ou possession valable pour nommer leurs Prédicateurs, c'est à l'évêque qu'il appartient de les nommer; ce qui doit s'entendre même des chapitres exempts, comme de toutes les autres églises du diocèse. En effet, la cathédrale, quand on la supposeroit exempte, est toujours l'église de l'évêque, celle où est établie la chaire épiscopale & où il doit exercer les fonctions de son ministère. C'est là par conséquent qu'il est obligé de prêcher, s'il le peut, ou de faire prêcher, si ses infirmités ou d'autres raisons l'empêchent de s'acquitter de ce devoir. Tous ceux qui y prêchent ne prêchent qu'à sa place ; c'est proprement une de ses fonctions qu'ils exercent, & une de ses obligations qu'ils acquittent. A quel autre donc le pouvoir de les choisir peut-il appartenir de droit commun? Le chapitre de Châlons en Champagne, qui se prétend exempt, contesta ce droit à son évêque dans le quatorzième siècle; mais il fut condamné par arrêt du 15 février 1364. Cet arrêt est rapporté dans Fevret, liv. 3, chap. 1, n. 12.

Mais quand même le chapitre exempt seroit en possession de nommer les Prédicateurs, il ne pourroit empêcher l'évêque de prêcher lui-même dans sa cathédrale, lorsqu'il le juge à propos. Les fondations de sermons, qu'elles quelles soient dans la cathédrale, ne sont établies qu'à la décharge de l'évêque. Il est le pasteur de son peuple, le docteur de son église ; tous les autres Prédicateurs, soit qu'il ne les nomme pas lui-même, soit que le choix lui en appartienne, ne sont que ses substituts; rien ne peut donc l'empêcher de faire entendre sa voix à ses ouailles, & de s'acquitter par lui-même de ses devoirs.

Cependant, comme pour nommer un Prédicateur on est obligé de prendre ses mesures quelque temps d'avance, par rapport à cette nomination, & que ce seroit compromettre le chapitre que de lui laisser nommer un Prédicateur, pour l'empêcher ensuite de prêcher, l'évêque est obligé d'avertir quelque temps auparavant, qu'il se dispose à prêcher un tel jour. C'est ce qu'ordonne expressément un concile de Narbonne de l'an 1585.

Les curés ont aussi le même droit, comme nous l'avons remarqué plus haut; mais ils sont également obligés, lorsqu'ils veulent prêcher eux-mêmes, de prévenir un certain temps auparavant ceux qui ont la nomination des Prédicateurs. Ce temps a été déterminé dans une espèce un peu différente du cas que nous examinons ici, par un arrêt contradictoire du conseil privé, du 26 janvier 1644, rendu entre l'évêque d'Amiens & le chapitre de son église, à trois mois d'avance pour les prédications du carême.

Cet arrêt rendu au rapport de M. Thiersault, après en avoir communiqué à M. l'évêque de Meaux, à M. de Marca, & à MM. de Leon & d'Ormesson, tous conseillers d'état, ordonne que l'évêque d'Amiens ayant nommé un Prédicateur pour prêcher le carême dans l'église d'Amiens, en donnera par chacun an avis au chapitre, trois mois avant ledit carême, afin de lui faire entendre s'ils trouvent à redire quelque chose en sa personne. Lorsque c'est au chapitre ou aux marguilliers qu'appartient la nomination des Prédicateurs du carême, & que l'évêque ou le curé veulent prêcher pendant ce temps, il est raisonnable de penser qu'ils sont tenus de les avertir le même temps d'avance, pour ne pas leur faire faire de fausses démarches, en retenant mal à propos les Prédicateurs, ou pour ne pas donner lieu à ceux-ci de se préparer inutilement, s'ils ont été déjà retenus.

Il faut observer, que lorsqu'il y a quelque contestation au sujet de l'heure de la prédication, le jugement de cette contestation dépend de l'ordinaire, ainsi qu'il a été jugé par arrêt du 30 mars 1647, rendu en faveur de l'évêque de Langres, contre le chapitre de l'église cathédrale de la même ville.

Nonobstant l'exemption du chapitre, l'évêque peut faire la mission dans son église cathédrale, y faire alors prêcher & confesser, & y établir tous les autres exercices de piété qui ont lieu dans les missions, mais à condition qu'il en donnera avis au chapitre, & qu'il prendra, pour la prédication & les autres exercices de piété, les heures commodes pour ne point troubler l'office canonial. La raison en est, que l'église cathédrale est l'église matrice du diocèse, & que c'est la chaire épiscopale qui lui donne le titre de cathédrale. C'est ce qui a été jugé contre le chapitre d'Amiens par l'arrêt déjà cité du 26 janvier 1644. Il est dit par cet arrêt, que ledit évêque pourra faire faire la mission, quand bon lui semblera, dans son église cathédrale, & y faire prêcher, confesser & administrer les sacremens ſans troubler l'office canonial, après en avoir fait donner avis au chapitre.

L'article 12 du réglement des réguliers, porte, que l'évêque, en cas de proceſſions qui ſe font dans les égliſes des monaſtères exempts, peut prêcher ou faire prêcher devant lui quelles perſonnes il juge à propos.

Salaire des Prédicateurs.

Le concile de Trente, en ordonnant que les évêques auront ſoin que les peuples ſoient inſtruits, ſoit par leurs propres curés, ſoit, au défaut de leurs propres curés, par des prêtres qu'ils commettront à cet effet, aux dépens de ceux qui ont coutume ou qui ſont obligés de payer les Prédicateurs, *impenſis eorum qui eas vel præſtare tenentur, vel ſolent*, ſuppoſe que ce qui regarde le ſalaire des Prédicateurs eſt de la connoiſſance des évêques. L'article 11 de l'édit de 1606, ſe conformant en cela à la diſpoſition du concile de Trente, ordonnoit auſſi que les ſeuls juges eccléſiaſtiques pourroient connoître des difficultés qui s'éleveroient touchant le ſalaire des Prédicateurs : » Pour le ſalaire deſquels » Prédicateurs, au cas qu'il y eût différend, ne » s'en pourront adreſſer à nos juges ordinaires, » mais ſeulement pardevant noſdits archevêques » & évêques, ou leurs officiers «.

Mais par l'arrêt d'enregiſtrement de cet édit, il eſt ordonné que cette dernière clauſe ſera ôtée. Ainſi ce n'eſt point aux évêques à fixer le ſalaire des Prédicateurs, ni à leurs officiaux à connoître des difficultés qui s'élèvent à ce ſujet.

La fonction de Prédicateur eſt trop noble & trop auguſte, pour que les Prédicateurs puiſsent en faire un trafic & la regarder comme une espèce de commerce ; c'est pourquoi les conciles leur défendent toutes conventions au sujet de leur salaire. Ils peuvent recevoir ce qui leur a été assigné par les fondateurs, &, au défaut de fondations, attendre de la générosité des fidèles quelque marque de leur reconnoissance, mais il seroit indécent de mettre à prix & de vendre, pour ainsi dire, la parole de dieu. Ce sont les raisons sur lesquelles le concile de Toulouse de 1590, & celui de Narbonne de 1609, fondent la défense qu'ils en font.

Dans la plupart des églises importantes, comme sont les cathédrales & les paroisses des villes, où les prédications de l'avent & du carême sont fondées, il n'y a jamais de difficulté au sujet du salaire des Prédicateurs. Ils reçoivent ce qui leur est attribué par la fondation pour l'avent ou le carême qu'ils prêchent.

Il ne peut y en avoir que lorsqu'il est dans l'usage immémorial d'envoyer un Prédicateur dans un endroit pour l'avent & le carême, & qu'il n'y a aucune fondation faite pour ses honoraires. On demande alors qui doit être chargé de payer le salaire du Prédicateur.

Ordinairement ces Prédicateurs sont des mendians, qui n'ont point d'autre salaire que la permission de quêter dans l'endroit où ils prêchent. Les maires & les habitans des villes ne sont point admis, dans un pareil cas, à leur refuser la permission de quêter. C'est ce qui fut jugé en 1633 par un arrêt du conseil privé. Les maire & habitans de la ville de Blois prétendoient être en droit de nommer les Prédicateurs : l'évêque de Chartres, évêque diocésain, avant l'érection de Blois en évêché, soutint, de son côté, que c'étoit à lui qu'apparrenoit le choix des Prédicateurs. La nomination des Prédicateurs fut conservée à l'évêque par cet arrêt; & comme les Prédicateurs ne subsistoient que des quêtes qui se faisoient pour eux dans la ville, & que les maire & échevins vouloient empêcher ces quêtes, l'arrêt leur défendit de mettre aucun obstacle à ce que les quêtes se fissent à l'ordinaire pour la subsistance des Prédicateurs. Cet arrêt a donc jugé que dans les lieux où l'usage est que les Prédicateurs ne subsistent & ne soient payés que par le moyen des quêtes qu'on leur permet de faire, les habitans ne peuvent les empêcher.

La jurisprudence n'est pas constante au sujet des autres moyens de pourvoir à leur salaire. Celle du parlement de Toulouse est de condamner tous ceux qui partagent les fruits décimaux, à contribuer au salaire des Prédicateurs, pour la part des fruits qu'ils perçoivent, & d'obliger les habitans à les nourrir; c'est ce qui résulte d'un grand nombre d'arrêts rapportés par Maynard. Selon Basset, cette jurisprudence est aussi suivie en Dauphiné.

En général, c'est l'usage qui fait la règle en cette matière; & comme cet usage est différent, selon la diversité des lieux, il ne faut point être étonné de la différence & de l'espèce de contradiction qui se rencontre entre les arrêts rendus au sujet du salaire des Prédicateurs. Quelquefois les habitans sont condamnés à fournir le logement, la nourriture, & l'entretien des Prédicateurs qui leur sont envoyés par l'évêque; ce qui est arrivé aux habitants de Saulieu, diocèse d'Autun, par arrêt du conseil privé du 22 juin 1787 : quelquefois aussi les décimateurs y sont obligés pour le tout ou en partie : ainsi jugé au parlement d'Aix par arrêt du 5 mai 1676, qui a condamné le prieur d'Argou, en qualité de décimateur de l'endroit, à payer trente livres du salaire du Prédicateur de l'avent.

Privilége des chanoines Prédicateurs.

Les dignités ou chanoines employés par l'évêque aux missions & aux prédications dans le diocèse, sont réputés présens au chœur, & gagnent toutes les distributions, tant quotidiennes que, manuelles, comme ceux qui y assistent. Mais ils sont obligés d'apporter des certificats des curés & marguilliers des paroisses dans lesquelles ils travaillent ; ils ne peuvent être employés qu'en certain nombre en même temps, afin qu'il en reste assez pour desservir l'église ; & avant de partir pour les missions, ils sont tenus d'en donner avis au chapitre.

C'est ce qui a été jugé par arrêt du conseil d'état du 30 octobre 1640, pour le chapitre de Chartres. Comme ce chapitre est un des plus nombreux du royaume, l'arrêt permet que les chanoines soient députés en même temps au nombre de quinze pour le service des missions ; trois pour les prédications, & douze pour le reste des exercices de la mission. On sent que dans un chapitre moins nombreux le nombre de ceux qui seroient tenus présens, seroit bien moins considérable, parce que la règle est qu'il reste un nombre de chanoines & de dignités suffisant pour faire le service ordinaire de l'église.

Connoissance de ce qui concerne la prédication.

C'est aux premiers pasteurs à connoître de la doctrine : les évêques sont, par leur institution, juges de la foi & de la morale : c'est un droit essentiellement attaché à leur caractère, & dont on ne pourroit les dépouiller, sans porter atteinte à la juridiction & au pouvoir qui leur ont été accordés par jésus-christ même. Aussi nos rois leur ont-ils constamment reconnu ce droit.

» La connoissance & le jugement de la doctrine concernant la religion, appartiendra aux » archevêques & évêques; enjoignons à nos » cours de parlement, & à tous nos autres » juges, de la renvoyer auxdits prélats, de leur » donner l'aide dont ils auront besoin pour l'exé- » cution des censures qu'ils en pourront faire, » & de procéder à la punition des coupables «. Art. 30, édit de 1695.

Mais si la prédication d'une doctrine qui a été condamnée, trouble l'ordre public & la tranquillité de l'état, c'est au souverain ou à ceux qui exerçent la justice en son nom, à poursuivre & à punir par des peines proportionnées les auteurs de ce trouble. C'est la disposition contenue dans la suite de l'article que nous venons de citer, » sans préjudice à nosdites cours » & juges de pourvoir par les autres voies qu'ils » estimeront convenables, à la réparation du scan- » dale & trouble de l'ordre & tranquillité publi- » que, & contravention aux ordonnances, que » la publication de ladite doctrine aura pu cau- » ser «. Il est certain que ces deux dispositions conservent tous les droits du sacerdoce & de l'empire, & contiennent les vrais principes concernant le jugement & la connoissance de la doctrine.

Ainsi, quand les Prédicateurs avançent dans leurs sermons quelques maximes contre la foi ou contre la morale, ce sont les juges ecclésiastiques qui doivent en prendre connoissance, & c'est à eux qu'il appartient de les punir par l'interdit & les autres peines canoniques; mais si ces sermons tendent à exciter les peuples à la révolte, à troubler la tranquillité de l'état, ou à détruire la réputation des particuliers, alors c'est aux juges royaux ordinaires à faire cesser ce scandale, & à punir ceux qui l'ont occasionné, par des peines proportionnées à la nature du crime & au trouble qu'ont causé leurs prédications.

(*Article de M. l'abbé* LAUBRY, *avocat au parlement.*)

PRÉFÉRENCE. C'est l'avantage que l'on donne à une personne sur une autre.

En matière bénéficiale, le gradué nommé le plus ancien a la Préference sur les autres dans les mois de rigueur.

En matière civile, on préfère en général celui qui a le meilleur droit, & dans le doute on donne la Préférence à celui qui a le droit le plus apparent. C'est sur ce dernier principe qu'est fondée cette règle de droit, *in pari causâ, melior est possidentis.*

De même, dans le doute, celui qui conteste pour éviter le dommage ou la diminution de son bien, est préférable à celui *qui certat de lucro captando.*

Entre créanciers hypothécaires, les plus anciens sont préférés, *qui prior est tempore, potior est jure.* Ce principe est observé par-tout pour la distribution du prix des immeubles.

A l'égard des meubles, il y a quelques parlemens où le prix s'en distribue par ordre d'hypothèques, quand ils sont encore entre les mains du débiteur, comme aux parlemens de Grenoble, Toulouse, Bordeaux, Bretagne & Normandie.

Mais au parlement de Paris, & dans la plupart des provinces du royaume, où les meubles ne peuvent être suivis par hypothèque, c'est le créancier le plus diligent, c'est-à-dire le premier saisissant, qui est préféré sur le prix des meubles, à moins qu'il n'y ait déconfiture; auquel cas les créanciers viennent tous également par contribution au sou la livre.

L'instance qui s'instruit pour régler la distribution des deniers saisis ou provenans de la vente des meubles, s'appelle *instance de Préférence*: c'est ordinairement le premier saisissant qui en est le poursuivant, à moins qu'il ne devienne négligent ou suspect de collusion avec le débiteur, auquel cas un autre créancier se fait subroger à la poursuite.

Cette instance de Préférence s'instruit comme l'istance d'ordre; mais l'objet de l'une & de l'autre est bien différent; car l'instance d'ordre tend à faire distribuer le prix d'un immeuble entre les créanciers, suivant l'ordre de leurs priviléges ou hypothèques, au lieu que l'instance de Préférence a pour objet de faire distribuer des deniers provenus d'effets mobiliers, par priorité de saisie, ou par contribution au sou la livre.

L'article premier de l'édit du mois d'août 1669, porte, que le roi sera préféré aux créanciers des officiers comptables, fermiers généraux ou particuliers, & autres ayant le maniement de ses deniers, sur les sommes qui proviendront de la vente des meubles & effets mobiliers sur eux saisis, sans concurrence ni contribution avec les autres créanciers, nonobstant toutes saisies précédentes; à l'exception néanmoins des frais funéraires, de justice & autres privilégiés; des droits du marchand qui réclame sa marchandise dans les délais de la coutume, & du propriétaire des maisons des villes, sur les meubles qui s'y trouveront, pour six mois de loyer; l'article 2 conserve la même Préférence sur le prix des offices comptables & droits y annexés; par l'article 3, le roi entend être préféré sur le prix des immeubles acquis depuis le maniement de ses deniers, néanmoins après le vendeur & celui de qui les deniers ont été employés à l'acquisition, pourvu qu'il en soit fait mention sur la minute & sur l'expédition du contrat; ce qui doit être exécuté nonobstant toutes coutumes & usages contraires, auxquels il est dérogé. A l'égard des immeubles acquis auparavant, le roi a seulement hypothèque du jour des provisions des offices, des baux des fermes, des traités ou des commissions. Il est ordonné, par l'article 5, que ce qui est réglé par les articles précédens aura lieu nonobstant les oppositions & actions des femmes séparées de leurs maris, tant à l'égard des meubles trouvés dans la maison du mari, qui n'auront pas appartenu à la femme avant le mariage, que ſur le prix des immeubles acquis par elle depuis la ſéparation, s'il n'eſt juſtifié que les deniers employés à l'acquiſition lui appartiennent légitimement.

L'article 14 du titre 8, du gros, de l'ordonnance du mois de juin 1680, porte, que ſur les deniers provenans des meubles ſaiſis & vendus, le fermier du roi ſera payé par Préférence à tous créanciers, même au propriétaire de la maiſon, excepté pour deux quartiers de loyer, y compris le courant, pour leſquels le propriétaire ſera préféré, en affirmant qu'ils lui ſont dus, & ſans qu'il puiſſe prétendre aucune Préférence pour les réparations.

L'article 4 du titre commun de l'ordonnance du mois de juillet 1681, veut que les fermiers des droits du roi aient contre les ſous-fermiers les mêmes actions, privileges, hypothèques, droits de contraindre & pourſuivre, que ſa majeſté a contre le fermier.

Suivant l'article 5, ce qui eſt ordonné à l'égard des fermiers contre les ſous-fermiers, doit pareillement avoir lieu à l'égard des uns & des autres contre leurs commis.

L'article 6 veut que les fermiers & ſous-fermiers qui font crédit des droits du roi, & qui viennent par action, oppoſition, intervention, plainte ou autrement, même dans les cas auxquels ils peuvent ſe faire payer ſur le champ, ſoient préférés ſur les meubles à tout autre créancier, même à ceux qui ont prêté leurs deniers pour les acheter.

Cette Préférence ne doit néanmoins avoir lieu, ſelon l'article 7, qu'autant que les ſoumiſſions

& promesses que les fermiers ou sous-fermiers ont prises des redevables, sont libellées pour les droits du roi, conformément aux regis- tres & aux déclarations qui en ont été faites.

Suivant l'article 8, la préférence ordonnée pour les droits du roi, ne doit point avoir lieu pour les confiscations de la juste valeur, en ce qu'elles excèdent ces droits, ni pour l'amende & les dépens.

Il est ordonné par l'article 9, que dans les contestations & instances de Préférence, entre les fermiers & sous-fermiers d'un bail précédent, & ceux du bail courant, saisissans ou opposans sur les meubles de leur débiteur commun, pour les droits du roi, confiscation, amendes & dé- pens, ceux du bail courant seront préférés à ceux du bail précédent, à moins que leur saisie ou opposition n'ait été formée avant l'expiration du bail; auquel cas, ils viendront par concur- rence, laquelle doit avoir lieu pareillement en cas que tous les baux soient expirés avant les saisies & opposition, & aussi lorsque les fermiers des baux courans se trouvent créanciers & oppo- sans sur les autres biens.

Par arrêt de réglement rendu au conseil le 21 mai 1709, le roi a ordonné que, pour raison du payement des droits d'insinuation laïque, les fermiers auroient, tant sur les fonds que sur les fruits des immeubles sujets à ces droits, un pri- vilége spécial, & seroient préférés à tout autre créancier, même aux vendeurs & à ceux qui auroient prêté leurs deniers pour l'acquisition de ces immeubles.

Par un autre arrêt du conseil du 14 août 1714, il a été ordonné que les fruits & revenus des héritages sujets aux droits d'amortissement, franc-fief & nouvel acquêt, qui seroient saisis à la requête du fermier de ces droits, lui seroient délivrés jusqu'à concurrence des sommes portées aux états de contrainte, par Préférence à tout autre saisissant ou opposant.

PRÉJUGÉ. C'est ce qui a été jugé auparavant dans un cas semblable ou approchant.

Les arrêts rendus en forme de réglement, servant de règle pour les jugemens, les autres ne sont que de simples préjugés auxquels la loi veut que l'on s'arrête peu, parce qu'il est rare qu'il se trouve deux espèces parfaitement semblables; *non exemplis, sed legibus judicandum*, dit la loi 13 au code *de sententiis & interlocut*. Cependant une suite de jugemens uniformes, rendus sur une même question, forme une jurisprudence qui acquiert force de loi.

PRÉLAT. Mot formé du mot latin *Prælatus*, ou, suivant d'autres, de ces mots *præ aliis latus*. Il signifie, en général, un homme placé, élevé au dessus des autres, avec quelques priviléges, prérogatives & droits. L'usage en a restreint l'application aux personnes qui, dans l'état ecclésiastique, sont revêtues de quelques-unes des places & dignités que l'on désigne sous le nom de *prélature*, dont on parlera à cet article. Il sera facile d'y reconnoître quels sont ceux auxquels la qualification de Prélat doit appartenir.

(*Article de M. l'abbé* REMY, *avocat au parlement.*)

PRÉLATER. Dans quelques pays de droit

écrit, ce mot signifie *exercer le droit de Prélation.* Voyez l'article PRELATION.

(*Article de M. GARRAN DE COULON, avocat au parlement.*)

PRÉLATION (droit de). On appelle ainsi, dans les pays de droit écrit, le droit qu'a le seigneur de refuser l'investiture à l'acquéreur d'un fonds noble ou roturier, situé dans sa directe, & de retenir le fonds pour lui, en en remboursant le prix à l'acquéreur.

On voit combien ce droit a de rapport avec le droit de retenue accordé au seigneur dans les pays coutumiers. Plusieurs auteurs & des statuts même de quelques pays de droit écrit, n'ont pas fait de difficulté de l'appeler aussi *retrait seigneurial, retrait féodal* ou *censuel*, suivant son objet. Mais comme il diffère sur un grand nombre de points, de ce qui se pratique pour les différentes espèces de retrait seigneurial dans les pays coutumiers, & qu'il n'y a guère moins de variété dans la jurisprudence des différens parlemens de droit écrit, a cet égard, on a dû exposer ces différences dans un article séparé.

On traitera donc dans onze sections,

1°. De l'origine du droit de prélation.

2°. Des choses qui y sont sujettes.

3°. Des contrats qui y donnent ouverture.

4°. Du cas où le seigneur n'a la directe que d'une partie des objets vendus.

5°. Des seigneurs qui peuvent user du droit de Prélation.

6°. Des personnes contre qui l'on peut l'exercer.

7°. De la cession du droit de Prélation.

8°. Du temps dans lequel ce droit peut être

exercé, & des formalités nécessaires pour mettre le seigneur en demeure.

9°. Des fins de non recevoir qu'on peut y opposer, lors même qu'on l'exerce dans un temps utile.

10°. Des obligations du seigneur qui use du droit de Prélation, & des formalités qu'il doit observer.

11°. Des effets & des suites de l'exercice du droit de Prélation.

SECTION PREMIÈRE.

De l'origine du droit de Prélation.

Le droit de Prélation tire son origine de la loi dernière au code *de jure emphyt.* On avoit beaucoup agité si le preneur à titre d'emphytéose pouvoit disposer des améliorations qu'il avoit faites, & transférer ses droits à un tiers, ou s'il devoit attendre le consentement du seigneur, c'est-à-dire de celui qui avoit le domaine direct. Justinien, consulté sur cette question, ordonne, par cette loi, que si le bail emphytéotique a quelques dispositions sur cet objet, on les suive exactement; mais qu'à défaut de titre, l'emphytéote ne puisse aliéner sans le consentement du seigneur.

Dans la crainte néanmoins que, sous ce prétexte, les seigneurs n'empêchent les emphytéotes de retirer le prix de leurs améliorations, & ne cherchent à les priver de tout l'avantage qu'ils en pourroient recueillir, ce prince ordonne que l'acquéreur sera tenu d'affirmer au seigneur la valeur du fonds, & de lui déclarer combien il pourroit véritablement en retirer d'un étranger; sur quoi le seigneur pourra prendre le fonds pour le même prix; & acquérir les droits de l'emphytéote, en lui en payant la valeur. Si le seigneur laisse passer l'espace de deux mois sans prendre ce parti, l'emphytéote peut disposer de ses droits en faveur de qui bon lui semblera, pourvu que ce ne soit pas de ceux à qui les loix défendent de prendre des baux emphytéotiques. Dans ce cas, & si l'acquéreur est bien solvable & de facultés convenables pour payer le canon emphytéotique, le seigneur est obligé de l'agréer & de le mettre en possession, non par le ministère d'un fermier ou d'un agent, mais par lui-même ou par ses lettres, autant que cela sera possible; & si le seigneur ne le peut ou ne le veut pas, on s'adressera aux magistrats préposés à cet effet.

Enfin, pour empêcher encore que les seigneurs n'exigent à cette occasion de grosses sommes d'argent, comme ils l'avoient fait jusqu'alors, l'empereur leur défend de prendre, pour accorder leur agrément au cessionnaire, plus du cinquantième du prix de l'aliénation ou de l'estimation de l'objet de l'aliénation. Que si le seigneur ne veut pas consentir à la cession des améliorations & des droits de l'emphytéote, & qu'après la déclaration qui lui a été faite, il reste deux mois sans prendre aucun parti, l'emphytéote est autorisé à transporter ses droits à des tiers, contre le gré même du seigneur. Mais s'il ne se conforme pas à ce que prescrit cette constitution, il est privé de tous ses droits.

Ces baux emphytéotiques étoient d'un usage extrêmement commun en France, sur-tout dans les pays régis par le droit romain, avant que l'introduction du systême féodal y eût bouleversé une grande partie des propriétés. Il seroit même facile de prouver que l'usage de ces baux a beaucoup influé sur l'état des possessions depuis l'introduction même du systême féodal, sur-tout avant qu'on eût imaginé les baux à rentes, comme le nom seul d'*emphytéoses*, que l'on donne aux censives dans les pays de droit écrit, l'indique assez.

Peut-être les Lombards puisèrent-ils dans cette constitution de Justinien le droit de retrait féodal, qu'ils avoient admis dans le temps où le droit des fiefs permettoit aux vassaux d'en aliéner la moitié sans le consentement des seigneurs, comme il se voit au paragraphe *porrò, tit. 9, lib. 2, feud. qualiter olim peterat feud. alien.* Les ordonnances de Lothaire II & de Frédéric II, qui ont prohibé ces aliénations, n'ayant point eu d'autorité en France, si ce n'est en Dauphiné, durant quelque temps, les fiefs devinrent de plus en plus disponibles. Mais pour concilier, autant qu'il étoit possible, les intérêts du seigneur & ceux du commerce, on accorda au seigneur le droit de lods, ou une espèce de préférence en cas de la vente des biens assujettis à sa directe, qu'on appelle *droit de Prélation*, à l'exemple de celui que Justinien avoit établi pour les emphytéoses, quoiqu'il en diffère dans plusieurs points.

Le droit de lods fut fixé à une quotité beaucoup plus forte que ne l'avoit fait Justinien. L'emphytéote, ou le censitaire, & le vassal, ne furent point astreints à aller, avant la vente, offrir la préférence au seigneur, à peine de commise de leur domaine; mais le seigneur eut le droit de déposséder l'acquéreur, dans un temps plus

plus ou moins long, après qu'il lui avoit notifié son contrat, si mieux il n'aimoit se contenter des lods que le titre du fief ou l'usage des lieux lui accordoit pour chaque mutation.

Cependant les usages des pays de droit écrit tiennent encore sur bien des points à l'ancien droit; ils diffèrent sur-tout pour un grand nombre d'autres des usages, des pays coutumiers. C'est principalement à remarquer ces différences qu'on va consacrer les sections suivantes.

SECTION II.

Des choses sujettes au droit de Prélation.

Les domaines concédés à titre d'inféodation ou d'emphytéose, c'est-à-dire de censive, sont sujets au droit de Prélation quelle que soit leur nature, lorsqu'il n'y a point de coutume générale contraire, ou que les titres particuliers du fief ou de l'emphytéose n'en contiennent pas une exclusion formelle.

L'auteur des notes sur le traité des droits seigneuriaux de Boutaric, chap. 4, n°. 2, p. 216, prétend, à la vérité, le contraire pour les biens emphytéotiques. Il convient bien que la loi dernière, au code *de jure emphyt.* accorde ce droit; » mais, dit-il, outre que le bail à cens est un » contrat différent de l'emphytéose, d'ailleurs, » on peut dire que la disposition de cette loi a » été abrogée par un usage général. En effet, ce » que porte cette loi, c'est que l'emphytéote, avant » de vendre l'héritage, doit aller offrir la préfé- » rence au seigneur. Or, on sait qu'aujourd'hui » l'emphytéote n'est pas tenu d'aller au seigneur

» avant que de vendre. Il eſt vrai qu'il n'y a pas » loin de là à l'établiſſement d'un retrait exer- » çable après la vente ; mais comme il n'eſt pas » moins vrai que ce ſont deux actions différentes, » il s'enſuit que la loi de Prélation, qui ne ſub- » ſiſte plus, ne peut être employée pour ſervir » de fondement au retrait, & le faire regarder » comme étant de droit commun «.

On conviendra bien que le droit de Prélation ne ſubſiſte plus aujourd'hui tel qu'il étoit dans ſon origine ; mais de ce que l'uſage l'a modifié, il ne s'enſuit pas qu'il n'exiſte plus. Le retrait cenſuel eſt ſi bien ſubſtitué au droit de Prélation, qu'on confond ſans ceſſe ces deux mots dans les titres & dans les auteurs. Il n'eſt pas étonnant que le droit de Prélation dans l'emphytéoſe ne ſoit plus le même qu'il étoit autrefois, & que ce ne ſoit plus qu'un retrait cenſuel, puiſque l'emphytéoſe même, dans les pays de droit écrit, eſt un véritable bail à cens. Auſſi l'article 87 de la coutume de Bordeaux dit-il, » qu'un *emphy-* » *téote* peut vendre ou aliéner ſes biens, ſans » le congé, licence & autorité de ſon ſeigneur » foncier ; & telles ventes, aliénations & dona- » tions ont lieu, valent & tiennent ; & le » ſeigneur foncier ne peut prétendre aucun droit » ſur telles choſes vendues, aliénées ou données » par ſondit emphytéote, fors ſeulement ſur les » choſes vendues, ventes & honneurs, ou les re- » tenir par puiſſance de fief «.

L'article 89, qui explique la manière d'uſer de ce droit, lui donne le nom de *Prélation*, & l'on trouve des diſpoſitions ſemblables dans toutes les coutumes du reſſort du parlement de Guienne.

Outre ces coutumes, on peut oppoſer à l'autorité de l'annotateur de Boutaric, Boutaric lui-même & un grand nombre d'autres auteurs. Despeisses, traité des droits seigneuriaux, chap. 5, n°. 16; la Rocheflavin, même traité, chap. 13, art. 1; M. Catelan, tom. 1, liv. 3, chap. 14, assurent que le droit de Prélation est admis dans le ressort du parlement de Toulouse, tant pour les fiefs que pour les biens emphytéotiques (*); la Peyrere, let. R, n°. 11 & suivans, atteste la même chose pour le parlement de Bordeaux.

M. de Clapiers, caus. 103, quest. 1, n°. 32; Duperrier, tom. 2, p. 26, n°. 123, en disent autant pour le parlement de Provence. » Dans » les inféodations & baux emphytéotiques, dit » la Touloubre, la réserve du retrait est toujours » sous-entendue; elle y est inhérente, & les » clauses générales par lesquelles on permet au » vassal ou emphytéote de pouvoir vendre, » aliéner, transporter, ne donnent aucune atteinte » à l'exercice de ce droit «.

L'annotateur de Boutaric cite, à la vérité, l'autorité de Mourgues sur les statuts de Provence, comme s'il disoit que l'usage y est contraire (**);

(*) La coutume de Toulouse décide néanmoins le contraire. Mais c'est-là un usage local, qui forme une exception à la règle. Plusieurs auteurs prétendent cependant que le retrait censuel est admis dans la Viguerie, quoiqu'elle soit sujette à cette coutume. D'autres auteurs soutiennent le contraire. Il paroît plus sûr de ne pas l'y admettre sans titres. » Mais, comme l'observe Boutaric, des contestations » semblables supposent évidemment que la coutume, en » ce qu'elle exclut le retrait, ou féodal ou censuel, est » regardée comme une exception au droit commun «.

(**) Bretonnier dans ses questions alphabétiques, au

» mais, comme l'obſerve encore la Touloubre ; » il s'eſt apparemment arrêté à ces mots, *le retrait* » *n'a lieu en bail à emphytéoſe*. Mais l'idée de » Mourgues eſt développée par ce qui ſuit, comme » par ce qui précède ; il décide que l'acte par » lequel on donne à emphytéoſe, n'eſt pas lui-même » ſujet au retrait, ſoit féodal, ſoit lignager ; & » cela eſt exactement vrai. Mais Mourgues eſt ſi » éloigné de ſoutenir la propoſition qu'on lui » prête, que tout de ſuite il dit que par-là le » ſeigneur direct n'eſt pas privé du retrait pour » les tranſports ſubſéquens «. Jurisprudence obſervée en Provence ſur les matières féodales, part. 2, tit. 4, n°. 2.

Ce droit eſt auſſi admis généralement dans le comté de Bourgogne, pour tout ce qui eſt dans la directe d'un ſeigneur, ſuivant Dunod de Charnage en ſon traité des retraits. On peut voir ce qu'il dit au chapitre 10, ſur celui des fiefs. Cet auteur ajoute au chapitre 11 : » Ce droit a lieu » dans l'emphytéoſe, quand même il ne ſeroit » pas nommément réſervé, parce qu'il eſt de la » nature de ce contrat (*l. 3, cod. de jure emphyt.*) ; » & le parlement de la province a délibéré, le 15 » juillet 1615, dans la cauſe du ſeigneur de Lavernay, contre un nommé Beugnon, dudit lieu, » que le contrat emphytéotique ne ſe régleroit » pas par les articles de la coutume du comté » de Bourgogne, qui parlent *du cens* (*), mais

---

mot *Retrait cenſuel*, eſt tombé dans la même erreur, en diſant *que ce droit n'eſt pas reçu dans le parlement de Provence, ſuivant le témoignage de Mourgues*, page 114.

(*) On entend communément par *cens* ou *cenſive*, dans

» par le droit écrit. Or, par le droit écrit, le » preneur à titre d'emphytéose doit dénoncer la » vente au bailleur, pour qu'il y consente & » en reçoive les lods, ou qu'il use du droit de » retenue, dans deux mois après que le contrat » lui a été présenté «.

Au reste, Dunod convient que le vendeur du fonds tenu à bail emphytéotique, n'est plus obligé à cette dénonciation, depuis que l'on a chargé l'acquéreur de présenter son contrat au seigneur, pour en recevoir les lods & user de la retenue.

Le droit de Prélation est enfin reçu sans titre, pour les biens nobles & roturiers, dans l'ancien ressort du parlement de Dijon. Mais il y est connu sous le nom de retenue féodale ou censuelle, suivant Davot en son traité des fiefs, à l'usage de la coutume du duché de Bourgogne.

Il faut avouer néanmoins que le retrait censuel n'est pas en usage dans les pays du droit écrit du ressort du parlement de Paris, suivant le témoignage de Papon, tom. 1, liv. 3, tit. 2; de Henrys & de ses annotateurs, tom. 2, liv. 3, quest. 22. Henrys en excepte le cas où il est stipulé par les terriers. Il n'est pas reçu non plus dans la Bresse, suivant Revel dans sa remarque 51, page 218.

Dans le Dauphiné, le droit de Prélation paroît y avoir été généralement admis autrefois. Au-

---

l'étendue de cette coutume, une redevance simplement foncière. Aussi Dunod dit-il encore, » que le retrait n'a pas » lieu quand l'héritage a été concédé sous la réserve d'un » cens simple & foncier, parce qu'il n'y a point de do- » maine direct réservé «.

jourd'hui, dit M. Salvaing de Boissieu, chap. 21; » l'on ne doute plus en Dauphiné que le droit » de Prélation, en matière d'emphytéose, n'y » soit *abrogé*, s'il n'est exprimé dans les titres, » depuis l'arrêt (du 7 juillet 1628) qui fut donné » contre noble Pierre de Gumin, seigneur de la » Murete, à qui le juge de la terre de Clermont » avoit adjugé le droit de Prélation par sentence » du 26 juin 1623; contre Benoît Carta, acqué- » reur d'un fonds mouvant de la terre de Gumin «.

M. de Boissieu cite deux arrêts conformes, des 3 juillet 1627 & 24 juillet 1653. Le premier avoit été rendu au profit des consuls de Saint-Paul-trois-Châteaux, contre l'évêque Comte de cette ville, *nonobstant qu'il eût soutenu que lui & les précédens évêques étoient en possession immémoriale d'user de ce droit.*

Dans l'espèce du second arrêt, une partie des fonds de la seigneurie avoit été reconnue sujette au droit de Prélation le 29 juin 1538. Le préambule ou proëme des reconnoissances de l'autre partie faisoit seulement mention de ce droit, sans qu'il fût énoncé dans le corps des déclarations. *L'arrêt permit au seigneur d'exercer le droit de Prélation, pour raison des fonds mentionnés en l'acte du 29 juillet 1538, auquel ledit droit de Prélation est stipulé, & pour les autres fonds, autre chose n'apparoissant, en a débouté ledit de Villars.*

» Cet arrêt, continue M. de Boissieu, a jugé » deux choses : l'une, que de plusieurs fonds » qui ont été reconnus à un même seigneur direct, » le droit de Prélation ne peut être exercé que » sur les articles où il a été stipulé, quoique dé- » pendans d'un même terrier; & l'autre, qu'il

» ne suffit pas que le proëme ou préambule des » reconnoissances en fasse mention, parce que les » notaires sont en coutume de le faire à leur fan» taisie, & le plus souvent ils l'empruntent de » quelque terrier ancien, qui leur sert de patron » pour mettre à la tête de toutes les reconnois» sances qu'ils renouvellent. C'est un acte fait » sans témoins, qui contient en général divers » droits que le seigneur peut prétendre, à quoi » chacun des emphytéotes ne se trouve pas obli» gé ».

Au reste, il est au moins très-douteux que le droit de Prélation soit admis en Dauphiné, même pour les fiefs, suivant le chapitre 20 du même auteur, & Dunod de Charnage, en son traité des retraits, chapitre 10, dit qu'*on y tient qu'il faut qu'il y soit réservé par les investitures.* Il n'est donc pas étonnant qu'il y soit rejeté pour les biens emphytéotiques.

SECTION III.

Des contrats qui donnent ouverture au droit de Prélation.

La règle générale est que les contrats de vente; ou tous ceux qui sont équipollens à vente, donnent ouverture à la Prélation, à moins qu'il ne se trouvât dans les titres quelque clause particulière qui étendît ou qui restreignît ce droit.

Il ne faut pas croire néanmoins qu'il y ait lieu à l'exercice de ce droit dans tous les cas où le lods est dû : ainsi les échanges, les donations particulières, les legs jusqu'à concurrence des charges imposées au légataire, donnent ouverture au lods; & non pas au droit de Prélation, hors le cas de fraude, qui doit toujours être excepté.

On sait que l'échange dégénère aussi en contrat de vente, s'il y a soute, & que la somme donnée par un des copermutans excède la valeur du fonds donné en contre-échange. Mais Bomy, sur les statuts de Provence, page 54, soutient aussi que le retrait a lieu sans difficulté, lorsqu'on a mis un prix à chaque fonds échangé.

La Touloubre, partie 2, titre 4, n°. 40, doute avec raison que cette opinion doive être suivie. L'énonciation du prix ne change pas la nature du contrat, qui doit se régler sur l'intention des parties; or, malgré cette énonciation, l'intention des parties n'en a pas moins été de recevoir, non pas le prix du fonds qu'elles transportoient, mais un fonds d'égale valeur.

Dans la plupart des pays de droit écrit, les baux à locatairie perpétuelle (*) ne sont sujets ni aux droits de lods, ni à celui de Prélation, non plus que les baux emphytéotiques, suivant le témoignage de M. de Catelan & de Boutaric, lors du moins qu'ils sont faits sans deniers d'entrée.

On convient aussi que le bail emphytéotique n'y est pas non plus sujet en Provence. Mourgues croit qu'il y a la même raison pour le bail à locatairie perpétuelle, & son opinion y est adoptée assez communément. » Il y a même d'anciens arrêts, dit la Touloubre, n°. 35, rap-

(*) C'est ainsi qu'on appelle les baux à rente dans plusieurs des pays de droit écrit.

» portés par Bomy sur les statuts, page 40, & » par Duperrier, d'après M. de Thoron, tome 2, » page 378, rendus sur l'hypothèse du retrait » lignager. Il y en a un du 26 octobre 1618, » cité aussi par Bomy, page 691, pour l'exclu- » sion du retrait féodal ou censuel. Mais M. de » Clapiers, cause 103, quest. unique, rapporte » un arrêt plus récent, qui admet le retrait féodal. » Julien, dans ses collections manuscrites, sous » le mot *locatio*, *cap.* 3, §. 1, atteste qu'en » consultant avec MM. Duperrier & Peyssonnel, » ils convinrent que le retrait devoit être admis, » *ex indubitato usu nostro*.

» L'usage des autres provinces, continue la » Touloubre, ne peut pas servir de règle à cet » égard en Provence, où l'on adjuge le lods, même » pour le bail à locatairie à temps, dès que sa » durée est de dix ans ou plus. Duperrier, tome 1, » livre 4, question 25, prouve parfaitement qu'il » n'y a aucune comparaison à faire de l'emphy- » téose avec la locatairie perpétuelle, & que celle- » ci dépouille entiérement l'ancien propriétaire, » & lui conserve seulement une hypothèque pour » la rente réservée «.

La dation, ou bail en payement volontaire, est sujette au droit de Prélation. Il en est de même lorsqu'elle est faite par autorité de justice : c'est l'avis de Mourgues, page 113 ; de Pastour, *de feudis*, *lib.* 6, *tit.* 17 ; de Duperrier, tome 2, page 36, n°. 165 ; & de la Touloubre, n°. 39. Cela ne peut faire de difficultés.

La faculté de rachat, insérée dans le contrat de vente, n'empêche pas qu'il ne donne ouverture au retrait. M. de Saint-Jean, décision 3, rapporte à la vérité un arrêt du 23 avril 1580, qui jugea que le temps fixé pour l'exercice du retrait ne couroit que du jour où le terme du rachat étoit expiré, comme on le croit assez communément dans les pays coutumiers : mais il ajoute que plusieurs juges étoient d'un avis contraire, & les principes étoient pour eux. C'en est un qui est reçu dans les pays de droit écrit & de coutume, que la vente faite sous une condition résolutive donne incontinent ouverture au retrait, à la différence de celle qui est faite sous une condition suspensive. Or, la vente à faculté de rachat ne renferme pas une condition suspensive, mais un condition résolutive, comme le remarquent Pastour, *de feudis*, *lib. 6*, *tit. 4*, & Duperrier, tome 2, page 57, n°. 269, & page 82, n°. 384.

Aussi Dufort, dans ses notes sur la décision 3 de M. de Saint-Jean, fait-il l'observation suivante : *Intrà hoc tempus, quid impedit quin possit retinere sub eodem onere pacti?* C'est aussi l'avis de la Touloubre, n°. 37. Le vendeur peut aussi bien se pourvoir contre le seigneur que contre l'acquéreur, pour exercer la faculté de rachat.

On observe la même règle à l'égard du rachat accordé dans l'an au débiteur qui a été exproprié d'un immeuble par une collocation : Mourgues, sur les statuts de Provence, page 86, en rapporte deux arrêts des 21 Février 1622 & 19 Décembre 1634.

Enfin, le droit de Prélation n'a pas moins lieu pour les fonds acquis au roi par droit d'aubaine ou de bâtardise, lorsqu'il les fait vendre. Boniface, tom. 1, liv. 3, tit. 1, chap. 3, rapporte un arrêt du parlement de Provence, du 26 mai 1656, rendu dans ce dernier cas.

Dans la règle générale, la vente d'une partie du domaine, ou celle des droits qui en dépendent, donne ouverture au droit de Prélation. Cependant on tient, en pays de droit écrit comme en pays coutumier, que l'imposition à prix d'argent d'une servitude sur un fonds n'y est pas sujette. Duperrier, après avoir donné cette maxime générale, tom. 1, liv. 3, quest. 10, ajoute qu'il doute fort qu'elle doive avoir lieu en deux cas. 1°. Lorsque l'emphytéote ou le vassal transporte à prix d'argent l'eau destinée à l'arrosage de son fonds ; 2°. quand il vend une source d'eau qui se trouve dans son fonds, quoiqu'elle ne puisse pas servir à l'arroser. On peut en effet considérer ces deux espèces de vente comme l'aliénation d'une partie du fonds.

SECTION IV.

Du cas où le seigneur n'a la directe que d'une partie des objets vendus.

Dans les pays coutumiers, il est bien constant que le seigneur n'est obligé de retirer que les objets mouvans de sa directe, lorsqu'ils sont vendus pour un seul & même prix avec des domaines qui ne relèvent point de lui. La raison qu'en donne Dumoulin sur l'article 20 de la coutume de Paris, n°. 55, c'est que l'unité du contrat de vente, qui procède du fait & de la volonté des parties, ne peut nuire au seigneur, qui a son droit séparé & son action distincte en chaque chose vendue. On tient même généralement, avec cet auteur, que si l'on a vendu, par le même contrat & pour un seul prix, plusieurs fiefs distincts, mais relevans d'un même seigneur, il peut user du retrait féodal pour l'un des fiefs seulement, & investir l'acquéreur pour les autres, sans distinguer s'il a la mouvance à cause d'un seul fief dominant ou de plusieurs.

La question souffre beaucoup plus de difficultés dans les pays de droit écrit. Boutaric, en son traité des droits seigneuriaux, adopte à la vérité l'opinion de Dumoulin, en ce qui concerne le retrait féodal; mais il ne pense point ainsi sur le retrait censuel, ou droit de Prélation des biens emphytéotiques.

» Cette question, dit-il au chap. 4, n°. 16, » est difficile, par les sentimens différens des au- » teurs qui l'ont traitée, & plus difficile encore » par les arrêts contraires qui ont été rendus. » M. de Catelan, liv. 9, chap. 14, atteste que » la jurisprudence du parlement de Toulouse est » enfin fixée à ce point, que le seigneur n'est » obligé de retraire que les pièces qui sont mou- » vantes de sa directe; & cependant il rapporte » un arrêt qui jugea précisément tout le contraire; » car un seigneur direct ayant voulu user du » retrait sur certaines pièces de terre comprises » dans un décret, celles-là seulement qui étoient » de sa mouvance, en remboursant la valeur au » décrétiste, par rapport à l'entier prix de la sur- » dite, il fut ordonné que le seigneur retrairoit » tout ce qui étoit compris dans le décret, le » décrétiste n'étant point obligé de cisailler ou » de diviser ce qui lui avoit été vendu, & ad- » jugé en bloc & à un seul prix; & il faut » convenir en effet que, quelque favorable que » soit le retrait, l'acquéreur l'est encore davan- » tage, lorsqu'il ne demande autre chose, sinon,

» ou qu'on annulle son contrat pour le tout, ou » qu'on le fasse subsister en son entier. Si on » examine bien la doctrine de Dumoulin tou» chant le retrait féodal, on trouvera qu'elle ne » conclut rien pour le retrait censuel «.

L'annotateur de Boutaric est bien d'accord avec lui sur ce dernier point; mais il soutient aussi qu'il n'est pas permis davantage au seigneur de ne retraire que les objets situés dans sa mouvance, lors même que ce sont des domaines féodaux. MM. Maynard, liv. 8, chap. 19, la Rocheflavin, & Graverol, son annotateur, chap. 13, art. 6, attestent que telle est la jurisprudence du parlement de Toulouse, sans distinguer les fiefs des emphytéoses. Ce dernier auteur, & M. de Catelan, liv. 3, chap. 14, en citent quatre arrêts des années *1619*, *1621*, *1638* & *1699*.

Guypape, dans sa question 508, décide aussi indistinctement que l'acquéreur n'est pas obligé de morceler son contrat, lorsque le seigneur veut retirer la partie des fonds qui est dans sa directe, en lui laissant le surplus, parce qu'il n'eût pas acheté cette partie séparément. Il paroît même croire qu'il ne peut y avoir lieu au droit de Prélation en ce cas. Quoique Dumoulin ait critiqué cette opinion de Guypape, & que François Marc, conseiller au parlement de Grenoble, l'eût aussi rejetée, en disant qu'elle ne portoit que sur des raisons foibles, *aliquas debiles rationes*, elle n'en a pas été moins adoptée par le parlement de Grenoble, qui permet néanmoins au seigneur d'user du droit de Prélation, s'il veut retenir tout ce qui est compris dans la vente.

Il suffira d'alléguer, avec M. Salvaing, chap. 25, un arrêt donné au rapport de M. Coste, le

26 mars 1612, entre Claude Brun, appelant de la sentence du plus ancien avocat au siége de Crest, & Me Philibert Allian, vice-sénéchal au même siége, & Louis Allian, frères, intimés. » Brun avoit acquis pour un seul prix une ferme, » ou grange composée de plusieurs fonds rele- » vans de divers seigneurs. Les Allian veulent » exercer le droit de Prélation sur le fonds qui » est de leur directe, ensuite d'un bail en em- » phytéose, qu'on appelle en Dauphiné *alberge-* » *ment*, contenant la réserve expresse du droit » de Prélation. Brun offre de les mettre en sa » place pour le tout, puisque l'acquisition avoit » été faite *unico pretio*. Sur le refus des deman- » deurs, il y eut sentence du 30 janvier 1610, » portant, que sans avoir égard aux offres du » défendeur, il est condamné de vider & relaxer » la pièce de terre désignée en la requête des » demandeurs du 14 octobre 1608, en lui » payant & remboursant par un préalable & avant » le délaissement, le prix que le défendeur en a » payé à son vendeur, tel qu'il sera liquidé par » les experts...... Brun ayant appelé de cette » sentence, il y eut arrêt, par lequel l'appellation » & ce dont a été appelé est mis au néant; &, » par nouveau jugement, Brun est mis hors de » cour & de procès sans dépens, sauf aux intimés » d'accepter l'offre qui leur a été faite en pre- » mière instance ».

La Touloubre, dans sa jurisprudence féodale observée en Provence, part. 2, tit. 4, n°. 30, dit à la vérité, tout au contraire, « que l'ac- » quéreur de plusieurs fonds mouvans de diffé- » rentes directes, ne peut pas forcer un des » seigneurs directs, qui veut exercer le retrait, à

» se charger de la totalité, soit que l'on ait spé-
» cifié & distingué le prix de chaque fonds, soit
» que l'achat ait été fait *unico pretio* «. Il cite à cette occasion Pastour, *de feudis*, *lib. 6*, *tit.* 14; Julien, dans ses collections manuscrites, sous le mot *locatio*, §. 1, lett. N; de Cormis, tom. 1, col. 1051, 1071; & Mourgues sur les statuts de Provence, pag. 16, qui rapporte un arrêt du 22 juin 1618.

Mais dans le cas de l'arrêt dont Mourgues fait mention, les prix de chaque objet avoient été distingués; & quoique la Touloubre dise que *cette circonstance est communément regardée comme indifférente*, elle l'est si peu, qu'on tient généralement dans les pays coutumiers, où le retrait lignager ne peut aller à quartier, que le lignager doit être admis dans ce cas à retirer l'un des objets vendus sans les autres. Voyez Tiraqueau, *ad finem*, tit. *de retractu*, n°. 21; les traités des retraits de Grimaudet, liv. 1, chap. 10, & de Pothier, n°. 205.

La même chose s'observe pour le droit de Prélation en pays de droit écrit. Boutaric en fait l'observation expresse au n°. 17, pour le retrait censuel. » Nous supposons, dit-il, que la vente
» a été faite conformément & à un seul prix;
» car si chaque pièce de terre, par exemple,
» a un prix séparé, on peut dire, avec le juris-
» consulte, qu'il y a autant de ventes que de
» prix différens, & que l'acquéreur par consé-
» quent ne peut pas se plaindre de la division,
» *quasi non aliter empturus* (*).

(*) L'annotateur de Boutaric dit seulement que cette

M. de Boissieu suppose la même chose dans tout ce qu'il dit à ce sujet au chapitre 25, & le titre même de ce chapitre l'indique assez (*). Il paroît enfin que cette distinction a été aussi faite par les auteurs du parlement de Provence, cités par la Toulonbre.

L'usage général des pays de droit écrit, en cas de vente des fonds relevans de plusieurs directes, est donc bien constamment contraire à celui des pays coutumiers, & il semble même autorisé par quelques coutumes voisines des pays de droit écrit. La coutume d'Auvergne, tit. 21, art. 8. 9, 10 & 11, & tit. 22, art. 22, 23 & 24, accorde expressément à l'acquéreur le droit d'obliger le seigneur à retirer ce qui n'est point de sa mouvance, avec les fonds qui en dépendent; mais c'est toujours dans le cas où tous *les héritages sont vendus ensemble pour un même prix*. La coutume de la Marche dit la même chose dans l'article 282.

On observe néanmoins le contraire au parlement de Besançon, suivant Dunod de Charnage, traité des retraits, chap. 10, page 54 (**).

---

règle reçoit une exception, *si les choses vendues ont tant de rapport les unes aux autres, qu'elles ne composent qu'un corps, ou qu'il y ait lieu de penser que l'acquéreur n'auroit rien acheté s'il n'eût acheté le tout.* M. de Coras ou Corasius, *in centuriâ senatusconsult. curiæ Tolosanæ, cap.* 30, dit aussi que cette exception est adoptée au parlement de Toulouse, conformément au droit romain.

(*) Voici ce titre: *Si le seigneur direct peut exercer le droit de Prélation sur un fonds de sa mouvance compris dans une vente passée de plusieurs fonds allodiaux, ou mouvans d'autres seigneurs* pour un seul prix, *sans retenir le tout.*

(**) L'annotateur de Boutaric dit que *Dunod en rap-*

Lorsque

Lorsque le contrat de vente a pour objet un seul domaine, relevant d'une même seigneurie possédée par indivis, on tient, à plus forte raison, que le retrait ne peut être exercé par l'un des co-seigneurs, jusqu'à concurrence de sa portion, qu'autant que l'acheteur veut bien consentir à la division de son acquisition; en sorte que le co-seigneur doit retirer la totalité des choses vendues, si l'acquéreur le désire. On le pratique ainsi, tant dans les pays de droit écrit, que dans les pays coutumiers, comme le prouvent les autorités rassemblées par M. Salvaing au chapitre 21.

Mais le seigneur qui veut user de son droit, peut-il, dans ce cas, exiger que l'acquéreur lui abandonne la totalité, comme l'acquéreur peut l'obliger à la prendre. Plusieurs auteurs, cités par la Touloubre qui se range aussi au même avis, attestent que telle est la jurisprudence du parlement de Provence; ils rapportent divers arrêts qui l'ont ainsi jugé.

Védel, sur le chapitre 11 de M. de Catelan, adopte aussi cette opinion, en supposant une ces-

---

porte un arrêt du 12 *mars* 1702. Cela n'est point exact. Dunod ne cite aucun arrêt à cette occasion; mais, à la page 58, il en rapporte un du 22 mars 1702, qui a jugé contre le sieur Clairon, acquéreur de plusieurs fiefs de différentes mouvances, par un seul & même prix, que le délai du retrait sur l'un des fiefs mouvans de M. de Poitiers, ou sur les deux ensemble, qui étoient dans sa mouvance, ne couroit que du jour où la ventilation en auroit été faite d'avec les autres. C'étoit-là le point de la contestation, & l'acquéreur n'offroit point au seigneur le délaissement du tout.

ſion des autres coſeigneurs à celui qui retire.

Boutaric a confondu ce cas avec celui où l'un des ſeigneurs de divers fiefs acquis par un même prix, demanderoit à retirer la totalité malgré l'acquéreur. » Si l'acquéreur, dit-il, ne peut » être contraint de diviſer ſon contrat de vente, » lorſque tout a été acheté en bloc & à un ſeul » prix, il ſemble que, dans le même cas & pour » la même raiſon, le ſeigneur peut retraire, malgré » l'acquéreur, tous les fonds vendus, mouvans » ou non de ſa directe, lorſque les autres ſei» gneurs n'en réclament pas. Car enfin, comme » dit fort naturellement *Franciſcus à Ripâ*, cet » auteur cité par Boiſſieu, ſur la loi 2, *ff. de* » *ſtum. ſi licet emptori dicere, nolo quòd retineas* » *partem, quia non fuiſſe empturus eam, niſi totum* » *emiſſem, eâdem ratione, poterit dominus dicere,* » *& ego non eſſem retenturus partem, niſi totum* » *retinerem; non enim claudicare debet contractus,* » *nec debet uni licere quod etiam alteri non li-* » *ceat*. Cependant on ne le juge pas ainſi; on » donne à l'acquéreur une option, qu'on refuſe » au ſeigneur retrayant «.

On ſent en effet que le raiſonnement de *Franciſcus à Ripâ* n'eſt qu'un ſophiſme. Si le ſeigneur diſoit à l'acquéreur, avec cet auteur, *je ne retirerois pas non plus une partie, ſi je ne pouvois pas retirer le tout*, l'acquéreur lui répondroit avec raiſon : *Il dépend de vous de ne rien retirer, ſi vous ne voulez pas vous contenter de ce qui eſt dans votre directe.* Le droit d'obliger le ſeigneur à retirer le tout eſt un bénéfice introduit en faveur de l'acquéreur; on ne peut donc pas le rétorquer contre lui, & autoriſer le ſeigneur à enlever à l'acquéreur des domaines auxquels il ne peut rien prétendre. C'est ainsi qu'on le pratique communément dans les pays coutumiers pour le retrait lignager, quand on a vendu des domaines de diverses lignes pour un seul & même prix.

Il faut remarquer au surplus, que *Franciscus à Ripâ* n'a entendu parler que du retrait exercé par l'un de plusieurs coseigneurs, & non pas de celui exercé par l'un de plusieurs seigneurs de différens fiefs vendus par un seul & même prix, comme le suppose Boutaric ; mais, dans ce cas-là même, on tient, soit dans les pays coutumiers, soit dans les pays de droit écrit, que l'acquéreur peut obliger le coseigneur à retirer le tout, sans que le coseigneur puisse exiger de l'acquéreur la rétrocession du tout.

Cette opinion a été suivie par Alberic, Paul de Castres, & Dumoulin, cités par M. Salvaing, » laquelle opinion, dit-il, comme la plus équi- » table, est autorisée de deux arrêts, l'un du » parlement de Paris, donné en la coutume de » Tours, du mois d'août 1577, dont Pithou fait » mention sur la coutume de Troies, article 27, » sur le mot, *pour le prix qu'il est vendu ;* l'autre, » du parlement de Toulouse, prononcé en robes » rouges le 22 décembre 1601, qui est rapporté » par Ferriere sur la question 411 de Guypape, » & par Cambolas en ses décisions, livre 3, » chap. 10. La raison est que le droit d'accrois- » sement n'a pas lieu aux contrats. *L. si mihi & » Titio* 110, *ff. de verbor. oblig.* «

SECTION V.

Des seigneurs qui peuvent user du droit de Prélation.

Le droit de Prélation appartient généralement à tous les seigneurs de fief, dans les pays où il n'a pas besoin d'être établi par les titres. Mais on a beaucoup disputé s'il pouvoit appartenir au roi & à l'église. Enfin, il y a quelques personnes qui peuvent l'exercer sans avoir la propriété de la directe. Il faut examiner tout cela par ordre.

I. *Quant au roi.* La question a souffert autrefois beaucoup de difficultés dans les pays même de coutume ; & l'on peut mettre à la tête de ceux qui refusoient ce droit au roi, l'auteur qui a le premier débrouillé les principes de la matière domaniale, le célèbre Chopin. Mais quoiqu'on admette généralement aujourd'hui le droit du roi dans la France coutumière, plusieurs auteurs prétendent encore qu'on doit décider le contraire dans les pays de droit écrit ; & l'on trouveroit, peut-être dans les fondemens de l'économie politique, des raisons aussi fortes pour refuser au roi l'exercice de la Prélation dans les cas ordinaires, que pour la refuser aux gens de mainmorte. On pourroit même dire que l'ancien usage d'une grande partie de la France forme à cet égard une espèce de loi tacite.

Entre une foule d'autorités qu'on pourroit citer à ce sujet, on se contentera d'invoquer le témoignage de l'un de nos plus anciens praticiens, originaire d'Auvergne, & par conséquent très-voisin des pays de droit écrit. » Le prince, dit Masuer, » n'use point de rétention de la chose vendue, » *& ainsi est observé*, & telle rétention ne pour-

» roit être valable, pour ce qu'à grand'peine pour-
» roit-on trouver acheteur autrement ni pareille-
» ment, si elle étoit faite à son procureur «,
c'est-à-dire à son cessionnaire. (Liv. 1, tit. 35, n°. 8 de la traduction de Fontanon.)

La Rocheflavin, traité des droits seigneuriaux, chap. 13, art. 4; Henrys, tom. 1, liv. 3, quest. 16; & Bretonnier dans ses annotations, tiennent du moins que le roi ne peut exercer ce droit par lui-même, quoiqu'ils conviennent qu'il le peut céder.

Davot, dans son traité des fiefs à l'usage du duché de Bourgogne, n°. 83, dit simplement, d'après Taisand, que *le roi ni l'église n'usent pas du droit de retenue sur les fiefs mouvans d'eux*; & Bannelier, son annotateur, ne l'a point contredit à ce sujet.

Dunod de Charnage, traité des retraits, chap. 10, pag. 53, dit du moins que *le roi n'use pas du retrait pour réunir à son domaine, si ce n'est quand le bien de l'état le demande, parce que le domaine étant aliénable, la réunion tireroit les biens du commerce.*

Cependant M. Salvaing est d'un avis contraire, & c'est l'opinion la plus suivie à présent, sans doute parce qu'on doit présumer que le roi n'usera du droit de Prélation que pour l'avantage de l'état.

» Il est même certain, dit M. Salvaing, que
» les dauphins, & après eux nos rois, qui les
» représentent, ont usé de ce droit-là quand il
» leur a plu, dont nous avons des exemples dans
» les registres de la chambre des comptes, qui
» ont donné sujet à la remarque faite dans le
» répertoire général de la même chambre, inti-
» tulé *panthion*, lettre P, que *dominus noster*
» *delphinus utitur jure Prælationis* «.

A plus forte raison est-il bien certain que les engagistes du domaine, & les princes même, dans leurs apanages, peuvent user du droit de Prélation, & qu'ils peuvent même céder ce droit à un tiers dans les provinces où il est cessible par sa nature, comme on le verra dans la suite. On peut consulter à cet égard messieurs de la Rocheflavin & Salvaing, & Boutaric au chapitre *de la Prélation.* Mais pour que l'engagiste puisse user de ce droit personnellement, ou le céder, il faut qu'il lui ait été expressément accordé par son contrat. Il en est de même des fermiers du domaine, parce que le retrait n'est pas un fruit ordinaire.

Il y a néanmoins quelques coutumes dans le ressort du parlement de Bordeaux, telles que celles d'Acqs, tit. 10, art. 23; de Bordeaux, art. 90; de Saint-Jean-d'Angely, art. 34; & l'usance de Saintes, art. 6, qui décident le contraire.

L'article 90 de la coutume de Bordeaux est ainsi conçu: » A été arrêté que le roi & l'église » n'ont droit de Prélation par puissance de fief; » sinon, quant au roi, pour le bien de la chose » publique; & quant à l'église, pour la nécessité » d'icelle; c'est à savoir quand il y auroit quelque » héritage joignant aucune église ou château du » roi; maisons épiscopales, des abbayes, couvens, prieurés & églises cathédrales, collégiales » ou cures, ou d'autres bénéfices, pour approprier » auxdits châteaux, églises, maisons ou jardins, » & autres cas èsquels l'on peut être contraint » à vendre pour le bien public du roi, du royaume, » & desdites églises «.

Cet article, qui passa malgré l'opposition des gens du roi & de quelques membres du clergé (*), s'observe exactement. MM. de la Mothe, dans leur commentaire, en citent deux arrêts remarquables, rendus en très-grande connoissance de cause contre des cessionnaires du roi, & dont on parlera dans la section 7.

II. *Quant à l'église.* Il seroit facile de multiplier les autorités, pour prouver que l'exercice du droit de Prélation lui a toujours été interdit, du moins pour elle-même. Cela tient à l'incapacité où sont les gens de main-morte d'acquérir des domaines sans la permission du roi, par la jurisprudence constante du royaume, & ce point ne peut plus faire de doutes aujourd'hui, d'après l'article 25 de l'édit de 1749 sur les acquisitions des gens de main morte.

Long-temps avant cet édit, Salvaing étoit même d'avis » que l'église ne peut exercer le droit » de Prélation en Dauphiné, pour s'approprier » le fief, non plus que pour s'en vider les mains » dans l'an & jour ; puisque par l'usage de la » même province, il ne peut être exécuté qu'en » faveur de la réunion du domaine utile au do-

(*) Dans le manuscrit en velin cité par MM. de la Mothe en leur commentaire, cet article est beaucoup plus étendu ; il contient un préambule qui devoit être renvoyé au procès-verbal. L'avocat du roi dit, en parlant de l'exclusion du roi, *qu'il l'a ouï dire, mais n'y consent.* Le procureur général & le procureur du roi en Guienne disent *qu'ils ne savent s'il y a coutume, & que le roi peut retenir, mais l'église ne peut retenir.* Quelques particuliers, la plupart ecclésiastiques, soutiennent le contraire. » Truchon, pour les nobles, dit qu'il a toujours ouï tenir » que le roi & l'église n'ont Prélation Tous autres nobles » & du commun peuple ont dit & requis arrêter que le » roi & l'église n'ont droit de Prélation, excepté *pro bono* » *reipublica* «. A été arrêté, &c.

» maine direct « ; il ajoute, que » tel est aussi » l'usage du Languedoc, comme il fut jugé par » arrêt du parlement de Toulouse du 9 septembre » 1643, contre l'abbaye de Doë, qui fut déclarée » non recevable dans la demande qu'elle avoit faite » du droit de Prélation sur le domaine de Montagnac, mouvant de sa directe «.

Enfin les coutumes qui interdisent au roi l'exercice de ce droit & plusieurs autres, l'interdisent aussi à l'église. M. Salvaing observe encore qu'*en ces coutumes l'acquéreur peut opposer de l'incapacité de l'église par une exception exclusive de l'action* ipso jure. MM. de la Mothe, sur l'article 90 de la coutume de Bordeaux, disent aussi que *la décision de la coutume est aussi expresse contre l'église que contre le roi, & qu'elle s'interprète de même dans l'usage.*

III. Il y a au contraire des personnes qui, sans être véritablement propriétaires du fief, peuvent user du droit de Prélation sur les domaines qui sont dans la mouvance d'un fief.

Le mari peut incontestablement l'exercer sur le fonds mouvant de la directe qui fait partie de la dot de sa femme; mais il n'a que la simple jouissance de ce fonds durant le mariage; &, le cas de la restitution arrivant, il ne peut prétendre que le remboursement du prix employé au retrait. C'est la décision de Duperrier, tom. 2, p. 29, & de la Touloubre, n°. 19; l'annotateur de Boutaric, qui est du même avis, en dit autant du tuteur : » Le tuteur & le mari, dit-il, exercent l'administration avec la même étendue de » pouvoir que donne la propriété même; & je » tire de là cette conséquence, que la femme » & le pupille ne peuvent pas être reçus, le cas

» échéant, à désavouer ce retrait, qui a été » exercé en leur nom en vertu d'un pouvoir lé» gitime, sauf à eux, si cette négociation leur » a été nuisible, de s'en venger sur les biens » du tuteur, ou sur ceux du mari. Mais s'il pou» voit être permis à la femme & au pupille » de ne point accepter le retrait, je n'aurois garde » de dire, comme le dit Dumoulin à l'égard » de l'usufruitier, que les biens dussent rester au » tuteur ou au mari, &c. Je ne ferois pas façon » d'admettre l'acquéreur à les revendiquer par » cette espèce d'action que les loix ont intro» duite sous le titre *de condict. sine causâ*, parce » qu'en effet l'événement a démenti la cause » en vertu de laquelle l'acquéreur avoit relâché » les biens «.

Il n'est pas douteux non plus que le grevé de substitution ne puisse, pendant sa jouissance, exercer le retrait. Duperrier, tom. 2, pag. 30; de Cormis, t. 1, p. 1041, citent un arrêt rendu en 1643, qui l'a ainsi jugé. La Touloubre, n°. 20, en cite un autre du 26 janvier 1576, rapporté dans les mémoires de M. de Thoron, lequel n'adjugea au propriétaire que les biens réunis par l'héritier grevé, depuis l'échute du fidéicommis.

Dunod, au chap. 10 de son traité des retraits, pag. 53, est du même avis, & il en dit autant de l'acquéreur à faculté de réméré (*) : » Ils ne

(*) L'article 54 des cayers pour la réformation de la coutume du duché de Bourgogne, décide au contraire, que lors du réméré l'acquéreur peut être contraint à rétrocéder le fief qu'il a retiré, moyennant remboursement, & l'équité de cette décision me la fait préférer.

» sont pas obligés, dit-il, de rendre ce qu'ils » ont acquis par cette voie, lorsque le rachat est » exercé, ou le fidéicommis ouvert, parce qu'ils » étoient propriétaires quand ils ont retiré «.

On accorde le même privilége aux apanagistes & aux engagistes du domaine, lorsque l'engagement contient la cession du droit de retrait, parce qu'ils sont censés agir pour eux mêmes, comme cessionnaires du roi.

Il n'en seroit pas de même, dit enfin Dunod, du possesseur de bonne foi; il pourroit être obligé de restituer au propriétaire du fief qui voudroit le rembourser, le fief servant qu'il auroit retiré, parce qu'il étoit simple possesseur sans propriété.

Quant à l'usufruitier, il y a des auteurs, comme Pastour, lib. 6, tit. 8, n°. 2, qui tiennent qu'il peut user du droit de Prélation, en avouant néanmoins que le propriétaire, lors de l'expiration de l'usufruit, peut demander le fonds ainsi retiré, en remboursant le prix, & en dédommageant l'usufruitier de la perte des lods. Dunod de Charnage » croit que le propriétaire peut seul user » de la retenue féodale, particuliérement dans » le comté de Bourgogne, où les fiefs ne sont » pas de profit. Cependant, dit-il, l'opinion » commune est que l'usufruitier peut exercer » ce droit, & que si c'est du consentement du » propriétaire, il conserve le fief qu'il a retiré; » mais que si ce n'est pas de son consentement, » le propriétaire peut se faire remettre le fief après » l'usufruit fini, en remboursant les héritiers de » l'usufruitier «.

Les cayers sur la réformation de la coutume de

Bourgogne, ont des dispositions très-précises à cet égard dans les art. 50 & suivans. Ils décident, 1°. que l'usufruitier peut user du retrait; 2°. qu'il est préférable même au propriétaire, s'il veut user de la retenue, pour jouir du fief servant pendant son usufruit, mais à la charge de le rendre au propriétaire après l'usufruit fini, en remboursant le prix de la retenue & les loyaux coûts; 3°. que si l'usufruitier vouloit retenir en son nom, & pour lui seul, il devroit dénoncer au propriétaire, qu'il eût à retenir, si bon lui semble, &, sur son refus, l'usufruitier pourroit retenir, sans que le propriétaire fût recevable à y revenir pour cette fois; 4°. enfin, que si l'usufruitier avoit retenu sans dénoncer au propriétaire, le propriétaire, l'usufruit fini, pourroit retirer ou de l'usufruitier ou de ses ayans droits, en rendant le prix & les frais quarante jours après l'usufruit fini.

La Touloubre, n°. 18, Boutaric & son annotateur, n°. 8, tiennent au contraire, avec M. de Cormis, que l'usufruitier ne peut point retirer, sur le fondement, que le droit de Prélation n'étant pas un fruit, il est plus conséquent, & même nécessaire, de l'attribuer au propriétaire; & de ne pas y faire participer le simple usufruitier.

A plus forte raison, le fermier ne peut-il pas exercer ce droit. L'annotateur de la Peyrere, sur la lettre R, n°. 121, fait mention d'un arrêt, qui l'a ainsi jugé. C'est toujours le même principe que ce droit n'est pas au nombre des fruits.

Au reste, lorsqu'on aliène un fief ou une directe avec tous ses droits sans réserve, l'exercice du droit de Prélation, à raison des ventes des objets qui en relèvent, faites antérieurement à l'aliénation, appartient à l'acquéreur, & non pas au vendeur. C'est l'avis de Duperrier, t. 2, pag. 72, & de la Touloubre; de Cormis, t. 1, col. 1036, paroît d'un avis différent; mais il cite lui-même, col. 1061, un arrêt rapporté dans les mémoires de M. de Thoron, qui l'a ainsi jugé.

Section VI.

Des personnes contre qui le droit de Prélation peut être exercé.

Le droit de Prélation peut s'exercer sur quelque acquéreur que ce soit, même sur ceux à qui le domaine a vendu les biens qui sont provenus des droits de bâtardise, d'aubaine, & autres droits semblables.

On tient même dans les pays de droit écrit, à la différence des pays coutumiers, que la Prélation peut s'exercer sur le parent acquéreur, & qu'elle est préférable au retrait lignager, dans les pays où cette sorte de retrait est admise, comme en Provence & dans quelques parties du ressort du Parlement de Toulouse.

» Le droit des fiefs, dit fort bien Dunod de » Charnage au chapitre 10, avoit donné la pré- » férence aux agnats sur le seigneur, parce que » les inféodations se faisoient communément pour » l'agnation; mais depuis que nos fiefs sont de- » venus disponibles & patrimoniaux, cette pré- » férence a dû cesser. C'est pourquoi le seigneur » qui veut retenir le fief, est préférable au pa- » rent dans le comté de Bourgogne, suivant le » titre 3 des rachats, article 22 «.

On suit néanmoins une autre règle dans le duché de Bourgogne, suivant le titre 10, art.

10 de la coutume, & dans le ressort du parlement de Bordeaux, conformément aux dispositions des coutumes d'Acqs, article 152 ; d'Agen, article 17 ; de Bayonne, articles 89 & 90 ; de Bergerac, article 42 ; de Bordeaux, article 5 ; de Limoges, article 41 ; de Marsan, article 53 ; de Saint-Jean-d'Angely, article 51, & de l'usance de Saintes, article 38. Mais le cessionnaire du seigneur n'est point préféré au lignager, si ce n'est dans quelques cas particuliers, comme on le verra dans la section suivante.

SECTION VII.

De la cession du droit de Prélation.

La question de la cessibilité ou incessibilité du droit de Prélation a partagé les jurisconsultes & les parlemens mêmes. Tous les anciens docteurs, François ou Italiens, ont tenu pour l'incessibilité. C'étoit l'avis de Petrus Jacobi, ancien auteur François, originaire d'Auvergne, qui vivoit sous Philippe le Bel & Philippe de Valois, & d'une quantité d'autres cités par M. Salvaing au chapitre 22. Dumoulin, §. 20, liv. 1 de la coutume de Paris, n°. 22, assure qu'il n'a pas trouvé un auteur pour l'affirmative, qu'il condamne lui-même.

C'est la jurisprudence constante du parlement de Grenoble, suivant le témoignage de Guypape, de Ferriere dans ses additions, de Ranchin, & de Salvaing, chapitre 22 ; c'est aussi celle du parlement de Toulouse, comme nous l'apprenons de la Rocheflavin en son recueil d'arrêts, chapitre 13 des droits seigneuriaux ; de Cambolas, liv. 3, chap. 10, n°. 2, & de Boutaric, n°. 6.

Il faut en excepter, suivant ce dernier auteur, le cas où la cession seroit faite par un coseigneur d'une directe indivise à son coseigneur. Les arrêts rapportés par M. de Catelan, liv. 3, chap. 11, ont jugé que la cession étoit valable en ce cas, parce qu'un coseigneur qui a déjà, de son chef, un droit de directe par indivis sur chaque partie du fonds vendu, est plus favorable que tout autre.

Au contraire, dans les pays de droit écrit du ressort du parlement de Paris, on admet sans difficulté la cession du droit de Prélation, suivant Papon dans ses notaires, tom. 1, liv. 2, tit. d'emphyth., & Henrys, tom. 1, liv. 1, quest. 36. On l'admet aussi dans le ressort du parlement de Bordeaux, suivant la Peyrere, lettre R, n°. 123, & dans celui du parlement de Dijon, suivant Taisand sur le titre 11, art. 31, & Davot, traité des fiefs, n°. 88.

La jurisprudence du parlement de Dijon étoit contraire autrefois, & l'article 49 des cahiers pour la réformation, porte expressément, que la retenue féodale ne se peut vendre ni céder à autrui. Mais un pareil systême ne seroit plus proposable aujourd'hui, & M le président Espiart de Seaux a fort critiqué cet article des cahiers, comme contenant une maxime fausse.

La même difficulté s'est élevée dans le parlement de Besançon; mais M. Grivel assure que la retenue féodale y a été jugée cessible par plusieurs arrêts, & le souverain l'a ainsi ordonné par un édit de 1708, « qui est fondé, dit Dunod de Charnage, sur ce que le retrait féodal » a aussi été introduit pour que le seigneur pût » choisir son vassal; que tout droit est cessible

» de sa nature, s'il n'y a une loi ou des raisons » au contraire ; que le retrait féodal peut être » séparé de la propriété, & que notre coutume, » en le supposant acquis au seigneur, n'a pas » dit qu'il lui seroit personnel, & que le seigneur » ne pouvoit pas le céder «.

Il y a à cet égard une observation particulière à faire sur un usage de la Franche-Comté, qui devroit peut être être adopté par tout ailleurs. Le souverain de la province a déclaré, à la réquisition des états, en 1607, que toute obtention du droit de retenue féodale à lui appartenant avant la vente & délivrance des biens, seroit tenue pour obreptice & subreptice. Mais Dunod de Charnage observe, au chapitre 10, page 52, que cette disposition ne s'applique qu'aux ventes forcées qui se font par les décrets ; elle a été faite pour remédier à ce qu'il arrivoit que, dans cette espèce de vente, il ne se présentoit pas des appréciateurs, quand on savoit que le retrait avoit été accordé, ce qui nuisoit également au débiteur & à ses créanciers. La justice de ce motif, ajoute Dunod, fait qu'on doit l'appliquer aux seigneurs particuliers comme aux souverains, & au retrait censitif comme au féodal.

Un statut de 1456, rapporté par Mourgues, page 133, déclare aussi que le droit de Prélation est cessible en Provence.

Suivant l'esprit d'un autre statut de 1472, qui a introduit le retrait lignager dans cette Province, & qui est aussi rapporté par Mourgues, page 11, le seigneur qui exerce son droit par lui-même est bien préféré au retrayant lignager; mais le cessionnaire du retrait féodal ne jouit pas du même avantage, & telle est la jurisprudence qu'on ſuit dans toutes les provinces de droit écrit, où le droit de Prélation eſt préférable au retrait lignager, lorſqu'on peut le céder à des tiers. Comme cette préférence eſt principalement fondée ſur la faveur de la réunion du domaine utile, ſorti des mains du ſeigneur, au domaine direct qu'il a conſervé, on n'a pas cru devoir étendre cet avantage au ſimple ceſſionnaire.

Cependant l'acquéreur qui eſt muni de la ceſſion du retrait féodal, exclut le retrait lignager. Cette juriſprudence, dit la Touloubre, n°. 22, n'a jamais varié depuis les deux arrêts rapportés dans les mémoires de M. de Thoron, & imprimés dans le ſecond volume des œuvres de Duperrier, page 388.

Par une inconſéquence qu'il ſeroit de la juſtice du parlement de Provence de réformer, le ſeigneur qui exerce ſon droit par lui-même eſt tenu d'affirmer, par ſerment, qu'il retient pour ſoi, & non pour autrui; un arrêt du 15 décembre 1625, & d'autres arrêts rapportés par Mourgues, page 136, l'ont ainſi jugé.

Cet auteur propoſe une diſtinction qui devroit du moins être ſuivie, mais qui ne l'eſt cependant point, ſuivant la Touloubre, n°. 32. Ou c'eſt, dit-il, l'acquéreur lui-même qui veut exiger le ſerment, ou c'eſt un retrayant lignager. L'acquéreur ne doit pas être écouté à demander cette affirmation, parce qu'à ſon égard le ſimple ceſſionnaire du ſeigneur l'excluroit. Peu lui importe que ce ſoit pour lui-même ou pour autrui que le ſeigneur exerce le retrait; mais ſi c'eſt vis-à-vis du retrayant lignager que le ſeigneur réclame la préférence, le ſerment peut être

être exigé, parce que ce retrayant lignager excluroit le cessionnaire du seigneur.

Au surplus, le retrait ne peut pas être cédé de nouveau par le cessionnaire du seigneur; c'est une jurisprudence constante au parlement de Provence, suivant un arrêt en forme de réglement du 1 avril 1596, rapporté par Mourgues sur les statuts, page 125, & un autre arrêt du 9 avril 1707, rapporté par de Cormis, tome 1, col. 1082, dans l'espèce duquel cet auteur avoit soutenu l'opinion contraire.

Il faut en excepter le cessionnaire du roi, à l'égard duquel il a été jugé par plusieurs arrêts, rapportés par les mêmes auteurs, qu'il pouvoit céder de nouveau le droit qui lui avoit été transmis. La raison de différence qu'en donne la Touloubre, n°. 24, est que, dans la thèse générale, la seconde cession causeroit un préjudice réel au seigneur, en lui donnant un vassal ou un emphytéote qui ne seroit pas de son choix, au lieu de celui qu'il auroit choisi lui-même. Mais on a cru que le roi voulant bien ne pas user lui-même du retrait, quoiqu'il en eût le droit, il étoit juste d'accorder au sujet qu'il gratifie de la cession, l'avantage d'être regardé comme exerçant le retrait directement & de son propre chef. On pourroit conclure du moins de ce raisonnement, qu'il n'y a que le seigneur, & non pas l'acquéreur, qui puisse s'opposer à l'exercice du droit de Prélation par celui qui se l'est fait céder par un premier cessionnaire

Le cessionnaire du roi a encore un autre privilége, qui est fondé sur le même motif que les précédens, celui d'exclure les retrayans lignagers, qui, dans la règle générale, sont préférés au cessionnaire. Boniface, tom. 4, liv. 1, tit. 1, chap. 2, rapporte même un arrêt qui paroît avoir jugé que le cessionnaire du cessionnaire du roi a le même avantage. Mais il y avoit deux circonstances particulières dans cette affaire. 1°. Le cessionnaire qui tiroit ses droits du fermier du domaine, soutenoit que le fermier ne devoit pas être regardé comme un premier cessionnaire, mais comme ayant, en vertu de son bail, le droit de céder directement le retrait, ainsi que le roi lui-même auroit pu le céder. 2°. Ce cessionnaire avoit pris la précaution d'obtenir des lettres patentes, par lesquelles le roi confirmoit la cession faite par le fermier du domaine.

Cette dernière circonstance décida sans doute; mais on doit tenir dans la règle générale, avec de Cormis, que le cessionnaire du cessionnaire du roi ne peut pas avoir plus d'avantage qu'un cessionnaire ordinaire. C'est déjà un privilége assez beau, que d'accorder au cessionnaire du roi la préférence sur les lignagers, qui excluent les cessionnaires ordinaires.

Dans les pays où le droit de Prélation est incessible, comme en Dauphiné, le roi ne doit point avoir, à cet égard, de privilége sur les seigneurs particuliers. » L'engagiste même du » domaine, dit M. Salvaing, chapitre 23, ne » peut user du droit de Prélation, quelques » lettres qu'il rapporte de sa majesté. . . . . . » On ne doit point les vérifier, à moins d'intro- » duire une nouveauté contraire à l'usage & à la » maxime constante du palais, qui rend le com- » merce plus libre, quand un acheteur n'appré- » hende pas d'être évincé par un donataire du

» seigneur féodal. L'on est contraint aux provinces » où la cession du retrait féodal, est pratiquée, » de tenir secrètes les ventes des fiefs, jusqu'à » ce que l'acquéreur ait obtenu de sa majesté le » don & remise des droits seigneuriaux, & » souvent il arrive que la diligence d'un autre » prévient le sécretaire d'état ou ses commis ».

Il est beau de voir le chef d'une cour souveraine, établie de temps immémorial pour la conservation des domaines du roi dans une grande province, préférer le plus grand bien de l'état au vain honneur d'accroître les prérogatives du souverain, & montrer, par son exemple, que c'est la manière la plus digne d'en conserver le domaine dans sa véritable splendeur.

Dans les pays même où le droit de Prélation est cessible, mais où le roi n'en a pas le droit, il ne peut pas le céder à un tiers. MM. de la Mothe, dans leur commentaire sur ces mots de l'article 90 de la coutume de Bordeaux, *le roi & l'église n'ont droit de Prélation*, rapportent deux arrêts qui l'ont ainsi jugé dans des circonstances très-remarquables.

Le premier, rendu le 19 février 1704, au rapport de M. de Fayet, en la première chambre des enquêtes, décida bien nettement la question en faveur du sieur Montarlier de Grissac, acquéreur de quatre paroisses dans le Cubzaguais, contre M. de Vincent, commissaire aux requêtes, cessionnaire du droit de Prélation du roi. Cet arrêt, que MM. de la Mothe ont vérifié au greffe, & qui confirma le jugement des trésoriers du.... août 1700, est d'autant plus remarquable, qu'il ne fut rendu qu'après que le conseil, à qui on s'étoit adressé, eut, par son arrêt du 27 février 1703, visé dans celui du parlement de 1704, renvoyé l'affaire aux juges naturels.

Le second arrêt, qui a été rendu le 10 avril 1764 en l'audience de la grand'chambre, sur les conclusions de M. l'avocat général Saige, a jugé la même chose en faveur de M. Duperrier d'Arsan, dont le père avoit acquis, en 1733, des fiefs dans la paroisse de Pompignac, contre M. de Chatillon, lieutenant général des armées du roi, qui avoit obtenu de sa majesté, en 1763, le don du droit de Prélation avant l'échéance des trente ans.

A plus forte raison doit-on interpréter de la même manière la prohibition faite contre l'église par le même article de la coutume de Bordeaux. Le parlement de cette province avoit même jugé, par arrêt du 13 mai 1755, rendu en l'audience de la grand'chambre sur les conclusions de M. de la Loubie, substitut, dans la cause du sieur Capraixe Dufour, contre Antoine Gabel, cessionnaire de l'abbé de Sauve, que l'église ne pouvoit plus céder le droit de Prélation hors du ressort de la coutume, depuis que l'édit du mois d'août 1749 avoit fait, dans l'article 25, une prohibition générale aux gens de main-morte d'exercer le retrait féodal. Il faut avouer que tel paroissoit être le sens de l'édit de 1749, comme l'a fort bien prouvé M. Henrion de Pensey dans ses notes sur le traité des fiefs de Dumoulin, tit. 10, art. 54, note 2.

Mais une première déclaration du 20 juillet 1762, enregistrée au parlement de Bordeaux le 6 septembre suivant, a permis expressément aux gens de main-morte » de céder le retrait féodal

» ou censuel, ou droit de Prélation, dans les » lieux où, suivant les loix, coutumes & usages, » cette faculté leur a appartenu jusqu'à présent «. L'article 6 de la déclaration du 26 mai 1774, interprétative de l'édit du mois d'août 1749, a fait de cette décision, particulière au parlement de Bordeaux, une règle générale (*). Mais il est clair que ces deux loix ne portent aucune atteinte à la jurisprudence, qui répute incessible par les gens de main-morte le droit de Prélation, que les coutumes ou des usages locaux leur avoient interdit long-temps avant l'édit de 1749.

(*) *Voici cet article 6.*

» N'entendons empêcher que les gens de main-morte ne » puissent céder le retrait féodal ou censuel, ou droit » de Prélation à eux appartenant, dans les lieux où, suivant » les loix, coutumes & usages, cette faculté leur a appar- » tenu jusqu'à présent, sans néanmoins que ladite cession » puisse être faite à autres gens de main-morte, ni qu'ils » puissent recevoir pour prix de la cession autre chose que » des effets mobiliers, ou des rentes de la nature de celles » qu'il leur est permis d'acquérir, dérogeant à cet égard » à la disposition de l'article 25 de l'édit du mois d'août » 1749 «.

Cette déclaration a été enregistrée à Paris en la commission intermédiaire, le premier juin 1774. La dérogation qu'elle prononce à l'article 25 de l'édit de 1749, indique assez qu'on l'avoit bien entendu, en appliquant la prohibition de cet article à la cession même du retrait.

SECTION VIII.

Du temps dans lequel le droit de Prélation peut être exercé, & des formalités nécessaires pour constituer le seigneur en demeure.

Il y a à cet égard beaucoup de variété dans les pays de droit écrit comme dans les pays coutumiers. Mais par-tout le terme fatal ne court que du jour de la notification & exhibition du contrat faite au seigneur. Il faut néanmoins observer que l'édit du mois de décembre 1703, portant création des offices de greffier des insinuations laïques, en assujetissant à cette formalité des insinuations laïques, tous les actes translatifs de propriété, veut *que le temps fixé par les coutumes pour le retrait féodal ou lignager, ne puisse courir, même après l'exhibition des contrats & autres titres de propriété, à l'égard du retrait féodal, ou après l'ensaisinement à l'égard du retrait lignager, que du jour de l'insinuation ou enregistrement.*

Plusieurs jurisconsultes doutent si cette loi bursale & rigoureuse auroit son exécution, particulièrement dans les pays de droit écrit que cette disposition de l'édit ne désigne point. La Touloubre l'a néanmoins rappelée dans sa jurisprudence du parlement de Provence, part. 2, tit. 4, n°. 10, comme ayant une pleine exécution. Mais il est certain du moins qu'elle ne dispenseroit pas de la notification & exhibition du contrat au seigneur.

Suivant l'opinion commune, le droit de prélation doit être exercé dans l'an, à compter du jour que le nouveau vassal a dénoncé son acquisition au seigneur, & lui a demandé l'investiture (*); autrement l'action dure trente ans, sans distinguer si le seigneur a su qu s'il a ignoré la vente. Telle est la jurisprudence du parlement de Toulouse, suivant le témoignage de Ferrière sur la question 411 de Guypape; de la Rocheflavin, des droits seigneuriaux, chap. 13, art. 13 & 15; de Catelan, liv. 3, chap. 10; & de Boutaric, titres de la Prélation & du retrait censuel.

En Provence, suivant de Cormis, tom. 1, col. 1038 & 1039, le temps accordé au seigneur est de deux mois, conformément à ce qui est établi par la loi 3, code *de jure emphyt.* &c. Pour faire courir ce délai, il faut aussi que le vassal ou l'emphytéote exhibe son contrat d'acquêt, en en donnant un extrait au seigneur, & en lui en demandant l'investiture. C'est sans aucun fondement que Pastour, *de feudis*, liv. 6, tit. 2, n°. 2, a dit, que le temps de la Prélation étoit borné à dix ans, à défaut de notification; il est très-certain, comme l'observe la Touloubre, n°. 10, que sa durée est de trente ans. Le même auteur observe encore, n°. 23, que ce délai de deux mois ne laisse pas de courir contre le cessionnaire,

(*) Bretonnier, dans ses questions alphabétiques, à la fin de l'article *Retrait féodal*, dit que » dans les pays de » droit écrit, où les fiefs doivent des profits, le seigneur » a un an pour exercer le retrait depuis l'extinction du » contrat à lui fait (Catelan, tom. 1, liv. 3, chap. 10), » & que, dans les provinces où les fiefs sont simplement » d'honneur & ne doivent aucun profit, le terme du retrait » est d'une année depuis la foi & hommage «. Mais cet auteur ne dit point où il a pris cette distinction.

quoique le contrat de vente n'ait été notil
lui ni au seigneur, parce que l'obligation d'
le contrat & de demander l'investiture n'a pas lieu à son égard.

Au parlement de Franche-comté, le seigneur a un an & un jour pour les fiefs, à compter du jour de l'exhibition du contrat, & quarante jours pour les censives, après que le contrat d'acquisition lui a aussi été présenté, & que les lods lui ont été offerts; sinon la faculté du retrait dure aussi trente ans.

En Bourgogne, suivant Davot, traité des fiefs, n°. 81, le seigneur n'a que quarante jours, à compter du jour de la dénonciation qui lui a été faite du contrat. Mais si, au lieu de lui faire personnellement cette dénonciation, on ne l'a faite qu'à ses officiers, le seigneur a une année entière, selon l'art. 48.

Suivant les articles 88 & 89 de la coutume de Bordeaux, l'acquéreur d'un domaine mouvant d'un seigneur de fief, *avec esporle* (*) & autre devoir, est tenu d'aller au seigneur, reconnoître & esporler de lui, » & de se purger par serment, » sur le livre & la croix, du vrai prix que ladite » chose acheptée lui aura couté, si par le sei» gneur en est requis; & sera au choix des seigneurs » de faire purger les tenanciers, ou bien de » prouver le contraire & fraude; & aussi sera » tenu le tenancier exhiber les contrats de l'acquêt; » &, lesdites exhibitions & purgations faites, ledit » seigneur sera tenu déclarer audit achepteur, » tenancier ou emphytéote, dedans huit jours

(*) C'est une redevance due à chaque mutation.

» après, qu'il veut prendre la chose acquise par » droit de Prélation, & bailler le juste prix, cinq » sous bourdelois moins; autrement, lesdits huit » jours passés, les seigneurs de fief ne seront plus » reçus à avoir lesdites choses par puissance de » fief & droit de Prélation. »

La plupart des autres coutumes du ressort du parlement de Bordeaux, comme Acqs, art. 99 & 101; Bayonne, art. 89 & suivans; Saint-Jean-d'Angely, art. 27; Saint-Sever, art. 80; & l'usance de Saintes, art. 6, ont des dispositions à peu près semblables.

Par-tout l'exhibition du contrat doit être faite au seigneur même ou au chef-lieu du fief. Il faut en excepter la comté de Bourgogne, où, suivant l'art. 3 de la coutume, au titre des fiefs, l'exhibition doit être faite au seigneur ou à son domicile, quand même il ne seroit pas sur les lieux, pourvu qu'il soit dans la province. S'il est absent, on doit la faire au principal officier du fief dominant.

Au surplus, Dunod observe que l'exhibition peut être faite au seigneur mineur, ou à son domicile, lorsque le mineur est sorti de tutelle, & qu'il a l'administration de ses biens, comme il l'a de plein droit dans les pays de droit écrit, dès qu'il est sorti de tutelle, parce que le retrait est un acte d'administration. Si c'est un pupille, c'est-à-dire un impubère, il faudra faire l'exhibition au tuteur; & si le pupille n'a point de tuteur, on lui en doit faire nommer un. Enfin, quand il y a plusieurs Seigneurs l'exhibition doit être faite de la même manière à chacun d'eux.

Les principes posé à cet égard par Dunod, pour la coutume de Bourgogne, doivent être admis dans tous les pays de droit écrit. Il en est de même de ce qu'il dit pour les cas où le contrat d'acquisition contient divers objets, sans que le prix de chacun d'eux soit énoncé en particulier. L'acquéreur, en exhibant son contrat, doit évaluer chaque objet, ce qui n'empêche pas le seigneur de les faire ventiler par experts, &, durant cette ventilation, le temps fatal ne court point contre lui. Cela a été ainsi jugé au parlement de Besançon par un arrêt du 22 mars 1702, dont on a parlé dans la section 4, note 5, & par un autre arrêt du 6 mars 1705.

Lorsque la vente est faite sous une condition suspensive, on tient, dans les pays de droit écrit comme dans les pays coutumiers, que le temps fatal ne court qu'après l'événement de la condition. La Touloubre, qui cite à cette occasion, au n°. 38, Duperrier, tom. 2, pag. 40, n°. 183, & Pastour, *de feudis, lib. 6, tit. 3*, dit aussi au n°. 16, que ce temps ne court pas non plus pendant le procès sur la validité ou la nullité de la vente : il cite, d'après Duperrier & M. de Thoron, deux arrêts qui l'ont ainsi jugé pour le retrait lignager; mais cette question peut offrir plus de difficultés que la précédente.

Au reste, comme ces délais sont accordés en faveur du seigneur, & qu'il n'y a que le terme qui les suit qui soit en faveur de l'acquéreur, il dépend du seigneur de les prévenir; il peut même user du droit de prélation, aussi-tôt que la vente est parfaite, quand il n'y auroit eu aucune espèce de tradition. Il n'est plus au pouvoir des contractans de révoquer la vente à son préjudice, comme l'observe Dunod de Charnage, parce que le droit lui est acquis par le seul effet du contrat, avant même qu'il ait déclaré sa volonté.

SECTION IX.

Des fins de non recevoir qu'on peut opposer contre le droit de Prélation exercé dans le temps utile.

De toutes les causes que l'on propose assez souvent pour exclure le seigneur de l'exercice du droit de Prelation, lors même qu'il se présente dans le temps fatal, il n'y en a guère que deux de solides ; ce sont l'investiture donnée par le seigneur, ou la réception du vassal en foi & hommage, qui en tient lieu d'ordinaire, & le payement des lods & ventes.

I. *L'investiture* accordée par le seigneur est une véritable reconnoissance de sa part, que le vassal ou le censitaire lui conviennent, & par conséquent une renonciation au droit de les rejeter en usant de la Prélation. Cela a lieu à l'égard même des investitures prises à la chambre des comptes, pour les fiefs qui sont dans la mouvance du domaine (*).

La réception en foi & hommage sembleroit devoir produire nécessairement la même fin de non-recevoir, puisqu'elle renferme implicitement l'investiture ; & tel est en effet le droit commun. Mais on suit une autre règle en Franche Comté, où cette question a été fort agitée.

On voit par la décision 112, n°. 14, de M. Gri-

(*) Voyez à ce sujet un arrêt du conseil rapporté dans ce recueil au mot *Investiture*, tom. 32, pag. 431.

vel, que le parlement de Besançon penchoit pour l'affirmative; la négative est néanmoins devenue une loi, du moins pour les mouvances du domaine, d'après une lettre du souverain de la province, écrite au gouverneur en 1607, & enregistrée en parlement & à la chambre des comptes. Il y déclare qu'il veut, *nonobstant la reception de foi & hommage, demeurer entier en son droit de retenue, pour lui ou celui à qui il en fera la cession.*

Dunod de Charnage pense » que la même » chose doit être observée à l'égard des fiefs mou» vans des vassaux, parce qu'il y a même raison; » que la jurisprudence doit être uniforme hors des » cas de privilége, & qu'on a étendu aux vas» saux ce que le roi a ordonné pour lui sur » les fiefs en d'autres circonstances «.

Peut-être faudroit-il distinguer seulement le cas où c'est le seigneur lui-même, ou son fondé de procuration spéciale, qui a reçu le vassal en foi & hommage, & celui ou l'admission à la foi & hommage n'a été faite que par les officiers ordinaires de la seigneurie, sans qu'ils eussent de pouvoir spécial. Il semble que le seigneur devroit avoir encore la faculté d'opter la retenue féodale dans le dernier cas; mais qu'il devroit en être irrévocablement déchu dans le premier.

II. *Le payement des lods & ventes* forme aussi une fin de non recevoir généralement admise contre l'exercice du droit de Prélation. La raison en est, que le seigneur n'ayant que l'option de l'un de ces deux droits, la réception de l'un exclut toute prétention à l'autre. Mais il faut pour cela que les lods aient été payés au seigneur lui-même, ou à ceux que les loix ou un mandat ſpécial autoriſent à la repréſenter à cet égard. Ainſi le payement des lods faits au mari ou au tuteur, rendent la femme & le pupille non recevables à réclamer le droit de Prélation. Mais il n'en eſt pas de même du payement qui auroit été fait au fermier, au receveur, ou au fondé de procuration générale du ſeigneur. Quoique Ferriere ſur la queſtion 477 de Guypape, & M. de Catelan, liv. 3, ch. 9 & 10, enſeignent le contraire, ſur-tout ſi le ſeigneur les a déſavoués dès qu'il a été inſtruit du payement qui leur a été fait, il faut néceſſairement un pouvoir ſpécial, pour qu'ils puiſſent faire décheoir le ſeigneur de ſon option par leur fait. Ces principes, atteſtés par tous les auteurs, ont été ſouvent affirmés par la juriſprudence des cours ſouveraines.

Un arrêt du 16 mars 1665, rendu entre le ſeigneur & la communauté du Pui-Loubier, & rapporté par Boniface, tom. 1, liv. 3, tit. 3, chap. 3, & par la Touloubre, n°. 6, condamne les habitans & poſſédans biens au payement des arrérages de lods depuis vingt-neuf années, *ſi mieux n'aimoit le ſeigneur retenir par droit de fief & de Prélation les biens aliénés, & dont il n'auroit pas donné l'inveſtiture, ni retiré les lods par lui ou ſes procureurs ſpéciaux.*

D'autres arrêts, & particulièrement celui qui fut rendu en 1720 en faveur du marquis de Soliers; un autre du 22 mars 1721, pour M. le prince de Monaco; & un troiſième du 5 ſeptembre 1735, rendu par le parlement de Grenoble, dans un procès évoqué en faveur du ſieur de Villeneuve, marquis de Flayoſc, ont jugé auſſi que le payement fait au fermier du ſeigneur, ne formoit pas une fin de non recevoir contre lui.

Cependant si le fermier ou l'agent du seigneur étoit dans l'usage constant d'accorder les investitures en son nom, & d'opter entre le retrait & les lods & ventes, la réclamation du seigneur contre le fait de l'un ou de l'autre ne pourroit être vue que défavorablement en justice.

Un arrêt du 15 avril 1711, rendu entre les seigneur & la communauté de Rougiers, par des commissaires délégués par arrêt du conseil, & rapporté aussi par la Touloubre, nos. 14 & 15, a jugé que le seigneur, en établissant un procureur pour recevoir le payement du lods, est obligé de lui donner un pouvoir suffisant pour accorder en même temps l'investiture à l'acquéreur. L'arrêt ajoute : » Ordonnons, audit cas, que » la procuration sera faite par acte public, inséré » dans les registres d'un notaire dudit lieu de » Rougiers, auquel les emphytéotes auront re- » cours en cas de besoin, contenant le nom & » surnom dudit procureur; & venant ledit pro- » cureur à recevoir le lods sans vouloir donner » l'investiture, la quittance dudit lods vaudra » investiture «.

Il faut observer au surplus, que la simple demande du droit de lods, formée par le seigneur personnellement, ne le prive pas du droit de revenir au retrait, lors du moins qu'on ne lui a pas notifié le contrat dans la forme légale, jusqu'à ce que cette demande ait été formellement acceptée, ou qu'elle ait été suivie d'une condamnation. L'annotateur de la Peyrere, let. R, n°. 120, rapporte deux arrêts du parlement de Bordeaux, l'un de l'année 1692, l'autre de l'année 1716, qui l'ont ainsi jugé. Vedel, dans ses observations sur M. de Catelan, rapporte deux arrêts semblables du parlement de Toulouse des 21 août 1711 & 15 juin 1720.

L'annotateur de Boutaric, page 222, observe » que la plupart de ces arrêts sont *dans le cas que » le seigneur avoit eu connoissance du contrat » autrement que par la notification*, & que les » auteurs qui les rapportent ont présenté cette » circonstance comme ayant été le motif de la » chose jugée, parce que le tenancier, tant qu'il » n'a pas satisfait à l'obligation qui lui est im- » posée de notifier lui-même la vente, ne doit » pas être reçu à prendre droit de l'option pré- » cipitée que peut avoir faite le seigneur. Il » croit néanmoins qu'il n'en doit pas être au- » trement, quoique le contrat ait été notifié, » selon le principe des loix, que quand le droit » d'opter & de choisir n'est point fondé sur une » stipulation particulière, mais qu'il descend de » la nature même de l'obligation, la variation » est reçue en tout état, après la demande, aprés » la contestation en cause, & même après un » jugement de condamnation, en sorte qu'il n'y » a rien de consommé que par le payement «. Mais le droit de Prélation n'est pas assez favorable, pour y faire admettre une extension si rigoureuse; elle fourniroit d'ailleurs trop de prétextes au seigneur pour proroger le terme par lequel on a limité la durée de son privilége.

La Touloubre, au n°. 3, propose un tempérament plus équitable; il pense que, dans le cas où la notification auroit été faite, le seigneur doit avoir la liberté d'abandonner la demande qu'il a formée en adjudication du lods, si elle éprouve un refus & des contradictions de la part du vassal ou emphytéote. Il a, dit-il, alors un prétexte légitime pour revenir au retrait ; mais après un jugement tout est consommé. *Judicium est commune utriquè.*

3°. *Le payement des cens* n'a point le même effet que celui des lods & ventes. Comme tout possesseur en est indistinctement chargé, le droit du seigneur demeure en son entier, tant qu'on ne lui a pas dénoncé la vente d'une manière légale. M. de Catelan, livre 1, chapitre 10, rapporte un arrêt du 12 juin 1665, qui l'a ainsi jugé.

Boniface, tome 4, livre 2, titre 3, chapitre 2, en rapporte trois semblables des 29 janvier 1626, 11 avril 1631, & 23 février 1634. Dans l'espèce du second de ces arrêts, le cens avoit été payé pendant onze ans. La Touloubre, titre du retrait, n°. 25, en rapporte un autre de l'année 1634, rendu en faveur du seigneur de Nuirargues.

Villers sur la coutume de Bourgogne, titre des fiefs, cite aussi un arrêt du parlement de Dijon qui l'a ainsi jugé. Enfin Dunod de Charnage, au chapitre 11, page 64 de son traité des retraits, en rapporte un dernier rendu au » parlement de Besançon le 21 août 1720, au » rapport de M. Rend, entre M. de Grammont, » seigneur de l'Etoile, & les veuves & héritiers » Pierrecy, qui a conservé au seigneur le droit » de retenue, quoique le nouvel acquéreur eût » payé les cens, & qu'il eût été admis à » reconnoître par un commissaire à terrier, qui » avoit renouvelé le rentier de la rente. La cour » estima, dit Dunod, que ce commissaire étant » simplement préposé pour recevoir les recon» noissances, n'avoit pu préjudicier au droit de » retenue

» retenue du seigneur, & qu'il falloit un mandat » spécial pour cela «.

La connoissance que le seigneur auroit pu avoir du contrat, de la part même du vassal ou de l'emphytéote, ne supplée point au défaut de notification. Il y a plus, quand bien même le seigneur auroit donné son consentement à la vente, ou qu'il l'auroit faite en qualité de procureur, il ne seroit pas exclus pour cela du retrait. » Il faut, de la part du seigneur (dit la » Touloubre à cette occasion, titre des retraits, » n°. 4) un acte absolument incompatible avec » l'exercice du retrait, & qui soit purement re» latif à cette même qualité du seigneur. Or, » quand il consent à la vente, il peut avoir en » vue d'exercer le retrait, si le prix & les con» ditions du contrat lui conviennent; & lors» qu'il vend le fonds d'autrui en vertu d'une » procuration, il n'agit & ne stipule qu'au nom » de celui qui la lui a confiée «.

On doit pourtant avouer que ces subtilités du droit ne sont guère conformes aux maximes de bonne foi qui doivent servir de règle aux hommes dans leur commerce.

Il n'est pas besoin de dire que lorsqu'on a commis une fraude pour empêcher le seigneur d'user du droit de Prélation, par exemple, en surhaussant dans l'acte le véritable prix de l'acquisition, ni le payement du lods fait au seigneur même ou à son fondé de procuration spéciale, ni la réception en foi & hommage & l'investiture la plus formelle, ni enfin l'écoulement du temps fatal depuis la présentation du contrat, ne peuvent opérer une fin de non recevoir contre le seigneur; il n'y a que la Prescription trentenaire qui puisse mettre le seigneur à couvert dans ce cas.

SECTION X.

Des formalités que le seigneur doit observer, & des obligations dont il est tenu dans l'exercice du droit de Prélation.

Dans presque tous les pays de droit écrit, l'offre réelle du prix, dans le délai accordé au seigneur, est la seule formalité requise lors de la demande en Prélation. La consignation ou *conseing*, comme on l'appelle en quelques pays, n'est nécessaire que pour gagner les fruits. Dans le Languedoc & dans le Dauphiné, où le seigneur ne peut céder son droit, il est de plus obligé d'affirmer, si l'acquéreur l'exige, qu'il retient pour lui-même, & non pour autrui. Le même usage a lieu assez inconséquemment en Provence, quoique le droit de Prélation y soit incontestablement cessible, comme on l'a pu voir dans la section 7.

Quoi qu'il en soit, le serment doit être prêté par le seigneur en personne, & non par procureur. C'est la disposition précise d'un arrêt de réglement rendu le 18 mars 1638, entre Jean-Jacques de Paris & la dame de Baudol. Cet arrêt, qui est cité par la Touloubre, n°. 33, fait inhibitions & défenses à tous juges du ressort du parlement, d'admettre à pareil serment sur une simple procuration, à peine d'amende arbitraire, dépens, dommages & intérêts des parties.

Il n'importe pas que le seigneur fasse le remboursement en même temps que sa demande;

ou postérieurement, pourvu qu'il soit encore dans les délais que l'usage des lieux lui accorde. Lorsque l'acquéreur ne veut pas accepter le remboursement, il faut lui faire des offres réelles à découvert, dont on aura soin de faire dresser un procès-verbal par un huissier ou par des notaires, sinon le seigneur sera irrévocablement déchu de son droit, pour cette fois, quand même il auroit déclaré qu'il use du retrait, & qu'il se seroit mis en possession du fief.

Un arrêt du parlement de Besançon, rendu à la Tournelle le 7 septembre 1723, entre les sieurs Moureau & Blandin, l'a ainsi jugé, suivant Dunod de Charnage, traité des retraits, chap. 10, pag. 57. Dans l'espèce de cet arrêt, le retrait avoit été fait dans le temps, mais le remboursement n'avoit été fait qu'après l'année, à un tuteur qui n'avoit pas dû le recevoir, au préjudice du droit acquis par ses pupilles.

Au reste, rien ne peut dispenser le seigneur du remboursement de l'intégrité du prix, quand bien même il seroit question d'une maison qui auroit été ruinée ou consumée par un incendie depuis la vente. On suit généralement à cet égard, dans les pays de droit écrit, les mêmes principes qu'en pays coutumiers; ainsi le seigneur ne doit rembourser les frais & loyaux coûts, qu'après qu'ils ont été entièrement liquidés. S'il s'agit d'un fief mouvant du roi, le cessionnaire doit rembourser les frais du dénombrement & de l'aveu fournis à la chambre des comptes par l'acquéreur; on doit de même rembourser le supplément du juste prix qui a été payé sans fraude par l'acquéreur avant l'exercice du retrait. On peut payer l'acquéreur par la compensation d'une dette liquide, & le retrayant doit profiter de tous les délais & des facilités qui étoient personnelles à l'acquéreur.

Les sentimens des auteurs ont été autrefois partagés sur cette question; mais enfin, dit Boutaric, » l'opinion commune, & à laquelle les » arrêts se sont conformés, c'est que le retrayant » entrant à la place de l'acheteur, il doit jouir » des conditions & des termes du payement, » comme faisant partie du prix; & qu'il n'est » tenu par conséquent de rembourser que ce qui » a été payé, en prenant sur lui l'obligation que » l'acheteur a contractée pour le surplus envers » le vendeur. »

Cet auteur cite à cette occasion MM. Maynard, liv. 7, chap. 31; de Catelan, liv. 3, chap. 11; & Salvaing de Boissieu, chap. 90.

On tient par la même raison au parlement de Provence, lorsqu'on exerce le droit de prélation après une collocation faite par un créancier sur des biens situés hors du lieu de son domicile, qu'il profite de la quinte part qui a été distraite, suivant l'usage, sur la valeur des biens, par forme d'indemnité pour le créancier; c'est la décision de Mourgues sur les statuts, page 97, où il explique celui qui accorde cette indemnité au créancier; de M. de Clapiers, cause 100, question 2, n°. 33; & de la Touloubre, n°. 49.

Enfin, le seigneur n'est pas tenu, dans ce même cas, de rembourser tout ce qui étoit dû au créancier qu'il évince, mais seulement le prix de sa collocation.

SECTION XI.

Des effets & des suites de l'exercice du droit de Prélation.

Il n'y a presque rien à dire sur cet objet, qui puisse distinguer le droit de prélation du retrait seigneurial admis dans les pays coutumiers. La plupart des auteurs croyoient autrefois que les hypothèques & les servitudes étoient révoquées par la réunion du domaine utile au domaine direct, qu'opère l'exercice du droit de Prélation; mais cette opinion, qui, avant Dumoulin, régnoit dans toute la France, sans exception, est aussi par-tout rejetée aujourd'hui. Il est donc constant que l'exercice du droit de Prélation n'éteint ni les hypothèques ni les servitudes qui avoient été imposées sur les fonds avant la vente qui a donné ouverture à ce droit : on peut voir à ce sujet une décision latine, fort bien raisonnée, au chap. 29 de l'usage des fiefs de Salvaing.

Quant aux fruits, la jurisprudence du parlede Provence, attestée par la Touloubre, n°. 60, & par d'autres auteurs, est d'adjuger à l'acquéreur tous ceux qui ont été cueillis avant la demande du seigneur, & de partager entre le seigneur & l'acquéreur ceux qui sont pendans lors du retrait, à proportion du temps qui s'est écoulé avant & après la demande, à moins que le seigneur n'ait différé par affectation de la former jusqu'à la parfaite maturité des fruits.

Duperier, tom. 2, pag. 32, n°. 149, dit que cette exception, quoiqu'établie par Dumoulin, n'est pas sans difficulté. Cependant elle a été adoptée par un arrêt rapporté par Boniface, tom. 4, liv. 2, tit. 3, chap. 5, qui adjugea tous les fruits à l'acquéreur.

Dunod pense au contraire que le seigneur qui exerce le droit de Prélation sur un emphytéote, doit avoir les fruits recueillis avant les offres, » parce que la vente demeure en suspens, à » l'égard du seigneur, jusqu'à ce qu'il accorde » l'investiture; que l'acquéreur doit lui présenter » son contrat dans un bref délai, & que le » seigneur doit user de son droit dans un délai » qui est aussi fort court. Je trouve, dit-il, que » le parlement de Besançon l'a ainsi jugé entre » le seigneur de Montigny & la demoiselle Gi- » rardot de Salins, & je crois qu'on doit dire » la même chose dans le cas de la retenue féo- » dale, d'autant que l'acquéreur ne peut pas, en » ce cas, prendre possession sans le consentement » du seigneur, à peine de commise; mais le » seigneur qui retient, soit le fief, soit la censive, » doit offrir les intérêts de l'argent «.

Cette décision & les motifs sur lesquels elle est fondée, ne peuvent recevoir d'application hors le ressort du parlement de Franche-Comté.

Au reste, le seigneur ne succède pas moins aux désavantages qu'aux avantages de l'acquéreur. Il est tenu de la restitution des fruits, dans le cas où l'acquéreur qu'il remplace l'auroit été, si la vente est cassée après qu'il a fait usage de son droit.

Par la raison contraire, il sembleroit qu'en cas d'éviction, il devroit avoir sa garantie non seulement contre le vendeur, mais aussi contre la caution que l'acquéreur s'étoit fait donner par le vendeur. Cependant Boutaric, au chapitre du droit de Prélation, dit, d'après Catelan, liv. 3, chap. 13, *que les arrêts ne l'ont pas jugé ainsi; qu'ils ont permis au seigneur évincé d'agir pour la garantie contre le vendeur, mais non pas contre la caution du vendeur.*

Voyez le traité des droits seigneuriaux de Boutaric, aux chapitres de la Prélation ou retrait féodal, & du retrait censuel; *le traité du retrait de Dunod de Charnage, chap.* 10 & 11; *l'usage des fiefs de Salvaing de Boissieu, chap.* 20 & *suivans; la jurisprudence observée au parlement de Provence dans les matières féodales, par la Touloubre, part.* 2, *tit.* 4; *les décisions de la Peyrere, lettre R; le nouveau commentaire de MM. de la Mothe sur la coutume de Bordeaux, & les autres autorités citées.* Voyez aussi les articles FOI ET HOMMAGE, INVESTITURE, LODS ET VENTES, QUINT, RETRAIT CENSUEL; RETRAIT FÉODAL, RETRAIT LIGNAGER, RETRAIT SEIGNEURIAL, USUFRUIT, &c.

(*Article de M.* GARRAN DE COULON, *avocat au parlement.*)

PRÉLATURE. Ce mot, suivant son étymologie, désigne une prééminence, une supériorité; on ne s'en sert que pour marquer les places & rangs ecclésiastiques qui donnent une juridiction & assignent des inférieurs qui doivent la reconnoître.

Ce terme a moins d'étendue que celui de dignité; toutes les Prélatures sont bien dignités, mais toutes les dignités ne sont pas Prélatures. Pour obtenir ce titre, il faut que celles-ci donnent à ceux qui en sont revêtus le droit de gouverner & celui de punir.

On distingue les Prélatures en supérieures & en inférieures : les premières sont celles qui donnent une plénitude de juridiction sur les sujets ; les secondes sont celles qui ne donnent qu'une juridiction limitée.

Il faut placer dans la première classe les évêchés, archevêchés & titres supérieurs. Depuis long-temps on est dans l'usage d'y comprendre aussi les abbayes, à raison de la juridiction qu'elles donnent aux titulaires sur tous ceux qui composent les monastères dépendans de ces abbayes.

Dans la seconde classe se trouvent les premières dignités des églises cathédrales & collégiales, lorsqu'elles donnent une juridiction sur le corps. Celles des collégiales semblent même avoir à cet égard une sorte de prérogative, parce que leur vacance rend les églises veuves, ce que ne fait pas la vacance des premières dignités des cathédrales, les titulaires de ces dignités n'étant pas regardés comme les époux de ces églises, attendu que cette qualité appartient de préférence aux évêques. On regarde aussi comme Prélatures du second ordre, les archidiaconats qui ont conservé un exercice de juridiction. On a douté s'il falloit mettre les cures dans le même rang. Plusieurs conciles ont donné la qualité de prélats du second ordre aux ecclésiastiques qui en étoient pourvus, & il seroit bien difficile de ne pas reconnoître en eux une sorte de Prélature, pour peu que l'on fasse attention à la nature de leur titre & aux pouvoirs qui y sont attachés. On sait qu'en vertu de leur titre, les curés sont les coopérateurs des évêques dans le gouvernemen des ames ; qu'en vertu de ce titre, ils ont le droit d'instruire les peuples qui leur sont confiés, leur administrer les sacremens, & les absoudre ; qu'ils peuvent déléguer ces fonctions, & que s'il en est quelques-unes que, d'après les nouvelles dispositions des conciles & des ordonnances, ils ne doivent commettre qu'à des ecclésiastiques approuvés par les ordinaires, ces ecclésiastiques ainsi approuvés ne doivent aussi exercer les fonctions du saint ministère dans l'étendue des paroisses, qu'avec le consentement des curés. Tant de prérogatives marquent dans les curés une prééminence bien capable de leur assurer le titre de prélat du second ordre ; titre, au reste, bien plus fait pour animer leur vigilance, que pour exciter la vanité, l'idée de supériorité qu'il emporte ne devant servir qu'à leur rappeler les devoirs qu'il impose.

On regarde aussi comme Prélatures, les prieurés conventuels, par la même raison qui a fait accorder ce titre aux abbayes ; mais avec la différence que doit établir la subordination de ces deux titres.

Quoique les abbayes soient regardées comme Prélatures du premier ordre, les premières dignités des églises cathédrales, ou, pour mieux dire, les titulaires de ces dignités ont souvent disputé la préséance aux abbés titulaires. Il n'y a point de loi précise sur cet objet, l'usage seul peut servir de règle.

Les qualités, les devoirs & les obligations des prélats font la matière de plusieurs titres du droit canonique, dont il seroit trop long d'entreprendre ici l'analyse ; il vaut mieux renvoyer à ces titres, que les prélats ne peuvent trop consulter.

C'étoit par la voie de l'élection que l'on pourvoyoit autrefois aux Prélatures du premier ordre. La pragmatique-sanction, titre 2, *de elect.* en avoit renouvelé & prescrit très-impérieusement l'usage par rapport à la France. Le concordat y a formellement dérogé. On a suffisamment discuté cet objet sous les mots CONCORDAT & PRAGMATIQUE-SANCTION; il suffira d'observer ici les qualités & conditions que la dernière de ces deux loix exige dans ceux qui sont promus aux grandes Prélatures. La pragmatique, §. 10 du titre cité, s'étoit contentée d'ordonner aux électeurs de ne choisir pour prélats que des hommes d'un âge mûr, de mœurs graves, d'une science suffisante, qui fussent constitués dans les ordres sacrés, & qui d'ailleurs eussent les qualités requises par les saints canons. Le concordat a prescrit, d'une manière plus précise, l'âge & le degré de science que doivent avoir ceux que le roi nommera aux évêchés & archevêchés. Il y est dit, au titre 3 de la nomination royale aux Prélatures, que, vacance arrivant de quelques évêchés ou archevêchés, le roi, dans les six mois, présentera au souverain pontife, pour remplir le siége vacant, un docteur ou licencié, soit en théologie, soit en droit, de quelque université fameuse, qui ait au moins atteint la vingt-septième année de son âge, & qui ait d'ailleurs les qualités requises. Le même titre renferme une dispense, quant au grade de docteur ou de licencié, en faveur des parens de sa majesté, ou des religieux mendians des ordres qui ne prennent point de degrés dans les universités, & qui, suivant les statuts de leur ordre, y auroient obtenu les mêmes grades. . . . .

Il est ensuite réglé au même titre, que pour des abbayes & prieurés conventuels véritablement électifs, c'est-à-dire dans lesquels on suivoit la forme du chapitre *quia propter*, dans l'élection des abbés & prieurs, le roi, en cas de vacance, présentera, pour abbé ou prieur, un religieux du même ordre, qui aura au moins atteint sa vingtroisième année.

C'est à quoi se réduit ce que l'on trouve dans nos loix de plus précis à l'égard des Prélatures. Il faut, quant au surplus, s'en tenir à l'usage, puisque les décrétales qui renferment plusieurs dispositions à cet égard, n'ont point, parmi nous, l'autorité ni la force de loi.

Voyez les décrétales, titre de elect. de postul. de excessibus prælat. &c. ; *mémoires du clergé ; loix ecclésiastiques ; recueil de jurisprudence canonique.* Voyez aussi les mots ABBÉ, CHAPITRE, CHANOINE, DIGNITÉ, ELECTION, ÉVÊQUE, &c.

(*Article de M. l'abbé* REMY, *avocat au parlement.*)

PRÉLEGS. C'est un legs fait par préciput à un ou plusieurs de ceux qui doivent partager une succession. Il est ainsi appelé, parce qu'il doit être prélevé avant partage, comme toutes les autres charges de la succession.

Le Prélegs ne peut être que des choses particulières, comme d'une terre, d'une maison, d'une somme : s'il étoit d'une universalité, comme du tiers, du quart de la succession, ce seroit un legs universel; ce qu'il est important de remarquer, à cause da la contribution aux dettes; car l'héritier ou légataire universel ne contribue pas au payement des dettes, à cause du legs particulier qui lui est fait; au contraire, ce legs est regardé comme une charge de la succession, au lieu que le legs universel y contribue.

Le droit romain & les coutumes ont des dispositions différentes sur la faculté d'avantager un de ses héritiers plus que l'autre.

Il est certain, suivant le droit romain, qu'on peut faire un legs à un de ses héritiers, soit testamentaires, soit *ab intestat*, soit en ligne directe, soit en ligne collatérale.

La coutume de Paris, au contraire, ne permet pas d'avantager un de ses héritiers plus que l'autre : dans cette coutume, aucun ne peut être héritier & légataire d'un défunt tout ensemble.

Plusieurs auteurs ont cherché la raison de cette décision, & ont cru que la qualité de légataire étoit incompatible avec celle d'héritier, parce que le legs ne donne qu'un titre particulier, qui se confond dans le titre universel de l'héritier. Mais cette raison n'est bonne que lorsqu'il n'y a qu'un héritier; comme dans ce cas l'universalité de la succession lui appartient, le titre qui lui donne un objet particulier de cette même succession, est inutile.

S'il y a plusieurs héritiers, celui d'entre eux auquel il a été fait un Prélegs, n'en confond que jusqu'à concurrence de sa portion héréditaire; il prélève le surplus sur la portion de ses coheritiers; c'est toujours un avantage dont il peut profiter. Cette incompatibilité ne résulte donc pas de la nature de la chose, mais de la disposition de la loi ; c'est une de ces règles dont on ne peut pas bien rendre raison, & cependant qu'il faut exécuter à la lettre, puisque la coutume s'est expliquée clairement.

Si les qualités d'héritier & de légataire, dit de Lauriere sur l'article 300 de la coutume de Paris, n'étoient pas incompatibles chez les Romains, elles le devroient être encore moins parmi nous, qui admettons de différens patrimoines & des héritiers différens dans une même succession. Si donc on ne peut pas, dans cette coutume, être héritier & légataire, ce n'est pas parce que ces deux qualités sont incompatibles, car elles ne le sont pas certainement; mais parce qu'il n'est pas au pouvoir d'un testateur de faire, contre la disposition de la loi, que la condition d'un de ses héritiers *ab intestat* soit meilleure que celle des autres.

Il y a d'autres coutumes qui veulent que l'égalité soit parfaitement conservée, non seulement entre les héritiers venant à une même succession, mais même qui défendent d'avantager un des héritiers présomptifs ; en sorte que la renonciation de cet héritier ne le dispense pas du rapport de ce qu'il a reçu excédant sa part dans la succession. Telles sont les coutumes du Maine & d'Anjou (*).

(*) L'article 349 de la coutume du Maine porte : » Car personne coutumière a son fils ou fille, ou autre » héritier présomptif qu'il ait, ne peut donner plus à l'un » qu'à l'autre héritier, ou faire la condition de l'un pire » ni meilleure que l'autre «. Voyez l'article 346, & les articles 260, 334 & 349 de la coutume d'Anjou.

Il est évident que dans ces coutumes on ne peut pas faire de Prélegs au profit de son héritier, ni l'avantager directement en le faisant légataire universel; car les autres, dont la portion se trouveroit diminuée, ne manqueroient pas de prendre la qualité d'héritiers, & de demander la réduction des avantages & du legs universel, à la portion que la coutume donne à l'héritier.

Il est une autre espèce de coutume qui permet d'avantager ses enfans, ou tous autres héritiers, les uns plus que les autres, pourvu que cet avantage soit fait à titre de Prélegs. Telle est la coutume de Péronne, qui porte, article 205: » Nul ne peut être héritier & légataire ensemble » d'une même personne, si le legs n'est par » forme de Prélegs & hors part «. Ainsi, dans cette coutume, si un testateur avoit fait un legs à un de ses héritiers présomptifs, sans déclarer que cet héritier prendroit son legs avant partage, le légataire ne pourroit en demander la délivrance en venant au partage de la succession. Ce seroit en vain qu'on chercheroit à interpréter le testament, la coutume exigeant impérieusement cette formalité.

La coutume de Poitou, article 216, permet d'avantager un de ses héritiers plus que l'autre, pourvu que le testateur ait des propres. S'il n'a pas de propres, il ne peut avantager un de ses héritiers que de la moitié de ses meubles & acquêts; l'autre moitié lui tient lieu de propres par une espèce de subrogation légale.

Toutes les questions que présentent ces différentes coutumes sont traitées à l'article HÉRITIER. Voyez ce mot.

(*Article de M.* DE LA FOREST, *avocat au parlement.*)

Addition à l'article Prélegs.

Quels sont, dans le droit romain, les effets des legs faits aux héritiers ? On trouve sur cette question une foule de loix que l'on peut ranger en deux classes; dans l'une, sont celles qui traitent des legs faits à un héritier unique ; dans l'autre, celles qui ont rapport aux legs faits à un héritier partiel.

Les loix de la première classe déclarent nuls les legs qu'elles ont pour objet, sur le fondement qu'un héritier unique réunit dans son titre universel tout ce qui compose la succession, & que par conséquent il ne peut en rien prendre à titre particulier (*).

De là vient que l'héritier institué pour le tout, ne peut pas, en répudiant la succession, retenir les legs qui lui ont été faits : on sait cependant qu'il est réguliérement permis d'abdiquer le titre d'héritier, pour se borner à celui de légataire. Voyez l'article Légataire, §. 1.

De là vient encore que le legs fait conjointement à un héritier unique & à un étranger, appartient tout entier à celui-ci par droit d'accroissement. C'est ce que décide la loi 34, §. 11, D. *de legatis* 1°. (**).

On oppose à cette décision la loi 89, §. 2, D. *de legatis* 2°, qui en effet paroît la contrarier,

(*) L. 18; l. 34, parag. 11; l. 116, parag. 1, D. *de legatis* 1°.

(**) Si duobus sit legata res quorum alter hæres institutus sit, à semetipso ei legatum inutiliter videtur; ideòque quod ei à se legatum est, ad collegatorium pertinebit.

en voici les termes : » Un testateur après avoir » substitué Seius à son héritier, lui a fait un » legs conçu de cette manière : Je veux qu'il soit » donné à Seius, en cas qu'il ne soit pas mon » héritier, & à Marcella, sa femme, quinze livres » d'argent. Seïus est devenu héritier ; en consé- » quence, on demande si Marcella a droit à la » moitié du legs ; la réponse est que cette moitié » lui est due «. Les interprètes se sont épuisés en conjectures, pour faire dire à cette loi que Marcella doit prendre le legs entier, savoir, la moitié de son chef, & l'autre moitié par droit d'accroissement ; mais il est sensible qu'en accordant une moitié à cette femme, elle est censée lui refuser le reste ; il faut donc rejeter les interprétations forcées des docteurs, & dire, que si la loi dont il s'agit ne fait pas accroître à la colégataire, de l'héritier unique la portion léguée inutilement à celui-ci, c'est parce qu'elle parle d'un legs conçu en termes obliques & *per damnationem*, & que, suivant la jurisprudence du digeste, abrogée à cet égard par celle du code, il n'y a point lieu au droit d'accroissement dans ces sortes de dispositions (*).

Pour bien entendre les loix de la seconde classe, il faut distinguer le simple legs d'avec le Prélegs ; ces deux dispositions ont entre elles une certaine ressemblance, & beaucoup de personnes les confondent. C'est une méprise ; on verra

(*) Si per damnationem eadem res duobus legata sit, si quidem conjunctim, singulis partes debentur, & non capientis pars jure civili in hæreditatem remanebat ; nunc autem caduca fit. *Ulpien*, *tit*. 24, *parag*. 12.

verra dans un instant qu'il existe entre l'une & l'autre des différences très-notables.

Occupons-nous d'abord du simple legs : ou il est fait à tous les héritiers, ou seulement à un seul, ou enfin à quelques-uns d'entre eux.

Dans le premier cas, chaque héritier prend des mains de son cohéritier la part qu'il a dans le legs.

Mais quelle doit être cette part ? Les loix ne paroissent pas d'accord sur ce point ; il est cependant facile de les concilier. Un testateur institue deux héritiers, l'un dans onze onces, l'autre dans une seule ; il leur lègue un fonds : on demande comment ils partageront ce fonds ? Le §. 12 de la loi 34, D. *de legatis* 1°. répond que l'héritier des onze onces n'en aura qu'un douzième, & que celui d'une seule once prendra le reste. Les mots *indè dicitur*, qui forment le commencement de ce texte, annonçent clairement que cette décision est la conséquence du principe établi par le §. précédent, que l'on ne peut recevoir un legs de ses propres mains, & que ce qui nous est légué sur nous-même, accroît à notre légataire. En effet, il résulte de là que l'héritier des onze onces ne peut rien prétendre sur les onze douzièmes du fonds légué, & que tout son droit est borné à un seul douzième, c'est-à-dire à la seule portion dont son cohéritier peut lui faire délivrance.

Il ne faut cependant pas conclure de cette espèce, que le legs fait à tous les héritiers doive toujours se partager entre eux, en raison inverse de leurs portions héréditaires. Cela n'est vrai que dans le cas où l'on ne peut faire autrement sans enfreindre le principe dont nous venons de parler ; dans tout autre cas, le legs se divise également & par portions viriles entre les héritiers qui en sont gratifiés. Par exemple, j'institue trois héritiers ; Titius pour une moitié, Mevius & Sempronius pour chacun quart, & je leur lègue un fonds : les institués prendront chacun tiers dans ce legs, parce qu'ils peuvent le recevoir les uns des autres jusqu'à cette concurrence ; il ne faut pour cela qu'une opération très-simple. Mevius & Sempronius commenceront par fournir chacun sixiéme à Titius, qui par ce moyen aura son tiers rempli. Ils se délivreront ensuite réciproquement ce qui leur restera de leur quart héréditaire, & en le joignant avec la moitié héréditaire de Titius, qui leur en fera délivrance, ils trouveront pareillement chacun leur tiers complet. On peut voir à ce sujet la loi 67, §. 1 ; la loi 104, §. 5, D. *de legatis* 1°. la loi 2, D. *de instructo* ; & Voet, livre 30, n. 5.

Lorsque le legs est fait à un seul héritier d'entre plusieurs, il ne lui est dû que jusqu'à concurrence des parts héréditaires de ses coinstitués, & par conséquent déduction faite de la sienne. C'est ce que décide la loi 104, §. 3, D. *de legatis* 1°. » Si l'on fait à Attius un legs conçu » en cette forme, *je veux que mes héritiers donnent à Attius, mon héritier, dix écus d'or* ; » Attius pourra demander les dix écus, en dé» duisant la part héréditaire qu'il a dans cette » somme «.

Le legs qui est fait à quelques-uns des héritiers, se partage par portions viriles entre les légataires, quoiqu'ils soient institués dans des parts inégales. C'est ce qui résulte de la loi

67, §. 1, D. *de legatis* 1°. Mais, comme l'observe très-bien Voet, il faut pour cela qu'il y ait habilité dans les termes, *si modò termini habiles sint*, c'est-à-dire, que chaque héritier légataire puisse recevoir des autres héritiers, légataires ou non, une portion virile du legs entier. Supposons, par exemple, qu'entre cinq institués il s'en trouve deux à qui le testateur a légué un héritage, & que l'un de ces légataires soit héritier pour deux tiers; il est évident que celui-ci ne pourra recevoir de ses cohéritiers qu'un tiers du bien légué, & que les deux autres tiers devront appartenir à son colégataire. Le §. 12 de la loi 34, & le §. 14 de la loi 116, D. *de legatis* 1°. ne laissent là-dessus aucune espèce de doute.

Voyons maintenant ce qui concerne les Prélegs, c'est-à-dire les legs faits à un ou plusieurs des héritiers, avec la clause expresse qu'ils formeront un Préciput & une avant-part.

La loi 34, §. 1, D. *de legatis* 2°. nous apprend que l'on ne suit pas dans ces dispositions la régle établie ci-devant, que personne ne peut recevoir un legs de ses propres mains; la raison qu'en donne Voet, est que les Prélegs se prennent partie à titre d'héritier, & partie à titre de légataire; à titre d'héritier, pour la portion jusqu'à concurrence de laquelle sont institués ceux à qui ils sont faits; & à titre de légataire, pour le surplus. Nous voyons en effet dans la loi 86, D. *ad legem falcidiam*, que le Prélegs est imputé dans la falcidie, à raison de la part héréditaire de celui qui en est gratifié. On sait cependant que les choses prises à titre d'héritier, sont les seules qui entrent dans la liquidation de ce droit ; la loi 91 du même titre y est expresse.

On voit par-là quels doivent être les effets des Prélegs. Un testateur fait à un seul d'entre ceux qu'il a institués, le Prélegs d'un fonds ; le légataire prendra le fonds entier, sans être tenu de rembourser à ses cohéritiers le prix de la portion qu'il en a par droit héréditaire. C'est la décision expresse de la loi 34, §. 1, D. *de legatis* 1°.

Il en seroit de même dans le cas où chaque héritier se trouveroit prélégataire d'une chose particulière. C'est sur ce principe qu'est fondée la loi 25, D. *de hæredibus instituendis*, rapportée au mot INSTITUTION, tome 31, page 513.

Si un testateur fait un Prélegs à quelques-uns de ses héritiers institués inégalement, chacun d'eux prendra d'abord la portion jusqu'à concurrence de laquelle il est héritier, & le surplus se partagera entre eux par portions viriles. La loi 2, D. *de instructo*, en contient une disposition expresse.

Le Prélegs d'une chose ou d'une quantité, qui seroit fait à tous les héritiers, ne produiroit aucun effet, parce que chacun d'eux y prenant sa portion héréditaire, il ne resteroit plus rien après cette détraction qui pût être partagé à titre de legs.

Si cependant le testateur assignoit lui-même les portions de ce Prélegs, & qu'elles ne fussent pas les mêmes pour tous, la disposition seroit valable, & on l'exécuteroit comme Prélegs.

Les Prélegs sont-ils compris dans la charge

de restituer l'hérédité ? Voyez l'article SUBSTITUTION.

(*Cette addition est de M. MERLIN, avocat au parlement de Flandres.*)

PRÉMESSE. Terme employé dans la coutume de Bretagne pour exprimer le retrait lignager. Il y a dans cette coutume un titre entier des Prémesses ; c'est le titre 16. L'article 298, porte, que *Prémesse est octroyée à tous ceux qui sont du lignage*. Voyez RETRAIT.

PRÉMONTRÉ. Ordre de chanoines réguliers, fondé l'an 1119, sous le pontificat de Calixte II, & le règne de Louis le Gros. Le monastère des chanoines réguliers de saint Martin de Laon étoit tombé dans le relâchement, ainsi que la plupart des autres monastères de chanoines réguliers. Barthelemi, évêque de cette ville, voyant que saint Norbert, qui venoit d'édifier l'église par l'éclat de sa conversion, se trouvoit alors dans son diocèse, le demanda au pape Calixte II, pour réformer cette abbaye. Ce saint fut obligé d'en prendre le gouvernement ; mais il fut bientôt contraint d'y renoncer, par l'indiscipline des chanoines réguliers de cette maison, leur obstination à ne pas vouloir réformer leurs mœurs, & les traverses de toute espèce qu'ils lui suscitèrent.

L'évêque de Laon ne consentit pas pour cela à perdre saint Norbert ; il lui offrit de s'établir dans quel endroit il voudroit de son diocèse, & lui permit d'y recevoir des disciples. Norbert choisit l'affreuse forêt de Prémontré ; ce fut là qu'il jeta les fondemens de l'ordre qui fut appelé Prémontré, du nom de la première maison où il fut établi.

Peu d'ordres eurent un accroissement aussi rapide que celui de Prémontré. Trente ans après sa première fondation, il se trouva déjà, au chapitre général, près de cent abbés de différens royaumes. Dans le treizième siècle, on comptoit dans l'ordre environ trois mille abbayes d'hommes, trois cents prévôtés, plusieurs prieurés, & huit cents abbayes de filles. Ce fut dans le Nord que se forma le plus grand nombre de ces établissemens, en Angleterre, en Suède, en Dannemark & en Norvege; aussi ce nombre est-il fort diminué depuis le schisme des protestans, qui a séparé de l'église tous les royaumes du Nord.

On n'est point étonné que l'ordre de Prémontré ait fait tant de progrès en si peu de temps, quand on considère les vertus dont ses premiers religieux donnèrent l'exemple à l'église, leur zèle pour la conversion des hérétiques, leur vie mortifiée & pénitente, & leur amour pour la pauvreté. On remarque, à propos de cette dernière vertu, que les religieux de la maison de Prémontré ne possédoient en tout qu'un âne, qui leur servoit à porter le bois qu'ils alloient tous les matins couper dans la forêt, & qu'ils alloient ensuite vendre à la ville pour avoir du pain; & ils attendoient quelquefois jusqu'à nones, que cet âne fût de retour, pour prendre leur repas. Ils regardèrent long-temps comme un crime l'usage des œufs, du fromage & du beurre : leur fondateur leur avoit interdit l'usage de la viande, à moins qu'ils ne fussent malades, & il avoit ajouté à cette austérité un jeûne perpétuel.

Mais cette grande ferveur ne dura pas long-temps ; le relâchement s'introduisit dans l'ordre, avec les richesses : vivant seuls au milieu des forêts, oisifs, abandonnés à eux-mêmes, & peut-être trop multipliés, les Prémontrés eurent bientôt besoin qu'on s'occupât de leur réforme. Grégoire IX, dès l'an 1233, c'est-à-dire environ cent ans après la première fondation de l'ordre, fit des réglemens pour les réformer : Alexandre IV renouvela les mêmes réglemens en 1236 ; & Eugène IV, sur les plaintes qu'il recevoit de toutes parts, adressa un bref à l'abbé général & au chapitre général, où il leur commanda de travailler fortement à la réforme de l'ordre, & de faire exécuter les décrets & les réglemens de ses prédécesseurs.

Il y a dans l'ordre de Prémontré deux réformes particulières, qui y forment comme deux corps séparés, quoique cependant toujours soumis à l'autorité du général ; celle d'Espagne & celle de Lorraine. L'inobservance de la discipline régulière étoit devenue générale dans les monastères d'Espagne : Philippe II sollicita auprès du pape Grégoire XIII, pour faire travailler à leur réforme. Ce pape donna commission à son nonce, par un bref de l'an 1573, d'y procéder ; & cette réforme a depuis formé une congrégation séparée, gouvernée par un vicaire général. Celle de Lorraine a pris naissance dans l'abbaye de sainte Marie aux Bois, près de Pont-à-Mousson ; elle s'est répandue dans plusieurs maisons de France & des Pays-Bas ; elle a ses statuts & son chapitre particulier, & elle est aussi gouvernée par un vicaire général.

Après avoir donné une idée de l'origine de l'ordre de Prémontré, de ses progrès & des réformes qui se sont formées dans son sein, il ne sera pas inutile de dire quelque chose des cures qu'il possède. Premiérement, les religieux de cet ordre ne peuvent les accepter sans le consentement par écrit du général, s'ils sont de la commune observance, du général & du vicaire général de la réforme, s'ils sont de l'étroite observance.

Par les lettres-patentes obtenues le 9 août 1700, qui ont été enregistrées au grand conseil, le roi ordonne, » qu'aucun chanoine régulier de » l'ordre de Prémontré ne pourra accepter la » provision d'une cure, vicairie perpétuelle, ou » prieuré-cure, qu'il n'ait fait apparoir à l'évêque » de l'attestation de vie & mœurs, & du con- » sentement par écrit du supérieur général, à » l'égard des religieux de la commune obser- » vance, & du même supérieur général, ou de » son vicaire général, pour la réforme, à l'égard » des religieux de l'étroite observance; faute de » quoi, le chanoine régulier pourvu demeurera » déchu de tout droit possessoire. Fait défenses » aux juges d'avoir égard à ses provisions, & per- » met aux patrons & collateurs desdits bénéfices » d'y pourvoir «.

Secondement, les cures de l'ordre de Prémontré peuvent être révoquées par le général, pourvu toutefois que l'archevêque ou évêque diocésain y consente. Les mêmes lettres-patentes ordonnent » que, conformément aux anciens » statuts de l'ordre, les religieux pourvus de vi- » cairies perpétuelles ou prieurés-cures, pour- » ront, sans aucune monition précédente, & » forme ni figure de procès, être révoqués & re- » tirés de leurs bénéfices, & envoyés en des

» monastères de leur congrégation ; savoir, les » religieux anciens & non réformés, que l'on » appelle de la commune observance, par le cha- » pitre ou supérieur général de l'ordre, & les » religieux de l'étroite observance, par le chapitre » ou vicaire général de la réforme, pour fautes » commises par les religieux curés, scandale connu » à l'évêque ou à leur supérieur, & même pour » le bien & avantage de l'ordre, s'il y échet, » du consentement toutefois des archevêques & » évêques dans les diocèses desquels les béné- » fices sont situés, & non autrement ; & ce non- » obstant la disposition générale de la déclara- » tion du mois de janvier 1686, portant que » toutes les cures seront à l'avenir desservies par » des curés ou des vicaires perpétuels en titre ; » laquelle disposition ne pourra empêcher la ré- » vocabilité desdits religieux curés de l'ordre de » Prémontré, ainsi qu'il a été ordonné à l'égard » des chanoines réguliers de la congrégation de » France, pourvus de cures, par la déclaration du » mois d'octobre 1686, dérogeant à cet effet à » la déclaration du 29 janvier, audit an 1686, » pour ce regard seulement «.

Troisiémement, les religieux curés sont sou- mis à la juridiction des évêques, non seulement en ce qui regarde l'administration des sacremens, mais encore dans ce qui concerne la correction de leurs mœurs. C'est ce qui a été jugé par arrêt rendu le 8 février 1656, qui est rapporté au journal des audiences. Un autre arrêt du 7 mars 1646 l'avoit également jugé en faveur de M. l'évêque de Séez, contre les prieur & religieux de l'abbaye de Silly, ordre de Prémontré. Par cet arrêt, ils ont été condamnés à remettre dans les prisons de l'évêque de Séez, frère Jacques Mérignon, curé de Repos, pour lui être son procès fait & parfait. Et M. l'évêque de Séez a été maintenu dans le droit de connoître de toutes les fautes, crimes & malversations commis par les religieux curés de son diocèse.

Il faut observer que depuis la déclaration du 28 août 1770, concernant les bénéfices à charge d'ames des ordres réguliers, les religieux Prémontrés, & réciproquement tous les chanoines réguliers des autres ordres, ne peuvent plus posséder les cures qui ne sont pas de leur ordre, cette déclaration décidant expressément, article 1, que les chanoines réguliers des différens ordres ne pourront posséder les cures qui sont attachées à d'autres ordres que celui dans lequel ils ont fait profession.

(*Article de M. l'abbé* LAUBRY, *avocat au parlement.*)

PRÉPARATOIRE. Ce mot se dit de ce qui est une disposition à quelque chose. Par exemple, on appelle *jugement Préparatoire*, celui qui tend à éclaircir une affaire, en ordonnant une visite, une enquête, une communication de pièces, &c.

PRESBYTÈRE. On entend par ce mot la maison destinée à servir de logement au curé ou au vicaire.

Les différentes questions que nous avons à examiner touchant les Presbytères, sont, à qui appartient la charge de les construire & de les réparer; si les paroissiens sont obligés de fournir les meubles, outre le logement; en quoi conſiſte ce logement ; de quelle eſpèce de réparations ils ſont tenus, & enfin s'il n'y a point d'exception à ces règles pour quelques provinces de France.

L'entretien & la conſtruction des Presbytères ſont aujourd'hui à la charge des habitans, mais n'y ont pas toujours été. On voit par un concile de Rouen de l'an 1231, qu'ils regardoient alors les curés, lorſque ceux-ci avoient des revenus ſuffiſans ; que les vicaires perpétuels qui n'avoient qu'une ſimple portion congrue, avoient droit de faire réparer leur Presbytère par les curés primitifs, & que les décimateurs n'y étoient obligés que lorſque la cure n'avoit point de fonds (*). Tous les conciles du treizième ſiècle, entre autres celui de Londres, de l'an 1268, & celui d'Arles de l'an 1274, ſuppoſent que ce ſont les curés qui ſont tenus des réparations & de la conſtruction des maiſons presbytérales (**).

Mais la diſcipline ne tarda pas à changer à cet égard ; l'uſage de faire conſtruire & réparer

---

(*) Præcipimus quòd perſonæ eccleſiarum parochialium quæ habent reditus abundantes, domos in ſolo eccleſiaſtico ædificare ſtudeant competentes ; vicarii verò perpetui quibus ad hæc omninò non ſuppetunt facultates, pro poſſe ſuò laborent, ut à perſonis ſuis juventur, ſecundùm portionem quam percipiunt annuatim ; ſi verò terram non habeant, patronus clericus, qui partem aliquam percipit decimarum vel proventuum ad ædificationem dare quantùm opus fuerit compellatur. *Conc. Rhotomagenſe*, *anno* 1231, *can.* 32.

(**) Ut univerſi ſuorum beneficiorum domos ut & cætera ædificia reficere ſtudeant condecenter. *Conc. Londinenſe*, *anno* 1268, *can.* 18.

Ut rectores eccleſiarum ad reficiendas eccleſias rurales & alias domos quaſlibet eiſdem eccleſiis neceſſarias..... *Conc. Arelatenſe*, *anno* 1274, *can.* 17.

les Presbytères en entier par les paroissiens, paroît assez constamment établi dès la fin du seizième siècle. Les conciles de ce temps regardent les évêques comme maîtres de leur faire supporter cette charge. » Si quelques curés n'ont » point de logement, dit un décret du concile » de Bourges de l'an 1584, que les évêques » aient soin de leur en faire construire un aux » dépens de leurs paroissiens. La même chose avoit déjà été ordonnée par le concile de Rouen de l'an 1581 (*).

Il paroît que c'étoit aussi dès-lors la jurisprudence du parlement de Paris, par les arrêts que rapporte Chopin, l. 3, t. 3, n. 14, des 11 décembre 1540 & 30 juin 1567, qui condamnent les habitans des paroisses de Longjumeau & de Longpont, diocèse de Paris, à construire une maison pour leur curé, & même à la fournir de meubles nécessaires au ménage, jusqu'à la valeur de trente livres. Un autre arrêt du même parlement, rendu le 6 novembre 1584, condamne aussi les habitans du fauxbourg saint Jacques à fournir le logement & les meubles au prêtre que l'évêque de Paris avoit commis pour desservir la chapelle qui a été depuis erigée en église paroissiale, connue sous le nom de saint Jacques du Haut Pas, & qui n'étoit alors qu'une

---

(*) Si qui parochi domos non habebunt, curent episcopi ut parochianorum expensis extruantur. *Conc. Biturium*, *anno* 1584, *can.* 16.

Si defuerit (Presbyterium), provideatur curato de domo commodâ juxta ecclesiam parochialem, si fieri potest; idque fabricæ suæ parochianorum sumptibus, qui de jure vel consuetudine tenentur. *Conc. Rhotomagense*, *anno* 1581.

succursale de saint Benoît, de saint Médard, & de saint Hippolite.

Cependant les ordonnances n'avoient encore rien établi de positif sur ce sujet. Elles avoient bien déja décidé en général que les habitans devoient contribuer aux frais de la construction & des réparations des Presbytères ; mais elles n'avoient pas encore déterminé que cette charge regardoit uniquement les paroissiens. » Semblablement, » dit l'art. 3 de l'édit de Melun, les archevêques » & évêques, & autres supérieurs, suivant ledit » édit, art. 30 (c'est l'ordonnance de Blois), » en faisant leur visitation, pourvoiront les of- » ficiers des lieux appelés, à ce que les églises » soient fournies de livres, croix, calices & or- » nemens nécessaires pour la célébration du ser- » vice divin, & pareillement à la restauration » & entretenement des églises paroissiales, & » édifices d'icelles .... & que les curés soient » convenablement logés ; auxquels officiers en- » joignons de tenir la main à l'exécution de ce » qui sera ordonné pour ce regard, & à ce faire, » ensemble à la contribution des frais requis & » nécessaires, contraindre les marguilliers & pa- » roissiens par toutes les voies dues & raison- » nables, même les curés par saisie de leur tem- » porel, à porter telle part & portion desdites » réparations & frais, qu'il sera arbitrée par les- » dits prélats, selon qu'ils auront trouvé le re- » venu des cures pouvoir le porter commo- » dément «.

Cette ordonnance, comme on le voit, décidoit bien en général que les paroissiens seroient tenus de contribuer aux frais des réparations des Presbytères, & d'en porter la part qui seroit arbitrée par les évêques ou archevêques, mais ne mettoit pas l'entretien & la construction des Presbytères entiérement à leur charge.

C'est pourquoi le clergé, dans l'assemblée de 1655, demanda fortement que la charge des réparations & constructions des Presbytères fût imposée en entier sur les paroissiens. Sur sa demande, intervint la déclaration de 1657, qui porte, » que les paroissiens seroient obligés de » rétablir les Presbytères & maisons d'habitation des curés, démolis par les ravages des » guerres civiles, ou par l'injure des temps «. Mais cette déclaration n'ayant été enregistrée dans aucune cour, n'a eu aucun effet.

L'obligation des paroissiens à cet égard n'a été véritablement fixée que par l'édit de 1695. » Seront tenus pareillement, y est-il dit dans l'art. » 22, les habitans desdites paroisses, d'entretenir & de réparer la nef des églises & la clôture des cimetières, & de fournir aux curés » un logement convenable «. Depuis ce temps, c'est une maxime certaine & constante en France, que la construction & les réparations des Presbytères regardent entiérement les habitans des lieux.

Les paroissiens ne sont pas seulement obligés de loger le curé, ils sont tenus de loger les vicaires qui sont nécessaires pour la desserte de leur église. Mais il faut pour cela que cette nécessité ait été reconnue par l'évêque, & qu'il ait lui-même institué les places des vicaires qui travaillent dans la paroisse.

Les habitans de l'annexe sont donc obligés de fournir au vicaire qui y réside & qui dessert la succursale, une maison pour le loger. Mais ils ne sont pas dispensés pour cela de contribuer aux frais des réparations & de la construction du Presbytère de l'église matrice. Cette charge est commune à tous les paroissiens : or, les habitans de la succursale ne sont pas moins paroissiens de l'église matrice, que les habitans de l'endroit principal.

L'obligation que les loix imposent aux paroissiens de loger le curé & les vicaires, emporte celle de construire un Presbytère lorsqu'il n'y en a point encore, comme lorsque la cure ou la succursale sont érigées nouvellement, ou lorsqu'ils tombent de vétusté; de leur fournir une somme qui suffise pour payer le loyer de la maison qu'ils occupent en attendant, & de réparer le Presbytère, lorsqu'il y en a un.

Il y a cependant quelques exceptions à cette règle générale de faire supporter la charge des réparations & des constructions des Presbytères par les paroissiens. Lorsqu'un ancien usage y assujettit la fabrique, on juge qu'elle ne les regarde plus. Nous avons un arrêt du 17 août 1745, qui oblige les marguilliers de la paroisse de saint Sauveur de Péronne à faire les grosses réparations du Presbytère, parce que depuis long-temps c'étoient eux qui les avoient faites. Cet usage a lieu plus ordinairement pour les paroisses des villes que pour celles de la campagne, & c'est celui que l'on suit pour toutes les paroisses de Paris.

Lorsque la jurisprudence du parlement de Paris commença à mettre les réparations & les constructions des Presbytères à la charge des paroissiens, elle les obligeoit aussi à fournir au curé les meubles nécessaires au ménage. Les arrêts du 11 décembre 1540 & 30 juin 1567, que nous avons rapportés, qui condamnent les paroissiens de Longjumeau & Longpont, diocèse de Paris, à construire une maison pour leur curé, les condamnoient aussi à la meubler d'ustensiles de ménage, jusqu'à la valeur de trente livres. La plupart des anciens arrêts contiennent cette disposition. Mais cet usage changea insensiblement vers le commencement du dix-septième siècle; &, depuis plus de cent ans, les arrêts ne font aucune mention de la fourniture des meubles; & comme l'édit de 1695, en déterminant que les habitans seront tenus de fournir aux curés un logement convenable, ne parle point des meubles, on doit en conclure que les curés, aujourd'hui, seroient très-mal fondés à les prétendre.

On comprend que ce logement qui doit être fourni au curé par les paroissiens, ne consiste qu'en ce qui est absolument nécessaire pour loger la personne. C'est contre l'ancien droit commun que les habitans s'en trouvent chargés aujourd'hui. Les habitans de la campagne qui supportent déjà les charges de l'état, méritent toutes sortes de faveurs; & si les loix & la jurisprudence modernes leur imposent une obligation qui devroit être naturellement à la charge des dixmes ou des autres biens ecclésiastiques, il est juste qu'on la leur rende moins pesante qu'il est possible.

Or, quel est le bâtiment dont un curé ne peut se passer? Un curé est obligé de recevoir la visite de ses paroissiens; il n'est pas décent qu'il les reçoive dans sa chambre, il lui faut donc une salle. Il est obligé souvent d'exercer

l'hospitalité,

l'hoſpitalité, ce qui ſuppoſe une autre chambre que la ſienne. Le logement d'un curé ſe réduira donc à une cuiſine, une ſalle, & quelques chambres.

Si le curé a beſoin de grange pour l'exploitation des dixmes qui peuvent appartenir à la cure, ces bâtimens ne ſont point à la charge des paroiſſiens. Les anciens arrêts obligeoient les habitans à les fournir au curé. Chopin en cite un grand nombre qui l'ont décidé; polit. ſacr. l. 3, tit. 3, n. 13; auſſi bien que Chenu, tit. 1, l. 12. Livonieres ſur le chapitre 46 des queſtions & conſultations de Dupineau, tom. 2, p. 84, penſe également que les habitans doivent les fournir. Parmi les auteurs modernes, nous avons encore Goard, qui prétend que lorſque les curés de la campagne ont des terres à faire valoir, ou des dixmes à recueillir, les granges, écuries & étables qui leur ſont néceſſaires, ſont à la charge des paroiſſiens. Il appuye ſon ſentiment ſur les anciens arrêts & ſur les termes *de logement convenable*, dont ſe ſert l'édit de 1693, ce qui comprend, dit-il, les bâtimens dont l'uſage eſt néceſſaire au curé.

Mais le ſentiment contraire a prévalu aujourd'hui. » Les paroiſſiens, dit Jouſſe dans ſon » commentaire ſur l'édit de 1695, ne devant au » curé qu'un logement convenable pour lui & pour » ſes vicaires, ne ſont pas obligés de lui donner » des granges pour ſerrer ſes dixmes, des étables » & des écuries. Ce logement, dit l'auteur du » receuil de juriſprudence canonique, ne comprend point les granges, écuries, étables, ni » autres lieux pour les beſtiaux. Me. Piales, » traité des réparat. eſt de même avis. Les anciens

» arrêts, dit ce jurisconsulte, condamnoient les » habitans à fournir au curé une grange ; mais » l'esprit de la jurisprudence actuelle est de sou» lager à cet égard les peuples de la campagne, » autant qu'il est possible, afin qu'ils puissent » supporter les charges de l'état. Si un curé à » portion congrue, continue le même auteur, » a besoin d'un cheval pour aller administrer » les sacremens ou exercer les fonctions pastorales » dans les différens hameaux fort écartés de la » paroisse, on oblige les paroissiens à lui fournir » une écurie, & à l'entretenir en bon état de » grosses réparations. Mais à l'égard des granges, » étables, & autres bâtimens nécessaires pour » reserrer les grains & vins provenans des do» maines de la cure, on décharge les habitans de » l'obligation qu'on leur imposoit autrefois de » les fournir «.

Enfin, selon le nouveau commentaire sur l'édit des portions congrues de 1768 ; le plus grand nombre des auteurs soutient qu'il n'est poit dû de grange au curé ; & la jurisprudence y est conforme. En effet, ce ne sont pas seulement les auteurs qui déchargent les habitans de fournir une grange au curé, la jurisprudence est constante aujourd'hui sur ce sujet, & il seroit infini de rapporter tous les arrêts qui ont jugé conformement à cette maxime depuis le commencement de ce siècle. Il paroît que la raison qui a donné lieu à ce changement de jurisprudence, c'est que les cours ont considéré qu'il n'y avoit que deux espèces de curés ; ceux qui sont à portion congrue, & ceux qui jouissent de domaines ou de dixmes d'un revenu plus considérable. Elles ont pensé que les curés à portion congrue n'avoient pas besoin de granges; & elles ont cru que ceux qui jouissent de dixmes, ou de domaines plus considérables que la portion congrue, pouvoient s'en procurer une; que cette dépense n'étoit pas au dessus de leur force, & qu'il ne falloit point imposer aux habitans de la campagne, déjà si peu ménagés d'ailleurs, une charge qui ne pouvoit pas beaucoup incommoder les curés.

Si les habitans sont tenus de payer au curé une somme pour le loyer de sa maison, dans le cas de la reconstruction du Presbytère, cette somme ne doit pas être trop considérable, par la même raison que les Presbytères ne doivent pas contenir trop de pièces. Nous n'avons point de loi ni de réglement qui la détermine, & il y a la plus grande diversité entre les arrêts qui ont statué quelque chose à ce sujet. Un arrêt du parlement de Toulouse du 25 mai 1643, a arbitré à vingt livres celle que les habitans de Sancret devoient à leur curé. Un autre du parlement de Paris, rendu en forme de réglement le 14 mars 1673, fixe cette somme à quarante livres, *si besoin est*. L'arrêt du grand conseil, en date du 25 avril 1709, oblige les paroissiens de Marcel-Cave, de payer à leur curé la somme de vingt-cinq livres, en attendant qu'ils aient pu lui bâtir une maison. Le parlement de Rouen a cru devoir condamner les habitans de la paroisse de saint André, par son arrêt du 30 juillet 1718, à payer à leur curé celle de cent cinquante livres, jusqu'à ce qu'ils lui aient fait construire un Presbytère à leurs frais & dépens, ce qu'il leur enjoint de faire dans deux ans pour tout délai.

On voit pourquoi les arrêts ſont différens ſur cette matière. La même maiſon ſe louoit dans un village du reſſort du parlement de Toulouſe, au milieu du ſiècle paſſé, bien moins cher qu'elle ne ſe loue aujourd'hui aux environs de Paris. Le prix des loyers des maiſons varie ſuivant les lieux & les temps : dix ans d'intervalle ſuffiſent ſouvent pour l'augmenter beaucoup dans le même endroit; & dans le voiſinage des villes, il eſt ordinairement plus conſidérable que dans les endroits qui en ſont éloignés. Il étoit donc impoſſible que les arrêts ou les ordonnances aſſignaſſent la même ſomme pour toute la France.

Cependant il eſt aiſé d'établir à ce ſujet une règle dont ni les habitans ni les curés ne puiſſent ſe plaindre. La juriſprudence a déterminé quel devoit être le logement des curés; la ſomme que couteroit le Presbytère qui leur ſeroit accordé, eſt celle qui doit leur être alloué pour le payement du loyer de la maiſon qu'ils occupent. Cette ſomme variera donc ſelon les circonſtances, parce que la maiſon Presbytérale ſeroit louée différemment aux environs de la capitale, & à l'extrémité du diocèſe.

Les curés ne ſont tenus que des réparations uſufruitières; & l'obligation qu'on leur impoſe par rapport à cette dernière eſpèce de réparations, n'eſt pas nouvelle; ils y ont été aſſujettis par un grand nombre d'arrêts, tant anciens que modernes. Cependant lorſqu'un curé meurt ſans avoir fait ces réparations, ſon ſucceſſeur ne peut attaquer ſes héritiers, mais les habitans qui ſont tenus de le loger, & qui exercent ſur eux leur recours. S'il compoſe avec les héritiers pour une ſomme qui ſe trouve par la ſuite inſuffiſante, & leur donne sa décharge, il n'a plus d'action contre la paroisse, quoiqu'il offre de lui remettre les deniers qu'il a touchés, parce qu'il est présumé avoir voulu s'en charger. C'est, dit Duperrai, la jurisprudence du parlement de Paris, & l'espèce dans laquelle a été rendu l'arrêt du 14 janvier 1662, qu'il rapporte, trait. des port. cong. pag. 386.

Il ne nous reste plus qu'à rendre compte des règles particulières qui ont lieu par rapport à l'entretien des maisons presbytérales, dans quelques provinces de France.

Nous avons dit que l'ancien droit mettoit les constructions & réparations des Presbytères à la charge des curés, & que les décimateurs n'en étoient tenus, que lorsque la cure n'avoit point de fonds suffisans pour supporter cette dépense : le même usage subsiste encore en partie dans la Flandre. Les curés sont obligés aux réparations de leurs maisons presbytérales, lorsque leurs revenus sont considérables; les décimateurs n'en sont tenus que subsidiairement & à leur défaut. Desjaunaux rapporte dans son recueil deux arrêts rendus au parlement de Flandres, l'un du 31 octobre 1696, & l'autre du 10 décembre 1698, pour la paroisse de Bromkerque, dans la châtellenie de Berghe, qui déchargent les habitans de ces réparations : c'est aussi l'usage des Pays-Bas. Vanespen cite un réglement du conseil de Bruxelles en 1673, qui décide que les réparations des Presbytères regardent les curés; & nous trouvons un autre réglement fait en 1676 au conseil de Brabant, conformément aux décrets des conciles de Cambrai & de Malines, qui contient la même disposition. Les habitans, par toute la Flandre, ne sont obligés de fournir un logement à leur curé, que lorsqu'ils y sont assujettis par un usage immémorial.

On suit une autre règle en Provence; on n'y distingue point les réparations qui regardent les habitans, de celles qui concernent les décimateurs; on joint ensemble les réparations du Presbytère & celles de l'église, & l'on met les deux tiers de ces réparations à la charge des habitans, & l'autre tiers à celle des décimateurs. Boniface rapporte plusieurs arrêts qui l'ont jugé ainsi, entre autres, un arrêt du 26 mars 1669, qui l'a décidé contre le chapitre de Frejus, & un second du 12 mai 1670, contre le chapitre même de la cathédrale d'Aix. Bonif. tom. 3, liv. 5, tit. 14, ch. 7. Cette manière de contribuer y a paru plus propre à lever les difficultés qui naissent fréquemment entre les décimateurs & les paroissiens, sur les ailes ou bas côtés, & autres dépendances du chœur & de la nef.

(*Article de M. l'abbé* LAUBRY, *avocat au parlement*).

Fin du tome quarante-sixième.

ADDITIONS ET CORRECTIONS.

TOME I.

Page 136, ligne 9, 1727, *lisez* 1767.
Page 181, ligne 29, confirmé, *lisez* infirmé.
Page 543, ligne 22, d'un agent, *lisez* de deux agens.

TOME VI.

Page 517, ligne 22, à la collation de l'ordinaire, *lisez* à la disposition de quelque collateur ecclésiastique, autre que l'ordinaire.

Même page, ligne 26, voici les termes de cette loi, *lisez* voici cette loi, dont les motifs ne sont pas moins importans à connoître que les dispositions :

» Louis, &c. A nos amés & féaux les gens » tenans notre grand conseil : Salut. Le droit de » joyeux Avénement, dont les rois nos prédé» cesseurs ont toujours joui, & que nous regar» dons comme un des droits les plus éminens » de notre couronne, s'étendoit autrefois in» distinctement sur tous les bénéfices des églises » cathédrales & collégiales de notre royaume : » cependant, par un effet de la modération d'au» cuns de nos prédécesseurs, il a souffert dans » les différens temps plusieurs réductions, & en » dernier lieu il a été fixé par la déclaration du » 15 mars 1646, & par les modifications con» tenues en l'arrêt d'enregistrement d'icelle, que » nous avons approuvé, aux canonicats & pré» bendes des cathédrales, & aux dignités, cano» nicats & prébendes des collégiales qui ne sont » pas à la collation des ordinaires, & dans les-

„ quelles il y a plus de dix prébendes outre les
„ dignités. Nous avons, depuis notre Avénement
„ à la couronne exercé ce droit sur les dignités
„ & prébendes des églises collégiales, & nos
„ brevets ont eu tout leur effet, nonobstant les
„ réductions faites dans aucuns desdits chapitres
„ du nombre desdites prébendes, quand elles
„ n'ont pas été approuvées & confirmées par
„ lettres-patentes des rois nos prédécesseurs.
„ Cependant nous sommes informé que plusieurs
„ porteurs des brevets que nous avons accordés
„ à notre Avénément à la couronne, sont encore
„ exposés à des contestations pardevant vous de
„ la part des chapitres desdites églises collégiales,
„ dont aucuns prétendent que notredit droit n'a
„ lieu que sur les prébendes, & non sur les dignités
„ desdites églises,. & les autres, qu'au moyen
„ des réductions du nombre des prébendes, quoi-
„ que faites sans notre consentement, elles ne
„ se trouvent plus au nombre de dix; & quoique
„ par différens arrêts vous ayez déjà condamné
„ ces injustes prétentions, & maintenu notre droit
„ de joyeux Avénement dans toute l'étendue qui
„ lui convient; cependant, comme il pourroit
„ s'élever de nouvelles contestations à ce sujet,
„ nous avons résolu d'expliquer sur ce nos in-
„ tentions. A ces causes, de l'avis de notre conseil,
„ & de notre pleine puissance & autorité royale,
„ avons déclaré & déclarons, voulons & nous
„ plaît, &c ".

Page 518, ligne 27, prébendes à la collation de l'évêque, *lisez* prébendes qui ne soient pas à la disposition de l'évêque ni d'un collateur laïque.

Même page, ligne 33, ne sont pas à la collation de l'ordinaire, *lisez* sont à la collation de l'ordinaire. Cette décision est fondée sur ce qu'il ne seroit pas juste que l'évêque payât plusieurs fois la même dette.

Même page, supprimez, tant la dernière ligne, commençant par ces mots *si la réduction*, que les deux premières lignes de la page suivante, finissant par ceux-ci, *point préjudicier*, & lisez à la place ce qui suit :

Lorsque la réduction des prébendes d'une église collégiale s'est faite sans l'exprès consentement du roi, donné dans la forme prescrite par la déclaration du 28 février 1726, elle ne peut point préjudicier.

Page 519, ligne 10, à la place de la phrase commençant par ces mots *les brevets*, & finissant à la vingt-quatrième ligne par ceux-ci, *& le chapitre*, il faut lire,

Quoique nous ayons dit tout à l'heure que les églises collégiales dont les prébendes étoient à la disposition de l'évêque, n'étoient point assujetties à l'expectative des brevets de joyeux Avénement, cela ne doit point s'appliquer aux collégiales, dont la collation est alternative entre l'évêque & le chapitre; le tour du chapitre est sans difficulté sujet à cette expectative.

TOME XXI.

Page 101, ligne 29, comme le décide la loi, *lisez* & lorsque l'une ou l'autre excite les plaintes du légataire, c'est au juge à en décider, comme le porte la loi.

TOME XXVI.

Page 339, ligne 11, au lieu de, &c. *lisez* les noix, les châtaignes, les pommes, & les autres fruits des arbres.

TOME XXXII.

Page 559, supprimez la seizième ligne, commençant par ces mots *page* 132.

TOME XXXIV.

Article *Légataire.*

Page 202, ligne 9, après les mots *rien de solide*, ajoutez ce qui suit :

Il y a d'ailleurs dans les remarques de Cochin, insérées au tome 6 de ses œuvres, une sentence des requêtes du palais de 1744, qui le confirme expressément.

TOME XXXV.

Article *Légitime.*

Page 22, ligne 25, ont conservé la décision, *lisez* ont confirmé la décision.

TOME XXXVI.

Article *Legs.*

Page 98, ligne 29, propres, *lisez* acquêts.

TOME XXXVII.

Page 143, ligne 19, au lieu des huit lignes qui commencent par ces mots, *dans le ressort du parlement de Toulouse*, & finissent par ceux-ci, *le Forès & le Beaujolois*, lisez ce qui suit :

Dans le ressort du parlement de Toulouse, un échange d'héritages situés en différentes censives, est assujetti à l'entier Lods envers chaque seigneur. Quant à la question de savoir s'il doit en être de même lorsque les héritages échangés sont situés dans la même censive, il y a eu longtemps diversité d'opinions : quelques-uns, tels que Cambolas, ont prétendu qu'en pareille circonstance il n'étoit dû que le mi-Lods ; & M. de Catelan cite un arrêt rendu à son rapport le 7 janvier 1673, qui a jugé conformément à l'avis de Cambolas ; mais cette jurisprudence est aujourd'hui changée, & l'entier Lods est dû dans le second cas comme dans le premier ; c'est pourquoi, par arrêt rendu en forme de réglement le 19 mai 1781, le parlement de Toulouse a fait défense aux fermiers, administrateurs ou régisseurs du domaine, & autres commis ou préposés à la perception des droits d'échange, de percevoir ces droits, & a ordonné que cet arrêt seroit affiché & notifié à ces fermiers ou régisseurs, à la diligence du procureur général.

Dans le Lyonnois, le Forès & le Beaujolois, l'entier Lods est dû à chaque seigneur pour l'échange des héritages situés en différentes censives ; & s'ils sont situés dans la même censive, il n'est dû que le mi-Lods.

Page 149, ligne 5, leude en octroi, *lisez* leude ou octroi.

Même page, ligne 9, *lendis*, lisez *leudis*.

TOME XLI.

Article *Nécessité jurée.*

Page 227, ligne 34, au lieu de 1363, *lisez* 1563. Ligne 35, au lieu de 1623, *lisez* 1613.

Article *Noblesse.*

Page 478, ligne 21, au lieu de 1715, *lisez* 1775.
Page 497, ligne 9, au lieu de ces priviléges, *lisez* les priviléges.
Page 507, ligne 8, au lieu de judiciaire, *lisez* judicieuse.

TOME XLV.

Page 311, après la deuxième ligne & avant l'article PÉCULE, placez l'article PÉCULAT, omis en son ordre.

PÉCULAT. C'est un crime qui est devenu très-commun en France, quoiqu'on se soit efforcé de le proscrire par les ordonnances les plus sévères (*). Tout dépositaire, tout receveur de deniers du roi qui se permet d'en disposer, soit pour ses affaires personnelles, soit pour subvenir au besoin d'un autre, se rend coupable de ce crime, & s'expose à une peine très-rigoureuse. L'argent qu'il a reçu, & dont il est le gardien, doit être pour lui si sacré, qu'il n'y a aucun cas où il soit excusable de s'en être servi. Le besoin le plus pressant ne peut jamais l'y autoriser : mais il est bien plus coupable, lorsque, tourmenté par le désir de s'enrichir il a la témérité d'employer ces fonds qui appartiennent à l'état, pour des entreprises qui lui sont personnelles, ou pour en retirer un intérêt quelconque.

En vain chercheroit-il à pallier son infidélité, en disant qu'il a une fortune considérable qui répond des emprunts faits à sa caisse ; il n'en a

(*) Il vient du mot *Peculatus*, *quasi pecuniæ ablatio*.

pas moins prévariqué & trahi la confiance du ſouverain, dont il reçoit des gages pour réunir, pour conſerver ſcrupuleuſement les deniers dont il eſt le dépoſitaire, juſqu'au moment où il recevra des ordonnances tirées ſur lui par le chef auquel il doit rendre ſes comptes. Et en effet, qui lui a aſſuré que demain, qu'aujourd'hui une opération imprévue n'exigera pas qu'on retire de ſes mains tout l'argent qui lui a été confié? Comment pourra-t-il raſſembler, dans un moment, toutes les eſpèces qu'il s'eſt permis de diſperſer? Il parle de ſa fortune, qui eſt, dit-il, une ſûreté pour l'état contre les banqueroutes & les pertes qu'il pourroit eſſuyer; mais ſi ſa ſuperbe habitation alloit devenir la proie des flammes, ſi des procès alloient jeter de l'incertitude ſur ſes poſſeſſions, faudroit-il que l'état fût victime de ſes malheurs ou des jugemens dont il auroit à ſe plaindre?

Enfin, s'il eſt contre la probité d'expoſer des fonds qui ne nous appartiennent pas, ſans l'aveu de celui qui nous les a confiés, il eſt bien plus mal encore de le faire contre ſa volonté expreſſe, & lorſque nous ſommes payés pour n'en pas laiſſer échapper une parcelle ſans ſon ordre.

Le tréſorier public doit conſidérer ſa caiſſe comme une forteresse dont chaque écu eſt un priſonnier mis ſous ſa garde.

La loi *Julia*, chez les Romains, comprenoit, ſous le nom de *Péculat*, deux crimes qui, à nos yeux, ſont bien différens; *le vol des deniers publics, & celui des choſes ſaintes.* Peut-être penſoit-on que l'argent de la république étoit auſſi ſacré que ce qui étoit deſtiné au culte divin &

aux cérémonies réligieuses, & que celui qui touchoit à l'un ou à l'autre, commettoit également un sacrilége.

La peine du Péculat a beaucoup varié chez ce peuple législateur. Par la constitution des empereurs *Gratien* & *Valentinien*, les officiers qui, dans la fonction de leurs charges, déroboient les deniers publics, devoient être dégradés de leurs offices, & réduits à la condition des derniers du peuple, sans pouvoir jamais aspirer à aucune dignité.

Par les loix 1 & 2 du code Théodorique, les magistrats ou gouverneurs de province & receveurs qui avoient soustrait les deniers publics, ou favorisé la soustraction faite par d'autres pendant leur administration, étoient condamnés au bannissement, aux mines, & même à la mort. *L. ult. Theodos. de crimine Peculatûs, ubi nomine capitalis pænæ ultimum supplicium intelligitur, quia ibi dicitur eos severissima animadversione coerciri.*

Après la mort de Théodose le Grand, son petit-fils ajouta, » que ceux qui auroient aidé » de leur ministère les officiers, pour dérober » les deniers publics, encourroient la même peine » qu'eux; & qu'à l'égard des simples citoyens » romains qui n'auroient pas été à même de » commettre aucuns abus de pouvoir, ils seroient » seulement condamnés à la *déportation* (c'est-» à-dire déchus du droit de citoyen romain) » & à la confiscation de leurs biens, s'ils étoient » convaincus d'avoir volé les deniers publics «.

Par une loi de Léon, surnommé *le Philosophe*, la peine capitale pour le Péculat fut abſolument abrogée. Tous les coupables furent indiſtinctement déchus du droit de citoyen romain, & condamnés *à la reſtitution du double.*

Dans ce temps, où le plus beau titre que l'homme pût porter étoit celui de citoyen romain, combien la privation de ce titre devoit être une peine affreuſe !

On avoit d'abord fait une diſtinction entre celui qui déroboit les deniers d'une ville, & le coupable qui voloit ceux de l'état : la raiſon que l'on en donnoit étoit, *quia pecunia civitatis propriè publica non eſt.* Par la ſuite, on a ſenti que les intérêts particuliers de toutes les villes qui forment un même empire, ne peuvent pas être diviſés de l'intérêt public, & il a été décidé, par les conſtitutions des empereurs, que ces deux ſortes de Péculats ſeroient punis de même.

Toutes ces variations, toutes ces modifications prouvent l'embarras où ſont les légiſlateurs les plus ſages, de trouver le juſte point de punition contre le crime qu'ils veulent arrêter ; ils commencent par lui oppoſer la crainte de l'indigence, de la captivité, l'image des ſupplices, & l'effroi de la mort. La multitude des coupables, groſſie par l'intérêt, leur fait ſentir enſuite l'impuiſſance de ces châtimens. La néceſſité de détruire ou de faire gémir tant de criminels, ajoute encore au malheur que produit le crime. On eſſaye alors des moyens plus modérés & plus relatifs au délit. Un receveur des derniers publics ſe permet d'y toucher, ou pour éblouir ſes concitoyens par ſon luxe, ou pour groſſir ſa fortune. En le faiſant deſcendre dans la claſſe inférieure, à celle de ſimples citoyen, & en le condamnant à restituer le double de ce qu'il a dérobé; il est puni, & dans son orgueil, & dans sa cupidité; voilà donc le véritable degré de justice saisi. La loi n'a point répandu le sang du coupable, parce qu'il n'en a point versé. La république a perdu un citoyen, mais elle ne peut pas le regretter, puisqu'il trahissoit sa confiance & immoloit l'intérêt général à son intérêt particulier. Le citoyen n'est plus, mais l'homme reste au milieu de ceux qui le sont encore, pour leur servir d'exemple, & leur prouver que l'amour de l'argent, au lieu de conduire à la supériorité & à l'opulence, fait souvent descendre celui qui s'y livre à l'abaissement & à la pauvreté.

On rencontre dans nos ordonnances sur la punition du Péculat, la même instabilité que dans les décisions des empereurs. La plus ancienne qui ait paru en France sur ce crime, est du mois de juin 1532; elle porte, » que tous financiers, » de quelque état ou qualité qu'ils soient, qui se » trouveront avoir falsifié acquits, quittances, » comptes & rôles, *soient pendus* «.

Par l'article 6 qui suit, le roi » entend que » l'argent de ses finances ne soit employé à autre » chose, si ce n'est à ses affaires; & par ainsi, » est-il ajouté, s'il se trouve quelqu'un maniant » ses finances, qui prête ses deniers, les billonne, les baille à usure, les mette en marchandise, les applique à son profit particulier, » ou les convertisse en autre chose que les commissions, les ordonnances & leurs offices portent, ils soient punis *de la même peine que* » *ci-dessus* «.

Cette ordonnance, qui ne fut point exécutée, parce

parce qu'elle avoit seulement été adressée à la chambre des comptes, & n'avoit point été enregistrée au parlement, manquoit de cette équité sagement graduée, qui caractérise les bonnes loix. Punir également de la peine de mort le trésorier qui a prêté l'argent du roi à usure, & celui qui l'a prêté sans intérêt ; celui qui a falsifié des quittances ou des comptes, & celui qui a fait de l'argent du roi un usage différent de l'ordre porté en ses commissions, c'étoit confondre un intérêt sordide, avec une bienfaisance téméraire, le crime de faux avec la simple désobéissance ; & il y a pourtant des différences bien sensibles entre ces diverses prévarications.

En 1545, François premier publia une seconde ordonnance enregistrée au parlement & en la chambre des comptes ; celle-ci porte, » que le » crime de Péculat sera puni par la confiscation » de corps & de biens ; que si le *délinquant est* » *noble*, il sera privé de noblesse lui & ses des- » cendans «.

Cette loi, moins sévère que la première, seroit peut-être encore plus équitable, si la confiscation de corps ne devoit avoir lieu que dans le cas où celle de biens ne suffiroit pas pour payer ce que le coupable auroit détourné, & l'amende prononcée contre lui ; alors sa personne seroit saisie comme la caution, comme le gage de l'état.

Quant à la dégradation de noblesse, toucher à l'argent d'un autre est une action si basse, si vile, que celui qui l'a commise doit avoir absolument terni pour lui l'éclat de la noblesse que ses ancêtres lui avoient transmise ; il ne pourroit plus que déshonorer l'ordre auquel il se vanteroit d'appartenir. Mais dans un état où la noblesse est acquise à l'enfant au moment même où il a reçu le jour d'un noble, peut-être n'est-il pas juste que cet enfant soit tout-à-coup dépouillé d'un bien dont il étoit déjà en possession, parce que son père a prévariqué. Il nous semble que tout enfant *né noble* ne doit cesser de l'être que pour son propre fait. Ce ne devroit donc être que du jour où un coupable auroit été dégradé lui & ses descendans, qu'il ne lui seroit plus possible de donner le jour à des gentilshommes, parce que, de ce moment, la source de la noblesse auroit été tarie en lui.

Il seroit trop long d'analyser ici les ordonnances de Charles IX & de Louis XIII sur le Péculat. La première paroît avoir plus gradué les peines sur la qualité du coupable & sur les circonstances qui caractérisoient son infidélité ; la seconde ne fait que renouveler ce que les autres ont prononcé.

En 1701, parut, contre le Péculat, une déclaration d'une sévérité effrayante, & pour les coupables, & même pour les juges : elle déclare vouloir que » les accusés reconnus coupables de Pé» culat *soient punis de mort*, sans que les juges » puissent modérer cette peine, à peine d'inter» diction & de répondre en leurs noms des » dommages & intérêts «.

La preuve que l'effet des loix n'est pas, à beaucoup près, en raison de leur rigueur, c'est qu'en 1716 les infidélités, les déprédations que commettoient les trésoriers, les caissiers, les gens de finances, s'étoient multipliées à un tel point, malgré cette ordonnance de 1701, qu'on crut néceſſaire de créer une chambre, appelée *la chambre de juſtice*, comme ſi toutes les autres n'euſſent été que des chambres d'indulgence. Ce fut une eſpèce de flambeau, à la lueur duquel on ne voyoit plus que des coupables tremblans, des familles alarmées. L'effroi fut ſi univerſel, qu'il fallut, pour raſſurer les eſprits, convertir, par une déclaration du 18 ſeptembre 1716, en peine pécuniaire, les peines capitales ou afflictives que l'édit du mois de mars précédent avoit permis aux juges d'infliger.

En 1717, cette chambre fut ſupprimée, & une amniſtie générale ramena la ſécurité dans l'ame de tous les comptables.

Depuis l'anéantiſſement de la chambre de juſtice, les cours ſouveraines ont rendu pluſieurs jugemens ſur des accuſations de Péculat; les coupables ont été condamnés, les uns en l'amende honorable, d'autres au banniſſement.

Contre quelques-uns, la peine des galères limitées, ou même des galères à perpétuité, a été prononcée; ce qui annonce combien l'inſtabilité de la loi ſur un même point fait régner d'incertitude & d'arbitraire dans les déciſions les plus importantes & qui doivent être les plus invariables.

Les criminaliſtes, qui rangent dans la claſſe des coupables de Péculat, ceux qui donnent ou qui reçoivent de l'argent pour ne pas preſſer les comptables, ſont trop ſévères: mais il ſeroit bien plus injuſte de juger comme tels, indiſtinctement, tous *ceux qui font des omiſſions, faux ou doubles emplois, fauſſes repriſes*, comme le prétend le dernier éditeur de la collection de juriſprudence, à moins d'avoir la preuve que ces omissions ou doubles emplois ne proviennent pas de l'oubli, mais de la fraude ; ce qui est presque impossible à constater.

Une ordonnance du 14 juin 1531 condamnoit ceux qui avoient gagné beaucoup d'argent au jeu avec les receveurs des deniers du roi, *à rendre cet argent, & à la peine du double.* Quelque sage que fût cette loi, il étoit difficile de l'exécuter, à moins que le gain n'eût été fait par les mêmes personnes dans un délai très-court, & dans un lieu où l'état de ceux qui se rassemblent pour jouer fût connu de tous.

Une autre déclaration qui seroit encore d'une exécution difficile, c'est celle qui condamne les personnes *qui ont reçu de la main des comptables des deniers qu'ils n'ignorent pas appartenir au roi, à les rendre avec le quadruple.* Comment convaincre un homme qu'il savoit que l'argent dont un comptable lui a fait présent ne lui appartenoit pas, & appartenoit au roi ? Aujourd'hui les héritiers ou donataires des trésoriers, financiers, redevables envers le roi, sont seulement condamnés *à restituer* jusqu'à concurrence de ce qui est dû par celui qui les a enrichis de deniers qui ne lui appartenoient pas. Cette jurisprudence est plus équitable, en ce qu'elle n'oblige les donataires à rapporter que ce qu'ils n'auroient jamais touché si le donateur eût été irréprochable dans ses fonctions.

Par une déclaration du 7 février 1708, rendue contre les collecteurs des tailles, il est dit, » que ceux qui, ayant touché aux deniers de leur » collecte, ne les rapporteront pas dans la quin- » zaine du jour que la vérification aura été faite, » seront condamnés au carcan & au fouet, &

» même aux galères, lorsque le divertissement sera » de plus de cent cinquante livres, dans les pa-» roisses imposées à cinq cents livres, ou de plus » de trois cents livres, dans les paroisses impo-» sées à plus de cinq cents livres «.

En ne confiant cette recette qu'à des habitans qui aient en fonds de terre au moins la valeur de la somme à laquelle cette recette peut monter, il seroit possible de les contenir par la crainte de payer une forte amende, & de voir leurs héritages confisqués au profit du roi.

En employant des malheureux qui n'ont que leur liberté & leur personne, on se met dans la nécessité, pour ne pas laisser le crime impuni, de prononcer des peines corporelles. L'impuissance de punir utilement pour l'état, rend cruel envers le coupable indigent. Sa faute & son malheur proviennent souvent de ce qu'on a trop exposé sa misère à la tentation de se soulager aux dépens de la justice; & alors il est puni, moins pour avoir été criminel, que pour n'avoir pas eu le courage de la vertu.

L'article 8 de l'ordonnance de 1670 fait, en faveur des accusés du crime de Péculat, une exception particulière; il permet aux juges de leur accorder *un conseil après leur interrogatoire.* Il n'est pas aisé de deviner pourquoi ce secours, qui sera sans doute un jour accordé indistinctement à tous les accusés, parce que la raison & l'humanité le sollicitent pour eux, a paru au législateur ne devoir être toléré que pour ceux qui semblent en avoir le moins besoin. Et en effet, personne ne sait mieux qu'un caissier, qu'un receveur, s'il a effectivement touché l'argent dont il eſt chargé en recette, & quel emploi il en a fait.

Le crime de Péculat, ſuivant le ſentiment de pluſieurs auteurs, ne ſe preſcrit que par vingt ans. D'autres, tels que *Corbin* en ſes loix de France, veulent que ce crime ſe preſcrive par cinq ans : il faudroit au moins diſtinguer celui qui laiſſe des traces par écrit, de celui qui, s'étant manifeſté ſeulement par des actions paſſagères, ne peut plus ſe prouver que par témoins.

Il eſt d'une bonne légiſlation d'abréger les ſollicitudes des citoyens, & de ne pas ſuſpendre ſur leur tête, pendant tout le cours de leur vie, la crainte d'une accuſation criminelle & le danger d'une peine capitale ou infamante.

Suivant l'édit du mois de mars 1716, l'action civile pour le Péculat s'étend juſqu'à trente ans.

Lacombe, dans ſon traité des matières criminelles, & Theveneau dans ſon commentaire ſur les ordonnances, ſont d'avis que trois témoins, dépoſant de trois faits ſinguliers, valent, dans une information ſur le crime de Péculat, autant qu'un témoignage entier : mais ces diſtinctions ſubtiles ſont toujours dangereuſes à adopter. Lorſqu'il s'agit d'infliger à un accuſé une peine qui lui faſſe perdre l'honneur ou la vie, la juſtice ne doit pas varier ſur la force des preuves, de quelque crime qu'il ſoit queſtion. Si elle exige dix témoins de faits particuliers ſur l'accuſation de l'uſure, qui ſe commet toujours ſecrétement, pourquoi ſe contenteroit-elle de trois ſur l'accuſation du Péculat, qui eſt un crime moins obſcur ?

Il ne faut pas croire que le crime de Péculat ſoit excluſivement attaché à la claſſe des tréſoriers ou des financiers ; il s'étend sur tous ceux qui, par leurs places, ont, ou à recevoir ou à distribuer les deniers du prince. L'histoire nous apprend qu'il s'est trouvé, parmi les hommes du plus haut rang, des coupables de Péculat, & que l'élévation de leurs dignités, l'éminence de leurs places, ne les ont pas mis à l'abri du châtiment. En 1539, l'amiral *Chabot*, accusé & convaincu *d'avoir diverti les deniers royaux*, fut, par arrêt rendu contre lui, *destitué de tous honneurs, condamné en l'amende, & relégué.*

Quatre ans après, le chancelier *Poyet*, sur l'accusation du même crime, fut condamné » en » une amende de cent mille francs, à être dé- » gradé de sa charge, & au bannissement pour » cinq ans «.

Par arrêt du parlement de Toulouse, le maréchal de *Biez*, convaincu d'avoir détourné, à son profit, une partie des deniers destinés à la solde de sa compagnie des gendarmes, & à la paye de la garnison de Fronsac, fut déclaré » indigne de ses charges, condamné à de fortes » restitutions, destitué de son grade de maré- » chal de France pour cinq ans, & banni de la » cour ».

On peut mettre au nombre des illustres accusés qui furent punis pour crime de Péculat, le maréchal de *Marillac*, auquel le cardinal de Richelieu fit faire son procès, & qui, par un jugement que rendirent des commissaires trop dévoués au cardinal, fut décapité en 1632.

Tout le monde sait quelle fut la punition du célèbre *Fouquet*, convaincu d'avoir, dans sa place de surintendant des finances, employé les deniers de l'état à se faire des créatures, à éclipſer, par ſa magnificence, par la pompe de ſes fêtes, tous les courtiſans de ſon ſiècle.

Ainſi donc un miniſtre qui ſeroit convaincu d'avoir groſſi ſa fortune, ou donné à ſa repréſentation plus d'éclat avec une partie de l'argent conſacré à ſon département; un gouverneur de province qui ſe ſeroit dégradé juſqu'à garder pour lui les fonds que la juſtice du roi auroit deſtinés à récompenſer la valeur ou à ſoulager la nobleſſe indigente; un intendant qui auroit eu la témérité de diſpoſer à ſon gré, & pour ſon intérêt perſonnel, des deniers conſacrés à des travaux publics, à la ſûreté des voyageurs, ou à des emplois de charité, courroient le riſque d'être pourſuivis comme coupables du crime de Péculat, & de ſuccomber ſous des condamnations flétriſſantes.

Mais comme les prévarications, les abus de confiance dont nous venons de parler, pourroient avoir des conſéquences plus ou moins funeſtes, partir de motifs plus excuſables les uns que les autres, il ne ſeroit pas juſte qu'ils fuſſent punis de même; & c'eſt cependant là malheureuſement un des inconvéniens auxquels expoſent la pauvreté de notre langue, ou le laconiſme des légiſlateurs, qui, en déſignant ſous un même nom des délits très-différens, ont mis les juges, eſclaves de la loi, dans la néceſſité de prononcer contre eux indiſtinctement la même peine. Notre légiſlation criminelle pêche ſouvent tout à la fois, & par une diffuſion obſcure & contradictoire, & par une préciſion barbare.

Quoi qu'il en ſoit, la difficulté de conſtater le crime de Péculat, l'adreſſe de ceux qui le commettent, le crédit de ceux qui ſont accuſés, rendront toujours ce crime aussi fréquent qu'impuni.

La réforme récente de tant de caissiers ou trésoriers superflus, a coupé bien des branches au Péculat, & détruit une partie de ses racines. Une administration des finances bien éclairée, qui suit le cours de la recette, subdivisée en une multitude de canaux presque invisibles, si attentivement que l'intérêt n'en puisse affoiblir ni détourner aucun, & qui après l'avoir attiré dans un même réservoir, préside à sa distribution, de manière qu'elle retourne à sa source, en vivifiant tous les lieux qu'elle baigne sur son passage; une telle administration prévient plus d'infidélités, plus d'abus de confiance, que la meilleure loi sur le Péculat n'en pourroit punir ou arrêter.

(*Article de M.* DE LA CROIX, *avocat au parlement.*)

Article *Peine contractuelle.*

Page 349, ligne 22, il pourroit, *lisez* il peut.

Fin des additions & corrections.

Les tomes XLVII & XLVIII *paroîtront en janvier* 1782.

www.ingramcontent.com/pod-product-compliance
Lightning Source LLC
Chambersburg PA
CBHW031733210326
41599CB00018B/2570

9782012767812